D1930024

Lebensbeschreibung
des Seefahrers, Patrioten und
Sklavenhändlers
Joachim Nettelbeck.

*Die Andere Bibliothek.*
*Herausgegeben von*
*Hans Magnus Enzensberger.*

# Lebensbeschreibung
# des Seefahrers, Patrioten
# und Sklavenhändlers
# JOACHIM NETTELBECK.

Von ihm selbst aufgezeichnet
und
herausgegeben
von J. C. L. Haken.

*Verlegt bei Franz Greno,*
*Nördlingen 1987.*

Copyright © 1987
by Greno Verlagsgesellschaft m. b. H., Nördlingen.

MEINEM KÖNIGE,

FRIEDRICH WILHELM

dem Mannlichen

ehrfurchtsvoll zugeeignet.

S i r e!

Ewr. Königlichen Majestät erkühne ich mich, diese Blätter zu weihen. Ein Greis schaut in denselben, mit dem letzten Abendroth, in sein früheres Leben zurück, und fühlt mit stiller Freude, daß er, diese achtzig Jahre herdurch, in Gesinnung und That weder König noch Vaterland verläugnet, und daß es je und je sein Stolz gewesen, sich als treuen Unterthan und unsträflichen Bürger zu erweisen. Von seinen zitternden, aber unbefleckten Händen möge Ewr. Königlichen Majestät auch dies geringe Opfer seiner Verehrung nicht mißfällig seyn.

Colberg am dritten August 1821.

Joachim Nettelbeck.

# VORBERICHT DES HERAUSGEBERS.

Der Name *Nettelbeck* ist, seit der, zum Heil von Deutschland fruchtlos gebliebenen Belagerung Colbergs im Jahre 1807, wohl keinem deutschen Ohre ganz fremd geblieben; und er gilt so sehr als Inbegriff von Bürgertugend und ächtem Patriotismus, von schlichtem Biedersinn und ruhiger, sich selbst bewußter Thatkraft, daß ihm eine Celebrität zu Theil geworden, an welcher selbst die, an den außerordentlichsten Erscheinungen so überreiche Folgezeit seither kaum etwas vermindert hat.

Wie und wodurch ihm ein so ausgezeichneter Ruf zu Theil geworden — wie viel Antheil an diesem Erwerb sein inneres gediegenes Seyn und Wesen — wie viel sein Handeln und Wirken — wie viel aber auch vielleicht eine zeitgemäße Politik, das Bedürfniß des Augenblicks, und das Zuthun berufener und unberufener Lobpreiser sich anzurechnen habe? — Diese Entwickelung kann nur das Resultat einer sachkundigen geschichtlichen Darstellung jenes folgenreichen Ereignisses seyn, zu dessen glücklichem Ausgange Nettelbeck so thätig mitwirkte. Noch besitzen wir eine solche pragmatische Geschichte von Colbergs *vierter* Belagerung nicht: aber es fehlt nicht an Hoffnung, sie aus einer kundigen und geschickten Feder vielleicht binnen kurzem zu erhalten.

Bis dahin darf man es als einen glücklichen Umstand betrachten, daß Nettelbeck dazu auf eine Weise vorgearbeitet hat, die ihm eine neue und seltene Merkwürdigkeit zutheilt. Schon seit mehreren Jahren war der, jetzt in sein 83stes Jahr getretene, aber noch einer seltenen Kraft und

Munterkeit genießende Greis damit beschäftigt, die denkwürdigsten Ereignisse, insonderheit seines früheren Seelebens, selbst niederzuschreiben, und hat sich *so* der Welt treffender geschildert, als eine fremde Hand es vermöchte. *Hier* ist er ganz *er selbst.* Er giebt sich, wie er ist; und sein Leben ist so wunderbar reich ausgestattet vom Schicksal, und gleicht, bei den sprechendsten Merkmalen innerer Glaubwürdigkeit, dennoch so sehr einem Romane, daß es, indem es die flüchtige Neugier vergnügt, zugleich auch in seinem äußern Thun und Treiben, wie in einem vielseitig geschliffenen Glase, den *inneren* Menschen wundervoll und erfreulich zurückspiegelt.

Vielleicht ist es nicht allgemein bekannt, daß der wackre Greis, der nichts weniger, als reich, aber in seinem genügsamen Sinn um so ehrwürdiger ist, und ein mäßiges Königliches Gnadengehalt genießt, noch im hohen Alter Vater einer Tochter geworden, deren künftiges Geschick ihm zärtlich am Herzen liegt; und als er die Feder zu Aufzeichnung seiner Lebens-Schicksale ergriff, war es ihm Wunsch und Absicht, eine Handschrift zu hinterlassen, deren dereinstige Verbreitung durch den Druck vielleicht ein kleines Kapital zum Brautschatz für ein geliebtes Kind vermitteln könnte. Ein zufälliges Zusammentreffen mit dem Verf. der grauen Mappe, der Amaranthen und einiger andern historischen Schriften hat in diesem Plane insofern einige Abänderung bewirkt, daß er Demselben gestattete, aus seiner Handschrift einige Fragmente in die »Pommerschen Provinzial-Blätter« aufzunehmen. Diese Proben haben überall einen so unzweideutigen Beifall gefunden, daß es nur Nachgiebigkeit gegen einen allgemein ausgedrückten Wunsch geworden, wenn der Biograph eingewilligt hat, daß das Ganze noch bei seinem Leben erscheine. Eben so gerne auch hat der jetzige Herausgeber dem Vertrauen zu entsprechen gesucht, welches ihn mit diesem Geschäft und der Vorbereitung der Handschrift zum Druck beauftragte.

Nach seiner individuellen Ansicht ist er des Glaubens, daß an Originalität, Lebendigkeit, Abwechselung und körniger Kraft, neben der höchsten Einfachheit, in unsrer Sprache kaum etwas Ähnliches vorhanden ist, als diese Lebensbeschreibung; etwa die des Schweizers J. Plater ausgenommen. Es ist überall die Darstellung des Pommerschen biedern, aber welterfahrnen und weltklugen Bürgersmannes, welcher, die kleinen Künste des Vortrags nicht kennend oder verschmähend, nur dem Bedürfniß und Drang der Mittheilung folgt; der froh und behäglich in die Vergangenheit, die ihm ein frisches Gestern dünkt, zurückschaut, sich an seinen Kindheitsspielen, seinen jugendlichen Abentheuern, seinen Mannes-Thaten sonnt und erwärmt und, ohne es selbst zu wissen und zu wollen, uns *so* den Schlüssel dazu giebt, wie er der *tüchtige Kern-Mensch* geworden, den wir in ihm zu lieben und zu achten uns gedrungen fühlen.

Von der ihm gegebenen Befugniß, an der Handschrift nach Gutdünken zu ändern, hat der Herausgeber nur insofern einen sparsamen und bescheidenen Gebrauch gemacht, als das Bedürfniß eines geordneten Vortrags bei einer solchen öffentlichen Vorstellung es unumgänglich nothwendig machte. Auch erstrecken sich diese kleinen Nachhülfen mehr auf die innere Ökonomie des Werks und die Stellung der Begebenheiten, als auf den wörtlichen Ausdruck, welcher dessen minder bedurfte und woran daher absichtlich so wenig, als möglich, geändert worden, um den Eindruck seiner Originalität in nichts zu verkümmern. Hoffentlich werden ihm dies die Leser um so bessern Dank wissen.

So nun übergiebt derselbe diese Lebensbeschreibung, ohne fremden Schmuck und Zuthat, die sie nur entstellt haben würden, allen ächtdeutschen Lesern und Leserinnen, die unserm Nettelbeck verwandten Geistes sind, zu einer freundlichen Aufnahme, und schmeichelt sich, durch diese Herausgabe etwas nicht ganz Unnützliches gethan zu haben, wenn ihn die Voraussetzung nicht trügt, daß gerade *diese* Art von Schriften vor Andern dazu geeignet sey, das Gemüth zu stärken und für ein thatkräftiges Eingreifen in das wirkliche Leben zu bilden.

Schwerlich wird auch Jemand mit dem Verfasser oder Herausgeber zu ernstlich zürnen, daß die Erzählung abbricht, bevor sie noch die spätere Periode erreicht hat, wo Nettelbeck's öffentliches und politisches Leben beginnt, und worüber man allerdings seine eigenen unentstellten Berichte vielleicht am liebsten erwartet hätte. Wem indeß das, was von der annoch obwaltenden Unthunlichkeit einer solchen Darstellung oben berührt worden, nicht genügt, oder was der bescheidene Mann am Ende dieses Buches hierüber mit wenigen, aber treffenden Worten äußert, wohl nur als eine Ausflucht erscheint: dem diene zur Nachricht, daß es vorzüglich von der Aufnahme abhängen wird, deren diese beiden Bändchen sich im Publikum zu erfreuen haben, ob etwa künftighin noch ein Drittes nachfolgen möchte, zu welchem sich bereits mehrere, von Nettelbeck handschriftlich aufgesetzte Materialien in des Her. Händen befinden, und welches sich dann allerdings auch über seine späteren Lebensbegegnisse verbreiten würde.

*Treptow* an der Rega,
im Mai 1821.

J. C. L. Haken.

# ERSTES BÄNDCHEN.

Am 20sten September 1738 ward ich zu *Colberg* gebohren, und bekam dann den Taufnamen *Joachim*. Mein Vater, Johann David Nettelbeck, war hier Brauer und Brandtweinbrenner und stand bei der Bürgerschaft in besonderer Liebe und Anhänglichkeit. Dies Glück ist mir von ihm übererbt, und genieße es noch jetzt, in meinem Alter, bei meinen lieben Mitbürgern. Meine Mutter war aus des Schiffers Blanken Geschlecht. Auch meiner beiden Pathen — nemlich der Kaufleute, Herren Lorenz Runge und Grüneberg — muß ich hier dankbar erwähnen, weil so manche ihrer väterlich gemeynten Vorstellungen, und was sie mir sonst Gutes eingeprägt, bei mir einen Eindruck gemacht, der mich durch mein ganzes Leben begleitet hat.

Der Gütige Leser wolle sich's gefallen lassen, etwas von meinen ersten Jugendjahren zu hören. Seit ich kaum das Alter von dreiviertel Jahren erreicht, bin ich bei meinen Groß-Eltern väterlicher Seits erzogen worden: aber sobald ich habe lallen können, stand auch mein Sinn darauf, ein Schiffer zu werden. Dies mag wohl daher kommen, daß mir dergleichen oftmals vorgeplaudert worden. Mein Hang dazu trieb mich so gewaltig, daß ich aus jedem Holzspahn, aus jedem Stückchen Baumrinde, was mir in die Hände fiel, kleine Schiffchen schnitzelte, sie mit Segeln von Federn oder Papier ausrüstete, und damit auf Rinnsteinen und Teichen, oder auf der Persante, handthierte.

Meines Vaters Bruder war Schiffer; und keine größere Freude gab es für mich, als wenn er mit seinem Schiffe hier im Hafen lag. Denn da hatte ich zu Hause keine Ruhe, sondern bat, man möchte mich nach der Münde lassen. O, welch ein vergnügtes Leben, wenn ich auf dem Schiffe war, und mit den Schiffsleuten in ihrer Arbeit herumsprang!

Nicht viel geringer war meine Liebe und Freude am Garten-Wesen: denn auch mein Großvater war ein sonderlicher Gartenfreund; nahm mich beständig mit dahin; gab mir sogar ein klein Fleckchen Land zum Eigenthum und ließ mich sehen und lernen, was zur Garten-Arbeit gehörte. Hier legte ich Obstkerne; ich verpflanzte, ich pfropfte und oculirte; ich begoß und pflegte meine Gewächse. Meine Kernstämmchen wuchsen heran; und sieben von diesen selbstgezogenen Bäumen sind noch (wie sehr es mir auch um sie leid that, da ich jetzt der Besitzer des nehmlichen Gartens bin) in der letzten französischen Belagerung umgehauen worden.

An dieses kleine, aber für mich unschätzbare Grundstück, dessen Pflege noch in diesem Augenblick die Freude meines Alters ausmacht, heften sich zugleich auch ein paar meiner frühesten und lebendigsten Erinnerungen, die ich darum nicht ganz mit Stillschweigen übergehen darf.

Ich mochte wohl ein Bürschchen von 5 oder 6 Jahren seyn und noch in meinen ersten Höschen stecken, (also etwa um das Jahr 1743 oder 44) als es hier bei uns, und im Lande weit umher, eine so schrecklich knappe und theure Zeit gab, daß viele Menschen vor Hunger starben: Denn der Scheffel Roggen galt den, damals beinahe für unerschwinglich gehaltenen Preis von einem Thaler acht Groschen. Es kamen, von landeinwärts her, viele arme Leute nach Colberg, die ihre kleinen hungrigen Würmer auf Schiebkarren mit sich brachten, um Korn von hier zu holen, weil man Getreide-Schiffe in unserm Hafen erwartete, die der grausamen Noth steuern sollten. Alle Straßen bei uns lagen voll von diesen unglücklichen ausgehungerten Menschen. Meine Großmutter, bei der ich, wie schon gesagt, erzogen ward, ließ täglich mehrere Körbe voll Grünkohl in unserm Garten pflücken, kochte Einen Kessel voll nach dem Andern für unsre verschmachtenden Gäste, und mir ward das gern übernommene Ehren-Ämtchen zu Theil, ihnen diese Speise in kleinen Schüsselchen, nebst einer Brodschnitte, zuzutragen. Da rissen mir denn Alte und Junge meinen Napf begierig aus der Hand, oder auch wohl unter einander selbst vor dem Munde weg. Ich kann nicht aussprechen, welch einen schauderhaften Eindruck diese Scene auf meine kindische Seele machte!

Endlich langte ein Schiff mit Roggen auf der Rheede an, dem sich tausend sehnsüchtige Augen und Herzen entgegen richteten. Aber, o Jammer! beim Einlaufen in den Hafen stieß es gegen eine Steinkiste des Hafendammes und nahm so beträchtlichen Schaden, daß es, im Strome selbst, nur wenige Hundert Schritte weiter, der Münder Vogtey gegenüber, in den Grund sank. Sollte die kostbare Ladung nicht ganz verloren seyn, so mußten schleunige Anstalten getroffen werden, das verunglückte Fahrzeug wieder über Wasser zu bringen. Dazu wurden denn zwei Schiffe benutzt, die eben auch im Hafen lagen, und wovon das Eine von meines Vaters Bruder geführt wurde. So war ich denn auch bei diesem Emporwinden, an welchem ich eine kindische Freude hatte, beständig zugegen; ward mitunter auch wohl, als unnütz und hinderlich, über Seite geschoben, und habe darüber all diese einzelnen Umstände nur um so besser im Gedächtniß behalten.

Gieng nun gleich das Wiederflottmachen des Schiffes glücklich von Statten, so war doch das Korn durchnäßt, zum Vermahlen untüchtig und die Hoffnung all der darauf vertrösteten Menschen vereitelt. Die Colberger Bürger kauften den beschädigten Roggen um ein Viertel des geltenden Marktpreises; und da mein Vater damals königlicher Kornmesser im Orte war, so gieng auf diese Weise die ganze geborgene Ladung durch seine Hände. Jeder suchte mit seinem Kauf so gut, als möglich, zurecht zu kommen und ihn auf's schnellste zu trocknen. Alle Straßen waren auf diese Weise mit Laken und Schürzen überdeckt, auf welchen das Getreide der Luft und Sonne ausgesetzt wurde. Kurze Zeit darauf erschien ein zweites großes Kornschiff; und nun ward es endlich möglich, die fremde Armuth zu befriedigen.

Im nächstfolgenden Jahre erhielt Colberg, aus des großen Friedrichs versorgender Güte, ein Geschenk, das damals hier zu Lande noch völlig unbekannt war. Ein großer Frachtwagen nemlich voll *Kartoffeln,* langte auf dem Markte an; und durch Trommelschlag in der Stadt und auf den Vorstädten ergieng die Bekanntmachung, daß jeder Gartenbesitzer sich zu einer bestimmten Stunde vor dem Rathhause einzufinden habe, indem des Königs Majestät ihnen eine besondre Wohlthat zugedacht habe. Man ermißt leicht, wie Alles und Jedes in eine stürmische Bewegung gerieth; und das nur um so mehr, je weniger man wußte, was es mit diesem Geschenke zu bedeuten habe.

Die Herren vom Rathe zeigten nunmehr der versammleten Menge die neue Frucht vor, die hier noch nie ein menschliches Auge erblickt hatte. Daneben ward eine umständliche Anweisung verlesen, wie diese Kartoffeln gepflanzt und bewirthschaftet, desgleichen wie sie gekocht und zubereitet werden sollten. Besser freilich wäre es gewesen, wenn man eine solche geschriebene oder gedruckte Instruktion gleich mit vertheilt hätte: denn nun achteten in dem Getümmel die Wenigsten auf jene Vorlesung. Dagegen nahmen die guten Leute die hochgepriesenen Knollen verwundert in die Hände; rochen, schmeckten und leckten dran; kopfschüttelnd bot sie Ein Nachbar dem Andern; man brach sie von einander und warf sie den gegenwärtigen Hunden vor, die dran herum schnopperten und sie gleichmäßig verschmähten. Nun war ihnen das Urtel gesprochen! »Die Dinger« — hieß es — »riechen nicht, und schmecken nicht; und nicht einmal die Hunde mögen sie fressen. Was wäre uns damit geholfen?« — Am Allgemeinsten war dabei der Glaube, daß sie zu Bäumen heranwüchsen, von welchen man zu seiner Zeit ähnliche Früchte herabschüttle. Alles dies ward auf dem Markte, dicht vor meiner Eltern Thüre, verhandelt; gab auch mir genug zu denken und zu verwundern und hat sich darum auch, bis auf's Jota, in meinem Gedächtniß erhalten.

Inzwischen ward des Königs Wille vollzogen und seine Segensgabe unter die anwesenden Garten-Eigenthümer ausgetheilt, nach Verhältniß ihrer Besitzungen; jedoch so, daß auch die Geringeren nicht unter einigen Metzen ausgiengen. Kaum irgend Jemand hatte die ertheilte Anweisung zu ihrem Anbau recht begriffen. Wer sie also nicht geradezu, in seiner getäuschten Erwartung, auf den Kehrichthaufen warf, gieng doch bei der Auspflanzung so verkehrt, als möglich, zu Werke. Einige steckten sie hie und da einzeln in die Erde, ohne sich weiter um sie zu kümmern; Andre (und darunter war auch meine liebe Großmutter mit ihrem, ihr zugefallenen Viert) glaubten das Ding noch klüger anzugreifen, wenn sie diese Kartoffeln beisammen auf Einen Haufen schütteten und mit etwas Erde bedeckten. Da wuchsen sie nun zu einem dichten Filz in einander; und ich sehe noch oft in meinem Garten nachdenklich den Fleck drauf an, wo solchergestalt die gute Frau hierinn ihr erstes Lehrgeld gab.

Nun mochten aber wohl die Herren vom Rath gar bald in Erfahrung gebracht haben, daß es unter den Empfängern viele lose Verächter gegeben, die ihren Schatz gar nicht einmal der Erde anvertraut hätten. Darum ward in den Sommer-Monaten durch den Rathsdiener und Feldwächter eine allgemeine und strenge *Kartoffel-Schau* veranstaltet und den widerspenstig Befundenen eine kleine Geldbuße aufgelegt. Das gab wiederum ein großes Geschrei, und diente auch eben nicht dazu, der neuen Frucht an den Bestraften bessere Gönner und Freunde zu erwecken.

Das Jahr nachher erneuerte der König seine wohlthätige Spende durch eine ähnliche Ladung. Allein diesmal verfuhr man dabei höheren Orts auch zweckmäßiger, indem zugleich ein Landreuter mitgeschickt wurde, der, als ein gebohrner Schwabe, (Sein Name war Eilert, und seine Nachkommen dauern noch in Treptow fort) des Kartoffelbaues kundig und den Leuten bei der Auspflanzung behülflich war, und ihre weitere Pflege besorgte. So kam also diese neue Frucht zuerst ins Land, und hat seitdem, durch immer vermehrten Anbau, kräftig gewehrt, daß nie wieder eine Hungersnoth so allgemein und drückend bei uns hat um sich greifen können. Dennoch erinnere ich mich gar wohl, daß ich erst volle vierzig Jahre später (1785) bei Stargard, zu meiner angenehmen Verwunderung, die ersten Kartoffeln im *freien Felde* ausgesetzt gefunden habe.

Doch, es ist wohl Zeit, daß ich von diesen langen Abschweifungen wieder in meine goldnen Jugendjahre und zu meinen damaligen Lieblings-Beschäftigungen zurückkehre!

Bei manchen andern Kindereien war ich auch ein großer Liebhaber von Tauben. Von meinem Frühstücks-Gelde sparte ich mir so viel am Munde ab, daß ich mir ein Paar kaufen konnte. Das war nun eine Herrlichkeit! Da aber meine Groß-Eltern unter dem Posthause, bei Herrn Frauendorf, wohnten, so gab es hier keine Gelegenheit, die Tauben ausfliegen zu lassen. Ich machte daher mit dem sogenannten »Postjungen«, Johann Witte (nachherigem Post- und Banco-Direktor in Memel) einen Accord, daß er meine Tauben zu sich nehmen, ich aber täglich eine gewisse Portion Erbsen zum Füttern hergeben sollte, die ich meinen Groß-Eltern leider! heimlich in den Taschen wegtrug. Die Tauben vermehrten sich: hinfolglich auch die Futter-Erbsen.

Bei all diesen Spielereien ward (wiederum leider!) die Schule versäumt: ich hatte weder Lust noch Zeit dazu. Wenn meine Großmutter meynte, ich säße fleißig auf der Schulbank, so schiffte ich in Rinnsteinen und Teichen, oder ich verkehrte mit meinen Tauben; und das machte mir so viel zu schaffen, daß ich weder bei Tage, noch bei Nacht, davor ruhen konnte. Diese unruhige Geschäftigkeit hat mich auch nachmals in mein männliches Wesen, bei weit wichtigern Dingen, und selbst bis in mein Alter, verfolgt.

Freilich wohl habe ich mir dabei weniger für mich, als für andre meiner Mitmenschen, zu thun und zu sorgen gemacht.

Einigen Vorschub zu diesen Possen that mir auch wohl Pathe Runge, der nicht Frau noch Kinder hatte, mich sehr liebte und sich viel mit mir abgab. Endlich aber nahm er mich einmal etwas ernsthafter in's Verhör, (wie auch zuweilen von Pathe Grüneberg geschah) und gab mir zu bedenken, daß, wenn ich Schiffer werden wollte, so müßte ich auch fleißig in die Schule gehen, eine firme Hand schreiben und gut rechnen lernen; sonst dürft' ich nie an so etwas denken. Mir fuhr das gewaltig auf's Herz. Ich sann nach, was denn wohl von meinem jetzigen Thun und Treiben abgestellt werden müßte? — Was anders, als meine Tauben, die mir so viel Zeit kosteten, und doch so sehr am Herzen lagen! *Wie* ich's aber auch bedenken mochte, so war es doch nicht anders: — ich mußte meine lieben Thierchen fahren lassen, die sich indeß ansehnlich vermehrt hatten! Dies geschah denn auch mittelst eines förmlichen schriftlichen Contracts, wodurch ich den Johann Witte, kindischer Weise, zu ihrem alleinigen Herrn und Besitzer einsetzte.

So war ich also meine Tauben los; und nun kriegt' ich einen so brennenden Trieb zur Schule, daß mich die Lernbegierde auf all meinen Schritten und Tritten verfolgte. Ich wollte und mußte ja ein Schiffer werden! Auch alle meine heiligen Christ-Geschenke, woran es meine Herren Pathen nicht fehlen ließen, hatten immer eine Beziehung auf die Schifferschaft. Bald war es ein runder holländischer Matrosen-Hut, bald lange Schifferhosen, bald wieder Pfefferkuchen, als Schiffer geformt, u. dergl.

So mocht' es etwa in meinem achten Jahre seyn, als Pathe Lorenz Runge mir, unter andern Weihnachts-Bescheerungen, auch eine Anweisung zur Steuermanns-Kunst in holländischer Sprache verehrte. Dies Buch machte meine Phantasie so rege, daß ich Tag und Nacht für mich selbst darinn studirte, bis mein Vater ein näheres

Einsehen hatte und mir bei einem hiesigen Schiffer, Namens Neymann, zwei wöchentliche Unterrichtstage in jener edlen Kunst ausmachte. Dagegen blieben die andern vier Tage noch zum Schreiben und Rechnen bei einem andern geschickten Lehrer, Namens Schütz, bestimmt. Ein Jahr später aber ward die Steuermanns-Kunst die Hauptsache und alles Andre in die Neben- und Privat-Stunden verwiesen.

Mein Eifer für diese Sache gieng so weit, daß ich im Winter oftmals bei strenger Kälte, wenn des Nachts klarer Himmel war, und wenn meine Eltern glaubten, daß ich im warmen Bette steckte, heimlich auf den Wall und die hohe Katze gieng, mit meinen Instrumenten die Entfernung der mir bekannten Sterne vom Horizont oder vom Zenith maaß und darnach die Pol-Höhe berechnete. Dann, wenn ich des Morgens erfroren nach Hause kam, verwunderte sich Alles über mich und erklärte mich für einen überstudierten Narren. Schlimmer aber war es, daß man mich nun des Abends sorgfältiger bewachte und mich nicht aus dem Hause ließ. Dennoch suchte und fand ich oftmals Gelegenheit, bei Nacht wieder auf meine Sternwarte zu kommen; was mir aber, wenn ich mich Morgens wieder einstellte, von meinem Vater manche schwere Ohrfeige einbrachte.

Ähnlicher Lohn ward mir auch sonst noch für ähnlichen Eifer! Zu oft hatte ich gehört, daß ein Seemann vor allen Dingen lernen müsse, gut klettern, um die Masten bei Tag und Nacht zu besteigen, als daß ich nicht hätte begierig werden sollen, mich darin bei Zeiten zu üben. Hiezu fand sich eine erwünschte Gelegenheit durch die nähere Bekanntschaft mit dem Sohne des damaligen Glöckners. Er war in meinen Jahren, hieß David, und wollte auch Schiffer werden. Mit diesem machte ich mich, außer der Schulzeit, auf den Boden der großen Kirche in das Sparrwerk und die Balkenverbindungen bis hoch unter das kupferne Dach hinauf. Hier stiegen und krochen wir überall herum, daß wir uns in der gewaltigen Verzimmerung dieses großen Gebäudes oftmals dergestalt verirrten, daß Einer vom Andern nicht wußte. Kamen wir dann wieder zusammen, so konnten wir nicht genug erzählen, *wo* wir gewesen waren und *was* wir gesehen hatten.

Bald gieng es nun zu einem Wagstück weiter. Auch in die Spitze des Thurms krochen wir in dem inwendigen Holzverbande hinauf — so hoch, bis wir uns in dem beengten Raume nicht weiter rühren konnten. Aber eben diese Gewandtheit und Orts-Kenntniß kam mir in der Folge recht gut zu statten, um hier in der äußersten Spitze, wo ein Wetterstrahl am 28sten April 1777 gezündet hatte, das Feuer löschen zu können; wie ich zu seiner Zeit weiter unten erzählen werde.

Und nunmehr genügte es uns nicht, bloß innerhalb uns von Balken zu Balken zu schwingen: es sollte auch außerhalb des Gebäudes geklettert werden! So machten wir uns denn auf das kupferne Dach; stiegen bei den Glocken aus den Luken auf das Gerüst; von da auf die Farst des kupfernen Kirchendaches, und indem wir darauf, wie auf einem Pferde ritten, rutschten wir längshin vom Thurm bis an den Giebel, und auf gleiche Weise wieder zurück. Ein paar Hundert Zuschauer gafften drunten, zu unsrer großen Freude, nach uns beiden jungen Waghälsen in die Höhe. Auch mein Vater war, ohne daß ich es wußte, unter dem Haufen gewesen; und so konnt' es nicht fehlen, daß mich, bei meiner Heimkunft, für diese Heldenthat eine derbe Tracht Schläge erwartete.

Aber die Lust zu einem wiederhohlten Versuche war mir dennoch nicht ausgetrieben worden! Ich lauerte es nur ab, daß mein Vater verreiset war; und an einem schönen Sommertage, Nachmittags um vier Uhr, als ich der Zucht des Herrn Schütz entlaufen war, konnt' ich nicht drum hin, meinen lieben Thurm wieder zu besuchen. Ein Schulkamerad, David Spärke, eines hiesigen Schiffers Sohn, leistete mir Gesellschaft. Diesen beredete ich, den Ritt auf dem Kirchendache mitzumachen. Ich zuerst stieg aus der Luke auf das Gerüst und von da auf die Farst des Daches.

David Spärke kam mir zuversichtlich nach, da er mich so flink und sicher darauf handthieren sah.

Allein kaum war er mir sechs oder acht Fuß nachgeritten, so überfiel ihn plötzlich eine Angst, daß er erbärmlich zu schreien begann, sich zu beiden Seiten an den kupfernen Reifen festklammerte und nicht vor- nicht rückwärts kommen konnte. Ich kehrte mich nach ihm um, kam dicht zu ihm heran; und hier saßen wir nun Beide, sahen uns betrübt in's Gesicht und wußten nicht, wo aus noch ein. Er wagte es nicht, sich umzudrehen: *ich* konnte an ihm nicht vorbeikommen. Dabei hörte er nicht auf, in seiner Seelenangst aus vollem Halse zu schreien. Auf der Straße gab es einen Zusammenlauf, und bald auch Hülfe. Denn der alte Glöckner mit seinem Sohne und mehreren Andern kamen auf den Thurm und zogen meinen Freund David mit umgeworfenen Leinen rücklings nach dem Gerüst und so vollends in die Luke hinein. Ich aber folgte, wie ein armer Sünder, zitternd und bebend nach.

Des nächsten Tages kam mein Vater wieder nach Hause: und da gab es denn, wie zu erwarten war, rechtschaffene, aber verdiente Prügel. Damit aber nicht genug, meynte auch Herr Schütz, mein Lehrer, es müsse hier, der übrigen Schulkameradschaft wegen, noch ein anderweitiges Beispiel zu Nutz und Lehre statuirt werden, und bat sich's bei meinem Vater aus, gleichfalls noch Gericht über mich halten zu dürfen. Das ward ihm gern bewilligt. Meine Strafe bestand in einem dreitägigen Quartier in dem dunkeln Carzer auf dem Schulhofe. Hier ward ich Nachmittags, sobald die Schulzeit abgelaufen war, eingesperrt und immer erst Morgens um acht Uhr, wo die Schule wieder anging, herausgelassen. Nur Mittags durft' ich nach Hause gehen, um zu essen; aber schon in der nächsten Stunde auf meiner Schulbank mich einfinden und um vier Uhr meine traurige Wanderung in die Finsterniß wieder antreten.

Nächst der Unbequemlichkeit einer einzigen täglichen Mahlzeit bei einem (Gott weiß es) gesegneten Appetite, war's meine größte Quaal und Noth, daß ich die Schaam und Schande nicht bemeistern konnte, von den andern Schulbuben über mein Abentheuer noch ausgelacht zu werden. Niemand hatte Mitleid mit meinem Unstern; ausgenommen ein einziges gutherziges Mädchen, die älteste Tochter des Kaufmanns, Herrn Seeland. (Wenn ich mich recht entsinne, nannte man sie Dörtchen). Dörtchen also steckte mir den letzten Abend, mit Thränen in den Augen, ihre Semmel zu; konnt' es aber nicht so heimlich abthun, daß es nicht von den Andern wäre gesehen und verrathen worden. Die Semmel ward mir vom Lehrer wieder abgenommen und confiscirt. *Ich* weinte; *sie* weinte; Herr Schütz selbst konnte sich dessen nicht erwehren. Ich bekam meine Semmel zurück: aber bloß — wie er hinzusetzte — um das gute Kind zu beruhigen. — Ich habe nachher, im Jahre 1782 (Also nach Verlauf von 34 Jahren!) die Freude gehabt, dieses nemliche Dörtchen Seeland in Memel wieder anzutreffen. Ihre Eltern waren in ihrem Wohlstande zurückgekommen, den sie damals durch eine Auswanderung nach Rußland zu verbessern hofften. Ich hatte jene Semmel noch nicht vergessen; und es hat mir wohlgethan, sie einigermaaßen vergelten zu können.

Endlich, da ich etwa eilf Jahre alt seyn mochte, sollte es, zu meiner unsäglichen Freude, Ernst mit meiner künftigen Bestimmung werden. Meines Vaters Bruder nahm mich auf sein Schiff, die Susanna, als Kajüten-Wächter; und so gieng meine erste Ausflucht nach Amsterdam. Hier sah ich nun eine Menge großer Schiffe auf dem Y vor Anker liegen, die nach Ost- und West-Indien gehen sollten. Täglich ward auf ihnen mit Trommeln, Pauken und Trompeten musicirt, oder mit Kanonen geschossen. Das machte mir allmählich das Herz groß! Ich dachte: Wer doch auch auf so einem Schiffe fahren könnte! — und das gieng mir nur um so viel mehr im Kopfe herum, als es damals unter all unsern Schiffsleuten, wie ich oft gehört hatte, für einen Glaubens-Artikel galt: daß, wer nicht, von Holland aus, auf dergleichen Schiffen gefahren wäre, auch für keinen rechtschaffenen Seemann gelten könnte. Gerade *das* aber machte ja mein ganzes Sinnen und Denken aus! — Im Vorbeigehn will ich aber noch hinzufügen, daß jener Glaube auf einem ganz guten Grunde beruhte. Man findet wirklich bei keiner Nation eine größere Ordnung auf den Schiffen, als bei den Holländern, auf solchen bedeutenden Fahrten in fremde Welttheile.

Wovon mir das Herz voll war, gieng mir auch alle Augenblicke der Mund über. Ich gestand meinem Oheim, wie gerne ich am Bord eines solchen ansehnlichen Ostindien-Fahrers seyn und die Reise mitmachen möchte. Er gab mir immer die einzige Antwort, die darauf paßte: Daß ich nicht klug im Kopfe seyn müßte. Endlich aber ward dieser Hang in mir zu mächtig, als daß ich ihm länger widerstehen konnte. In einer Nacht, zwei Tage vor unsrer Abreise, schlüpfte ich heimlich in unsre angehängte Jölle — ganz wie ich gieng und stand und ohne das geringste von meinen Kleidungsstücken mit mir zu nehmen. Man sollte nemlich nicht glauben, daß ich desertirt, sondern daß ich ertrunken sey; und wollte so verhindern, daß mir nicht weiter auf den andern Schiffen nachgespürt würde. Unter diesen aber hatte ich mir Eins auf's Korn gefaßt, von welchem mir bekannt geworden war, daß es am andern nächsten Morgen nach Ostindien unter Segel gehen sollte. Das Letztere zwar war richtig: aber über seine Bestimmung befand ich mich im Irrthum: denn es war zum Sklaven-Handel auf der Küste von Guinea bestimmt.

Still und vorsichtig kam ich mit meiner Jölle an der Seite dieses Schiffes an, ohne von irgend Jemand auf demselben bemerkt zu werden. Eben so ungesehen stieg ich an Bord, indem ich mein kleines Fahrzeug mit dem Fuße zurückstieß und es treibend seinem Schicksal überließ. Bald aber sammlete sich das ganze Schiffsvolk (Es waren deren 84 Köpfe, wie ich nachmals erfuhr) verwundert um mich her. Jeder wollte wissen, woher ich käme? wer ich wäre? was ich wollte? Statt aller Antwort — Und was hätt' ich auch sagen können? — fing ich an, erbärmlich zu weinen.

Der Kapitain war diese Nacht nicht an Bord. Man

brachte mich also zu den Steuerleuten, welche das Verhör in's Kreuz und in die Queere mit mir erneuerten. Auch hier hatt' ich nichts, als Thränen und Schluchzen. »Aha, Bursche!« legte sich endlich Einer auf's Rathen — »Ich merke schon! Du bist von einem Schiffe weggelaufen und denkst, daß *wir* dich mitnehmen sollen?« — Das war ganz meines Herzens Meynung. Ich stammelte also ein Ja darauf hervor; konnte mich aber diesmal nicht entschließen, noch weiter herauszubeichten. Inzwischen hatte man einiges Mitleid mit mir; gab mir ein Glas Wein, sammt einem Butterbrod und Käse, und wies mir eine Schlafstelle an, mit dem Bedeuten, daß morgen früh der Kapitain an Bord kommen werde, der mich vielleicht wohl mitnehmen möchte. — Da lag ich nun die ganze Nacht schlaflos, und überdachte, was ich sagen und verschweigen wollte.

Am andern Morgen, mit Tages-Anbruch, fand sich der Lootse ein; der Anker ward aufgewunden und man machte sich segelfertig; wobei ich treuherzig und nach Kräften mit Hand anlegte. Unter diesen Beschäftigungen kam endlich auch der Kapitain heran. Ich ward ihm vorgestellt; und auch seine erste und natürlichste Frage war: Was ich auf seinem Schiffe wollte? — Ich fühlte mich nun schon ein wenig gefaßter, und gab ihm über mein Wie und Woher so ziemlich ehrlichen Bescheid; nur setzte ich hinzu (Und diese Lüge hat mir nachmals oft bitter leid gethan: denn mein Oheim war gegen mich die Gütigkeit selbst, als ob ich sein eigen Kind wäre) Dieser habe mich auf der Reise oftmals unschuldig geschlagen: wie das denn auch nur noch gestern geschehen sey. Ich könne dies nicht länger ertragen; und so sey ich heimlich weggegangen, und bäte flehentlich, der Kapitain möchte die Güte haben, mich anzunehmen. Ich wollte gerne gut thun.

Nun ich einmal so weit gegangen war, durft' ich auch die richtige Antwort auf die weitere Frage nach meines Oheims Namen und Schiffe nicht schuldig bleiben. »Gut!« sagte der Kapitain — »Ich werde mit dem Manne darüber sprechen.« — Das klang nun gar nicht auf mein Ohr! Ich hub von neuem an zu weinen; schrie, ich würde über Bord springen und mich ersäufen, und trieb es so arg und kläglich, (Mir war aber auch gar nicht wohl um's Herz!) daß nach und nach das Mitleid bei meinem Richter zu überwiegen schien. Er gieng mit seinen Steuerleuten in die Kajüte, um die Sache ernstlicher zu überlegen; ich aber lag indeß, von Furcht und Hoffnung hin und her geworfen, wie auf der Folter: denn die Schande, vielleicht zu meinem Oheim zurückgebracht zu werden, schien mir unerträglich.

Endlich rief man mich in die Kajüte. »Ich habe mir's überlegt«; hub hier der Kapitain an — »und du magst bleiben. Du sollst Steuermanns-Junge seyn und monatlich sechs Gulden Gage haben; auch will ich für deine Kleidungsstücke sorgen. Doch, höre, sobald wir mit dem Schiffe in den Texel kommen, schreibst du selbst an deines Vaters Bruder und erklärst ihm den ganzen Zusammenhang. Den Brief will ich selbst lesen und auch für seine sichre Bestellung sorgen.« — Man denke, wie freudig ich einschlug, und was für ein Stein mir vom Herzen fiel!

Jetzt giengen wir auch unter Segel. Allein ich will es auch nur gestehen, daß, so wie ich meines Oheims Schiff so aus der Ferne darauf ansah, mir's innerlich leid that, es bis zu diesem thörichten Schritte getrieben zu haben. Trotz diesem Herzweh, erwog ich, daß er nicht mehr zurückgethan werden konnte, wofern ich nicht vor Beschämung vergehen sollte. Ich machte mich also stark; und als wir im Texel ankamen, schrieb ich meinen Abschiedsbrief, den der Kapitain las und billigte und mein Steuermann an die Post-Schuyte besorgen sollte.

Wie die Folge ergeben hat, ist jedoch dieser Brief, mit oder ohne Schuld des Bestellers, nicht an meinen Oheim gelangt; entweder daß Dieser zu früh von Amsterdam abgegangen, oder daß das Blatt unterwegs verloren gegangen. Mein Tod schien also ungezweifelt: denn man glaubte, (wie ich in der Folge erfuhr) ich sey in der Nacht aus der Jölle gefallen, die man am nächsten Morgen zwischen andern Schiffen umhertreibend gefunden hatte.

Nachdem wir im Texel unsre Ladung, Wasser, Proviant und alle Zubehör, welche der Sklaven-Handel erfordert, an Bord genommen hatten, giengen wir in See. Mein Kapitain hieß *Gruben* und das Schiff *Afrika*. Alle waren mir gut und geneigt; ich selbst war vergnügt und spürte weiter kein Heimweh. Wir hatten zwei Neger von der Küste von Guinea, als Matrosen, an Bord. Diese gab mir mein Steuermann zu Lehrern in der dort gewöhnlichen Landessprache*); und ich darf wohl sagen, daß sie an mir einen gelehrigen Schüler fanden. Denn meine Lust, verbunden mit der Leichtigkeit, womit man in meinem damaligen Alter fremde Sprachtöne sich einprägt, brachten mich binnen kurzem zu der Fertigkeit, daß ich nachher an der Küste meinem Steuermann zum Dollmetscher dienen konnte. Und das war es eben, was er gewollt hatte.

Unsre Fahrt war glücklich, aber ohne besonders merkwürdige Vorfälle. In der sechsten Woche erblickten wir St. Antonio, Eine von den Inseln des grünen Vorgebürges, *(Capo verde)* und drei Wochen später hatten wir unser Reise-Ziel erreicht und giengen an der Pfeffer-Küste, bei Cap Mesurado, unter 6 Grad nördlicher Breite, vor Anker, um uns mit frischem Wasser und Brennholz zu versorgen. Zugleich war dies die erste Station, von wo aus unser Handel betrieben werden sollte.

Späterhin giengen wir, oberhalb Windes, weiter östlich nach Cap Palmas; und hier erst begann das Verkehr lebendiger zu werden. Die Schaluppe wurde mit Handels-Artikeln beladen, mit Lebensmitteln für 12 Mann Besatzung auf sechs Wochen versehen und mit sechs kleinen Drehbassen, die ein Pfund Eisen schossen, ausgerüstet.

*) Längs der Küste von Guinea, bedient man sich einer Sprache, die in einem bunten Gemisch von portugiesischen, noch mehreren englischen und aus den Neger-Mundarten hergenommenen Wörtern besteht, und womit man sich überall beim Handel verständlich macht. Tiefer landeinwärts aber sind ganz davon abweichende Sprachen im Gange, und auch diese wieder unter sich selbst dergestalt verschieden, daß, wenn man irgendwo einen Sklaven aus dem Innern kauft, und nur Eine Meile weiter einen Andern von einer verschiedenen Nation, Beide sich unter einander schwerlich verstehen werden. *(Anm. des Vf.)*

Mein Steuermann befehligte im Boot; ich aber, sein kleiner Dollmetscher, blieb auch nicht dahinten, und ward ihm im Handel vielfach nützlich. Wir machten in diesem Fahrzeuge drei Reisen längs der Küste, entfernten uns bis zu 50 Meilen vom Schiffe und waren gewöhnlich drei Wochen abwesend. Nach und nach kauften wir hierbei 24 Sklaven, Männer und Frauen, (Auch eine Mutter mit einem einjährigen Kinde war dabei!) eine Anzahl Elephanten-Zähne und etwas Goldstaub zusammen. Bei dem letzten Abstecher ward auch der Europäische Briefsack auf dem Holländischen Haupt-Castell St. George de la Mina von uns abgegeben.

Unser Schiff fanden wir, bei unserer Heimkehr, etwas weiter ostwärts, nach der Rheede von Laque la How oder Cap Lagos vorgerückt. Acht unsrer Gefährten waren, in der Zwischenzeit, auf demselben, in Folge des ungesunden Klima, gestorben. Dagegen hatte der Kapitain anderthalb Hundert Schwarze, beiderlei Geschlechts, eingekauft und einen guten Handel mit Elfenbein und Goldstaub gemacht. Für alle diese Artikel gilt Cap Lagos als eine Haupt-Station, weil landeinwärts ein großer See, von vielen Meilen lang und breit, vorhanden ist, auf welchem die Sklaven von den Menschenhändlern (Kafficieren) aus dem Innern in Canots herbeigeführt werden.

Gerade in dieser Gegend war auch Kapitain Gruben bei den hier ansäßigen reichen Sklavenhändlern von Alters her wohl bekannt und gern gelitten. Dennoch war ihm schon auf einer vorigen Reise hieher ein Plan fehlgeschlagen, den er entworfen hatte, sich, zum Vortheil der Holländischen Regierung, an diesem wohlgelegenen Platze unvermerkt fester einzunisten. Er hatte es mit den reichen Negern verabredet, ein abgebundenes hölzernes Haus, nach Europäischer Bauart, mitzubringen und dort aufzurichten, worin zehn bis zwanzig Weiße wohnen könnten, und welches durch einige, daneben aufgepflanzte Kanonen geschützt werden sollte. Als es aber fertig da stand, kamen diese Anstalten den guten Leutchen doch ein wenig bedenklich vor. Sie bezahlten lieber dem Kapitain sein Häuschen, das so ziemlich einer kleinen Festung glich, reichlich mit Goldstaub; und so sahen es auch noch meine Augen, indem es von einem reichen Kafficier bewohnt wurde.

Nachdem wir von hier noch eine Bootreise, gleich den vorigen, und mit eben so gutem Erfolg, gemacht hatten, giengen wir, nach vier bis fünf Wochen, mit dem Schiffe weiter nach Axim, dem ersten Holländischen Kastell an dieser Küste; wo denn auch fortan der Schaluppen-Handel ein Ende hatte. Ferner steuerten wir, Cabo tres Puntas vorbei, nach Accada, Boutrou, Saconda, Chama, St. Georg de la Mina und Moure. Überall wurden Einkäufe gemacht; so daß wir endlich unsre volle Ladung, bestehend in 420 Negern jedes Geschlechts und Alters, beisammen hatten. Alle diese Umstände sind mir noch jetzt, in meinem hohen Alter, so genau und lebendig im Gedächtnisse, als wenn ich sie erst vor ein paar Jahren erlebt hätte.

Nunmehr gieng die Reise von der Afrikanischen Küste nach Surinam, queer über den Atlantischen Ocean, hinüber, wo unsre Schwarzen verkauft werden sollten. Während neun bis zehn Wochen, die wir in See waren, sahen wir weder Land noch Strand; erreichten aber unsern Bestimmungs-Ort glücklich, vertauschten unsre unglückliche Fracht gegen eine Ladung von Kaffee und Zucker, und traten sodann den Rückweg nach Holland an. Wir brauchten dazu wiederum acht bis neun Wochen, bis wir endlich, wohlbehalten, im Angesicht von Amsterdam den Anker fallen ließen. Es war im Junius 1751, und die ganze Reise hin und zurück hatte 21 Monate gedauert. Eilf Leute von unsrer Mannschaft waren während dieser Zeit verstorben.

In Amsterdam ließ ich es mein Erstes seyn, nach Colberg an meine Eltern zu schreiben und ihnen Bericht von meiner abentheuerlichen Reise zu erstatten. Denke man sich ihr freudiges Erstaunen beim Empfang dieser Zeitung! Ich war todt, und war wieder lebendig geworden! Ich war verloren und war wiedergefunden! Ihre Empfindungen drückten sich in den Briefen aus, die ich unverzüglich von dort her erhielt. Segen und Fluch wurden mir darinn vorgestellt. Ich Unglückskind wäre ja noch nicht einmal eingesegnet! Augenblicklich sollt' ich mich aufmachen und nach Hause kommen!

Es traf sich erwünscht, daß ich mich in Amsterdam mit einem Landsmanne, dem Schiffer Christian Damitz, zusammen fand. Auf seinem Schiffe gieng ich nach Colberg zurück. Von meinem Empfange daheim aber thue ich wohl am besten, zu schweigen.

In meiner Vaterstadt blieb ich nun und hielt mich wieder zum Schul-Unterricht, bis ich mein vierzehntes Jahr erreicht und die Confirmation hinter mir hatte. Dann aber war auch länger mit mir kein Halten; ich wollte und mußte zur See, wie der Fisch in's Wasser, und mein Vater übergab mich (zu Ostern 1752) an Schiffer Mich. Damitz, der so eben von Colberg nach Memel und von da nach Liverpool abgehen wollte, und in den er ein besonderes Vertrauen setzte. Beide Fahrten waren glücklich. Wir giengen weiter nach Dünkirchen, wo wir eine Ladung Taback einnahmen; dann über Norwegen nach Danzig — und so kam ich, kurz nach Neujahr, zu Lande, um 19 Thaler Löhnung reicher, nach Colberg zurück. Ich glaubte Wunder, was ich in diesen neun Monaten verdient hätte! Und noch vor wenig Jahren brachten es unsre Matrosen wohl auf 15 und mehr Thaler monatlich. So ändern sich die Zeiten!

In den beiden nächstfolgenden Jahren (1753 und 54) schwärmte ich auf mehr als Einem Colbergschen Schiffe, und unter verschiedenen Kapitainen, auf der Ost- und Nordsee umher, und war bald in Dänemark und Schweden, bald in England und Schottland, in Holland und Frankreich zu finden. Auf all diesen Reisen entsinn' ich mich aber keines Dings, das hier wieder erwähnt zu werden verdiente: denn Sturm und gut Wetter, und was dem weiter angehört und auf solchen Reisen unausbleiblich vorfällt, sind bei einem Seemann etwas Alltägliches, und es ist meine Art nicht, davon viel Aufhebens zu machen.

Eben darum aber mochte dies einförmige Leben meinem feurigen Sinn länger nicht anstehen. Der alte Hang zum Abentheuern erwachte; so daß ich in Amsterdam, wo ich mit Kapitain Joach. Blank, einem alten lieben Colbergschen Landsmann und Verwandten, zusammentraf, der Versuchung zu einem weitern Ausflug länger nicht widerstehen konnte, sondern mich, ohne weitere Erlaubniß von Hause, flugs und freudig auf sein Schiff Christina, das nach Surinam bestimmt war, als Konstabler verdung. Als indeß auf der Hinfahrt unser Steuermann das Unglück hatte, über Bord zu fallen und zu ertrinken, kam ich für diese Reise zu der Ehre, den Unter-Steuermann vorzustellen.

Daß ich mich hier auf eine ausführliche Beschreibung der Kolonie Surinam einlasse, wird wohl nicht von mir erwartet werden. Man weiß, daß sie ihren Namen von dem Flusse Surinam führt, an welchem auch dritthalb Meilen aufwärts die Hauptstadt Paramaribo gelegen ist. An seiner Mündung ist er wohl zwei Meilen breit und bleibt gegen 60 Meilen landeinwärts, auch bei der niedrigsten Ebbe, für kleinere Fahrzeuge noch schiffbar. Nur wenig geringer ist der, mit ihm verbundene Fluß Comandewyne, welcher bis gegen 50 Meilen aufwärts befahren wird. Mit beiden steht noch eine Menge todter Arme oder Kreeks in Verbindung, und an allen Ufern hinauf drängen sich die Zucker- und Kaffee-Plantagen; während alles übrige Land eine fast undurchdringliche Waldung ausmacht. Eben dadurch aber wird diese Kolonie Eine der ungesundesten in der Welt; und wenn eine Schiffs-Equipage von 40 Mann binnen den vier Monaten, welche man hier gewöhnlich verweilt, nur 8 bis 10 Todte zählt, so wird dies für ein außerordentliches Glück gehalten.

Diese große Sterblichkeit hat aber zum Theil auch wohl ihren Grund in den anstrengenden Arbeiten, wozu die Schiffsmannschaften nach hiesigem Gebrauch angehalten werden: denn sie müssen ebensowohl den Transport der mitgebrachten Ladung an europäischen Gütern nach den einzelnen Plantagen, als die Rückfracht aus denselben an

Kolonial-Waaren, besorgen. Man bedient sich dazu einer Art von Fahrzeugen, *Punten* genannt, die wie Prahme gebauet sind und ein zugespitztes, mit Schilf gedecktes Wetterdach tragen; so daß sie das Ansehen eines, auf dem Wasser schwimmenden, deutschen Bauerhauses gewähren. Zwei solcher Punten werden jedem Schiffe zugegeben; und mir, als Unter-Steuermann, kam es zu, mit Hülfe von vier Matrosen, die Fahrten auf den Strömen damit zu verrichten, wozu denn oft 14 Tage, und noch längere Zeit, erfordert wurden.

Bei unsrer Ankunft gab es auf dem Schiffe ein kleines Abentheuer, das unsern Schiffer eine Zeitlang in nicht geringe Sorge setzte, endlich aber doch einen ziemlich lustigen Ausgang gewann. Unter der Ladung nemlich, die wir in Amsterdam eingenommen hatten, befand sich auch eine Kiste von etwa drei Fuß in's Gevierte, worüber der Kapitain zwar das richtige Connoissement in Händen hatte, ohne gleichwohl, beim Löschen vor Paramaribo, die Kiste selbst an Bord wieder auffinden zu können. Sie war an einen dortigen Juden adressirt, dessen wiederholte Nachfrage, trotz allem Suchen, unbefriedigt bleiben mußte. Diese Verlegenheit schlau benutzend, brachte endlich der Hebräer nicht nur seine Klage bei dem holländischen Fiscal (Kolonie-Richter) an, sondern reichte zugleich ein langes Verzeichniß ein von goldenen und silbernen Taschenuhren, Geschmeiden und andern Kostbarkeiten, zu einem Belauf von beinahe 4000 Gulden an Werthe, die in der Kiste enthalten gewesen. Der Prozeß gieng seinen Gang, und der Jude brachte seine Beweise so bündig vor, daß das endlich erfolgte rechtskräftige Erkenntniß meinen Kapitain zur völligen Schadloshaltung binnen 14 Tagen verurtheilte, dem es übrigens überlassen blieb, sich wiederum an seine Leute zu halten.

Ganz unerwartet aber fand sich nunmehr die verwünschte Kiste im hintern untersten Schiffsraum wieder auf, wo sie, durch irgend ein Versehen, hoch mit Brennholz überstauet gewesen war. Glücklicher Weise hatte das

Siegel derselben, das auch auf dem Connoissement abgedruckt war, keinen Schaden gelitten. Aber zugleich kam es uns wunderlich vor, daß die Kiste, beim Heben und Schütteln derselben, sich gar nicht so anließ, als ob Sachen von der angegebenen Art darin enthalten seyn könnten. Dieser Verdacht ward dem Fiscal unter der Hand gesteckt. Er kam selbst an Bord; überzeugte sich von der Richtigkeit des Connoissements und der Unversehrtheit des Siegels, und da der Jude ein armer Teufel war, dem sich mit einer Geldstrafe nichts anhaben ließ: so sollte er, wie es in aller Welt Brauch ist, für den versuchten Betrug mit seiner Haut bezahlen.

Zuförderst ward ihm gemeldet, daß sein Eigenthum wieder zum Vorschein gekommen sey und von ihm alsogleich am Bord in Empfang genommen werden könne. Sein Erschrecken über diese Nachricht war drollig genug: aber dem Frieden nicht trauend, verlangte er, man möchte ihm die Kiste in Gottes Namen nur an Land und in sein Haus schaffen; bis, auf seine beharrliche Weigerung, der Fiscal ihn durch zwei Neger mit Gewalt und gebunden an Bord holen ließ. Hier mußt er, in dessen Beiseyn, die Kiste, als die seinige und als vollkommen unverletzt, anerkennen; dann aber auch öffnen, und nun kam ein gar bunter Inhalt zum Vorschein! Der ganze Trödel bestand aus Redouten-Anzügen und fratzenhaften Gesichts-Larven; der unglückliche Eigenthümer aber ward, auf des Richters Geheiß, über seine Kiste hingestreckt und von ein paar Matrosen mit ihren Tau-Endchen so unbarmherzig zugedeckt, daß ihm wahrscheinlich alle ähnliche Speculationen für eine lange Zeit vergangen seyn werden.

Eher hätte man Surinam damals eine *deutsche,* als eine *holländische* Kolonie nennen können: denn auf den Plantagen, wie in Paramaribo, traf man unter hundert Weißen immer, vielleicht neun und neunzig an, die hier aus allen Gegenden von Deutschland zusammengeflossen waren. Unter ihnen hatte ich, während dieser Reise, Gelegenheit, auch zwei Gebrüder, des Namens *Kniffel,* kennen zu lernen, die aus Belgard in Pommern gebürtig, und also meine nächsten Landsleute waren. Sie hatten in früherer Zeit, als gemeine holländische Soldaten, sich hieher verirrt: aber Glück, Fleiß und Rechtlichkeit hatten sie seither zu Millionairs gemacht, welche hier eines wohlverdienten Ansehens genoßen. Am Comandewyne besaßen sie zwei Kaffee-Plantagen. Die Eine hieß Friedrichsburg; und eine Andere dicht daneben, welche von ihnen selbst angelegt worden, hatten sie, ihrer Vaterstadt zu Ehren, *Belgard* genannt. Zu Paramaribo war eine Reihe von Häusern, die eine Straße von 400 Schritten in der Länge bildeten, ihr Eigenthum und führte nach ihnen den Namen *Kniffels-Loge*. Ebendaselbst hatten sie eine lutherische Kirche aufgeführt und zur Erhaltung derselben, für ewige Zeiten, die Einkünfte der Plantage Belgard gewidmet.

Diese Gebrüder standen schon seit längerer Zeit mit meinem Kapitain Blank, als einem Colberger und Landsmann, in besonders freundschaftlichem Verkehr. Er versorgte sie und ihre Plantagen ausschließlich mit Allem, was sie aus Europa bedurften; und hinwiederum führte er alle ihre dortigen Erzeugnisse nach Holland zurück. So geschah es auch bei der gegenwärtigen Reise; da ich denn oft von ihm mit Aufträgen an sie geschickt und ihnen auf diese Weise bekannt und lieb wurde. Schon die vielfältigen Beweise von Güte, die ich von ihnen Beiderseits erfuhr, würden mich veranlaßt haben, Ihrer hier zu gedenken, wenn nicht auch der Verfolg meiner Lebensgeschichte mir wiederholte Gelegenheit gäbe, auf ihren Namen zurückzukommen.

Unsre Heimfahrt nach Amsterdam, die sechs Wochen währte, war glücklich, aber ohne weitere Merkwürdigkeit. Wir waren 14 Monate abwesend gewesen, und unser Schiff bedurfte einer völlig neuen Verzimmerung, die sich bis in den November 1755 zu verzögern drohte. Dies dauerte mir zu lange, und gab die Veranlassung, daß ich in einen andern Dienst, unter Kapitain Wendorp, übergieng. Sein Schiff war nach Curassao bestimmt; auf der Rückreise ergänzten wir bei St. Eustaz unsre Ladung, und nach neun Monaten, die ich hier kurz übergehe, warfen wir wiederum vor Amsterdam wohlbehalten die Anker.

Hier warteten Briefe auf mich von meinen Eltern, von so drohendem Inhalt und angefüllt mit so gerechten Vorwürfen, daß ich's wohl nicht länger verschieben durfte, mich zum Zweitenmal, als der verlorne Sohn, reuig nach Hause auf den Weg zu machen. Doch fand ich gleich im voraus einigen Trost in dem Vorschlage, daß meines Vaters Bruder bestimmt sey, des Herrn Beckers Schiff, genannt die Hoffnung, mit einer Ladung Holz von Rügenwalde nach Lissabon zu führen; und mit dem sollte ich fahren. Dies war im Jahre 1756.

So gieng ich denn als Passagier nach Danzig, und traf es da eben recht, daß zwölf junge und schmucke seefahrende Leute ausgesucht werden sollten, um die sogenannte Herren-Borse auf's stattlichste zu bemannen. Es war nemlich zu der Zeit der König August von Pohlen in der Stadt anwesend; und auf der Rheede lag eine zahlreiche Flotte von russischen Kriegsschiffen vor Anker, der er einen Besuch abzustatten gedachte. Zu dieser Lustfahrt, die Weichsel herunter, sollte nun jene Staatsjacht dienen. Zufällig kriegte man mich mit an, um die Mannschaft vollzählig zu machen; und sowohl das Außerordentliche bei der Sache, als auch der Dukaten, der dabei für jeden Mann abfallen sollte, machten mir Lust, diesen Ehrendienst zu verrichten.

Das dauerte aber nur solange, bis wir zum Schiffer-Ältesten Karsten kamen, wo wir zu der Feierlichkeit mit einer Art von Uniform aufgeputzt werden sollten, die mit blanken Schilden und vielen rothen, grünen und blauen Bändern verbrämt war. So ausstaffiert, hielt man mir zuletzt einen Spiegel vor: — aber wie erschrak ich, als ich sah, was für einen Narren man aus mir gemacht hatte! Das war jedoch das Wenigste! Allein das Herz im Leibe wollte mir zerspringen, wenn ich dabei bedachte, daß ich einen andern, als meines eignen Königs Namenszug im

Schilde an meiner Stirne tragen sollte. Die Thränen traten mir in die Augen. Mir war's, als muthete man mir zu, meinen großen Friedrich zu verläugnen. Gerne hätt' ich mir Alles wieder vom Leibe gerissen und hätte den Handel wieder aufgesagt, wenn es möglich gewesen wäre. Doch ich war Einmal unter den Wölfen, und mußte mit ihnen heulen! Indeß gelobte ich mir's, diesen Makel dadurch wieder gut zu machen, daß ich den verheißenen Dukaten dem ersten preußischen Soldaten zuwürfe, der mir begegnen würde. Ein alter Husar wurde dies Glückskind; und der mag sich wohl nicht schlecht verwundert haben, daß ein achtzehnjähriges Bürschchen, wie ich, mit Golde um sich warf!

Im Monat August traf ich in Colberg ein, fand meines Oheims Schiff bereits in der Ausrüstung und gieng mit demselben auf die Rügenwalder Rheede, wo wir unsre Ladung Holz einnahmen. Mit mir fuhr mein jüngerer Bruder, 16 Jahr alt, als Kajütenwärter. Auch hatte mein Oheim seinen eignen 14jährigen Sohn mitgenommen; und es befanden sich Unsrer in Allem 13 Menschen am Borde. Aber gleich der Anfang dieser Fahrt versprach wenig Gutes, da wir durch Sturm und widrige Winde dergestalt aufgehalten wurden, daß wir erst mit Ausgang Octobers im Sunde anlangten.

Hier gieng mein Oheim mit mir und noch drei andern Matrosen in der Seegel-Schaluppe nach Helsingör an Land, woselbst seine Geschäfte ihn so lange verweilten, daß wir erst Abends um neun Uhr auf den Rückweg kamen. Die See gieng hoch, und unser Fahrzeug, das mit Wasser- und Bierfässern und andern Provisionen schwer beladen war, hielt wenig Bord. Zudem stand uns ein steifer Südwind entgegen, der uns zum Laviren nöthigte, und eben machten wir einen Schlag dicht hinter dem Dänischen Wachtschiffe vorüber, als ein harter Stoßwind so plötzlich aufstieg und so ungestüm in unsre Seegel fiel, daß die Schaluppe Wasser schöpfte, umschlug und im Hui! den Kiel nach oben kehrte.

Wir, die wir drinne saßen, wurden samt und sonders herausgespült. Ich ergriff ein Ruderholz, und war so glücklich, mich über dem Wasser zu erhalten. Wo die Andern blieben, sah ich nicht. Indeß war unser Unglück von dem Dänischen Kriegsschiffe nicht unbemerkt geblieben; und sogleich auch stieß ein Fahrzeug ab, uns zu retten. Allein es war stockfinster und von uns Verunglückten keine Seele aufzufinden. Nur die Schaluppe kam ihnen in den Wurf und ward geborgen; freilich aber war die ganze Ladung davongeschwommen und gieng verloren.

Unter uns Umhertreibenden mochte ich wohl der Erste seyn, der sich glücklich aus diesem bösen Handel zog. Ich trieb nemlich gegen ein vor Anker liegendes Schiff, und erhielt mich so lange am Ankertau, bis die Leute mich zu sich an Bord ziehen konnten. Mein guter Oheim hingegen ward ebensowohl durch den harten Sturm, als die schnelle Strömung, beinah eine Viertelmeile weit, bis unterhalb des Dänischen Kastells davon geführt. Aber indem er sich kümmerlich an einem Spriet*) festgeklammert erhielt, braucht' er wohl eine Stunde, bevor er mit Schwimmen das Land erreichte. Zwei Matrosen wurden durch eine Lootsen-Jolle gerettet; Einer aber blieb leider! verloren.

Erst am Morgen fanden wir vier Geborgenen uns in Helsingör wieder zusammen. Unsre Schaluppe ward uns von dem Wachtschiffe wieder zurückgegeben; wir ersetzten unsre verunglückte Ladung durch angekaufte neue Vorräthe, versahen uns mit frischen Rudern und kehrten sodann nach unserm Schiffe zurück. Sobald auch nur Wind und Wetter wieder günstiger geworden waren, säumten wir nicht, unsre Fahrt, trotz der späten und bösen Jahreszeit, fortzusetzen.

Am 2. Dezember nahmen wir, nicht ohne Beunruhigung, wahr, daß ein gewaltiger Sturm aus Norden uns auf die Flämischen Bänke geworfen hatte, deren Gefährlichkeit wir nur gar zu wohl kannten. Nur zu bald auch bekamen wir mehrere heftige Grundstöße, die unser

*) Eine starke, funfzehnfüßige Stange vom Schaluppen-Segel.

Steuerruder aussetzten und uns Seiner verlustig machten. Um nicht augenblicklich auf den Strand zu gerathen, blieb nichts übrig, als uns auf der Stelle vor zwei Anker zu legen. Es war zehn Uhr Vormittags; das Land eine kleine halbe Meile entfernt, und unser Ankerplatz, auf vier Faden Tiefe, mitten in der schäumenden Brandung; während unsre Segel, die wir nicht mehr fest machen konnten, im Winde flatterten. Welle für Welle stürmte über das Verdeck hinweg; so daß wir in Einem fort unter Wasser standen, und, da wir hier keine Leibes-Bergung mehr fanden, uns sämmtlich oben im Mast erhielten.

Unsre Lage ward noch unerfreulicher, da mein Oheim gegen uns bemerkte, daß wir uns hier im Angesicht der Flandrischen Küste befänden und es kaum würden vermeiden können, auf den Strand zu laufen. *Hier* war also Österreichisches Gebiet; *wir* Preußische Unterthanen, und Preußen mit Österreich seit kurzem im *Kriege* begriffen. Er verbot uns demnach für jenen Fall, es auf irgend eine Weise zu verrathen, daß wir von Rügenwalde kämen und ein Preußisches Schiff hätten. Vielmehr sollten wir in der Aussage übereinstimmen: Schiff und Ladung sey Schwedisches Eigenthum, komme von Greifswalde und sey nach Lissabon bestimmt. Sobald der Sturm es nur zulasse, setzte er hinzu, — wolle er hinabsteigen, die Preußische Flagge vernichten und ebensowohl seine Schiffspapiere über Seite zu bringen, als der bereitgehaltenen Schwedischen Documente aus der Kajüte habhaft zu werden suchen.

Wirklich auch entschloß er sich zu diesem gewagten Versuche: aber beim Niedersteigen schwankte der Mast dergestalt und ein unglücklicher Schlag des peitschenden Segels traf ihn so gewaltsam, daß es ihm unmöglich wurde, sich länger zu halten. Er fiel; stürzte mit dem Rücken auf den Rand des, auf dem Verdecke stehenden Bootes, von da mit dem Kopf gegen die scharfe Ecke eines Pöllers, und endlich auf das Deck, welches die Sturzwellen immerfort so hoch, als die Seitenborde ragten, mit Wasser überschwemt hielten; und so sahen wir ihn in diesem Wasser hin und her gespült werden. Der Anblick war so gräßlich, daß wir ihn länger nicht ertragen konnten. Ich wagte mich mit noch zwei Matrosen hinab in dieser Noth; wir zogen ihn mit Mühe auf das Kajüten-Deck, wo doch nicht jede Woge eine Überschwemmung verursachte, und waren nun in der Nähe Zeugen von seinem jammervollen Geschick. Der Schlag des Segels hatte das linke Auge getroffen, welches weit aus dem Kopfe nur noch an einer schwachen Sehne hervorhieng. Das Blut drang zugleich aus Mund, Nase und Ohren. Aus der hohlen Brust stöhnte ein dumpfes Röcheln, ohne Spur eines Bewußtseyns. Trost- und rathlos schob ich ihm das hangende Auge in den Kopf zurück und band ihm mein Halstuch darüber. Um und neben ihm lagen nun ich, sein Sohn und noch ein getreuer Matrose in fester Umklammerung, um uns gegen die Gewalt der Sturzseen zu erhalten, und unbeweglich, bis gegen fünf Uhr Abends, da endlich unsre Ankertaue brachen und wir, bei halber Fluth, unaufhaltsam gegen den Strand getrieben wurden.

Endlich stieß das Schiff auf den Grund und hielt mit heftigen Stößen an, so lange das Wasser im Wachsen blieb. Erst als die Ebbe wieder eintrat, saß es völlig fest: aber nun brachen sich auch die rollenden Wellen mit solcher Macht dagegen, daß jede Einzelne darüber weg schlug und Schaum und Gischt die volle Höhe des Mastes emporgewirbelt wurden. Allmählig brach auch das Gebäude in all seinen Fugen; und wir sahen die Stücken davon, unter unsern Füßen, Eins nach dem Andern davontreiben. So wie aber die Ebbe sich immer weiter zurückzog, ließ auch die zertrümmernde Gewalt des Wogendrangs nach, die uns sonst unausbleiblich in den Abgrund mit fortgerissen hätte; das Verdeck ward von Wasser frei, und wir konnten wieder einen Gedanken an Rettung fassen.

Es war Mondenschein; und am Lande erblickten wir eine Menge von Menschen, die uns aber, bei unserer noch beträchtlichen Entfernung vom Ufer, nicht helfen konnten. Zwar banden wir ledige Wasserfässer an Taue, und warfen sie über Bord, in der Meynung, daß sie dorthinwärts treiben sollten: allein die Strömungen der Ebbe rissen sie vielmehr in der entgegengesetzten Richtung mit sich fort. Jetzt fiel uns ein, daß wir einen Pudel auf dem Schiffe hatten, der wohl an Land schwimmen und die ersehnte Gemeinschaft mit jenen Helfern bewirken könnte, wenn wir ihm ein Tau um den Leib bänden und dieses nach und nach fahren ließen. Es geschah: doch das arme Thier wollte dem Schiff nicht von der Seite; und wenn auch eine Sturzwelle es eine Strecke mit sich fortschleuderte, so kam es doch alsobald wieder zurückgeschwommen und winselte, an Bord aufgenommen zu werden. Vergebens schlugen wir nach ihm mit Stangen und Tauen, bis es uns endlich erbarmte und wir das treue Geschöpf wieder an Bord nahmen.

So schlich die Mitternacht heran, wo uns bedäuchtete, daß nunmehr die Ebbezeit wohl abgelaufen seyn müßte. Jetzt also befanden wir uns dem Strande am nächsten, der, unsrer Schätzung nach, zwei- oder dreihundert Schritte entfernt seyn mochte; und so war es denn auch an der höchsten Zeit, Alles aufzubieten, um, wo möglich, lebendig an Land zu kommen, bevor die Fluth wieder stiege, deren Gewalt ohnehin das Schiff nicht mehr ausdauern konnte, ohne gänzlich in Trümmern zu gehen. Es mußte gewagt seyn! So wie demnach Eine Sturzwelle nach der Andern sich zu uns heranwälzte, so sprang auch, der Reihe nach, Jemand von uns über Bord und ward sogleich mit der Brandung gegen das Ufer hin getrieben, wo die Menschen, uns aufzufangen und auf's Trockne zu bringen, bereit standen.

Ich, sammt meinem Bruder und dem Sohn meines Oheims — wir waren die Letzten, die, um den Röchelnden her, mit den Armen fest verschlungen, dies Alles vom Kajüten-Deck mit ansahen, aber uns nicht entschließen konnten, dies theure Jammerbild dahinten zu lassen. Wir schrieen, wir wimmerten, und wußten nicht, was wir mit demselben anfangen sollten. Vom Strande her ward uns durch ein Sprachrohr unaufhörlich zugeschrieen: »Springt über Bord! Springt über Bord! Wächst das Wasser mit der Fluth wieder an: so seyd ihr verloren — Springt! Springt!«

Angefeuert und beängstigt zugleich durch dies Rufen, zogen wir endlich unsern Leidenden, dessen Bewußtseyn völlig geschwunden war, hart an den Bord des Schiffes und nahmen eine besonders mächtige Sturzwelle in Acht, mit welcher wir ihn in Gottes Namen dahin fahren ließen. Zu unsrer unaussprechlichen Freude sahen wir, wie er mit derselben, im Fluge, dem Lande zugeführt wurde, und wie dort die guten Leute ihn auffingen, ehe er noch von der See wieder zurückgespült werden konnte. Jetzt trieb ich meinen Bruder, den entscheidenden Sprung zu wagen; dann den Sohn meines Oheims; und Ein Stein nach dem Andern fiel mir vom Herzen, da ich sie alsobald gerettet und in Sicherheit erblickte. Nun warf ich mich gleichfalls, als der Letzte, wohlgemuthet in die rollenden Wogen; und in der nächsten Minute umfiengen mich auch bereits hülfreiche Arme, die mich den Strand hinauf in's Trockne trugen.

Es ergab sich, daß die Mehrzahl unsrer menschenfreundlichen Retter aus österreichischen Soldaten bestand, welche hier, seitdem ihre Kaiserinn, Maria Theresia, sich auch mit England im Kriege befand, zu Deckung der Küste postirt standen und etwa alle zweitausend Schritte ein Wachthaus am Strande hatten. In ein solches Gebäude ward nun auch unser armer zerschmetterter Oheim von uns, mit Hülfe der Soldaten, an Armen und Beinen getragen, und man deckte ihn mit Allem, was sich an trocknen Kleidungsstücken vorfand, sorgfältig zu, um ihn wieder zu erwärmen. Neben ihm, zu beiden Seiten, lagen sein Sohn und ich, hielten ihn umfaßt und nahmen ihm von Zeit zu Zeit das geronnene Blut aus dem Munde.

So mochte er etwa eine Stunde gelegen haben, als er, zum Erstenmale wieder nach seinem unglücklichen Fall, den Mund zu der hervorgestöhnten Frage öffnete »O Gott! Ist mir noch zu helfen?« — Das war Musik in meinen Ohren! Mit freudiger Hast erwiederte ich ihm: »Ja, ja, lieber Vatersbruder! Gott kann — Gott wird Euch noch wieder helfen. Wir sind am Lande.« — »So bringt mich denn zu einem Doctor« — war seine kaum verständliche Antwort; und ich konnte ihn damit trösten, daß bereits nach demselben geschickt sey.

Dem war wirklich also: denn sofort nach unsrer Landung war auch an die nächste Garnison in Veurne, welches dreiviertel Meilen entfernt lag, eine Meldung geschehen und um ärztliche Hülfe gebeten worden. Zugleich erfuhren wir von den Soldaten, daß wir uns hier drei Meilen von Nieuport und zwei Meilen von Dünkirchen befänden. Der Grund und Boden unter uns war Österreichisch, aber die französische Grenze, nach letzterem Orte hinwärts, nur eine Viertelmeile entfernt. Als man uns (wie sofort geschah) über unser Woher und Wohin befragte, so erklärten wir uns, der früheren Abrede eingedenk, für Schwedisch-Pommern aus Greifswalde, die eine Ladung Balken nach Lissabon hätten bringen wollen.

Am dritten December, mit dem frühen Morgen, erschien ein Fuhrwerk, mit Stroh gefüllt und einer Leinwand-Decke versehen, welches angewiesen war, unsern armen Oheim in das Lazareth nach Nieuport zu schaffen. Dieser Ort war mir, aus Furcht einer möglichen Entdeckung unsrer wahren Herkunft, nicht recht gemüthlich: dagegen vermeynte ich, unserm Elende in Dünkirchen vielleicht bessern Rath zu schaffen, wo ich vor ein paar Jahren bereits gewesen war und einigermaaßen des Orts Gelegenheit kannte. Ich lag daher unserm Führer an, seinen Kranken lieber nach der französischen Grenzstadt zu bringen; und hiezu ließ er sich auch um so bereitwilliger finden, da er eine Meile am Wege ersparte.

Mit schwerer Mühe ward der Oheim auf den Wagen gehoben. Ich und sein Sohn legten uns zu beiden Seiten neben ihn und hielten ihn, möglichst sanft, in unsern Armen; während mein Bruder den Wagen begleitete, welcher den ebenen Weg längs dem Seestrande einschlug. Gott weiß aber, daß ich wohl nie mehr geweint und gejammert habe, als auf dieser Fahrt. Der geringste Anstoß des Wagens verursachte dem Kranken die peinlichsten Schmerzen, daß er kläglich winselte und zugleich an den Stücken geronnenen Blutes im Munde und Halse zu ersticken drohte, wie sehr ich auch, durch Herausnahme derselben, bemüht war, ihm Luft zu verschaffen.

So kamen wir endlich Nachmittags (Es war an einem Sonntage) in Dünkirchen an. Ich ließ den Fuhrmann vor einem Wirthshause halten, welches das Schild »zum rothen Löwen« führte: denn hier hatt' ich bei meiner früheren Anwesenheit jezuweilen ein Glas Bier getrunken und rechnete mich also, in meinem Sinn, zu den Bekannten des Hauses. Das hinderte jedoch nicht, daß ich hier mit meiner unerwünschten Begleitung geradezu ab- und nach dem Kloster-Hospital hingewiesen wurde, wo der rechte Ort für fremde Kranke und Gebrechliche sey. Wirklich auch waren wir dort kaum angelangt und mein Oheim vom Wagen gehoben, so sahen wir ihn auch von einem Schwarm katholischer Ordensgeistlicher umzingelt, die ihn in Empfang nahmen und zuförderst auf einen langen und breiten Tisch ausstreckten, wo er bis auf die nackte Haut entkleidet wurde.

Hiernächst fand sich eine Anzahl von Doctoren und Chirurgen ein, welche nun zu einer genaueren Untersuchung seiner Verletzungen schritten. Die erste Operation geschah durch Lösung des Tuches, welches ich dem Armen, gleich nach seinem unglücklichen Falle, um das Auge gebunden. Jetzt war dieses mit dem geronnenen Blute an dem Verbande fest getrocknet und zog sich mit demselben weit aus dem Kopfe hervor. Da es nur noch durch einen dünnen Nervenstrang in der Augenhöhle befestigt hieng, so war es freilich rettungslos verloren; ward kurzweg abgeschnitten und auf eine Theetasse hingelegt.

Bei weiterer Untersuchung ergab sich's, daß das linke Bein, oberhalb dem Knie, im dicken Fleische gebrochen war: doch am bedenklichsten blieb die Zerschmetterung eines Rückenwirbels, dicht unterm Kreuz, und die dem armen Manne auch wohl die empfindlichsten Schmerzen verursachen mochte: denn während man ihn nach der Kunst behandelte und die Gliedmaassen bald so, bald anders, reckte und dehnte, hörte er nicht auf, zu winseln und zu ächzen. Uns drei Jungen, die wir Zeugen von dem Allen waren, schnitt jeder Klageton tief durch's Herz; und wir heulten und lamentirten mit ihm in die Wette; so daß man sich genöthigt sah, uns aus dem Gemache fortzuweisen.

Nachdem der Kranke endlich geschient und verbunden worden, legte man ihn auf ein Feldbette, welches man in die Mitte des Zimmers hingestellt hatte. Eine Kloster-Nonne (Beguine) saß neben ihm und flößte ihm von Zeit zu Zeit einen Löffel rothen Weines ein, den sie auf einem Kohlenbecken zu ihrer Seite erwärmte. Am Kopfende des Bettes aber standen wir arme Verlassene und weinten unsre bitterlichen Thränen; und so währte das bis Abends, wo ein Pater uns andeutete, daß wir die Nacht über im Kloster nicht bleiben könnten, sondern uns nach einer andern Herberge umsehen müßten. Diese fanden wir denn auch, zu unsrer nothdürftigen Erquickung, in dem vorgedachten Wirthshause: doch brachten wir eine schlaflose trübselige Nacht zu, und wußten nicht, wo Trost und Hülfe zu finden.

Kaum graute auch nur der Morgen, so machten wir uns wieder nach dem Kloster auf den Weg, wo wir unsern armen Leidenden, unter fortwährendem Gestöhn und Seufzen, noch in dem nemlichen Zustande, wie gestern, fanden. Was konnten wir abermals thun, als um ihn her stehen und die Luft mit unsern Klagen erfüllen? Indeß hatte man uns, auf unsre Nachfrage, verständigt, daß heute Posttag sey; und so ließ ich mir im Gasthofe Papier und übrige Zubehör reichen und brachte den Rest des Tages damit zu, sowohl an unsern Schiffs-Rheeder, Herrn Becker, als an meine Eltern nach Colberg, zu schreiben und ihnen Meldung von unserm erlittenen Unglück zu thun. Die Briefe wurden versiegelt; und am nächsten Morgen standen wir wiederum, von Herzen betrübt, am Bette unsers Kranken, ohne daß wir eine merkliche Veränderung an ihm spürten. Ich beugte mich indeß dicht zu seinem Ohre und versuchte die Frage: »Lieber Vatersbruder, sollen wir auch nach Colberg schreiben?« — Er hatte mich verstanden: denn er schüttelte mit dem Kopfe, als ob er Nein! sagen wollte. So schwach auch dieser Hoffnungsstrahl seiner wiederkehrenden Besinnung war, so erfüllte er mich doch mit Muth, daß wohl noch Alles wieder gut werden könnte. Ich glaubte darum auch, daß ich die Briefe unbedenklich abgehen lassen dürfte; gab den andern Beiden einen verstohlenen Wink, und eilte mit ihnen nach dem Post-Comptoir.

Unsre Abwesenheit mochte etwa dreiviertel Stunden gedauert haben. Doch als wir wieder in das Kloster und das Krankenzimmer eintraten, fanden wir, zu unsrer höchsten Bestürzung und mit einem Schmerz, der sich mit nichts vergleichen läßt, — nur unsers guten Oheims Leiche vor. Sie ward auch alsbald aus dem Bette genommen, auf den nemlichen Tisch, wie vorhin, ausgestreckt, abermals völlig entkleidet, und der wiederholten genauen Besichtigung der Ärzte unterworfen; wo sich denn die zuvor bemerkten Verletzungen noch deutlicher bestätigten. Sobald uns aber die Doctoren verlassen hatten, traten einige Pfaffen herzu, und fragten mich: Zu welchem Glauben dieser unser Schiffs-Capitain sich bekannt habe? — Ich armer religiöser Narr*) antwortete unbedenklich: »Ei, zum Lutherschen!«

So wie dies unglückliche Geständniß über meine Lippen floh, war es gleich, als ob das Gewitter in's Kloster geschlagen hätte. Alles gerieth in Bewegung; der Eine sprach hitzig mit dem Andern; Niemand wollte den Seligen anfassen, und doch mußten die Ketzergebeine, ehe die Sonne untergieng, aus dem geweiheten Bezirk fortgeschafft werden. Man steckte uns endlich eine beschriebene Karte in

*) Diese Wendung war zu charakteristisch, als daß der Her. etwas an derselben hätte ändern mögen. Wer möchte auch Anstoß daran nehmen, da sie unstreitig unendlich besser gemeynt, als ausgedrückt ist, und auch schwerlich mißverstanden werden wird.

die Hand, die an einen Tischler lautete, welcher wohl die Lieferung der Särge für das Hospital auf sich haben mochte. Denn als wir ihn uns endlich ausgefragt hatten, fanden wir deren bei ihm einen reichlichen Vorrath vor und wurden bedeutet, unter denselben Einen nach der Größe unsrer Leiche auszusuchen. Unsre Wahl fiel auf den längsten, weil unser Oheim von einer ansehnlichen Statur gewesen war; und mit diesem Sarge wanderten wir nun nach dem Kloster zurück.

Hier trieb man uns, ohne sich zu irgend einiger Handreichung zu verstehen, mit barschem Ernst, den Leichnam unverzüglich einzusargen und ihn, aus dem Gemache hinweg, auf die Straße unter einen, uns dazu angewiesenen Schoppen zu bringen. Unsre Wehmuth kannte keine Grenzen. Indeß thaten wir, wie uns geboten worden; man reichte uns Hammer und Nägel, um den Deckel zuzuschlagen, und nun hoben wir an, den Sarg mit den uns so theuren Überresten eine kurze Strecke auf den Flur fortzuziehen und zu schieben. Hier aber übermannte und lähmte der ungeheure Schmerz plötzlich all unsre Kräfte, und wir fühlten uns, in ein lautes und vereintes Jammergeschrei ausbrechend, ohne Vermögen, die geliebte Last auch nur Einen Schritt weiter zu bringen. Ich fiel vor dem einen Pater auf die Kniee, und bat um Gottes willen, man möchte sich Unser erbarmen: denn wir könnten hier nichts mehr thun.

Jetzt gab es ein kurzes Gespräch unter den Anwesenden; ein Aufwärter ward fortgeschickt, und binnen einer Viertelstunde erschienen vier Kerle mit einer Trage, und Jeder mit einem Spaten versehen. Sie packten die Leiche an; und so gieng der Zug zum Thore hinaus, etwa zweitausend Schritte weit und gerade auf eine Kirche zu. Wir, die wir den Trägern gefolgt waren, meynten, der Leichenzug eile dem Kirchhofe zu. Das war aber weit gefehlt: denn es gieng, neben dem Gotteshause vorüber, wohl noch tausend Schritte weiter auf ein freies Feld; und da die Träger ihre Last wohl zwanzig Mal niedergesetzt hatten, um frischen

Athem zu schöpfen, so begann es bereits dunkel zu werden, bevor wir die Grabstätte erreichten.

Es war ein Fleck am Wege, der nichts hatte, was einem Todtenacker ähnlich sah. Hier sollten wir nun ein Grab graben; da es aber den Kerlen damit zulange währte, nahmen sie uns verdrießlich die Spaten aus den Händen, schaufelten und schalten uns »Ketzer«. Wir hingegen gaben alle mögliche gute Worte; und sobald auch nur das Grab so tief geöffnet war, daß der obere Sargdeckel unter Erde kommen konnte, senkten wir die Leiche mit Weinen und Wehklagen hinein, füllten die Erde drüber her, nahmen unter tausend heißen Thränen Abschied, und wanderten bekümmert wieder auf unsern rothen Löwen zu; — doch nur, um, nach einer ängstlich durchseufzten Nacht, gleich am nächsten Morgen wieder das Grab des lieben Oheims aufzusuchen und auf demselben zu jammern.

Fürwahr, wer eine menschliche Seele hat, wird unser Elend mit uns fühlen! Da saßen wir drei Jungen, von Achtzehn bis zu vierzehn Jahren herab, in der größten Leibes- und Seelen-Noth — in einem ganz fremden Lande, auf dem freien Felde und über dem frischen Grabhügel unsers geliebten Vaters und Führers! — saßen, als eine arge Ketzerbrut von Jedermann gemieden und ausgestoßen, ohne einen Pfennig im Vermögen, nichts *in* und wenig *auf* dem Leibe, in dieser rauhen Jahreszeit, ohne Trost oder Hülfe von Menschen! *Betteln* konnten und wollten wir nicht: lieber hätten wir hier auf dieser Grabes-Erde des geliebten Hingeschiedenen gleichfalls verscheiden und verschmachten mögen! Er allein war in diesen trostlosen Augenblicken unser Gedanke und unsre Zuflucht. »O Vatersbruder, erbarmt Euch!« riefen wir unaufhörlich, bis wir uns müde geschrieen hatten und das Thörichte unsers Beginnens einsahen.

Jetzt erst konnten wir uns unter einander berathen, was wir in dieser unsrer gänzlichen Verlassenheit anzufangen hätten? Der Schluß fiel dahinaus, daß wir des nächsten

Morgens zu unserm Schiff und unsern andern Kameraden zurückkehren wollten. Wo *diese* blieben, wollten auch *wir* bleiben und ihr Schicksal mit ihnen theilen. Unser einziger und letzter Nothanker aber war des verstorbenen Oheims Taschenuhr, die wir an uns genommen hatten und, wenn uns zuletzt das Wasser an die Seele gienge, loszuschlagen gedachten. Ob dies schon im rothen Löwen würde geschehen müssen, wohin wir nun zunächst zurückkehrten, sollten wir alsbald erfahren. Gesättigt und durch einigen Schlaf erquickt, kam denn auch am Morgen darauf unsre bisherige Zeche zur Sprache. Doch der gute Wirth, den unser trauriges Schicksal erbarmt hatte, war mit unserm Dank und einem herzlichen Gott lohn's! zufrieden; wir aber wanderten ebenfalls in Gottes Namen wieder den Strand entlang, um unsre zurückgelassenen Unglücksgefährten aufzusuchen.

Noch waren wir indeß keine Meile gegangen, als unser Schiffskoch, Namens Roloff, uns aufstieß und uns berichtete: Die Österreichischen Strandwächter hätten unsre Preußische Flagge von dem zertrümmerten Schiffe am Ufer aufgefischt; die Mannschaft sey hierauf nochmals in ein scharfes Verhör genommen worden und habe sich endlich zu ihrer wahren Landsmannschaft bekennen müssen. Von Stund an habe man sie als Kriegsgefangene und mit Härte behandelt; habe sie genöthigt, die Trümmer des Schiffs und der Ladung mit angestrengter Arbeit an's Land bergen zu helfen, zugleich aber auch sie in so genauer Obacht gehalten, daß nicht Einer, ohne militairische Begleitung, sich nur bis zwischen die nächsten Sand-Dünen habe entfernen dürfen. Dennoch sey es ihm selbst in dieser letzten Nacht geglückt, seinen Aufsehern zu entwischen; und er gedenke nunmehr nach Dünkirchen zu gehen, wo er in Sicherheit zu seyn hoffe; — uns aber rathe er wohlmeynend, auf der Stelle wieder mit ihm umzukehren.

In der That war auch dieser Vorschlag der beste, und ward unbedenklich von uns angenommen. Indem ich aber in unsrer neuen Noth Alles reiflich bei mir überdachte, kam mir wieder der Kaufmann in Dünkirchen zu Sinn, an welchen Schiffer Damitz vor vier Jahren, als er mit mir von Liverpool kam, seine Ladung Taback abgeliefert hatte. Sein Haus war mir noch erinnerlich: doch sein Name nicht. Indeß beschloß ich, geradesweges zu ihm zu gehen, ihm unsre Noth zu klagen und ihn um Rath und Beistand zu bitten. Daneben fiel mir ein, daß unser Schiff in Amsterdam für Seeschaden und Türken-Gefahr versichert gewesen und daß der Commissionair, der dies Assecuranz-Geschäft besorgt hatte, den Namen Emanuel de Kinder führte. Ich konnte demnach den Dünkircher Kaufmann bitten, daß er an diesen Agenten unsers Rheeders nach Amsterdam schriebe und in unserm Namen um einen Vorschuß von einhundert Gulden für Rechnung Hrn. Beckers oder meines Vaters in Colberg bäte. Damit ließ sich dann schon hoffen, unsre Heimath wieder zu erreichen.

Alles dieses gieng auch nach Wunsch in Erfüllung. Der Kaufmann war willig und bereit, uns in der vorgeschlagenen Weise zu dienen. Binnen acht Tagen gieng auch eine Antwort von Emanuel de Kinder an ihn ein, mit der Anweisung: daß, wenn wir des Nettelbeck's Kinder wären, er uns die hundert Gulden, oder falls wir es verlangten, auch das Zwiefache auf sein Conto vorschießen möge. Allerdings war das brav von dem Amsterdammer: aber noch heute diesen Tag freut es mich, daß ich diese Wohlthat im Jahre 1783 — also 27 Jahre nachher — an seinem Sohne, Florens de Kinder, habe vergelten können, indem ich mich, mit einer reichen Ladung von Lissabon kommend, an diesen adressiren ließ; und gewiß hat er hierbei, als Correspondent, über 2000 Gulden gewonnen.

Ich war ein so guter Wirth, daß ich mich mit der Hälfte des angebotenen Darlehns begnügte; und das um so lieber, da uns der Dünkircher belehrte: Es sey auf diesem Platze der Brauch, daß Seefahrer, die an der dortigen Küste ihr Schiff verlören, einen Sou (etwa vier Pfennige unsers Geldes) für eine jede Meile bis nach ihrer Heimath, als Reisegeld, empfiengen. Zugleich erbot er sich, Jemand von seinen

Leuten mit uns nach dem Stadthause zu schicken, um uns diesen Zehrpfennig auswirken zu helfen. Dort war jedoch den Herren, denen wir Colberg als unsre Vaterstadt nannten, dieser Ort ein ganz unbekanntes Ding: denn damals hatten ihm die wiederholten Belagerungen noch keinen Ruf in der politischen Welt gegeben. Ich bat mir demnach eine Seekarte aus und wies in derselben die Lage dieses Handelshafens nach; ward aber zugleich auch aufgefordert, dessen Entfernung von Dünkirchen abzumessen. Dies trug über See gegen 190 Meilen aus; und eben soviel Sous wurden auch Jedem von uns Dreien auf der Stelle ausgezahlt.

So waren wir denn mit unserm Reisebedürfniß nothdürftig ausgerüstet: doch nun galt es die Frage, welchen Weg wir einschlagen sollten, um wieder zu den Unsrigen zu gelangen? Es war Winter, und die See so gut, als gesperrt. Zu Lande aber hätten wir uns durch die Österreichischen Niederlande wagen müssen, wo wir, als Preussen, Gefahr liefen, gleich an der Grenze in Nieuport, Ostende, oder wo es sonst sey, angehalten zu werden. Indeß ereignete sich, über unser Erwarten, bald genug eine Gelegenheit, die wir zu unserm Weiterkommen nicht glaubten versäumen zu dürfen. Die Dünkircher Kaper hatten nemlich einen Englischen Kutter als Prise aufgebracht und denselben an einen Schiffer von Bremen, Namens Heindrick Harmanns verkauft. Dieser belud denselben sofort mit losen Tabacksstengeln und war willens, damit nach Hamburg zu gehen. Die gesammte Schiffs-Mannschaft bestand, außer ihm selbst, nur aus zwei Matrosen; und wir drei waren ihm, als Passagiere, um so lieber, da wir uns erboten, gegen die Kost, die er uns reichen sollte, die Wache mit zu halten.

Vier Tage vor Weihnachten giengen wir in See. Es begann hart zu frieren, und das ganze Fahrzeug nahm zuletzt Gestalt eines großen Eisklumpens an. Da wir so wenig auf dem Leibe hatten, wurden uns unsre Wachen herzlich sauer. Uns fror jämmerlich; daher begruben wir uns, so oft die Wachzeit zu Ende lief, im Raume tief in die Tabacksstengel; kamen aber gewöhnlich eben so erfroren wieder heraus, als wir hineingekrochen waren. Unsre Schiffsleute verfuhren auch so unbarmherzig mit uns, daß sie uns nicht in ihre Schlafkojen aufnehmen wollten, wiewohl dies, während sie selbst sich auf der Wache befanden, füglich hätte geschehen können. Eben so wenig ließen sie uns, zu unsrer Erwärmung, das geringste von ihren Kleidungsstücken zukommen; und selbst die kärglichen Mundbissen, die wir erhielten, wurden uns nur mit Widerwillen und Brummen hingestoßen.

So kamen wir vor die Mündung der Elbe. Da wir hier aber Alles mit Eis besetzt fanden und überdem auch sich ein Ostwind erhob, wurde der Beschluß gefaßt, wieder umzukehren und an der Holländischen Küste einen Nothhafen zu suchen. Vor der Insel Schelling fand sich auch ein Lootse zu uns an Bord, der uns, schon bei später Abendzeit, zwischen die Bänke im Vorwasser brachte. Weil uns indeß der Wind entgegenstand und wir nicht weiter hineinkommen konnten, warfen wir Anker, und der Lootse gieng wieder an Land, mit dem Versprechen, sobald der Wind sich umsetzte, zu uns zurückzukehren. Aus den Äußerungen unsers Schiffers gieng hervor, wie erwünscht es ihm sey, gerade an diesem Punkte an Land gekommen zu seyn: denn sein Vater fahre als Beurtschiffer von Bremen nach Haarlingen, und eben jetzt müsse die Reihe an ihm seyn; so daß er hoffen dürfe, denselben an letzterm Orte vorzufinden, von wo wir hier nur zwei oder drei Meilen entfernt seyen.

Es war gerade der erste Januar des Jahrs 1757. Abends um zehn Uhr setzte sich der Wind in Nordwesten; und indem er zu einem fliegenden Sturm anwuchs, wurde das Schiff vom Anker getrieben; saß auch, ehe wir uns dessen versahen, auf einer Bank fest, wo die Sturzwogen unaufhörlich über das Fahrzeug hinwegrollten und bis hoch an die Masten emporschäumten. Das Schiff war scharf im Kiel gebaut; so oft daher eine Welle sich verlief, fiel es so tief auf die Seite, daß die Masten beinahe das Wasser berührten. Gleichwohl erhielt uns Gottes Barmherzigkeit, daß wir nicht vom Borde hinweggespült wurden. Diese ängstliche Lage dauerte wohl vier bis fünf Minuten, wo endlich eine besonders hohe und mächtige Welle uns hob und mit sich über die Bank hinüber schleuderte.

So gelangten wir zwar für den Augenblick wieder in fahrbares Wasser: doch ehe wir noch Zeit hatten, uns unsrer Rettung zu freuen, jagte der Sturm unser Fahrzeug vollends auf den Strand, und die brandenden Wellen zogen auf's neue im schäumenden Gebrause über das Verdeck und unsre Köpfe hinweg. Der Schiffer mit seinen beiden Leuten befand sich zufällig auf dem niedriger liegenden Hintertheile des Schiffs; während wir drei Passagiere uns vorne in der Höhe befanden und den Fockmast umklammert hielten, um nicht von den spülenden Wogen mit fortgerissen zu werden. Die Angst, mit etwas Hoffnung vermischt, machte uns mäuschen stille: Jene aber schrieen und wimmerten, daß die Luft davon erklang, ohne daß wir ihnen helfen, oder sie zu uns emporklimmen konnten.

Die Nacht war ziemlich dunkel; auf dem Lande lag Schnee, und rings um uns her schäumte die Brandung; folglich war Alles weiß, und es ließ sich nicht unterscheiden, wie nahe oder wie fern wir dem trocknen Ufer seyn möchten. Je länger ich indeß meine Aufmerksamkeit hierauf spannte, desto gewisser auch däuchtete mir's, daß beim Rücklauf der Wellen nur ein kleiner Zwischenraum bis zum Lande statt finden könne. Ich nahm einen Zeitpunkt wahr, wo das Verdeck nach vorne frei vom Wasser war, und kroch an dem langen Bugspriet hinan, das nach dem Strande hin gerichtet stand; da sah ich nun deutlich, daß jedesmal, wenn die See zurücktrat, das Ufer kaum eine Schiffslänge von uns entfernt blieb.

Jetzt schien mir unsre Rettung länger nicht unmöglich. Ich nahm behutsam den Rückweg zu meinen Gefährten; theilte ihnen meine glückliche Entdeckung mit und sprach ihnen Muth ein, mir nach auf das Bugspriet zu klettern.

Sobald die nächste Welle sich weit genug zurückzöge, wollte ich's zuerst versuchen, mich schnell an einem Tau (deren dort überall eine Menge zerrissen hieng) hinabzulassen; und wenn ich festen Boden unter mir fühlte, sollten sie, auf mein gegebenes Zeichen, beim nächsten Ablauf einer Woge, meinem Beispiele getrost nachfolgen. Auch den Übrigen schrie ich zu, sich auf diesem Wege zu retten: allein das Sturm- und Wellengebrause war zu mächtig, als daß ich hätte können verstanden werden.

Unser Wagstück gelang nach Wunsch; wir kamen glücklich an Land und fielen alle Drei voll Entzücken auf unsre Kniee, um dem göttlichen Erretter unsern Dank darzubringen. Durchnäßt bis auf die Haut und erstarrt vor Frost, war indeß hier nicht der Ort und die Zeit, lange hinter uns zu sehen. Vielmehr wanderten wir unverzüglich auf eine Feuerbaake zu, die hier auf dem Schelling zum Besten der Seefahrenden unterhalten wird, und deren Licht wir etwa 2000 Schritte von uns flimmern sahen. Wohl hundert Mal fielen wir in der dicken Finsterniß und auf den unebenen Sanddünen über unsere eigenen Füße: aber innig froh, dem tosenden Meere entronnen zu seyn, hätten wir auch wohl größeres Leid nicht geachtet, und gelangten endlich auch wohlbehalten zu dem Feuerthurme. Die Thüre desselben ward im Dunkeln ausgetastet; vor uns öffnete sich eine Windeltreppe, die wir hinanstiegen; und droben im Wachstübchen fanden wir einen Mann auf der Pritsche ausgestreckt, dem, bei unserm unerwarteten Eintritt, im Todesschrecken das Pfeifchen aus dem Munde entsank; bis wir uns Beiderseits besannen und näher mit einander verständigten.

Auf den Bericht von unsrer unglücklichen Strandung erklärte er uns, daß er verpflichtet sey, dies Ereigniß sofort im nächsten Dorfe, welches kaum einige tausend Schritte entfernt liege, anzuzeigen. Er lud uns ein, ihn dorthin zu begleiten; kam uns erstarrten armen Burschen aber gar bald aus dem Gesicht und überließ es uns, ihm, so gut wir konnten, nachzuhumpeln. Unzählige Male purzelten wir auf diesem kurzen Wege; kamen selbst in Gefahr uns zu verirren, und fanden uns nur dann erst zu dem Dorfe hin, als wir eine Glocke gezogen hörten, welche das Zeichen gab, daß alles Mannsvolk auf und empor sollte, um unser gestrandetes Schiff aufzusuchen und zu bergen.

Wir wurden indeß in ein Haus geführt, wo des Fragens nach unserm erlittenen Unglück kein Ende war; wo aber die guten Leute zugleich auch trockne Kleider, Speisen, Warmbier und sogar Glühwein, und was sie sonst irgend im Vermögen hatten, herbei brachten, um uns zu erquicken. Sie weinten in die Wette mit uns — *wir* vor Freude, *sie* vor Mitleid; und nicht eher verließen sie uns, als bis sie uns in einem warmen Bette zur Ruhe gebracht hatten.

Am Morgen, da wir uns wieder ermuntert hatten, erfuhren wir, daß die Dorfsmannschaft von ihrem nächtlichen Zuge wieder heimgekehrt sey. Sie hatte das gestrandete Schiff in der Dunkelheit nicht finden können, war aber, bei anbrechendem Tage, auf die einzelnen, längs dem Ufer umhertreibenden Trümmer gestoßen, ohne jedoch weder einen lebendigen Menschen, noch eine ausgeworfene Leiche anzutreffen. Wir blieben also leider! die einzigen Geborgenen! Es ward uns indeß angerathen, uns zu Mynheer de Drost, der die polizeiliche Aufsicht auf der Insel führte, zu begeben und demselben unser Unglück vorstellig zu machen, da zudem eine Casse vorhanden sey, woraus armen schiffbrüchigen Leuten, wie wir, eine Unterstützung gereicht zu werden pflege. Auch möchten wir deren wohl um so mehr bedürftig seyn, da jetzt zwischen dem Schelling und dem festen Lande Alles mit Eis gestopft und so bald an kein Hinüberkommen zu denken sey.

Dieser Vorschlag kam uns gar gelegen. Ohne uns also zu äußern, daß wir noch mit Geld und mit einer Taschenuhr (Beides hatt' ich sorgfältig in meinen Beinkleidern verwahrt) versehen wären, machten wir uns zu dem Landdrosten auf den Weg, ihm unsre Lage zu schildern. Der brave Mann hörte uns mit dem äußersten Mitleid an; ließ auch sofort einen Schneider kommen, der uns eine tüchtige Jacke und Hosen anmessen mußte, und versah uns mit doppelten Hemden, Halstüchern, Strümpfen, einer Filzmütze und andern Nothwendigkeiten mehr. Hiermit auch nicht zufrieden, ließ er einen Mann kommen, dem er uns in die Kost befahl; und so blieben wir in dieser menschenfreundlichen Pflege bis in die Mitte des Januars, wo endlich das Eis zwischen dem Schelling und Haarlingen aufgieng und wir ein Schiff von dorther nach dem Schelling durchbrechen sahen.

Sobald dies Fahrzeug an Land gekommen war, beeilten wir uns, den Schiffer, welcher schnell löschen und dann den Rückweg antreten wollte, dahin zu vermögen, daß er uns einen Platz an seinem Borde gestattete. Auf seine ausweichende Antwort, die uns wenig Hoffnung übrig ließ, hielten wir's für das Gerathenste, auf der Stelle unsern großmüthigen Gönner, den Drosten, anzutreten und ihm unser neues Anliegen vorzutragen. Sogleich auch war er zur Vermittelung bereit; ließ den Schiffer rufen; verdung uns ihm als Passagiere bis Haarlingen und an seinen eignen Tisch, wie lang oder kurz die Überfahrt auch währen möchte, und berichtigte die Kosten mit funfzehn Gulden vor unsern Augen. Es versteht sich, daß wir ihm aus Herzensgrunde und mit weinenden Augen dankten, indem wir zugleich Abschied von ihm nahmen, um mit unserm Schiffer zu gehen. Diesem halfen wir vergnügt löschen und eine neue Ladung einnehmen; und so konnten wir schon nach 48 Stunden mit ihm vom Schelling absegeln.

Wir brauchten einen Tag und beinahe die ganze folgende Nacht, um uns durch das Eis zu arbeiten, bis wir mit dem Morgen vor Haarlingen anlegten. Hier nahmen wir sofort unser kleines Bündel auf den Arm, und waren im Begriff, längs dem Kai zum nächsten Thore hinauszuziehen, als wir zufällig an einem Fahrzeuge vorüber schlenderten, welches, wie mehrere andre, im Eise eingefroren war. Auf demselben stand ein kleiner alter Mann, der uns anrief und dessen Neugier wir über unsre Umstände, erst im Allgemeinen und dann im Besondern, befriedigen mußten. Wir thaten es, als ehrliche Pommern, in aller Unbefangenheit, und nannten letzlich auch den Namen »Heindrick Harmanns«, als des Schiffers, mit dem wir unsern neuerlichen Unfall erlitten und der dabei ein Raub der empörten Wogen geworden.

Kaum gieng der unglückliche Name über meine Lippen, so schlug der alte Mann die Hände über dem Kopf zusammen, und schrie, daß es in die Lüfte klang: »Barmherziger Gott! Mein Sohn! mein Sohn!« Zugleich sank er auf seine Kniee nieder und mit dem Angesicht auf das Verdeck, und jammerte unablässig: »Mein Sohn! o, mein Sohn!« — Uns schnitt der klägliche Anblick durch's Herz; wir weinten mit ihm und konnten nicht von der Stelle. Als wir uns Beiderseits ein wenig erholt hatten, drang er in uns, ihm in seine Kajüte zu folgen. Hier mußten wir ihm den ganzen Verlauf umständlich erzählen; auch wollt' er uns (als ob ihm dies einigen Trost gäbe) den ganzen Tag nicht von seiner Seite lassen: aber während er uns Kaffee, Wein und Alles, was er nur bei der Seele hatte, vorsetzte, überwältigte ihn immer von neuem der Gram um sein verlornes Kind, und preßte auch uns Thränen der Rührung und des Mitleids aus.

Gegen den Abend, wo es uns endlich die höchste Zeit däuchtete, unsern Stab weiter zu setzen, hub er an: »Liebe Jungen, heute könnt und sollt ihr nicht mehr von dannen. Ich will euch in ein gutes Haus bringen, wo ihr euch die Nacht über erholen könnt. Aber morgen früh hol' ich euch ab und gehe eine Strecke Weges mit euch. Ihr seyd jung und unerfahren, und braucht Anweisung und guten Rath, wie ihr eure Reise weiter anzustellen habt. Kommt denn, in Gottes Namen!«

Unser Führer schien in der Herberge, zu welcher er uns geleitete, und wo es von Biergästen wimmelte, gar wohl bekannt. Er erzählte seines Sohnes und unser Unglück; auch wir mußten erzählen, und so verstrich der Abend, bis der Wirth, in Ermangelung seiner abwesenden Ehegenossinn, uns in ein recht artiges Zimmer hinaufleuchtete, uns Dreien ein großes, mit Betten hoch ausgestopftes Nachtlager anwies und uns sodann eine freundliche Ruhe wünschte. Wirklich that sie uns Noth, und wir krochen wohlgemuthet und behäglich unter die Decke zusammen.

Leider aber hatten wir diesmal unsre Rechnung — zwar nicht ohne den Wirth, aber doch ohne die Wirthinn gemacht! Denn kaum war uns so ein süßes halbes Stündchen zwischen Schlaf und Wachen verlaufen, so kam es unter Zank und Gepolter die Treppe hinauf gestürmt; unsre Zimmerthüre ward ungestüm aufgerissen, und eine gellende Stimme gebot uns, sofort das warme Nest zu räumen und ihr sauberes Bettzeug nicht zu verfumfeien. Da half kein Widerreden; wir sprangen auf, ließen die Ohren hängen und duckten uns in einen Winkel zusammen, bis die Betten, die der Dame so fest an's Herz gewachsen waren, mit einem Strohsack, einer Matratze und einer Art von Pferdedecke vertauscht worden. Das war ein böser Wechsel! und der unfreundlich genug ausgestoßene Wunsch einer guten Nacht, womit uns die gestrenge Hausfrau verließ, hinderte nicht, daß wir eine sehr böse Nacht unter Frost, Verdruß und Schlaflosigkeit zubrachten.

Unser ehrlicher Vater Harmanns, der in seiner Kajüte geschlafen hatte, und dem wir am Morgen unser nächtliches Abentheuer mittheilten, nahm sich den Affront, welcher seinen Schützlingen widerfahren war, mehr zu Herzen, als wir erwarteten. Trotz unsern Vorstellungen, las er der Wirthinn einen derben Text, sagte ihr und ihrem Hause, wo er so viele Jahre verkehrt hatte, alle Gemeinschaft auf, und wollte jede Christenseele warnen, keinen Fuß über diese unwirthliche Schwelle zu setzen. Wir hatten genug zu thun, den lieben alten Mann zu beschwichtigen, der sich's nicht nehmen ließ, uns noch zu guter Letzt durch ein vollständiges Frühstück satt zu machen; ja auch all' unsre Taschen mit Brodt, Käse, gekochtem Fleisch, und was er sonst wußte und hatte, vollzustopfen.

Das gethan, ergriff er seinen Stab und wanderte mit uns zum Thore hinaus, wie sehr wir ihn auch bitten mochten, umzukehren und seine Kräfte zu schonen. Vielmehr hörte er nicht auf, uns eifrig wegen unsers bessern Fortkommens zu berathen; und während dieser Besprechungen verlief Ein Stündchen nach dem Andern, es ward Mittag, und wir befanden uns in Franecker. Hier zog er mit uns in ein Wirthshaus; ließ auftragen, als ob wir uns für drei Tage satt essen sollten, und konnte sich endlich nur schwer entschließen, uns das Valet zu geben. Noch drückte er uns beim Abschiede zwei holländische Dukaten in die Hände; wir aber schieden mit Thränen der Dankbarkeit von diesem Ehrenmanne, und gelangten Abends wohlbehalten nach Leuwaarden, wo wir übernachteten.

Die nächste Tagereise brachte uns spät in der Dunkelheit nach Dockum: aber es wollte uns nicht gelingen, hier eine Herberge zu finden. Überall, wo wir anklopften, beleuchtete man uns sorgfältig von allen Seiten und zog dann die Thüre uns vor der Nase in's Schloß, mit einem frostigen: »Geht weiter mit Gott!« — Es war eine kalte stürmische Nacht: wir irrten umher und jammerten, bis wir endlich bei einem Hinterhause an einen Stall geriethen, wo ein Knecht noch den Dünger auskehrte. Vergebens klagten wir auch Diesem unser Leid, und baten ihn, uns die Nacht in seinen warmen Stall aufzunehmen: er fürchtete, sich dadurch Scheltworte bei seinem Herrn zu verdienen, und uns blieb zuletzt nichts übrig, als uns hinter einer Scheune, zu nächst dem Thore, wo es etwas Überwind gab, zusammen zu kauern und uns recht herzlich satt zu weinen. Hatten wir eine Weile gesessen, so sprangen wir wieder auf und rannten auf dem Platz hin und her, um nicht vor Frost zu erstarren. Es ward uns aber warlich je länger je übler zu Muthe.

Das währte so fort, bis nach Mitternacht, wo wir Räder rasseln und ein Posthorn blasen hörten. Eine Kutsche hielt am Thore, und auch wir kamen hinter unsrer Scheune hervor, um zu sehen, was es gäbe? Bis die Thorflügel und

Gatter sich öffneten, standen wir aus langer Weile um den Wagen her, an welchem der Schlag von innen aufgemacht wurde, und von woher ein lautes »Wer da?« an uns ergieng. Wir fanden keine Ursache, unsrer Personen, Drangsale und gegenwärtigen Noth ein Hehl zu haben; und unser unwillkührliches Zähnklappern legte genugsames Zeugniß ein, daß wir die Wahrheit redeten.

Es fand sich nun, daß ein einzelner Mann im Wagen saß, und daß ihm unser trübseliger Zustand zu Herzen gieng. Nachdem er seinem Unwillen durch einige Verwünschungen gegen die hartherzigen Dockumer Luft gemacht, uns um unsre Heimath befragt (Freilich mochten wohl Pommern und Colberg böhmische Dörfer für ihn sein!) und endlich noch erfahren hatte, daß unser Weg zunächst auf Gröningen gienge: so überraschte er uns durch die willkommne Einladung, zu ihm in die Kutsche zu steigen und ihn bis zu dem genannten Orte zu begleiten. Es versteht sich wohl, daß wir armen erfrornen Schlucker uns das nicht Zweimal sagen ließen. Der Wagen rollte mit uns fort, und wir mußten unserm Wohlthäter die ganze Nacht hindurch alle unsre erlebten Schicksale erzählen. Mit Tages Anbruch sahen wir uns nach Gröningen versetzt; und der Mann im Wagen fuhr seines Weges weiter; doch nicht, ohne zuvor uns mit drei holländischen Gulden beschenkt zu haben.

Wir sahen ihm mit herzlichem Danke nach; verfolgten aber gleichfalls unsre Straße zum andern Thore hinaus, nachdem wir bloß unsern Brodtbedarf erneuert hatten, und erlebten an diesem Tage kein ferneres Abentheuer, als daß wir an einem Gitterthore von einem barschen Kerle umgerufen und uns sechs Stüber Zollgeld abgefordert wurden. Unser Protestiren, daß wir arme schiffbrüchige Leute seyen, die man ja wohl verschonen werde, half zu nichts; wir wurden in die Stube des Zollhauses gezerrt und sollten zahlen. Nun wäre die Summe wohl zu erschwingen gewesen, und meine Kameraden winkten mir auch zu, nur in Gottes Namen den Beutel zu ziehen: allein Dieser, sammt unserm ganzen kleinen Reichthum, saß so tief und wohl verwahrt in meinen Beinkleidern, daß ich ein billiges Bedenken trug, ihn vor diesen Zeugen zum Vorschein zu bringen. Darüber saßen wir hier wohl eine gute halbe Stunde lang, gleichsam wie im Arrest, und es ward mit uns um die sechs Stüber capitulirt.

Ganz wie vom Himmel kam uns jedoch ein Erlöser in der Person eines Postboten, der zu uns eintrat, weil er hier Briefe abzureichen hatte. Er ließ sich den Handel von beiden Partheien umständlich vortragen, und schlug sich, wie billig, auf unsre Seite; wobei es denn nicht ohne eine nachdrückliche Gewissensrüge an den unbarmherzigen Zöllner abgieng. Dieser aber blieb steif und unbeweglich auf seinem Zoll-Reglement und seinen sechs Stübern bestehen; bis endlich unser eifriger Sachwalter den eignen Beutel zog, Jenem das Wegegeld hinwarf, und nun uns triumphirend aufforderte, in Gottes Namen unsers Weges zu gehen. Das thaten wir denn auch, ohne es an unsrer Bedankung für seine Großmuth mangeln zu lassen.

Nun aber geriethen wir in andre Nöthe. Meine beiden Begleiter, der angestrengten Märsche ungewohnt, hatten die Füße voller Blasen und fanden sich auch anderweitig unbequem; so daß mir's immer schwerer fiel, sie des Weges vorwärts zu bringen. Gieng ich meinen guten Schritt vorweg und sah dann hinter mich, so war der Eine noch immer weiter, als der Andre, zurückgeblieben. Bat ich sie, sich zu fördern: — sie wollten nicht, sie konnten nicht; sie weinten. Es gedieh endlich so weit damit, daß mein Bruder auf einem Düngerhaufen am Wege sitzen blieb und unter heißen Thränen betheuerte: Jetzt vermöchte er nicht weiter; ich möchte nur meinen Weg vor mich hingehen. Wollt' ich ihm von unserm Gelde nichts zukommen lassen, so möcht' es darum seyn. Es sey ihm ohnehin so zu Sinne, als müß' er hier sitzen bleiben und Hungers sterben.

Meine Angst war unaussprechlich. Ich weinte mit ihm um die Wette; ich tröstete, ich versprach ihm goldene Berge, wenn er nur aufstehen und es versuchen wollte, mit mir fort zu humpeln. Nur bis ans nächste Dorf noch sollt' er sich fortschleppen, bevor es Abend würde. Morgen wollten wir ein Fuhrwerk nehmen, und Alles sollte besser werden. Unter solchem kräftigen Zureden nahm ich ihn endlich unter die Arme; hinkte mit ihm weiter, und trug ihn mehr, als er gieng, bis wir unser heutiges abgekürztes Reiseziel erreichten. Ich hielt ihm indeß Wort, und wir fuhren von Dorf zu Dorf, bis wir in's Oldenburgische kamen. Hier aber nahmen wir die halbe Post, und erreichten Lübeck: doch griff dies schnellere und bequemere Fortkommen auch so gewaltig in unsre Reisekasse, daß uns, wie knapp wir's auch unserm Munde abdarbten und kaum mehr, als das trockne Brodt mit einem Wassertrunk genoßen, endlich doch der letzte Groschen aus den Händen zerronnen war.

Was blieb zu thun? Ich wandte mich in Lübeck an einen Kaufmann, Herrn Sengbusch, der mir, von Colberg her, dem Namen nach bekannt war, und ersuchte ihn, uns auf unsre theuer gehaltene Taschenuhr zwanzig Thaler vorzustrecken. Hiezu war der gute Mann auch willfährig; wir konnten nunmehr mit der Post nach Stettin weiter gehen und fanden hier eine Gelegenheit, die uns vollends nach Colberg förderte, wo wir, in der Mitte des März, mit einem baaren Cassen-Bestande von sieben Groschen sechs Pfennigen anlangten und von den Unsrigen mit einer Freude, als wären wir vom Tode auferstanden, empfangen wurden.

Fünf Tage war ich im lieben Vaterhause lang gewesen und von der Noth kaum wieder ein wenig zur Besinnung gekommen, als schon wieder ein neuer Unglücksstern über mir aufgieng. Denn da hieß es: Die Unterofficiere von unserm Bataillon, welches damals seine Winter-Quartiere in Torgau hatte, hätten sich bei uns eingefunden, um frische Rekruten in diesem ihrem Canton auszuheben. Eine Schreckenszeitung für alle Eltern jener Zeit, so wie für alles junge Volk, das eine Flinte schleppen konnte und nicht mochte!

Diese entschiedene Abneigung des Bürgers gegen den Soldatenstand hatte aber auch ihre genugsame Rechtfertigung in der heillosen und unmenschlichen Art, womit die jungen Leute beim Exerziren, zumal von den dazu angestellten Unterofficieren, behandelt wurden. Unter den Fenstern ihrer Eltern selbst, auf öffentlichem Markte, wurden sie von diesen rohen Menschen bei solchen Einübungen mit Schieben, Stoßen und Prügeln auf's grausamste gemißhandelt; — oft nur, um ihre neue Autorität fühlen zu lassen, oft aber auch wohl in der eigennützigen Absicht, um von den Angehörigen Gaben und Geschenke zu erpressen. Es war ein kläglicher Anblick, wenn die Mütter bei solchen Auftritten in Haufen daneben standen, weinten, schrieen, baten und von den Barbaren rauh und unsanft abgeführt wurden. Klagen bei den Obern fanden nicht statt, oder wurden verspottet: denn Diese dachten, wie ihre Untergebenen, und sahen mit kalter Geringschätzung auf Alles herab, was nicht den blauen Rock ihres Königs trug.

Wenn nun schon unsre Bürgersöhne sich damals so ungern unter die militairische Fuchtel beugten, so wird es um so begreiflicher, daß insonderheit die jungen Seefahrer unter ihnen diesen Abscheu in noch verstärktem Maaße bei sich empfanden, je früher sie bereits auswärts die goldne Freiheit gekostet hatten, und je weniger überhaupt ihre Handthierung mit dem harten und gezwungenen Soldatendienste übereinstimmte. Wer es also irgend vermochte, entzog sich dieser Sklaverei lieber durch die Flucht in's Ausland, und gieng dadurch dem Staate gewöhnlich für immer verloren. Aber auch der Handelsstand hat es stets schmerzlich empfunden, der sich nun für die Schiffahrt oft mit den untauglichsten Leuten behelfen mußte.

Hätte ich selbst nicht auch jenen Widerwillen gegen ein so gebundenes Leben so lebhaft gefühlt, als irgend Einer unter meinen See-Kameraden, so durft' ich mich doch schon um meiner kleinen Statur willen nicht tauglich zu einem regelrechten Soldaten halten; und darum stand mir's auch nie zu Sinn, meinem großen Friedrich, so sehr ich ihn auch verehrte, in Reihe und Glied, und mit dem Schießprügel auf der Schulter, zu dienen. Denke man sich also meinen Schreck, als ein gutmeynender Freund unter dem angekommenen Werber-Corps (Er hieß Lemcke) meinem Vater insgeheim vertraute: Sämmtliche junge Bursche in der Stadt, von 14 Jahren und drüber, wären bereits notirt; und um eilf Uhr würden die Thore geschloßen, die Brauchbarsten darunter aufgegriffen und gleich mit dem nächsten Morgen nach Sachsen auf den Transport gegeben werden.

Jetzt war es neun Uhr Morgens. Hier galt es demnach kein Säumens; ich sollte fürerst nach der Münde flüchten und mich dort verbergen. Nur zu bald kam auch dorthin das Geschrei, daß alle Vorhersagungen meines Warners pünktlich eingetroffen und das Ordonnanz-Haus bereits voll von neuen Rekruten stecke. Mein Vater ließ mir durch eine vertraute Frau sagen, daß auch bei ihm genaue Haussuchung nach mir geschehen sey. Ich möchte mich daher ungesäumt aufmachen und, zwei Meilen weiter am Strande entlang, im Dorfe Bornhagen bei einem mir nahmhaft gemachten Bauer, dem zu trauen sey, eine einstweilige Zuflucht suchen. Doch dieser gute Rath kam leider! zu spät; mein Aufenthalt war schon verrathen!

Gleich am Nachmittage zeigten sich jene Werber überall auf der Münde und umringten das Haus, worinn ich steckte, von allen Seiten. Ich gewann nur die Zeit, mich auf den stockfinstern Boden zu flüchten, wo ich in der Angst ein großes Fischernetz, das an den Sparren umher hieng, über mir zusammen zog; so daß ich meist darunter verdeckt lag. Kaum war dies geschehen, so rührte sich auch etwas auf der Leiter, die unter das Dach hinaufführte. Es war der Unterofficier Schnell, der nun sein Seitengewehr zog und mit der Spitze desselben in alle Winkel blind umher tastete. So gieng er rund um mich und mein aufgethürmtes Netz umher, ohne mich darunter zu ahnden; obwohl es mir nicht ganz den Kopf verdeckte, und mir dadurch Gelegenheit gab, seine Bewegungen einigermaßen zu beobachten. Ich darf aber wohl sagen, daß mir dabei gar unheimlich zu Muthe war. Indeß fand er mich nicht; und auch unten im Hause ward ich standhaft verläugnet.

Nun war hier aber auch meines Bleibens nicht länger! Kaum graute der Abend, so machte ich mich, in Gottes Namen, zu meinem Bauer auf den Weg, nachdem man mir einen tüchtigen Schiffshauer zu meiner Sicherheit mitgegeben — weniger vor meinen Verfolgern, als um mich im Stadtholze, welches ich passiren mußte, der Wölfe zu erwehren, die damals an Menschen und Vieh viel Unglück anrichteten. Wirklich auch war es ein wahres Wolfswetter mit Sturm und Schneegestöber; und Gott weiß, wie blutsauer mir dieser Weg geworden: denn unzählige Male brach das Eis unter mir ein, oder ich versank im Schnee, daß ich vollauf zu thun hatte, um nur allemal wieder auf die Beine zu kommen. Endlich am Morgen erreichte ich meine Freistatt, und hielt mich dort 10 oder 12 Tage verborgen. Aber diese däuchteten mir bald, wie eine halbe Ewigkeit; eben so wohl wegen des ganz ungewohnten Einsitzens, als wegen der ermangelnden Zeitungen von Hause; bis mich's nicht länger ruhen ließ und ich mich eines Abends wieder aufmachte, um in meinem alten Quartier auf der Münde nachzufragen, ob ich mich wohl mit einiger Sicherheit wieder zeigen dürfte?

Hier lauteten indeß die Nachrichten so wenig tröstlich, daß mir nur die sorgfältigste Verbergung übrig blieb. Doch wollte ich nicht gerne von der Münde weichen, weil nächstens die Schiffahrt wieder aufgehen konnte, und ich dann hier bei der Hand war, um mit irgend einem absegelnden Schiffe zu entkommen. Mit einem ähnlichen Plane trugen sich noch Mehrere meiner jungen Kameraden: allein eben darum waren wir auch um so gewisser bereits nach einigen Tagen verrathen; und eine neue Nachjagd ward auf uns begonnen. Mitten in der Nacht erweckte mich ein leises Klopfen an den Fensterladen des Kämmerchens, wo ich schlief, und die bekannte Stimme einer getreuen Frauensperson rief mir zu: »Joachim, auf! auf aus den Federn! die Soldaten sind wieder auf der Münde! Den, und den, und den (die sie mir bei Namen nannte) haben sie schon beim Flügel gekriegt. Mach, daß du davon kömmst!«

Man glaubt mir's wohl, daß ich flugs und mit gleichen Füßen aus dem Bette sprang. In der Bestürzung griff ich nach den ersten, den besten Kleidern, die auf den Stühlen umher lagen, und die ich für die meinigen hielt. So stahl ich mich alsobald und im Hemde auf die Straße hinaus; schüttelte meinen Fund auseinander, um mir davon etwas über den Leib zu werfen, und bemerkte nun erst mit Schrecken, daß mir nichts, als Frauenskleider, in die Hände gefallen waren. Was blieb zu thun? Ich warf mir einen rothen Friesrock über die Schultern, und war im Begriff, mich mit dem Reste noch besser auszustaffiren, als ich in meinem Anputzen häßlich gestört wurde.

Es waren die Herren Soldaten, die kaum zehn Schritte von mir um eine Ecke bogen. Ich suchte mein Heil in der Flucht: aber eben dadurch verrieth ich mich, und hatte alsobald meinen alten Widersacher Schnell, nebst noch ein paar Andern, auf der Ferse hinter mir. Mein Lauf gieng geradeweges nach einem, im Hafen liegenden Schiffe zu, an dessen Bord sie mir nicht so hurtig nachfolgen konnten. Zu meinem Glücke lag an der andern Seite des Schiffs ein Boot befestigt. Ich sprang hinein; fand sogar ein Ruder darinn vor, löste das Tau, stieß ab, und ließ Jenen in eben dem Augenblicke das Nachsehen, als auch sie endlich das Verdeck erreicht hatten.

Jenseits, in der Maykuhle, gieng ich an Land, und überlegte nun etwas ruhiger, was weiter zu thun sey? Ich befand mich sogut, als nackend, in einer bitterlich kalten Merz-Nacht, und mußte vor allen Dingen meine Blöße zu decken suchen. Also wanderte ich getrost zu der nächstgelegenen Holzwärterei Grünhausen; klopfte den Bewohner (Er hieß Krössin) hervor; gab mich zu erkennen und bat um Aufnahme. Seine abschlägige Antwort durfte mich nicht befremden, da es derzeiten hart verboten war, Flüchtlinge meiner Art zu hegen, die vielmehr sofort angehalten und ausgeliefert werden sollten. Ich beschränkte demnach meine Bitten auf irgend eine Kopfbedeckung und ein paar Strümpfe. Der ehrliche Kerl reichte mir seine Schlafmütze vom Kopf und ein Paar hölzerne Pantoffeln von seinen Füßen, und fügte den Rath hinzu, mich eiligst zu entfernen, weil es auch bei ihm nichts weniger als sicher sey, da er gleichfalls einen Sohn im Hause habe, dem, obwohl er krank und elend sey, von den Soldaten nachgetrachtet werde.

So auf's abentheuerlichste ausstaffiert, begab ich mich nach der Maykuhle zurück, um eine anderweitige Zuflucht aufzusuchen. Es stand dort, wie ich wußte, ein alter Schiffsrumpf hoch auf dem Strande, der im Sommer als ein Bierschank benutzt zu werden pflegte. An diesem kletterte ich hinan; stieg oben durch das Rauchfangs-Loch, und duckte mich da vor der Kälte in einen Winkel zusammen. Darüber gieng endlich die langweilige Nacht zu Ende. Mit dem ersten Dämmerungsstrahl glosterte ich, von meiner Hochwarte herab, überall umher; und da nach der Münde hinaus Alles ruhig schien, so wagte ich mich hervor, suchte mein verlassenes Boot wieder auf, und ruderte mich leise zu einem Schiffe heran, das nach Königsberg gehörte und von Schiffer Heinrich Geertz geführt wurde. Dieser gute Mann nahm mich willig auf und hielt mich länger, als 14 Tage, bei sich verborgen.

Dennoch konnte hier meines Bleibens nicht ewig seyn. Es war mir daher eine erwünschte Zeitung, daß ein Colberger Schiffer, Namens Martin Albrecht, der dicht neben uns vor Anker lag, am nächsten Morgen mit Ballast nach Danzig auszugehen gedenke. Zu diesem Schiffe führte mich, um Mitternacht, mein Freund Geertz in aller Stille. Meine ganze Reise-Ausrüstung bestand in einen Bündelchen mit Hemden und andern kleinen Nothwendigkeiten, welches meine Mutter mir unter der Hand zugeschickt hatte. Sobald ich an Bord hinübergestiegen war, dankte ich meinem freundlichen Beschützer zum Abschied mit einem warmen Händedruck, bat ihn, meinen besorgten Eltern meinen Gruß und Lebewohl zu bringen, und ließ nunmehr meinen guten oder bösen Stern weiter walten.

Auf dem Schiffe war alles stille. Niemand hatte mich wahrgenommen. Ich öffnete die vordere Kabelgats-Luke, rutschte hinunter, machte die Luke hinter mir zu und suchte mir auf den Tauen und Segeln, die hier verwahrt lagen, ein Ruheplätzchen. Bald aber überlegte ich, daß dieser Versteck mit Tages-Anbruch auch sofort von Menschen wimmeln würde, die zu der vorhabenden Abfahrt Segel und anderes Zubehör daraus hervorlangten; wo es denn garstig für mich ablaufen könnte. Ich versuchte es also, mich durch tausend Gegenstände, die sich mir hindernd in den Weg stellten, tiefer in den Raum hinab zu miniren. Es glückte mir endlich damit; aber zu gleicher Zeit hörte ich hinter dem Ballast etwas rascheln und flüstern, das mir unheimlich vorkam. Gleichwohl kroch ich noch weiter heran, und unterschied bald menschliche Stimmen, die mir, je länger ich sie behorchte, um so bekannter vorkamen. Kurz es gab hier eine ganz unvermuthete Erkennungs-Scene zwischen mir und eilf andern jungen See-Kameraden, welche gleiche Noth und gleiche Hoffnung hieher zusammengebracht hatte.

Für den Augenblick hielten wir uns zwar geborgen: aber unter Furcht und Zagen hatten wir nun zu erwarten, ob das Schiff vor seiner Abfahrt nicht nach uns Flüchtlinge visitirt werden dürfte? Inzwischen brach der Tag an, und am Borde ward es über unsern Köpfen lebendig. Wir unterschieden deutlich, wie man Anstalten machte, in See zu gehen; ja, einwenig später spürten wir, mit steigender Freude, das Schiff in Bewegung, dann das Anschlagen der Brandung an die Seitenborde und endlich auch den Abgang des Lootsen, der uns zum Hafen hinaus begleitet hatte. Da auch der Wind gut seyn mußte, so glaubten wir, nach Verlauf von noch einer Stunde, weit genug von Colberg, das uns ein Schreckensort geworden, entfernt zu seyn, um uns wieder an's Tageslicht hervorwagen zu dürfen. Wir setzten also die Leiter an, schoben die große Luke auf, und traten wohlgemuthet auf das Verdeck hervor.

Das Erstaunen des Schiffers über unsern unerwarteten Anblick kannte keine Grenzen: aber auch von seinem Volke mußten selbst die, welche vielleicht um das Geheimniß wußten, sich billig verwundern, daß wir uns, ihnen unter den Händen, in unsrer Anzahl verdoppelt hatten. Eines besonders freundlichen Empfangs hatten wir uns indeß nicht zu rühmen. Der Kapitäin, der nur seine schwere Verantwortlichkeit erwog, tobte, wie besessen. »Könnt' ich nur gegen den Wind ankommen«, rief er — »ich brächt' euch Alle auf der Stelle nach Colberg zurück, und machte rein Schiff. Aber ich weiß darum wohl, wohin ich euch abzuliefern habe.« — Zugleich verbot er seinen Leuten auf's strengste, sich um uns nicht zu kümmern und uns weder Essen noch Trinken zu reichen.

Zwar ward es mit diesem Befehl nicht so gar genau genommen, und unsre Freunde steckten uns immerfort etwas von ihren Mund-Portionen zu: allein da wir volle acht Tage in See blieben, so litten wir gleichwohl grausamen Hunger und Durst, und waren darum von Herzen froh, als endlich die Anker im Danziger Fahrwasser fielen. Hier deutete der Schiffer seiner Mannschaft in unsrer Gegenwart (und also auch wohl nicht ohne geheime Absicht) an: »Er gehe in diesem nemlichen Augenblick an Land und nach Danzig zum Preussischen Residenten, um ihm uns Deserteurs anzumelden und uns in seine Hände zu überliefern. Bis dahin sollten sie uns an Bord festhalten und mit Leib und Leben für uns einstehen.« Vergeblich wandten sie ihm ein: »Die Parthie sey gar zu ungleich, da Ihrer nur fünf Mann, wir aber zwölf Köpfe stark wären.« — »Was kümmert's mich?« war seine Antwort — »Und wenn es auch Mord und Todtschlag giebt, so laßt sie nicht laufen!«

Das hieß nun wohl deutlich genug: Immerhin, laßt sie laufen! — Kaum hatt' er auch nur den Rücken gewandt, so machten wir uns zum Abzuge fertig. Zum Schein gab es zwischen uns und dem Schiffsvolk ein unbedeutendes und unblutiges Handgemenge; worauf wir unsers Weges giengen, uns sofort über die Weichsel setzen liessen und längs dem Seestrande die Richtung nach Königsberg einschlugen. So mochten wir ein paar Stunden wacker zugeschritten seyn, als wir den Weg zu beschwerlich fanden und darum gern auf den Vorschlag einiger Gefährten hörten, die ihn früher schon mehrmals gemacht hatten und das Fortkommen an der andern Seite der Nehrung, längs dem frischen Haff, als angenehmer und gemächlicher priesen. Sogleich schlugen wir uns nach dieser Seite hinüber und entgiengen dadurch, ohne es zu ahnden, einer Gefahr, die das bisherige Spiegelfechten leicht in bittern Ernst verwandelt haben würde.

Denn Seinerseits hatte der Kapitain in Danzig nicht umhin gekonnt, seine Pflicht zu thun. Wir waren gesucht, vermißt und, auf fernere Anzeige bei der Orts-Obrigkeit, sofort verfolgt worden. Ein Kommando von einigen Danziger Stadt-Dragonern setzte uns längs dem Seestrande nach und würde uns gar bald eingeholt haben, wenn wir uns nicht bereits landeinwärts gelenkt hätten. So verfehlten sie uns, und kehrten unverrichteter Dinge nach Danzig zurück, während wir ohne weitere Anfechtung Königsberg erreichten und, vor weiterer Entdeckung sicher, uns im Gewühl dieses lebendigen Handelsplatzes verloren.

Es traf sich sehr gelegen, daß es hier, bei eben wieder eröffneter Schiffahrt, Mangel an unterrichteten Seeleuten gab, die als Steuerleute gebraucht werden konnten. Daher währte es nicht zwei oder drei Tage, daß wir uns nicht sammt und sonders, und meist in jener Eigenschaft, mit Vortheil angebracht hatten. Ich selbst fand einen Platz als Steuermann auf einer kleinen Jacht von 50 Lasten und 5 Mann Equipage. Mein Schiffer hieß Berend Jantzen und war mit einer Ladung Hanf nach Irwin in West-Schottland bestimmt; sollte aber, um die französischen

Kaper zu vermeiden, oben herum durch die Nordsee und die Orkaden steuern.

Wir giengen unter Segel: aber schon im Sunde erlebten wir das Unglück, daß das eiserne Band eines Wasserfasses beim Zerspringen dem Schiffer von hinten gegen die Wade schlug und dadurch das Bein so heftig gegen eine scharfe Holzecke schleuderte, daß wir ihn in die Kajüte tragen mußten und er an dem Schaden mehrere Monate lang das Bette zu hüten hatte. Da nun er so wenig, als Einer unsrer Matrosen, an welchem sich bald ein venerisches Übel offenbarte, auf dem Deck ausdauern konnte; unser Schiffsjunge aber (eigentlich ein verdorbener Tischlergesell) bei dem geringsten Sturmwetter mit Seekrankheit zu thun hatte: so beruhte nunmehr die Führung des Schiffes einzig auf mir und einem Matrosen; und ich darf wohl gestehen, daß mir bei der Sache nicht gar zu wohl zu Muthe wurde.

In der That gehört auch die Schiffahrt in diesen Gegenden, zwischen Schottland und der Insel Lewis und den übrigen zahlreichen Hebriden hin, zu den gefährlichsten, die es geben kann; — nicht nur des engen Fahrwassers zwischen den Inseln und der vielen Klippen wegen, sondern hauptsächlich weil hier so starke Strömungen gehen, daß es oft überall brandend aufschäumt und nicht anders aussieht, als ob Alles rings umher dicht mit blinden Klippen besäet wäre. Noch unglücklicher aber ist es, daß die holländischen Seekarten, deren wir uns damals allein bedienen konnten, hier durchaus unzuverlässig sind und jeden Augenblick irre führen. Das begegnete denn auch mir; und so darf man sich denn nicht wundern, daß ich hier endlich gar nicht mehr aus oder ein wußte.

In dieser Bedrängniß kam uns ein englisches Schiff zu Gesicht, welches zwischen zwei hohen Landspitzen hervor segelte, und von welchem ich richtigeren Bescheid zu erlangen hoffte. In dieser Absicht richtete ich die Segel nach jener Seite hin, indem ich zugleich die preußische Flagge aufsteckte, welche bekanntlich weiß ist und in der Mitte den schwarzen Adler führt. Aber auch die französische Flagge ist von weisser Farbe; und da sich bei dem mäßigen Winde die meinige zu wenig entfaltete, um den Adler anstatt der Lilien erblicken zu lassen: so ward ich von dem Engländer für einen französischen Kaper angesehen, und er setzte bei dem stillen Wetter so viel Segel auf, als sein Schiff nur tragen konnte, um mir zu entgehen. Ich that desgleichen, um Jagd auf ihn zu machen; und so machten wir uns beiderseits Noth und Mühe, bis zuletzt Nachmittags der Wind völlig erstarb, als ich nur noch eine kleine Viertelmeile von dem Flüchtling entfernt war.

Meinen Zweck verfolgend, setzte ich nunmehr, mit Hülfe meines Matrosen und des Jungen, die Jölle aus und ließ mich von ihnen an den jenseitigen Bord hinüber rudern. Als Vorwand meines Besuchs sollte mir ein mitgenommenes lediges Wasserfaß und die kleine Nothlüge dienen, daß uns unser Trinkwasser ausgegangen. Wir kamen dem Schiffe auch glücklich zur Seite, wo wir mit Verwunderung Alles zum Gefechte in Bereitschaft fanden; während sie selbst, beim nähern Anblick von uns drei Köpfen, über ihre ausgestandene Furcht lachen mußten.

Meine Bitte um frisches Wasser schien unverdächtig und fand willigen Eingang. Unter der Zeit aber, daß es gezapft und in mein Faß übergefüllt wurde, nahm ich der Gelegenheit wahr, ganz unbefangen nach dem Namen dieses und jenes Landes, das uns eben im Gesichte lag, zu fragen. So erfuhr ich, daß dort hinaus Cap Cantrie, hierwärts aber die Insel Lamlach gelegen sey. Ich war nun, zu meiner großen Beruhigung, wieder orientirt, ohne mir die arge Blöße gegeben zu haben, meine Unwissenheit einzugestehen: eben so wenig aber mocht' ich mir auch die Schande anthun, mich hier für einen Steuermann halten zu lassen. Dennoch möcht ich unter Meinesgleichen immer noch nicht der Dümmsten Einer gewesen seyn; und wenn man bedenkt, daß ich damals noch keine zwanzig Jahre zählte, und mir meinen Mangel an Erfahrung, billiger Weise, zu gute hält, so wird auch, unter den angeführten Umständen, selbst das Urtheil des gewiegteren Seemanns schonend genug für mich ausfallen.

Irwin, unser Bestimmungsort, liegt im Grunde einer tiefen runden Bucht, in welche, als wir ihre Höhe erreichten, ein Sturm aus Nordwest gerade hinein blies. Da sie mir durchaus unbekannt war, bekanntlich aber schlechten Ankergrund hat, so wäre es verwegen gewesen, mich bei diesem Winde und Wetter in sie hinein zu wagen. Ich steuerte also gegen die Insel Arron, um dort vielleicht eines Lootsen habhaft zu werden: allein vergebens kreuzte ich zwei Tage umher. Meine weisse Flagge spielte mir abermals den Streich, daß Alles auf der See vor mir floh, und vom Lande Niemand sich zu mir heran wagte, weil ich für einen Franzosen gehalten wurde. Zuletzt näherte ich mich dem Strome von Port-Glasgow; und hier gelang es mir denn, einen Lootsen zu finden, der mich nach Irwin brachte.

Ich berühre es nur kurz, daß wir, nachdem auch unser Schiffer wieder auf die Beine gekommen, von hier mit Ballast und unter neutraler Flagge nach der Insel Noirmoutiers, an der westlichen Küste von Frankreich, giengen, wo wir eine Ladung Seesalz einnahmen und uns dann nach Königsberg auf den Heimweg machten. Leider konnten wir's im Kanal, in der Nähe von Dover, nicht vermeiden, nach und nach mit sieben englischen Kapern zusammen zu gerathen. Alle diese Schnapphähne — Kerle, mit wahren Galgen-Physiognomieen, stiegen zu uns an Bord, und wußten in Allem, was ihnen anstand (und ihnen stand fast Alles an!) so geschickt reinen Tisch zu machen, daß sie es uns schier unmöglich machten, wieder an Land und zu Leuten zu kommen. Kessel und Pfannen, Tauwerk und losgebundene Segel, Seekarten und Kompaß mußten mit ihnen wandern. Was der Eine uns ließ, das nahm der Andre. Ja, endlich zogen sie uns sogar die Kleider vom Leibe.

Wir hatten eben, Dover gegenüber, beilegen müssen, als mir, bei dem letzten unerwünschten Zuspruche solcher

Art, Einer von diesen Taugenichtsen, zudringlicher, als die übrigen Alle, die langen Schifferhosen von den Beinen streifte. Das hätte ich verschmerzen mögen: aber bei der Gelegenheit fiel ihm auch ein Nothpfennig von etwa 13 Rubeln in die Augen, die ich in's Hemde eingenäht hatte und hier für sicher genug hielt. Kaum aber erreichte der süße Ton des Silber-Geklappers sein Ohr, so griff er gierig zu, hieb mit seinem Hauer mir den Hemdezipfel vom Leibe, zählte seine Beute über; und trieb die brittische Großmuth so weit, mir davon einen Rubel zurückzugeben. Dabei verbot er mir, diesen dem Schiffer zurückzustellen, welchem, seiner Meynung nach, der ganze Fund wohl eigentlich gehören möchte.

Ich aber war über diese Behandlung dermaßen erbittert, daß ich augenblicklich das Ruder aufholte, die Segel abbraßte und, da der Wind südlich war, nach dem Lande zuhielt. »Was soll das bedeuten? Wo hinaus?« fragten die Kerle, die mir auf dem Verdeck am nächsten standen. — »Wo hinaus?« antwortete ich, von der innern Wuth übermeistert — »Geraden Weges nach Dover, wo Ihr Schelmgezüchte noch heut am lichten Galgen baumeln sollt!« — Flugs kam auf diese Drohung das ganze Pack aus Kajüte, Roof, Kabelgat und Raum, wohin sie sich zum Rauben vertheilt hatten, im dichten Kreise um mich her zusammen. So viel Hände, so viel Pistolen wurden mir auch an den Kopf oder Hauer auf die Brust gesetzt: doch schoß oder stach Niemand. Dagegen rissen sie mich bei den Haaren auf's Deck nieder; Einige hielten mich an Kopf und Füßen fest; Andre schlugen mit den flachen Klingen auf mich drein, daß mir schier Hören und Sehen vergieng. Endlich wollten doch die Barmherzigsten meine weitere Mißhandlung nicht gestatten; doch gieng es nicht ohne einige Fußtritte ab; und Einer, der mir nun noch die Stiefeln von den Füßen zog; schlug mir sie zum Beschlusse um die Ohren; zog sie selbst auf der Stelle an, und machte sich darauf mit seinen feinen Gesellen, zusammen dreizehn an der Zahl, an Bord ihres Kaperschiffes zurück.

Mein Zustand war so jämmerlich, daß unser Schiffsvolk mich für halb todt in meine Koje trug. Nicht genug aber, daß ich, der ich mich kaum regen konnte, der Regierung des Schiffes abgieng: sondern nun entstand auch in der nächsten Nacht ein Sturm, gegen den die Übrigen sich zu schwach fühlten, die Segel einzunehmen. Dies hatte die Folge, daß bald auch der große Mast brach und mit seiner ganzen Takelage über Bord ging. Nun trieben wir, als ein Wrack, in der See, und hätten wahrscheinlich unsern Untergang gefunden, wenn nicht Tages darauf eine holländische Fischer-Schuyt in unsre Nähe gekommen und bereitwillig gewesen wäre, unser Schiff nach dem Texel und von dort nach Medemblyk zu schleppen, wo sich die bequemste Gelegenheit fand, es wieder zu vermasten und in segelfertigen Stand zu setzen.

Als es zugerüstet war, fühlte ich mich noch zu krank und elend, um wieder mit an Bord zu gehen. Ich mußte also in Medemblyk zurückbleiben, und begab mich dort zu einem Kompaßmacher, dem ich seine Kunst gründlich ablernte; und diese ist mir in der Folge von großem Nutzen gewesen. Zugleich schrieb ich in meine Heimath, und erhielt auch bald eine Aufforderung von meinem Vater, ungesäumt nach Colberg zurückzukommen. Die Gefahr, zum Soldaten ausgehoben zu werden, sey jetzt nicht zu fürchten, da er, als Bürger-Adjutant, sich den Festungs-Commandanten v. Heyden besonders geneigt wisse, und daß es mehr, als Eine Weise, gebe, dem Vaterlande rechtschaffen zu dienen. Überdem sey es sehr wahrscheinlich, daß der Festung binnen kurzem eine Belagerung von den Russen bevorstände. Es sey also das Beste, daß ich nach Hause käme, um mit meinen Eltern zu leben und zu sterben. Schlüge ich jedoch diese Ermahnung in den Wind, so möcht' ich auch fernerhin nimmer wagen, mich seinen Sohn zu nennen. Kurz, neben dem glühenden Patriotismus, der sein Herz beseelte, schimmerte immerdar noch die Besorgniß hindurch, daß ich meiner alten Begierde nach Abentheuern hier in Holland abermals den Zügel schießen lassen und mit leichtem Sinn in die weite Welt gehen möchte.

Was blieb mir unter diesen Umständen anders zu thun, als mich unverzüglich auf das Schiff eines Landsmannes setzen, der zu Amsterdam lag und unter Danziger Flagge fuhr, und es so einzurichten, daß ich auf der Colberger Rheede, im Vorüberfahren, von ihm an Land geschickt wurde? Drei oder vier Wochen darauf begann die erste, von dem russischen General Palmbach geleitete Belagerung meiner Vaterstadt. Nun ist es bekannt, daß schon von alten Zeiten her die Einwohner von Colberg durch ihren Bürger-Eid verpflichtet sind, zur Vertheidigung der Festung Leib und Leben, Gut und Blut daranzusetzen. Sie blieben also auch bei dieser Gelegenheit, als brave Preußen, nicht hinter ihrer Schuldigkeit zurück. Meines Vaters Posten insonderheit forderte, daß er in dieser Zeit stets um die Person des Commandanten seyn mußte; und wo *er* war, da war auch ich, um ihm, als ein flinker und rühriger junger Mensch, zur Hand zu gehen. Der alte wackre Heyden sah meinen guten Willen; und das gewann mir sein Wohlgefallen in dem Maaße, daß ich beständig in seiner Nähe seyn und bleiben mußte. Ich konnte solchergestalt für seinen zweiten Bürger-Adjutanten gelten und wurde oftermalen auf den Wällen von ihm gebraucht, seine Befehle nach entfernten Posten zu überbringen. In der That war dies eine gute Vorschule für mich, um zu lernen, was unter solchen Umständen zum Festungsdienste gehört; und die Lection ist mir noch im späten Alter trefflich zugute gekommen!

Man weiß, daß diese Belagerung, obgleich ernstlich genug gemeynt und mit überlegener Kraft begonnen, dennoch durch die Entschlossenheit unsers Anführers und seine geschickten Gegenanstalten fruchtlos blieb und daß die Russen, nachdem sie eine Menge Pulver unnütz verschossen hatten, nach einigen Wochen wieder abziehen mußten. Sobald aber auch nur der Platz wieder frei geworden, war dort meines Bleibens nicht länger. Ich machte eine Fahrt nach Amsterdam, von der ich hier nichts Besonderes anzuführen habe, und traf hier wieder mit meinem alten werthgehaltenen Kapitain Joachim Blank zusammen, den ich vor drei Jahren ungern verlassen hatte. Er hatte gerade eine neue Reise nach Surinam vor, wo es denn keines langen Zuredens bei mir bedurfte, um auf seinem Schiffe meine alte Stelle als Steuermann anzunehmen.

Es war gegen das Ende Decembers, (1758) als wir, mit einer großen Flotte von Kauffahrern, und unter Bedeckung von drei holländischen Kriegsschiffen, aus dem Texel mit einem tüchtigen Sturm aus Nordosten in See gingen. Allein es giebt so mancherlei Verzug und Beschwerde, sich — zumal bei den langen Winternächten — im Gedränge einer solchen zahlreichen Convoy zu befinden, daß wir uns die erste beste finstre Nacht zu Nutze machten, uns heimlich von unsrer lästigen Begleitung abzudrücken und unser Heil in uns selbst zu suchen. Der anhaltende günstige Wind ließ uns auch bald einen weiten Vorsprung gewinnen; so daß wir binnen kurzem die östlichen Passat-Winde erreichten und die gesammte Fahrt vom Texel bis in den Fluß von Surinam, — eine Strecke von 2200 Meilen — in der ungewöhnlich kurzen Zeit von 28 Tagen zurücklegten.

Meine Beschäftigungen an diesem unserm Bestimmungs-Orte waren die nemlichen, die ich schon früher angeführt habe. Ich befuhr beide Ströme in der Colonie, versah die Plantagen mit den bedürftigen Artikeln unsrer Ladung, und brachte von dort eine neue Rückfracht an Zucker und Kaffee zusammen. Dies setzte mich nun mit einer Menge von Plantagen-Directeurs in Verbindung, die großentheils meine näheren oder entfernteren Landsleute waren und mir sämmtlich viele Liebe und Güte erwiesen. Ihrer unbegrenzten Gastfreundlichkeit danke ich die vergnügtesten Tage meines Lebens, die unstreitig in diese achtmonatliche Dauer meines Aufenthalts in dieser Colonie fielen.

Auf unsrer Heimfahrt nach Amsterdam hatten wir einen der vermögendsten Plantagen-Besitzer als Passagier an Bord, den die Sehnsucht nach dem vaterländischen Himmel zurück nach Europa trieb. Er hieß *Polack,* war ein gebohrner Wiener und in seiner Jugend als gemeiner Soldat nach Suriname gerathen. Glück und Thätigkeit hoben ihn hier allmählig zu einer glänzenden Lage empor. Eine der größten Kaffe-Plantagen, genannt »der Maas-Strom« und am Commendewyne gelegen, war sein Eigenthum, das er ohnlängst seinem, aus Europa zu sich berufenen Schwestersohne zum Geschenk übergeben hatte. Nie sah ich einen rührendern Anblick, als wie ich ihn von dort in unsrer Schaluppe an Bord abholte. Alle Sklaven der Pflanzung, 400 Männer, Weiber und Kinder an der Zahl, hatten sich versammlet, um ihrem alten gütigen Herrn das Lebewohl zu sagen. Sie fielen rings um ihn nieder, weinten, umfaßten seine Füße und Hände und umklammerten seinen Leib, als wollten und könnten sie ihn nimmer von sich lassen. Dürfte man voraussetzen, daß das Schicksal *allen* Neger-Sklaven in den Colonien einen so menschlich-denkenden Gebieter zutheilte, so würde das so laut erhobene Geschrei über die himmelschreiende Ungerechtigkeit des mit ihnen betriebenen Handels viel von seinem Nachdruck verlieren.

Sobald wir unter Segel gegangen waren, ersuchte uns Herr Polack, dem Schiffsvolk bekannt zu machen, daß er demjenigen, der ihm zuerst ansagen könne: Er sehe europäische Erde — ein Geschenk von 50 Dukaten zugedacht habe. Diese Nachricht verbreitete unter Allen eine gespannte Aufmerksamkeit; und der Wetteifer, eine so leicht zu verdienende Belohnung vor den Übrigen davonzutragen, wuchs mit jedem Tage, der uns unserm heimatlichen Erdtheile näher brachte. Selbst als wir, in der achten Woche unsrer Fahrt, unsrer Schiffsrechnung nach, dieses Ziel erreicht zu haben glauben durften, blieb dennoch eine Ungewißheit von einem Dutzend Meilen übrig, da, wie bekannt, in jenen Zeiten die genaue Bestimmung der zurückgelegten Längen-Grade mehr auf einer muthmaaßlichen Schätzung, als auf astronomischen Berechnungen oder der Sicherheit der See-Uhren, beruhte.

Jetzt wimmelte es schon seit einigen Tagen auf unsern Masten und Stengen von Menschen, die mit angestrengten Blicken nach Europa ausschaueten. Eines Nachmittags, als ich meine Wache beendigt hatte, und ehe ich mich in meine Koje verfügte, stieg ich nach oben, um mich nach allen Seiten umzusehen; wie dies denn nicht bloß damals, sondern zu allen Zeiten, meine unverbrüchliche Weise war. Mein erster Blick nach dem östlichen Horizont hinaus zeigte mir etwas, das beinah wie eine entfernte Küste am Rande aufblickte. Dennoch stieg mir einiger Zweifel auf, ob nicht eine ähnlich gestaltete Wolke, oder eine Nebelbank, mich täuschte. Allein je gewisser ich mich, von Jugend auf, meinem falkenscharfen Gesichte anvertrauen durfte, und je länger und sorgfältiger ich mir diese Erscheinung überlegte, desto zuversichtlicher ward binnen kurzem meine Überzeugung, daß ich recht gesehen hatte. Um mich her und hoch über mir saßen Matrosen, denen gleichwohl von meiner Entdeckung noch kein Schatten ahndete.

Auch ich schwieg stille, begab mich auf's Verdeck hinunter und flüsterte unserm Ober-Steuermann in's Ohr: »Gelt Freund, ich sehe die englische Küste! Ich steige jetzt wieder nach oben; und wenn ich dann den Arm gerade nach dem Lande hin ausstrecke, so macht darnach hier unten mit dem Kompaß die Peilung.« — Unbefangen nahm ich meinen alten Sitz im Mastkorbe wieder ein; überzeugte mich dann zuvor, ob unten mein Gehülfe mit seinem Instrumente fertig stand, und deutete nun bestimmt nach der erblickten Küste hin. Kaum nahmen meine Nachbarn umher diese Bewegung wahr, so schrieen sie auch allesammt, wie aus Einer Kehle: »Land! Land! Land!« — aber zu spät! Ich hatte ihnen bereits vorgefischt!

Als ich mich wieder unten zeigte, forderte mich unser Kapitain auf, zu Herrn Polack in die Kajüte zu gehen und ihm zum Anblick von Europa zu gratuliren. Mein Ehrgefühl aber wollte es nicht zulassen, mir irgend den Schein zu geben, als habe ich mich unter die Bewerber zu seiner ausgesetzten Prämie gedrängt. Nicht so aber dieser Ehrenmann, der mich selbst zu sich hinab nöthigte, mir das bestimmte Päckchen Gold in die Hand drückte und mich bat, es zu irgend einem Andenken an ihn und diese Reise zu verwenden. Bald darauf langten wir auch glücklich im Texel an; und hier beim Abschiede wiederholte er seine Freigebigkeit noch durch ein Geschenk, wovon der Ober-Steuermann 20 — ich 10 und die sämmtliche Schiffs-Equipage 20 Dukaten empfingen. Am 1. December (1759) erreichten wir Amsterdam; und unsre Fahrt hatte diesmal ein rundes Jahr, weniger einige Tage, gewährt. Von unsrer Bemannung, die 44 Köpfe betrug, hatten wir 9 Menschen durch den Tod verloren.

Unthätigkeit und träge Muße waren mir unleidlich. Ich engagirte mich daher sofort wieder, als Unter-Steuermann, auf das Schiff *de goede Verwachting*, unter Kapitain Siewert, welches schon im Texel lag, nach St. Eustaz bestimmt war, und kurz vor Anfang des Jahres 1760 die Anker lichtete. Die späte Jahrszeit ließ uns eine schwere stürmische Fahrt in der Nordsee und im Kanal erwarten. Auch traf diese Befürchtung nur zu pünktlich ein: denn wir büßten nicht nur mehrere Segel, sondern auch Stengen und Raaen ein, und 5 Matrosen, sammt dem Schiffszimmermann, hatten das Unglück, ohne Rettung über Bord gespült zu werden. So kamen wir, in einem äußerst beschädigten Zustande, in St. Eustaz an; bewirkten jedoch binnen vier Wochen unsre Ausbesserung und Rückladung, und mochten kaum die Hälfte unsers Weges nach Holland zurückgelegt haben, als wir von einem englischen Kriegsschiffe genommen wurden. Die gesammte Mannschaft, bis auf 4 Mann, mußte an dessen Bord hinüberwandern; und so wurden wir im Monat Mai nach Portsmouth aufgebracht. Unser Prozeß, ob recht oder unrecht, kam zu einer kurzen Entscheidung: denn da man für gut fand, in unsrer Fracht französisches Eigenthum zu wittern, so wurden Schiff und Ladung condemnirt, die Mannschaft aber mit der ausgezahlten Gage von Einem Monat abgefunden. Noch verdrüßlicher aber war uns das Erschwerniß, welches wir fanden, England zu verlassen.

Unter diesen Umständen blieb mir nichts übrig, als Dienste auf einem englischen Schiffe, unter Kapitain Keppel, zu nehmen. So kam ich, mit Anfang des Julius, nach Danzig, von wo ich sofort an meine Eltern nach Colberg schrieb und ihnen meine Lage schilderte. Dies hatte die, für mich sehr überraschende Folge, daß meine gute Mutter persönlich mit der Post nach Danzig kam, sich hinter den preußischen Residenten steckte und durch Diesen es mit leichter Mühe dahin brachte, daß ich, als preußischer, und also Unterthan einer befreundeten Macht, von dem englischen Schiffe entlassen wurde. Unmittelbar darauf gieng ich mit meiner gütigen Befreierinn nach unserer Vaterstadt ab.

Kaum 5 oder 6 Wochen hatte ich im väterlichen Hause zu meiner Erholung zugebracht, so trat für Colberg der Zeitpunkt jener zweiten denkwürdigen Belagerung ein; und da die Russen diesmal, beides zu Wasser und zu Lande, operirten, so war auch der Hafen gesperrt, und ich saß also wieder in der Kaltschale! Indeß that ich meinen Dienst, wie ich wußte und konnte, ebenso, wie vor zwei Jahren; nur gieng es diesmal noch um Vieles wärmer her. Glücklicher Weise dauerte unser Nothstand nur etwa drei Wochen, da denn die Festung durch den braven General Werner, wie durch ein Wunder, entsetzt wurde.

Während dieser Zeit des siebenjährigen Krieges blieb den preußischen Schiffen und Seeleuten, um ihrem Erwerb nachzugehen, kaum etwas Anderes übrig, als unter der neutralen Danziger Flagge zu fahren. In solcher Weise gieng ich auch im October von Danzig nach Königsberg, und von Königsberg mit einem Schiffe in See, das nach Amsterdam bestimmt war und von Karl Christian, einem in Pillau ansäßigen Schiffer, geführt wurde. Ich hatte mich als Steuermann verdungen. Es war im November 1760; und so fehlte es in dieser vorgerückten Jahrszeit auch wiederum nicht an häufigem Sturm und Unwetter, womit wir besonders in der Nordsee viel zu schaffen hatten.

Wir bekamen einen Leck, mit dem es binnen kurzem sehr bedenklich wurde, weil die Ratzen die inwendige Fütterung des Schiffsbodens durchgefressen hatten; wo denn das Getreide, welches unsre Ladung ausmachte, in den untern Kielraum gerathen war und unsre Pumpen verstopft hatte. Der Sturm ward je länger je heftiger, und wir fühlten uns dem Sinken nahe. In dieser Noth blieb uns nichts übrig, als das Schiff vor dem Winde hinlaufen zu lassen, die Lucken zu öffnen und von unsrer Ladung soviel möglich über Bord zu schaffen. Aber noch immer konnten wir keinen Hafen sehen oder erreichen, als wir mit Einbruch der Nacht in die Scheeren an der südlichsten Spitze von Norwegen geriethen, wo wir zwar mit Mühe auf 70 bis 80 Klafter vor Anker kamen, aber doch nicht verhindern konnten, daß das Hintertheil des Schiffs auf eine Klippe stieß. Durch die Gewalt dieses Stoßes zerbrach das Ruder sammt dem Hinter-Steeven, und das Wasser im Raume stieg mit jeder Viertelstunde höher. Wir brachten eine Nacht voll entsetzlicher Angst zu und sahen unsern gewissen Tod vor Augen.

Endlich aber dämmerte etwas Tageslicht auf und zeigte uns eine Öffnung zwischen den Scheeren, die wir augenblicklich benutzten, indem wir unser Ankertau kappten, zugleich aber auch eines Lootsen mächtig wurden, der uns in den Hafen von Klewen, nahe bei Mandal, führte. Froh des geretteten Lebens besserten wir hier unser hart beschädigtes Schiff aus; konnten aber erst im Merz 1761, und mit stark verminderter Ladung, wieder in See gehen; worauf wir denn im April unsern Bestimmungsort erreichten, unser Getraide löschten und dann einige Wochen später mit Ballast nach der Insel Noirmoutiers, weiter segelten, um hier eine Ladung Seesalz als Rückfracht nach Königsberg einzunehmen.

Während unsrer Reise dahin und bei dem schönen Wetter, das wir im Kanal trafen, beschäftigten wir uns nebenher damit, die Kajüte neu auszumalen. Dem Schiffer ward bei dieser Arbeit übel, und er legte sich in seine Koje, während ich selbst einer Verrichtung auf dem Deck nachgieng. Kaum eine halbe Stunde nachher kam auch *er* wieder hervor; sah ganz wild und verstört aus und fragte mit Ungestüm: Was für Land dies sey und wo ich mit dem Schiffe hin wolle? Mit Verwunderung nahm ich seinen ungewöhnlichen Zustand wahr; brachte ihn jedoch durch gütliches Zureden in die Kajüte und auf sein Lager zurück; hatte aber kaum den Rücken gewandt, als ich hinter mir ein erstaunliches Brüllen und gleich darauf ein Gepolter hörte, welches mich bewog, der Veranlassung näher nachzuschauen.

Da fand ich denn den Kapitain, der aus seinem Bette herabgetaumelt war, auf dem Boden der Kajüte ausgestreckt lag, aus Mund und Nase stark blutete und ein Loch in den Kopf gefallen hatte. Sein Anblick war fürchterlich; und es schien sich kaum noch eine Spur von Leben in ihm zu regen. Ich machte flugs Lärm; unser Volk kam mir zu Hülfe; wir flößten ihm Wasser und Brandtwein ein; rieben ihn, verbanden ihm seine Wunde und brachten ihn wieder zu sich. Auch sein gesundes Bewußtseyn schien wiedergekehrt; so daß wir ihn mit guter Zuversicht vom Verdeck, wo wir ihn behandelt hatten, wieder in seine Koje zur Ruhe legen konnten. Zu noch besserer Vorsicht blieb ich bei ihm und streckte mich auf den Kleiderkasten, der vor seinem Bette angebracht war.

Nichtsdestoweniger überfiel es ihn gleich darauf von neuem; er taumelte über mich weg auf den Fußboden der Kajüte; war starr, besinnungslos und einem Sterbenden ähnlich, bis wir ihn abermals auf's Deck an die frische Luft brachten, wo er sich denn allmählig wieder erholte. Ich fiel darauf, und bin auch noch jetzt der Meynung, daß der Grund dieser sonderbaren Wirkung in den frischen Ölfarben zu suchen sey, womit wir eben handthiert hatten;

zumal in dem sogenannten Königs-Gelb, das wir zum Anstrich einiger Leisten dicht an seiner Koje gewählt, und dessen schädliche Ausdünstungen er unmittelbar mit dem Athem in sich gezogen haben konnte. Wir behielten ihn darum auch auf dem Verdeck und dann in einem luftigen Abschlage, bis wir ihn vollkommen wieder genesen glaubten.

Einige Tage später befanden wir uns Morgens unter Ouessant, als ich eben mit meiner Wache fertig war; und da der Kapitain auf's Deck kam, um mich abzulösen, bedeutete ich ihn: »Dort haben wir Ouessant. Wir dürfen nicht südlicher steuern, als Südsüdwest, wenn wir nicht hier in die Bucht zwischen den Klippen verfallen wollen.« — Ich war auch zu dieser wohlgemeynten Weisung um so befugter, weil ich ohnehin auf dem Schiffe meist Alles allein zu leiten hatte: denn mit des Mannes Steuerkunst war es herzlich schlecht bestellt, indem er zwar einige Reisen nach Ostindien, aber nur als Zimmermann, gemacht hatte. Seine Anstellung als Schiffer hatte er lediglich der Gunst einiger Rheeder in Königsberg, den Verwandten seiner Frau, zu danken. Auch wurden von seinen früheren Fahrten allerlei seltsame Dinge erzählt, die sein Ungeschick zu einem solchen Posten sattsam bewiesen. Als Seemann konnt' er es übrigens mit den Bravsten aufnehmen.

Während ich in meine Koje zur Ruhe gieng, nahm Jener sein Werkgeräth und machte sich an der Zimmerung des Bootes etwas zu schaffen. Ehe mir aber noch die Augen recht zufielen, kam er aus demselben hervor, trat zu dem Matrosen am Steuer, und fragte: »Was steuert Ihr?« — »Südsüdwest, Herr!« war die Antwort. — »Ei, warum nicht gar! Steuert Südsüdost!« befahl der Schiffer. Ich erschrack, und gerieth immer mehr in Nachdenken, was ihn zu dieser Widersinnigkeit veranlassen könne. Kaum zehn Minuten später kam er nochmals und gebot dem Mann am Ruder, vollends gegen Südost zu steuern. Sogleich sprang ich auf, überzeugte mich, daß Dieser wirklich den anbefohlenen Kurs hielt, und rief nun augenblicklich dem Kapitain zu: »Um Gottes willen! Mit dem Südost-Kurs sind wir ja gleich im Unglück! Wir müssen wieder südwestlich steuern.«

Der harte Kopf that, als hörte er mich nicht, und gab keine Antwort. Ich rannte zu dem Matrosen und donnerte auf ihn ein: »Steuert Südwest!« — Der Schiffer, dies hörend, warf seine Zimmeraxt über Seite, kam heran, und gebot Seinerseits: »Steuert Südost!« — Was blieb mir jetzt übrig, als dem Kerl die Ruderpinne aus der Hand zu reißen, und so meinen Willen zu erzwingen? — bis Jener sie mir wiederum mit Gewalt entriß und wüthend erklärte, daß es bei Südost verbleiben solle.

So abgewiesen, gieng ich in den Roof, wo ich mein Wachtvolk herausrief und nun auch Meinerseits erklärte: »Der Schiffer wolle uns mit seinem Eigensinn in's Unglück bringen; wir führen mit diesem Kurs dem Verderben in den offenen Rachen. Gleich hin nach vorne, und ausgeschaut nach Klippen und Brandung!« — In der That auch war kaum eine halbe Stunde verlaufen, so schrieen die Leute: »Ho da! Klippen-Brandung vor uns!« — Jetzt hielt ich mich auch nicht länger; griff, wie ein Sturm, in's Ruder, holte es hart an die Backbord-Seite, und sah mit Herzbeben rings umher ein Labyrinth von Klippen weiß aufschäumen.

Auch der Kapitain sah, was vorgieng, und schlich bleich und zitternd nach der Kajüte, während ich, mit Hülfe der Übrigen, das Schiff wendete und, da mir der Wind günstig in die Segel stand, auch das kaum verhoffte Glück hatte, mich mit Kreuzen und Laviren endlich wieder aus dem Untergang drohenden Gedränge wieder herauszufinden. Von unserm Schiffer war und blieb nichts zu sehen, bis zur Essenszeit, da er mich, wie gewöhnlich, zu Tische rufen ließ. Kaum trat ich in die Kajüte, so fiel er mir um den Hals; gestand, er sey ganz von Sinnen gewesen, und bat mich, alles Geschehene zu vergessen; mit heiliger Zusicherung, daß er mir künftig ganz meinen Willen lassen wolle. Ich schärfte ihm jedoch ein wenig das Gewissen durch Vorstellung, wie nahe es daran gewesen, daß wir Alle durch seine Schuld Kinder des Todes geworden. Er erkannte das; gab gute Worte, und damit war die Sache abgethan.

Auf der Heimreise hatten wir den Kanal bereits wieder passirt und bei Nacht die Leuchtfeuer bei Dower deutlich erkannt, indem wir bei einem, zum Sturm werdenden Westsüdwest-Winde herliefen. Weiterhin in die Nordsee, wo diese mehr Breite gewann, fanden wir gewaltig hohe Wogen, die unserm tief mit Salz geladenen Schiffe durch öfteres Überstürzen sehr beschwerlich fielen. Eben war meine letzte Nachtwache von zwölf bis 4 Uhr zu Ende. Ich gieng demnach zum Kapitain in die Kajüte, um ihm zu sagen, daß seine Wache begönne; daß es gewaltig stürme, und daß, wofern der Wind nicht bald nachließe, es nöthig werden möchte, die Segel einzunehmen und gegen den Wind zu legen. Anders sey mir bange, daß uns nicht Boot, Wasserfässer und selbst Menschen durch die Sturzwellen über Bord gerissen würden.

Müde suchte ich meine Lagerstätte, ohne jedoch einschlafen zu können. Ich hörte den Kapitain auf's Deck hervor kommen und wieder in die Kajüte zurück kehren, wobei er Morgen- und Bußlieder zu singen begann. Das däuchtete mir an ihm um so verwunderlicher, da er während der ganzen Reise, außer der Zeit des gewöhnlichen Schiffsgebets, nie ein geistliches Buch in die Hände genommen, noch eine Gesang-Note angestimmt hatte. »Das mag wohl gar ein Zeichen vor seinem Ende seyn«; sagte ich zu mir selbst — »Nun, so ist es doch immer das Schlimmste nicht, was er thun kann.«

Eine Stunde später trat er an mein Bette, um mich zu fragen, ob ich schliefe? — »Kann man es wohl bei Eurer seltsamen Musik?« war meine Antwort. Nun sagte er mir: es werde nicht anders seyn, als daß wir die Segel einreffen und gegen den Wind würden drehen müssen. Zugleich bat er mich, daß ich mich etwas in die Kleider würfe und mit meinen Leuten auf dem Platze wäre, während er selbst mit seinem Wachvolk die Kliefhack (Besaane) einnehmen wolle. — Flugs sprang ich mit gleichen Füßen aus den Federn, machte Lärm und brachte meine Mannschaft auf die Beine. Aber noch steckte ich selbst erst halb in einem Stiefel, so begann der Mann am Ruder ein helles Geschrei, ohne daß ich eine Veranlassung dazu begriff. Ich stürzte hervor — »Kerl, bist du toll? Was ficht dich an?« — »Mein Gott! mein Gott! Da vorne muß ein Unglück passirt seyn. Sie lamentiren Alle ganz kläglich durch einander.«

In drei Sprüngen war ich vorne am Bug. »Was ist's? was fehlt euch? Sprecht!« — »Ach, das Gott erbarme! der Schiffer ist über Bord!« — »Nun denn, nicht lange besonnen! Frisch, daß wir ihm helfen!« — Sogleich griff ich nach allem Tauwerk, das mir zunächst zur Hand kam, und ließ die Enden über Bord laufen, damit sich der Unglückliche vielleicht daran halten möchte. Das Gleiche that ich hinten auf dem Kajüten-Deck; aber immer noch, ohne zu wissen, nach welcher Seite ich ihn eigentlich zu suchen hatte, da das Schiff eine fliegende Fahrt lief. Endlich nahm ich wahr, daß er hinten im Kielwasser in die Höhe tauchte, sich in einer Entfernung von zehn oder zwanzig Klaftern hinter dem Schiffe zum Schwimmen umwarf und nun mit Macht zu Rudern begann. Daß er ein fertiger Schwimmer sey, der in Ostindien wohl Strecken von mehr als einer Viertelmeile zurückgelegt habe, hatte er selbst mir oftmals erzählt, und auch wohl hinzugesetzt: Er glaube gar nicht, daß er ersaufen könne.

Sobald ich Seiner ansichtig wurde, holte ich das Ruder nach der Steuerbord-Seite, um das Schiff bei den Wind zu legen und dadurch möglichst aufzuhalten. In dieser Stellung aber legte es sich (da es ohnehin der tiefen Ladung wegen nur wenig Bord hielt) so übermäßig auf die Seite, daß sogar die Kajüten-Thüre unter Wasser gerieth und dasselbe wie zu einer Schleuse hineinstürzte. In dieser Lage standen wir, wenn sie noch wenige Minuten anhielt, in der augenscheinlichsten Gefahr, auf der Stelle zu sinken. Ich mußte mich entschließen, das Ruder wieder nach der andern Seite zu holen, um das Schiff in die Höhe zu bringen, bevor es seinen Schwerpunkt verlöre.

Wohl brach mir mein Herz, wenn ich an den armen Kapitain gedachte, den wir noch von Zeit zu Zeit mit dem stürmenden Elemente kämpfend erblickten, so oft die Woge ihn empor hob. Es gab kein Mittel mehr, uns in seiner Nähe zu erhalten, da das Schiff, vom Winde gejagt, gleich einem Pfeile, durch die Fluthen dahin schoß. Der Unglückliche war nicht zu retten; selbst wenn wir unser eignes Leben hätten preiß geben wollen! Sogar jetzt, wo ich mich frei von der unsäglichen Bestürzung fühle, die in jenen schrecklichen Augenblicken auf uns Alle drückte, weiß ich nicht, was noch anderes und mehr zu seinem Beistande von uns hätte versucht werden können.

Mittlerweile hielt der Sturm noch immer an, ohne jedoch härter zu werden. Ich wagte es daher, das Schiff vor dem Winde hinlaufen zu lassen, bis sich, mit dem nächsten Tage, das Wetter allmählig wieder besserte. Nun aber lag mir eine andre schwere Sorge auf dem Herzen, wie ich, bei übernommener Führung des Schiffs, den mancherlei Verantwortlichkeiten entgehen wollte, die über den Nachlaß unsers unglücklichen Kapitains entstehen konnten. Unser ganzer Vorrath an Brodt, Grütze, Erbsen und übrigen Lebensmitteln war in der Kajüte aufbewahrt; und Koch und Kochs-Maat hatten täglich und stündlich ihren Gang in dieselbe, um das Nöthige hervor zu holen. Zugleich aber lagen hier auch des Schiffers Habseligkeiten umher; und ich wußte, daß es ihm nicht an Geld und Geldeswerth gefehlt hatte. Noch mehr: Er hatte mir zu Zeiten einen bedeutenden Vorrath von Kostbarkeiten an Gold und Silber vorgewiesen, zu deren Einkauf in Amsterdam ihm von seinen Königsberger Freunden Auftrag gegeben worden. Auch diese mußten in der Kajüte und, wie ich vermuthete, in seinem Kasten befindlich seyn.

Um mich dieserwegen auf jede Weise zu sichern, ließ ich gleich am andern Tage das ganze Schiffsvolk, bis auf den Matrosen, der das Steuer versah, in die Kajüte zusammen kommen. In ihrer Gegenwart nahm ich ein schriftliches Verzeichniß von sämmtlicher Habe unsers verstorbenen Schiffers auf; wir packten dies Alles in die vorhandenen Kisten, Kasten und Säcke, und schritten dann zu einer allgemeinen Versiegelung derselben, damit weiter keine Hand daran rühren dürfte. Das dazu gebrauchte Pettschaft aber ward von mir, vor ihrer Aller Augen, durch das Kajüten-Fenster in die See geworfen.

Da bei dieser Verhandlung alle und jede Behältnisse hatten geöffnet werden müssen, um nachzusehen, ob sie keine Schiffs-Papiere enthielten, die mir im Sunde oder sonst nöthig werden konnten, so erstaunte ich nicht wenig, daß sich hierbei nirgends weder Gelder und Baarschaften, noch seine Taschenuhr und silbernen Schuh- und Knie-Schnallen, noch endlich auch jene vorerwähnten goldenen und silbernen Galanterie-Waaren vorfinden ließen. Unsre Meinung fiel endlich dahin aus, daß der verunglückte Eigenthümer diese Sachen wohl hie und da versteckt haben möchte, um sie vor den gierigen Blicken und langen Fingern der Kaper-Mannschaften zu sichern, die je zuweilen ungelegene Besuche an unserm Borde machten. Allein wie sorgfältig wir auch jeden Winkel der Kajüte durchsuchten, so ließ sich doch nicht die mindeste Spur des Verlornen entdecken.

Des dritten Tages nachher war ich im Sunde, und zwei Tage später vor Pillau. Der Wind stürmte gerade auf das Land zu; es gieng eine hohe See; und wie gerne ich auch lieber geraden Weges auf Königsberg gegangen wäre, so blieb hier doch nichts anders zu thun, als in den Pillauer Hafen einzusetzen. Allein auch dies blieb ein Wagstück, wozu Muth gehörte. Sobald jedoch die nöthigen Vorbereitungen getroffen, die Kajüten-Fenster vermacht und die Leute auf ihrem Posten waren, ließ ich das Schiff vor dem Winde laufen. Glücklich trafen wir das Fahrwasser zwischen den Haaken; zugleich aber überflutete uns in der Brandung Eine Sturzwoge nach der Andern von hinten her; das Schiff stieß auf den Grund; hob sich jedoch mit der nächsten nachfahrenden Welle wieder, und ich wäre mit dem bloßen Schreck davon gekommen, hätte nicht diese nemliche Welle uns das Steuerruder aus den Angeln gehoben und davon geführt. Noch aber verlor ich die Besinnung nicht, steuerte mit den Segeln, so gut ich vermochte, und kam endlich bei Pillau, ohnweit des Bollwerks, wohlbehalten vor Anker.

Mein kühnes Beginnen hatte eine Menge neugieriger Menschen am Bollwerk versammlet, und das nur um so mehr, als man bald auch unser Schiff erkannte. Ich Meinerseits bemerkte unter diesen Zuschauern, mit wehmüthiger Empfindung, unsers verunglückten Schiffers Frau, die ihre Kinderchen zur Seite hatte und eifrig nach uns aussah. Kaum trat ich an Land und fiel ihr in die Augen, so rief sie mit sichtbarer Beängstigung: »Gott im Himmel! wo ist mein Mann?« — Alles, was zugegen war, umstand mich und fragte: »Wo ist Schiffer Karl Christian?« — »Krank! krank!« war meine zwar vorbereitete, aber durch Ton und Geberde nur schlecht beglaubigte Antwort. Ich suchte nur mich los zu machen und eilte zum reformirten Prediger, dem Beichtvater der armen Frau, dem ich den ganzen traurigen Vorfall mittheilte und ihn mit der Bitte angieng, ihr die Todespost auf eine gute Weise beizubringen und mit seinem Troste beiräthig zu seyn.

Das geschah denn auch auf der Stelle. Ich selbst fand mich demnächst auch ein, um der leidige Bestätiger seiner Zeitung zu seyn; und ich darf wohl sagen, daß mir das ein schwerer und bittrer Gang geworden. Am nächsten Morgen, wo ich hoffen konnte, daß die unglückliche Wittwe sich der Wehklage etwas begeben und zu mehrerer Fassung gekommen seyn würde, gieng ich wiederum zu ihr, und kündigte ihr an, daß, da ich mit dem Schiffe unverweilt nach Königsberg hinaufgehen müßte, ich ihr heute noch ihres verstorbenen Mannes Sachen und Geräthschaften vom Schiffe in's Haus schicken würde. Zugleich aber mußt' ich ihr leider auch ankündigen, daß sowohl seine Baarschaften, als eine Menge andrer Sachen von Werthe, auf eine, uns Allen unbegreifliche Weise, unter seinem Nachlaß vermißt würden, wofern sich nicht etwa noch in seinen Papieren darüber eine nähere Auskunft ergäbe.

Nach diesem betrübenden Abschiede langte ich mit dem Schiffe bei Königsberg an und meldete mich bei den Rheedern desselben. Hier war es sofort das Erste, daß wir sämmtliches Schiffsvolk zu einer eidlichen Erklärung über alle einzelnen Umstände des dem Schiffer widerfahrnen Unglücks aufgefordert wurden. Wir Alle, und ich insonderheit, mußten uns auf gleiche Weise von jedem Verdachte einer Veruntreuung seines Eigenthums reinigen und unsre Unkenntniß, wohin die verschwundenen Sachen gekommen, erhärten. Hätte nur diese gerichtliche Prozedur zugleich auch meine Unschuld vor den Augen der Welt und der giftigen Stimme der Lästerung zu rechtfertigen vermocht! Aber leider! fiel hier die Sache ganz anders! Ich mußte mir hinter meinem Rücken Dinge nachsagen lassen, an die meine Seele nie gedacht hatte. Ich galt wohl überall für den Dieb, der Wittwen und Waisen verkürzt habe, und mußte es dulden, daß oftmals auch in meinem Beiseyn mit spitzigen Worten auf dergleichen gedeutelt wurde. Wie oft, aber auch wie schmerzlich bitter, hab' ich's Gott geklagt und darüber im Stillen meine Thränen geweint!

Die nächste Wirkung dieses unseligen Verdachtes war, daß, nachdem das Schiff ausgeladen worden, ich, anstatt die Führung desselben zu erhalten (wie sonst wohl geschehen wäre) es an den Schiffer Christian Kummerow übergeben mußte. Ja, meine ganze Lebenslage schien hierüber eine andre Richtung nehmen zu wollen. Als verlobter Bräutigam einer Tochter des Segelmachers Johann Meller in Königsberg, und mit großen Aussichten und Plänen, war ich vormals ausgefahren: jetzt kam diese Heirath zwar wirklich zu Stande; aber ich ließ die Flügel mächtig hängen und beschränkte meinen in die weite Welt strebenden Sinn nunmehr auf das enge Verkehr eines kleinen Bordings-Rheeders, und meine weitesten Reisen begrenzten sich in dem spannenlangen Raume zwischen Königsberg, Pillau und Elbing. Es war der leidige Gang eines Langohrs in der Mühle!

Wäre aber mein freier, immer ins Weite gestellter Sinn eines solchen Austernlebens nicht schon an sich selbst frühzeitig müde geworden, so waren doch Zeit und Umstände eben so wenig dazu gemacht, mir diese Unlust durch anderweitige Vortheile zu vergüten. Mein Bordingskahn war ein altes Fahrzeug, das meinem Schwiegervater gehörte, und worauf ich ihm die Hälfte des taxirten Werthes von 2000 Gulden Preuß. baar ausgezahlt hatte. Es währte aber nicht lange, so ward ich, gleich vielen Andern Meinesgleichen, von den Russen, die damals in ganz Preußen den Meister spielten, gepreßt und zum Transport von Proviant und Militair-Effecten von Pillau nach Elbing und Stuthof gebraucht. An Bezahlung war hierbei im geringsten nicht zu denken: desto reichlicher aber gab es hier üble Behandlung und allerlei Verdrüßlichkeiten zu verdauen, die mir die Galle in's Blut jagten. Ich entschloß mich daher kurz und gut, der Pauke ein Loch zu machen.

Eben lag ich auf dem frischen Haff bei Stuthof vor Anker. Ich war ledig, und sollte nach Pillau gehen. Ein russischer Soldat war mir an Bord zur Aufsicht gegeben, der keinen Augenblick von mir weichen sollte. Dennoch war leicht ein Vorwand gefunden, ihn an's Land zu locken und dort bei der Flasche so angelegentlich zu beschäftigen, daß ich mich auf mein Fahrzeug zurückschleichen, den Anker lichten und meines Weges davonsegeln konnte. Der arme Kerl, der mich indeß nur zubald vermißte, lief mir wohl eine halbe Meile am Strande nach, schrie und beschwor mich bei all seinen Heiligen, daß ich ihn wieder einnehmen möchte. Dazu hatte ich nun freilich keine Ohren; ich spannte vielmehr noch ein Segel mehr auf, und kam ihm so bald aus dem Gesichte, bis ich auf dem Pregel bei Fischhof anlegte. Hier wimmelte es eben von Schiffen, welche Bordings brauchten, um ihnen einen Theil ihrer Fracht nachzuführen, und wo ich auf eine bessere Erndte zu rechnen hatte.

Wirklich auch accordirte ich hier sogleich eine gute Fracht nach Pillau; doch machte ich, zu meiner Sicherheit, dem Schiffer die Bedingung, daß ich jenem Orte nicht näher, als über den Grund in der Rinne, (dem Fahrwasser) kommen dürfte, und daß er mich, sobald ich ihm die Güter wieder an Bord gegeben, durch seine Leute sogleich auf's Haff zurückbugsieren helfen sollte. So dachte ich denn dies Spiel noch öfter zu wiederholen, ohne den Russen in die Scheeren zu gerathen, und sie oben ein in's Fäustchen auszulachen. Diesmal zwar gelang es: aber dennoch war der Handel, als ich Fischhof wieder erreichte, schon verrathen; und ein paar bekannte Lootsen, die von Pillau kamen, warnten mich, dort dem Frieden nicht zu trauen, indem mir von meinen Widersachern bereits aufgepaßt werde.

Das Schiff, dessen Güter ich diesmal eingenommen hatte, war indeß schon vor mir nach Pillau abgesegelt, und es blieb nichts übrig, als ihm nachzufolgen: aber zu gleicher Zeit verließ mich mein Schiffsvolk heimlich, dem es wohl bange werden mochte, mit mir bei den Russen in die Patsche zu kommen. Ich sah mich also auf meinem Bording allein, ohne mir Rath zu wissen; bis am andern Tage ein betrunkener Mensch (Er war Nachtwächter in Pillau) seines Weges von Königsberg, längs des Dammes, einhergetaumelt kam, dem ich die freie Fahrt nach Hause anbot, wenn er an Bord kommen und mir etwas helfen wollte. Das ward gerne angenommen; und obwohl er sich einigermaaßen wunderte, daß er mich so mutterseelenallein handthieren sah, so beruhigte ihn doch meine Versicherung, daß sich mein Volk wohl finden werde; er half mir mein Fahrzeug losmachen und die Segel aufziehen, so gut er's in seinem Zustande vermochte, und suchte dann bald einen Winkel, sein Räuschchen vollends auszuschlafen.

Der Wind war günstig, und ich steuerte, so gut es gehen wollte, auf Pillau zu. Gegen den Abend sah ich das Schiff, welches ich suchte, bereits in der Rinne vor Anker liegen. Allein in eben dem Augenblick, wo ich mich ihm an Bord legte, erblickte ich auch ein Boot, mit russischen Soldaten angefüllt, die sich mir näherten und es unfehlbar auf mich gemünzt zu haben schienen. Nun galt es denn im Ernst! Auf mein Bitten versprach mir indeß der Schiffer, nicht nur mich in seiner Jölle und durch seine Leute alsogleich bei dem Schwaalkenberge an Land bringen zu lassen, sondern auch meinen Bording, sobald er ledig geworden, hinter den Baacken in Sicherheit zu schaffen.

Schnell warf ich mich nun in das Boot, und schlüpfte, in der eingebrochenen Dunkelheit, an meinen Verfolgern glücklich vorüber. Der Wind gieng heftig aus Westen, und es gab eine hohe See. Obenein kamen wir, noch in weiter Entfernung vom Lande, auf den Grund zu sitzen; so daß das Boot hoch voll Wasser spülte. Während die Kerle fluchten und schöpften, bedachte ich mich nicht lange, über Bord zu springen. Ich kam auf der Bank bis an den halben Leib in's Wasser; so wie ich aber dem Ufer näher watete, gerieth ich immer tiefer — jetzt bis unter die Arme, dann bis an den Hals — hinein; und endlich mußte ich mich zum Schwimmen bequemen. So erreichte ich triefend das Land und gieng nach Lockstädt, wo ich nicht nur Gelegenheit fand, mich am warmen Ofen zu trocknen, sondern mir auch ein Pferd bestellte, auf welchem ich früh vor Tage mich davon machte und zu Mittage Königsberg mit dem Vorsatz erreichte, mich im Hause meines Schwiegervaters zu verbergen.

Doch etliche Stunden später fand sich auch bereits ein russischer Officier mit vier Mann Wache und in Begleitung des Bordings-Factors Mager ein, um mich hier aufzusuchen und festzunehmen. Sie trafen sogleich auf der Hausflur mit mir zusammen; und der Factor, welcher sich stellte, mich nicht zu kennen, fragte mich, wo der Schiffer Nettelbeck zu finden sey? Ich stutzte einen Augenblick, ermuthigte mich aber doch alsbald zu dem Bescheide: Den würden sie wohl in Pillau suchen müssen. »Nein! nein!« unterbrach mich der Officier, welcher deutsch sprach — »Wir wissen, daß er hier schon wieder zu haben ist. Wir wollen ihn wohl herausklopfen.« — Klopft nur! dacht' ich, und schritt ganz lässig zur hintern Hofthüre hinaus. Kaum aber hatt' ich diese auch nur im Rücken, so hätte man sehen sollen, was für lange Beine ich machte, um in den Garten und über alle Zäune, Planken und Hecken hinweg an den Neuen Graben zu kommen, wo ich bei einem guten Freunde, Heinrich Topen, eine neue Zuflucht zu finden wußte.

Hier blieb ich unentdeckt, während im Hause meines Schwiegervaters jeder Winkel auf's sorgfältigste nach mir durchstöbert wurde. Dagegen ward in Pillau mein Bordingskahn nicht sobald ledig, als ihn die Russen auch in Beschlag nahmen, neu bemannten und, bis spät in den Herbst hinein, zu ihrem Gebrauch verwandten, wo sie ihn endlich, rein ausgeplündert und der Segel und des Tauwerks beraubt, als ein Wrack liegen ließen. Vergebens bat ich schriftlich einige Freunde in Pillau, nach meinem Eigenthum zu sehen: denn Niemand wollte sich damit befassen, um sich nicht vielleicht mit den Russen böse Händel zu machen.

Endlich verblutete sich die Geschichte; so daß ich's allmählig wagte, aus meinem Versteck hervorzukommen; und im Frühling 1762 durfte ich mich selbst wieder in Pillau blicken lassen. Mein Fahrzeug stand hier am Damm auf dem Grunde, von welchem ich es vor allen Dingen abbrachte. Dann setzte ich es nach Möglichkeit wieder in Stand, und führte es nach Königsberg, um Seiner nur zu jedem Preise loszuwerden, und nun die Arme ein wenig freier zu rühren. Zu diesem Ende erstand ich wieder ein zwar nicht großes, aber tüchtiges Seeschiff, »der Postreiter« genannt, von 45 bis 50 Lasten, und fand auch sogleich eine erwünschte Ladung von Malz, nach Wolgast bestimmt, die für 22 holl. Gulden die Last bedungen wurde. Nun säumte ich nicht, unter russischen Pässen, meine erste Reise dahin anzutreten.

Als ich in Wolgast vor Anker gekommen, vertraute mir Hr. Cantzler, der Empfänger der Ladung, daß dieselbe für die Preußen in Stettin bestimmt sey, und bat mich, solange zu verweilen, bis er eines Fahrzeugs habhaft geworden, das sie heimlich, bei Nacht und Nebel, dorthin schaffen solle.

Ich ließ mir das gefallen. Als aber die Ankunft des Schmugglers sich von Einem Tage zum Andern verzog, ward mir Zeit und Weile lang; und zugleich auch erwachte in mir der Patriotismus, meinen Pommerschen Landsleuten in Stettin etwas zur Liebe zu thun. So machte ich mich denn zu Hrn. Cantzler, und stellte ihm vor: Mein Fahrzeug gienge nicht tief und wäre gar wohl geeignet, über's Haff und dessen Untiefen zu passiren. Wär' es ihm recht, so unternähm' ich es wohl selbst, die Ladung nach Stettin zu bringen, da ich dieser Gegend hinreichend kundig wäre.

»Mir schon recht!« erwiederte der Handelsherr erfreut. — »Will *Er* sein Schiff dran wagen, Herr: die *Ladung* muß gewagt werden! — Wie hoch die Fracht?« — Wir wurden um 500 Thaler einig. — »Aber sehe sich der Herr wohl vor!« setzte Jener warnend hinzu — »Auf dem Haff liegt eine ganze Flotte von unsern schwedischen armirten Schiffen. Das wird Künste kosten!« — Was war zu machen? Der Schritt war einmal gethan; und wäre mir der Handel nun auch leid geworden, so erlaubte mein Ehrgefühl doch nicht, jetzt noch zurückzutreten.

Fürerst gieng ich mit meinem Schiffe die Peene hinauf, bis ohnfern an den sogenannten Bock am Eingange des Haffs. Hier sah ich die schwedische Armirung in einem weiten Halb-Zirkel vor mir liegen, und in der Mitte derselben eine Fregatte; so daß das Ding nicht wenig bedenklich aussah und ich meinem Muthe wacker zusprechen mußte. Indeß peilte ich noch bei Tage mit dem Kompaß wohinaus die größte Öffnung zwischen den Fahrzeugen war. Die Nacht fiel rabendunkel ein; der Wind war frisch, mit Regen und Donnerwetter vergesellschaftet, und Alles schien mein Unternehmen begünstigen zu wollen.

Um eilf Uhr endlich hob ich den Anker und segelte glücklich und ohne Hinderniß durch die Flotte, deren eigene aufgesteckte Feuer mir sogar die Richtung noch deutlicher angaben. Schon hatt' ich sie eine Viertelmeile im Rücken und glaubte mich geborgen, als unerwartet ein Schuß nach mir hin fiel, der, wie ich jetzt erst bemerkte, von einer, auf Vorpost ausgestellten Galley kam. Himmel! wie sputete ich mich, jedes Segel aufzusetzen, das mein Schiffchen nur tragen konnte, welches überdem, zu meinem Troste und seinen Namen rechtfertigend, ein trefflicher Segler war. Nicht lange aber, so blitzte noch ein zweiter Schuß von der Seite nach mir auf; und dieser kam von einem andern Vorposten-Schiffe, dem ich ebensowenig Rede zu stehen gesonnen war.

Nunmehr machten beide Galleyen die ganze Nacht hindurch Jagd auf mich und kamen mir in der That nahe genug, daß unter den unzähligen Kugeln, womit sie mich begrüßten, viere durch meine Segel giengen. Mit Tages-Anbruch war ich gegen Neu-Warp über. Hier aber kamen mir bereits drei von unsern Preußischen armirten Fahrzeugen entgegen, die gewöhnlich bei Ziegenort lagen und durch das nächtliche Schießen allarmirt worden waren. Unter ihrem Schutze hinderte mich denn nichts, meinen Bestimmungsort zu erreichen und meine Fracht abzuliefern.

Während ich hier lag, kam der Friede mit Rußland zu Stande. Die Conjuncturen benutzend, macht' ich schnell hinter einander eine Reihe glücklicher Fahrten; von Stettin nach Colberg mit Salz, woran es dort, nach der dritten Belagerung und bei den zerstörten Salzkoten, dringend fehlte; von hier mit einer Ladung Wein nach Königsberg und wiederum dahin zurück mit Roggen. Auf dieser letztern Reise kreuzte ich, bei widrigem Winde, unter der Halbinsel Hela vor Danzig; und hier sah ich ein großes russisches Schiff auf dem Strande stehen, an dessen Borde es einen gewaltigen Lärmen gab. Da das Wetter gut war, kam mich die Lust an, mein Boot auszusetzen und näher heranzufahren. Man ließ mich aber sogar das Verdeck betreten, ohne meine Anwesenheit gewahr zu werden oder zu beachten. Alles lief darauf verwirrt durch einander, und das nur um so mehr, je ärger der russische Landofficier, der hier das Commando zu führen schien, drauf los schlug und wetterte. Seeleute und Soldaten waren gleichfalls National-Russen; und *was* und *wie* sie es angriffen, um das Schiff wieder abzubringen, war durchaus verkehrte und thörichte Arbeit.

Wenig erbaut durch dies Schauspiel, warf ich noch einige Blicke durch die offne Lucke in den Raum und sah, daß das Schiff mit metallnen Kanonen, Bomben, Kugeln und dergl. geladen war. Es stand mit dem Vordertheil hoch auf dem abschüssigen Strande, während das Hintertheil noch tief im Wasser lag. Ich stieg nun in mein Boot zurück, um diese Tiefe dicht am Schiffe noch genauer auszumessen, und gieng dann abermals an Bord, indem ich dem Gedanken nachhieng: ob es nicht thunlich seyn sollte, die schwere, aber wenig Raum füllende Ladung ganz in den hintersten Raum zu bringen, das Schiff solchergestalt vorne zu erleichtern, zugleich einen Anker nach hinten in die See hinauszubringen und durch vereinte Arbeit an der Ankerwinde dem Fahrzeuge einen Schuß nach hinten in die Tiefe zu verschaffen, wo es dann leicht wieder flott werden dürfte.

Diesen Vorschlag setzte ich nunmehr einem russischen Sergeanten auseinander, der etwas Deutsch konnte und sich an mich gewandt hatte, nunmehr aber den Officier in seiner Prügelei, womit derselbe noch immer, wie rasend, fortfuhr, unterbrach und ihm meine Meynung mittheilte. Je mehr der Mensch vorher den Kopf verloren hatte, um so gewisser erschien ich ihm jetzt als ein Engel vom Himmel. Er war von meinem Anschlage ganz, wie elektrisirt; fiel mir um den Hals, und drang mir sogar seinen Stock auf, mit der Bitte, Alles zu commandiren und anzuordnen, wie ich es für das Beste erachten würde. Mit so voller Gewalt bekleidet, griff ich auch sofort mein Werk mit Feuer an. Der Anker ward ausgebracht; während Alles, was eine Hand regen konnte, die Bomben, Kugeln u.s.w. möglichst nach hinten transportiren mußte. Dadurch senkte sich das

Schiff hier wirklich auch so tief, daß das Wasser fast bis an die Kajüten-Fenster stieg, ohne daß gleichwohl der Kiel hier den Grund erreichte. Jetzt, ließ ich mit Gewalt auf den Anker winden, und — siehe da! nach 2 oder 3 Stunden Arbeit lief das Schiff gleichsam, wie vom Stapel, und war glücklich wieder flott geworden.

Nie habe ich einen erfreuteren Menschen gesehen, als diesen Officier, sobald mein Stück Arbeit gelungen war. Er herzte und küßte mich; ich mußte ihm meinen Namen sagen, den er sich in seine Schreibtafel zeichnete, und zugleich schrieb er ein russisches Billet an den General Romanzow, der damals in Colberg befehligte, und das er mir zur treuen Abgabe bei meiner Ankunft anempfahl. Als ich mich endlich wieder entfernen wollte, ließ er mir das Boot von seinem Vorrath an Hirse, Mehl und Grütze dergestalt voll laden, daß ich im Ernst zu sinken fürchtete und, da kein Weigern und Verbitten etwas fruchten wollte, zuletzt nur über Hals und Kopf auf meine Abfahrt denken mußte. So erreichte ich denn wieder mein Schiff, welches derweile in einiger Entfernung Anker geworfen hatte.

Ein paar Tage später langte ich in Colberg an, wo ich nicht säumte, mich dem General Romanzow vorzustellen und mein Billet zu überreichen. Es war kein Urias-Brief gewesen: denn der edle Mann hatte es kaum gelesen, als er mir unter herzlichem Händedruck dankte, daß ich seinem Monarchen Schiff und Ladung erhalten hätte. Er wollte wissen, wie er mir wieder dienen könne, und nahm, auf das erste leise Wort, nicht nur meinem Vater die damals über alle Maaßen drückende Einquartierung ab, sondern ertheilte mir auch die, nicht minder bedeutende Vergünstigung, bei der Maykuhle und Bleiche anlegen und dort meine Ladung löschen zu dürfen. Da in jenem Zeitpunkt der Hafen gepfropft von Schiffen voll lag, so, daß von der Seemündung an, bis hinauf zu dem Einflusse des Holzgrabens in die Persante, Bord an Bord sich drängte und die in der Mitte des Stromes nicht an's Bollwerk kommen konnten, um ihre Fracht zu löschen: so mußten Manche wohl etliche Wochen warten, ehe sie dazu gelangten. Ich hingegen ward, vermöge jener besondern Erlaubniß, binnen zwei Tagen ledig.

Außer der erforderlichen Portion Ballast, die ich hier einnahm, bestand meine Rückfracht nach Königsberg in etwa 60 Passagieren — den Frauen, Jungen, Mädchen und kleinen Kindern eines preußischen Bataillons, das, nach der Einnahme von Colberg, nach Preußen abgeführt worden war, und wohin nun Diese sich begaben, um ihre Gatten und Väter wieder aufzusuchen. Eine bunte, aber eben nicht angenehme Ladung!

Als ich mich in segelfertigem Stande befand, gab es einen Sturm aus Westsüdwesten, der mich auf meinem Wege trefflich gefördert und den ich darum auf hoher See gar nicht gescheuet haben würde: nur galt es die Kunst, mit demselben zum Hafen hinaus zu kommen. Der Lootse, den ich aufforderte, mich in See zu bringen, erklärte dies für geradehin unmöglich, falls ich nicht mein Schiff stark beschädigen, oder rechts am Hafendamme gar sitzen bleiben und in Trümmern gehen wolle. Der Mann hatte Recht; ich aber verließ mich auf mein gutes und festes Schiff, das, wie ein Fisch, wohl auch unter der höchsten und wildesten Brandung durchschlüpfen würde. Diese Versicherungen, mein erklärter Vorsatz, das Abentheuer allenfalls auch ohne ihn, auf meine eigene Gefahr, zu wagen, und vornehmlich wohl fünf Silber-Rubel, die ich ihm entgegenspielen ließ, ermuthigten ihn endlich, sich meinem Verlangen zu fügen.

Kaum hatt' ich ihn vom westlichen Hafendamme an Bord genommen und *er* das Steuer ergriffen, während *ich* die Segel aufzog, so warf uns auch in der nächsten Minute, trotz unsern vereinten Bemühungen, die erste hohe Woge, die uns traf, mit wildem Ungestüm auf die entgegengesetzte Seite, an das östliche Bollwerk. Zwar hob die nächste Welle das Schiff von neuem: aber beim Hinuntersteigen faßten die hervorragenden Pfahl-Köpfe unter die, gleichfalls am Steuerbord vorstehenden Barkhölzer, daß die

Trümmer davon hoch in die Luft flogen; und da zugleich auch der Sturm uns jagte, so schoß mein Fahrzeug längs dem Damme hin, schnitt sich an der äußersten Spitze desselben haarscharf gegen die Brandung ab und kroch solchergestalt, mit fliegender Fahrt, unter zwei oder drei hochgethürmten Sturzwellen durch, daß die Verdecke schwammen und mir selbst die Haare zu Berge standen.

Nun war ich denn freilich in See: allein noch hatt' ich in dem Getümmel nicht Zeit und Gedanken finden können, meinen erlittenen Schaden zu beurtheilen. Die Verwüstung war indeß jämmerlich genug. Mehr, als 15 Fuß lang, fand ich die Barkhölzer am Steuerborde rein abgestoßen, so daß die Innhölzer bloß lagen, und ich kopfschüttelnd zu mir sagen mußte: Ei, ei, Nettelbeck! Das war wohl eben so ein dummer Streich, als letzthin, wo du dich durch die schwedische Flottille schlichst! — Ich will's aber auch nicht läugnen, daß ich dergleichen unüberlegte Stückchen, vor und nach dieser Zeit, wohl mehrere auf dem Kerbholz habe. Gelingen sie, so heißt man gleichwohl ein gescheuter Kerl, ob man gleich einen ganz andern Titel verdient hätte.

Hier war nun aber noch immer guter Rath bei mir theuer: denn jenem Schaden mußte sogleich auf irgend eine Weise abgeholfen werden. Nach kurzem Besinnen ergriff ich jedoch eine Bressening*), und nachdem ich sie in lange schmale Streifen zerschnitten und mich mit einem guten Vorrath von kleinen Pumpnägeln (woran es mir zum Glück nicht fehlte) versehen hatte, hängte ich mich in einige Taue über Bord hinaus und befestigte jene doppelt gelegten Lappen, längs dem erlittenen Schaden, so dicht, daß Nagel an Nagel traf. Unter der Zeit gieng auch der Lootse mit seinem Boote, wiewohl nicht ohne sichtbare Lebensgefahr, in den Strand: denn gegen den Sturm an, und durch die furchtbar empörte Brandung, wäre es vergeblich gewesen, den Hafen wieder erreichen zu wollen.

---

*) Ist ein getheertes Segeltuch, welches man gebraucht, um die Luken gegen das Seewasser dicht zu halten.

Jetzt erst, da ich wieder zu etwas Ruhe und Besinnung gekommen war, und indem ich mit vollen Segeln ostwärts ansteuerte, traf ein verwirrtes Getöse, das wie Heulen und Schreien klang und unten aus dem Schiffsraume zu kommen schien, in meine Ohren. Ich ließ die Luken aufreißen, um zu sehen, was es da gäbe? — und da fand sich denn, daß dies entsetzliche Concert von all den Weibern und Kindern herrührte, die da drunten zusammen geschichtet lagen. Und wohl hatten sie genugsamen Grund zum Lamentiren! Denn bevor ich meinen Schaden, wie eben gedacht, ausbessern können, war eine Menge Wassers in den Raum gelaufen; und da das Schiff bei der hohen See unaufhörlich auf und nieder stieg, so spülte der, mit dem Wasser vermischte Ballast-Sand längs dem Raume und von Einer Seite zur Andern, so daß die Menschen knietief, ja bis über den halben Leib darinn versanken. Taumelnd und wehklagend, die Hände emporhaltend und durcheinander sich überschreiend, gab es eine Gruppe, welche ein lebendiges Bild von der allgemeinen Auferstehung darstellte, aber bei allem verdienten Mitleid zugleich auch den Lachreiz unwiderstehlich weckte, wenn der Blick daneben auf die Spinnräder, Haspel, Bettgestelle und übrigen Siebensachen dieser armen Leute traf, welche, in bunter Verwirrung, zwischen ihnen umhergekollert oder in dem aufgelösten Sande begraben waren.

Hier mußte denn freilich schnelle Hülfe geschehen! Ausgepumpt konnte das Wasser nicht werden, da die Wassergänge nach den Pumpen durch den Ballast verstopft worden. Es blieb also nur übrig, dasselbe möglichst mit Fässern auszuschöpfen und hinten und vorne in die Höhe zu bringen; wodurch denn wieder Ordnung und Friede hergestellt wurde. Unsre Fahrt gieng indeß so pfeilschnell vorwärts, daß ich nicht nur am andern Tage, Nachmittags um 2 Uhr, und also binnen 28 Stunden, Pillau erreichte, sondern auch noch des nemlichen Abends, um 9 oder 10 Uhr, in Königsberg beim holländischen Baume anlegen konnte.

Sobald ich hier mein Schiff reparirt hatte, säumte ich nicht, mich nach neuer Fracht umzusehen. Es traf dies in den Zeitpunkt, wo die russischen Truppen, welche das Land seit mehreren Jahren besetzt gehalten, ernstliche Anstalten trafen, Preußen wieder zu räumen, und wo eine ungeheure Menge von Kriegs-Effecten nach Rußland heimgeschafft werden sollten. Zur See fand dieser Transport ein großes Hinderniß in dem Mangel an Schiffen, da die Fahrzeuge fremder Nationen dazu nicht gezwungen werden konnten, und auch die preussischen Schiffer dem wiederhergestellten Frieden, bei der kürzlichst stattgefundenen Regierungs-Veränderung nicht völlig trauten.

Weniger bedenklich, als Andre, war ich unter diesen Umständen der Erste, der sich dazu entschloß, eine Fracht nach Riga anzunehmen: denn mir wurden — was nie zuvor erhört! — 42 Silber-Rubel für die Last geboten, nebst völliger Befreiung von Licent und allen Unkosten, nicht nur in Königsberg und Pillau, sondern auch in Riga, bis wieder in offne See; und selbst freier Ballast sollte mir, wenn ich's verlangte, im letztern Hafen geliefert werden. Die Certeparthie darüber ward geschlossen und sowohl von einem russischen General, mit dem ich es zu thun hatte, als von mir unterzeichnet.

Noch am nemlichen Abend kam ich, ohnweit des Licents, in das Weinhaus der Wittwe Otten, wo damals gewöhnlich der größte Zusammenfluß von Schiffern aller Nationen war, und ließ im Gespräch Dies und Jenes von meiner so eben übernommenen Fracht verlauten. Niemand konnte oder wollte meinen Worten glauben, bis ich meine Certeparthie vorzeigte. Dann aber erhob sich ein spöttisches Gelächter auf meine Unkosten. Ich wurde gefragt: wie ich doch wohl nur glauben könnte, daß man mir meinen Accord in Riga erfüllen werde? Man prophezeihte mir einstimmig, man werde mir dort gerade nur soviel, als man Lust habe, oder auch wohl gar nichts, geben; und sollte inzwischen (wie es ganz darnach aussähe) der Krieg zwischen Rußland und Preußen wieder ausbrechen, so könnte mich's obendrein noch mein Schiff kosten.

Diese Warnungen, denen ich ihren guten Grund nicht absprechen konnte, giengen mir gewaltig im Kopfe herum. Allein ich war schon zuweit gegangen, um jetzt noch zurückzuziehen; und gegen die rohe Gewalt, die ich zu fürchten hatte, und deren Opfer ich schon früher gewesen war, ließ sich einzig nur durch eine, hier wohlerlaubte List aufkommen. Mit diesem Entschluß begab ich mich, gleich am frühen Morgen zu dem gedachten russischen General und machte ihm glaublich, daß ich auf mein Schiff schuldig sey und meine Creditoren mich nicht von der Stelle fahren lassen wollten, bis ich ihre Forderungen befriedigt hätte. So bliebe mir denn nichts übrig, als um baare Vorausbezahlung meiner Fracht zu bitten, oder die Fracht nach Riga, wiewohl ungerne, aufzugeben.

Der Mann hörte mich geduldig an; und wie sehr ihn auch mein Ansinnen zu befremden schien, und seine Einwendungen, daß dergleichen gar nicht zu bewilligen stände und ich mir an den schon bedungenen Vortheilen genügen lassen könne, das Recht auf ihrer Seite hatten, so legte ich mich doch nur um so geflissentlicher auf's Bitten, bis ich endlich mit dem Kernschuß hervorrückte, von dem ich mir das Beste versprach. »Nun denn«, rief ich — »Meine Certeparthie ist zwar auf 42 Rubel *pro* Last gezeichnet: aber lassen sie mir baar Geld zahlen, und ich bin mit 40 zufrieden, während ich für den vollen Empfang quittire.«

Es wirkte, wie ich gehofft hatte. Er stutzte, stand lange in Gedanken, und bestellte mich zum nächsten Morgen wieder zu sich, damit er sehen könne, was sich thun ließe. Ich verfehlte nicht, mich auf die Minute einzustellen. Da standen aber bereits meine Frachtgelder mit 2000 Rubeln aufgestapelt auf einem Tische vor mir; und ich hatte keine weitere Mühe, als den Empfang von 2100 Rubeln zu bescheinigen und mein klingendes Silber einzustreichen. — Hat man je dergleichen gehört? Es ist aber gewisse Wahrheit!

Gleich noch an dem nemlichen Tage gieng das Einladen vor sich. Und worinn bestand meine Fracht? In lauter Kommiß-Stiefeln, je Paarweise zusammen genäht. Wohl ein ganzes Regiment Soldaten kam damit, hochbepackt, aus einem benachbarten Speicher anmarschirt, und jeder Einzelne warf seine Ladung durch die Schiffsluke in den Raum, wie Kraut und Rüben durch einander, bis endlich diese Stiefeln sich zu einem hohen Berge aufthürmten. Als ich nun dem Officier, welcher dabei die Aufsicht führte, Vorstellung that, daß hinten und vorne Alles ledig bleibe und die Last durch den ganzen Raum gleichmäßig vertheilt werden müsse, so schickte er endlich einige Mannschaft hinunter, die sich die Stiefeln wacker um die Ohren schmiß, bis es hieß: Das Schiff ist voll, und es kann keine Maus mehr hinein!

Da ich sah, daß ich, trotz dieser wunderlichen Ladung, immer noch nicht Ballasttief mit meinem Schiffe lag, so hielt ich bei dem General an, daß er mir noch eine Anzahl Bomben oder Kugeln in den hintern oder vordern Raum geben möchte, weil ich sonst die See nicht würde halten können. Allein seine Antwort lautete: Damit könne mir jetzt nicht geholfen werden; auch bekäme ich noch einen Officier, 2 Sergeanten und 20 Gemeine auf's Schiff, für deren Personen und Sachen gleichfalls noch Raum übrig bleiben müsse. Der Bescheid war nicht sehr erbaulich; ich mußte mich jedoch damit behelfen; und so lag ich nun am Licent zum Auslaufen fertig.

Des nächsten Tages suchte mich ein russischer Officier — ein Liefländer, Namens Rasch, der vollkommen gut Deutsch sprach — in meinem Hause auf, um mir anzuzeigen, daß er zum Commandeur auf meinem Schiffe bestellt sey, die Fahrt nach Riga mit mir machen und sich mit seinem Commando gegen Abend an Bord einstellen werde. Der Mann war dabei so ungemein höflich, daß ich sofort merkte, er müsse etwas auf dem Herzen haben. Und so war es denn auch wirklich: denn er habe auch eine Frau, hieß es, von der er sich unmöglich trennen könne, und die mir gleichwohl in der Kajüte vielleicht Ungelegenheit machen könnte. — Nun, was konnt' ich, wenn ich in der Höflichkeit gegen ihn nicht gar zu arg abstechen wollte, weniger thun, als von *Vergnügen,* oder wohl gar von *Ehre* und *Schuldigkeit* sprechen und meine guten Dienste gegen einen halben deutschen Landsmann erbieten? Dagegen verstand sich's, daß kein scharmanterer Herzensmann unter der Sonne lebe, als Kapitain Nettelbeck.

»Aber noch eins!« unterbrach sich der Liefländer in seinen Versicherungen — Meine Frau ist in diesem Augenblicke verreist, um von einer guten Freundinn auf dem Lande Abschied zu nehmen, und wird vor Nacht schwerlich wieder eintreffen. Da Sie nun Morgen mit dem frühesten die Anker zu lichten gedenken, wäre es ja wohl das bequemste, wenn sie gleich am Bord übernachtete?«

»Ei, warum nicht! Und wollen Sie mich jetzt gleich dahin begleiten, so kann ich sogleich die vorläufigen Anstalten zu ihrer Aufnahme treffen und Ihnen die kleinen Bequemlichkeiten zeigen, auf welche die Frau Gemahlinn zu rechnen haben wird«; war meine Gegenrede. Wirklich auch war er mit der Einrichtung der Kajüte, der ihr einzuräumenden Schlafstäte u.s.w. ungemein zufrieden; während ich den Steuermann anwies, die Dame, sobald sie sich zeigen würde, gebührend zu empfangen und ihr mit Kaffee, oder was sie sonst fordern möchte, fein höflich an die Hand zu gehen. So schieden wir, und ich ging meines Weges ruhig nach Hause.

Gleich nach Mitternacht aber erlitt diese Ruhe einen gewaltigen Stoß, da sich plötzlich auf der Gasse ein Lärm, wie von einer Menge zusammengelaufener Menschen, erhob, die an meine Hausthüre und Fensterladen pochten und laut und wiederholt meinen Namen riefen. Schnell fuhr ich aus dem Bette empor; aber nicht gemeynt, in einer so bedenklichen Zeit, als wir damals erlebten, mein Haus dem Ersten dem Besten zu öffnen, wollt' ich zuvor, daß die Polterer sich namenkundig geben sollten. So meldete sich denn der Licent-Buchhalter, den ich an der Stimme kannte, mit der räthselhaften Nachricht, daß es auf meinem Schiffe unklar sey und ich hurtig zum Rechten sehen möchte.

Ich erschrack von Herzen. »Mein Gott!« dacht' ich — »Ist mein Schiff gesunken? oder steht es im Brande?« — Ich weiß nicht, wie ich in die Kleider und auf die Gasse kam. Hier endlich eröffnete mir der Buchhalter das Verständniß. »Sie haben die Madam W.*) am Borde«; sagte er — »und nach *der* sind wir aus, um sie wiederzuhaben. Was sie da sehen, sind die beiden Kinder und ein heller Haufen von Knechten und Mägden aus dem W**schen Hause.«

Nun fielen mir auf Einmal die Schuppen von den Augen! Die angebliche Officier-Dame hatte sich in eine liederliche, ihrem Manne entlaufene Madam verwandelt! War mir's jedoch wenig recht, daß ich mit dem schmutzigen Handel bemengt werden sollte, so mußt' ich gleichwohl überlegen, daß ich's in meinem jetzigen Verhältniß, auch mit dem Liefländer nicht geradezu verderben durfte, und daß ich am besten thäte, den Knoten durch einen Andern lösen oder durchhauen zu lassen. Indem ich also die Parthie ergriff, fuhr ich unwillig auf den allzudienstfertigen Buchhalter ein: »Herr, scheeren Sie sich zum Geier! Was stören Sie zu dieser Zeit ehrliche Leute in Schlaf und Ruhe!« — und zugleich warf ich die Hausthüre wieder hinter mir zu, und ließ sie ferner schreien und klopfen, soviel ihnen selbst beliebte. Gleichwohl jammerten mich die beiden Kinderchen — ein Mädchen von 9, und ein Knabe von 7 Jahren — in der innersten Seele. Sie riefen unaufhörlich: »Ach Gott! ach Gott! meine Mutter!« bis sie es endlich müde wurden und meine Thüre verliessen, oder vielmehr der Vater sie heim holen ließ.

Noch vor Tages-Anbruch, am 1. September, sah ich nach

*) Der Name soll hier nur mit dem ersten Buchstaben angedeutet werden, da es leicht möglich wäre, daß von der sonst achtbaren Familie sich noch Einige am Leben befänden.

Wind und Wetter aus; und da beide günstig waren, so eilte ich bereits um 6 Uhr, an Bord zu kommen. Schon stand es aber auf dem Licent-Platz und neben dem Schiffe gedrängt voll Menschen, die mir entgegenriefen: »Sie sollen uns die Madam W. herausgeben!« Dagegen fand ich am Borde, neben der Treppe, zwei Schildwachen, und neben der Kajüten-Thüre zwei dergleichen, aufgepflanzt; und kaum war ich durch die Letztere eingetreten, so kam mir durch die Vorhänge meiner Schlafstelle ein Gesicht zum Vorschein, das ich um so weniger verkennen konnte, da ich sonst zum öftern in Schiffs-Angelegenheiten auf Herrn W**s Comptoir zu thun gehabt hatte.

Dies Gesicht nun rief mir, ganz frei und unbefangen, einen »Guten Morgen!« entgegen, den ich mit einer derben und gesalzenen Epistel erwiederte, worinn ich ihr ihre lose Aufführung zu Gemüthe führte und sie ermahnte, zu ihrem braven Manne stehenden Fußes zurückzukehren, bevor Schimpf und Schande für sie noch größer würde. Sie dagegen hub eine lange Schutzrede an, worinn der Mann übel genug wegkam, und ward endlich nur von dem Officier, den ich gar noch nicht in der Kajüte bemerkt hatte, unterbrochen. Dieser sprang ungeduldig auf und rief: »Unnützes Geplauder und kein Ende! Jetzt hurtig auf und davon! Das Kommandiren ist von nun an an *mir*.«

Da dem nicht zu widersprechen war, so mußt' ich ihm überlassen, zu handeln, wie er's verantworten konnte, gieng hinaus, ließ die Segel aufziehen und schickte zwei Matrosen an Land, um die Taue hinten und vorne abzulösen, womit das Schiff am Bollwerk befestigt lag. Aber das zusammengelaufene Volk war nicht willens, den Handel so kurz vor dem Knie abzubrechen. Meine Leute wurden umringt und an der Ausrichtung ihres Geschäfts gehindert: so daß ich, um nicht noch ärgern Lärm zu veranlassen, es fürs beste hielt, sie an Bord zurückzurufen. Dagegen nahm ich einem russischen Soldaten den Säbel von der Seite und kappte die Taue an beiden Enden, und jetzt kam das Schiff zu Gange, obwohl Alles, was am Lande war und Arme hatte, es festzuhalten bemüht war. Der Lärm und das Getümmel hierbei sind nicht zu beschreiben.

Noch aber gab sich der Haufe nicht zufrieden: sondern da das Schiff nothwendig weiter unten am holländischen Baume anlegen mußte, damit der Baumschreiber meinen Paß visirte, so stürzte Groß und Klein im vollen Lauf dahin, und war schon lange vor mir zur Stelle. Während ich aber hier meines Geschäftes wahrnahm, gieng auch der Liefländer an Land und nach dem hier postirten russischen Wachthause. Die Verständigung mit dem commandirenden Officier war die Sache eines Augenblicks; und so wie die Wache das Gewehr aufnahm und einige Kolbenstöße links und rechts austheilte, war auch der helle Haufe auseinander gesprengt und der Paß wieder eröffnet. Eine halbe Stunde später lag uns Königsberg bereits in weiter Ferne im Rücken.

Nun fing aber auch Madam W. an, auf ihre Weise zu wirthschaften. Es war zum Erstaunen, was sie in der kurzen Zeit an Bord zu schaffen gewußt hatte, und wie sie davon kochen und braten ließ, als ob auf dem Schiffe Hochzeit wäre. Wir langten in aller Lust und Herrlichkeit noch desselben Tages bei Pillau an; worauf wir am nächsten Morgen früh, bei stillem Wetter, in See giengen. Ehe wir noch aus dem Fahrwasser kamen, segelte dicht hinter uns eine russische Fregatte zugleich mit uns aus; und das Wetter war so still, daß man die Schiffe fast nicht auseinander halten konnte, ohne daß es gleichwohl Gefahr dabei gehabt hätte.

Mein Liefländer wurde durch all diesen schönen Anschein zum Übermuth verleitet. Er wollte Preußen zu Ehren noch einige Valet- und Freudenschüsse thun, und knallte auch wirklich mit seiner Flinte 3 oder 4 mal in die Luft, ohne daß ich, mit der Leitung des Schiffs beschäftigt, mich sonderlich um sein Beginnen kümmerte. Inzwischen bemerkte ich doch bald nachher auf der Fregatte eine lebhaftere Bewegung; eine Schaluppe von dort her legte bei mir an Bord, und aus derselben sprang ein Officier wüthend auf mein Verdeck und verlangte, den Schiffer zu sprechen. Als ich herantrat, zeigte er mir in einem Papier mehrere Körner Hasenschroot, die auf der Fregatte eingesammlet worden, nachdem sie ein großes Loch in's Segel gerissen. Ich sollte nun Rede und Antwort geben, wer der Thäter gewesen?

Der Thäter aber, der geahndet haben mochte, was passiren würde, war binnen der Zeit in die Kajüte gegangen, in der Geschwindigkeit in seine Uniform gefahren, und trat so eben wieder hervor, um über den Ankömmling mit gezogenem Degen herzufallen. Es entstand zwischen Beiden ein Handgemenge, welches endlich zu Gunsten des Fregatten-Officiers dadurch entschieden wurde, daß die Matrosen aus der Schaluppe herzusprangen, meinen Lieutenant von hinten packten, banden und über Hals und Kopf in das Boot warfen, ohne daß, zu meiner großen Verwunderung, nur irgend Einer von unsrer Schiffsbesatzung Miene machte, sich in den Streit zu mischen, oder seinem Anführer Beistand zu leisten.

Da mir nun der Liefländer einmal als Commandant zugetheilt worden war, so glaubte ich, nicht ohne ihn davonfahren zu dürfen. Allein damit ich auch nicht ohne Noth aufgehalten würde und desto balder ihn oder einen Andern wieder an Bord bekäme, schien es mir am gerathensten, ihn auch nach der Fregatte, wohin man im Begriffe war, ihn abzuführen, zu begleiten. Dies Verlangen ward mir ohne Anstand bewilligt. Doch bald ergab sich's, daß es nicht dahin gieng, woher die Schaluppe gekommen war, sondern nach dem russischen Admiral-Schiffe, welches, nebst noch fünf Kriegsschiffen, draußen auf der Rheede ankerte. Hier kam es auch sogleich zu einem Verhör und protokollarischer Aufnahme; der Unfugstifter ward bedeutet, daß ihn seine Strafe in Riga erwarten werde und daß er für diesen Augenblick seine Reise fortsetzen möge, damit der kaiserliche Dienst nicht leide. Mit diesem Bescheide kehrten wir nunmehr wieder an unsern Bord zurück.

Hier wollte nun der Narr, indem er seinem verhaltenen Grimme Luft machte, Alles hauen und stechen, und haderte mit seinen Leuten, daß sie ihn so feigherzig im Stiche gelassen. Wiewohl er sich nun endlich beruhigte, so nahm doch am nächsten Morgen an seinem Beispiel auch Madame den Muth, mit dem Soldaten, der ihr zur Aufwartung gegeben war, unsäuberlich zu verfahren. Bald hatt' er das Bette nicht gut gemacht, bald die Teller nicht gehörig gescheuert, bald etwas noch Schlimmeres versehen, und endlich lief auch ihr die Galle dermaaßen über, daß sie dem armen ungeschickten Kerl mit eigner hoher Hand eine gewichtige Maulschelle zutheilte. Allein diese Keckheit bekam ihr übler, als sie wohl gedacht hatte. Der ganze Trupp fühlte sich durch diese Mißhandlung eines Kameraden von unberufenen Fäusten an seiner militairischen Ehre gekränkt; Alles spie Feuer und Flamme, drang auf den Lieutenant ein, und bestand auf der bündigsten Genugthuung. Um den furchtbaren Lärm zu stillen und noch derbere Ausbrüche einer rohen Gewalt zu verhüten, blieb dem edlen Ritter zuletzt nichts übrig, als die Schöne unter seine eigene Fuchtel zu nehmen; und das that er denn, seiner Zärtlichkeit unbeschadet, auch so herzhaft und nachdrücklich, daß endlich die lautesten Schreier selbst sich für befriedigt erklärten. Nur Madame W. schien von dieser fühlbaren Liebesprobe schlecht erbaut zu seyn und legte so wenig ihrer Zunge ein Gebiß an, als ihre Gift sprühenden Blicke sich sogleich wieder in sanfte Taubenaugen verwandeln wollten.

Ein paar Tage darauf kamen wir in's Gesicht von Dünamünde; und da der Wind nach Osten umgieng, legten wir uns auf der Rheede vor Anker. Das stand indeß meinem Schiffs-Commandanten nicht an, der augenblicklich in den Hafen gebracht seyn wollte, und, da ich ihm die Unmöglichkeit vorstellte, aller frühern Höflichkeit vergaß und mich für einen Pfuscher in meinem Handwerk erklärte. Eine schnöde Antwort blieb nicht aus, und die endliche Folge war der Versuch zu einer thätlichen Mißhandlung, der ich für den Augenblick ein ruhiges Schweigen entgegensetzte. Aber zu gleicher Zeit steckte ich auch eine Nothflagge auf, deren Bedeutung mein Widersacher nicht ahndete. Nicht lange, so kam der Lootsen-Commandeur mit seinen Leuten mir auf die Seite. Anstatt jedoch seine verwunderten Fragen zu beantworten, sprang ich zu ihm in's Boot und verlangte, zu dem Militair-Commandanten in Buller-Aa geführt zu werden, wo ich demnächst meine Klage gegen die Behandlung des Liefländers anbrachte und bat, entweder Diesen vom Schiffe zu entfernen, oder einen andern Schiffer an Bord desselben zu setzen, der es nach Riga führte. Ersteres ward auch ohne Anstand bewilligt und der unruhige Gast auf der Stelle durch einen andern Officier ersetzt und an Land geführt.

Niemand war mit diesem Wechsel unzufrieden, als Madame W., die jetzt ein zungenfertiges Geschnatter anhub und mir eine Reihe von Ehrentiteln gab, welche ich hier nachzuschreiben nicht Lust habe. Ich bat sie, sich zu menagiren, wenn sie nicht etwa wolle, daß ich sie durch meine Leute beim Kopfe kriegen, in's Boot werfen, am nächsten Strande aussetzen und in die dickste Wildniß laufen ließe. Diese unbehägliche Aussicht, an deren augenblicklicher Erfüllung mein Ernst nicht zweifeln ließ, brach ihren kindischen Trotz. Sie griff nunmehr nach einem Gesangbuche, das sie schwerlich mit Absicht eingepackt hatte; begann Bußlieder zu singen, und badete ihr Antlitz in Thränen. Da ihr das nun nicht schaden konnte, so ließ ich sie gewähren.

Des andern Tages, um Mittag, kam ich die Düna hinauf nach Riga; meldete mich beim Commandanten und bat um baldigsten Befehl zur Ablieferung der geladenen Effecten; mit abermaliger Vorwendung der, unter meinen Umständen wohl verzeihlichen Nothlüge, daß mein Schiff leck und ich in Gefahr sey, hier noch am Bollwerk zu sinken. Man hatte keinen Grund, meine Aussage zu bezweifeln; mochte sogar wohl für die Ladung fürchten; — und so erschien denn bereits in der nächsten Stunde ein unzählbarer Schwarm abgeschickter Soldaten, die, nach der schon beschriebenen russischen Manier, auch wieder bei mir aufräumten. Ihr Gedränge um die Schiffsluken her, gestattete ihnen kaum Zeit und Raum, sich ihre zehn Paar Stiefeln und drüber über die Schultern zu schlagen, und damit fort, wie die Ameisen! Abends um 7 Uhr war mein Schiff ledig, wie mit Besemen gefegt.

Da mir, kaum 15 oder 20 Schritte entfernt, am Bollwerk ein Berg Ballast vor der Nase lag, so legte ich nun augenblicklich mein Schiff hart daran; dung 8 russische Soldaten zu einem halben Rubel, mir diesen Sand über Bord hineinzuschaufeln, und nachdem ich an den Vor- und Hinter-Steven mit Kreide bezeichnet hatte, wie tief geladen werden sollte, ließ ich sie, unter Aufsicht meiner Leute, tapfer fortarbeiten, während ich selbst mich ruhig auf's Ohr legte. Am Morgen war Alles gethan, und ich hätte in dem nemlichen Augenblick wieder absegeln können, wenn nur meine Papiere schon wieder in Ordnung gewesen wären. Zu dieser Besorgung hatt' ich mir noch keine Zeit gelassen. Jetzt aber gieng ich zu den Herren Zietze und Colbert, an welche ich mich, für jede mögliche Fälle, von Königsberg aus hatte adressiren lassen; besorgte Vormittags meine Ein- und Nachmittags meine Ausklarirung, und konnte nunmehr gehen, wohin ich wollte.

Indem ich nun die Anstalten zur Abreise eifrigst besorgte, weil ich immer noch den russischen Behörden nicht recht traute und darum gerne je eher je lieber außer ihrem Bereich gewesen wäre, — trat ich auch von ohngefähr in die Kajüte. Siehe da! Die Königsberger Schöne saß da, und rang die Hände und wollte vergehen in Angst und Wehmuth: denn ihr Vielgetreuer war noch nicht wieder zum Vorschein gekommen! Ich that ihr den wohlmeinenden Vorschlag, sie sollte mit mir in ihre Heimath zurückkehren und es auf ihres schwer beleidigten Mannes Edelmuth ankommen lassen, ob er ihr verzeihen und sie wieder auf- und annehmen wolle, wo denn leicht ein Schleier über ihre leichtsinnige That zu werfen seyn werde. Doch dies war keine Musik auf ihr Ohr. Lieber, versicherte sie, wolle sie's auf das Äußerste ankommen lassen, und hinter irgend einem Zaune sterben und begraben werden. (Schwerlich dachte das unglückliche Geschöpf, daß in diesem Augenblick ein prophetischer Geist aus ihr spräche, wie die Folgezeit erwiesen hat.)

So blieb ihr denn nur übrig, ihr Bündel zu schnüren. Meine Leute griffen zu, und halfen, die Bagage aus dem Schiffe an's Bollwerk bringen, wo sie sich trostlos und verlassen oben drauf setzte. Die Segel wurden angezogen, die Taue gelöst, und so gieng es von dannen! Während ich ihr noch meinen Abschied nachrief, begann sich bereits ein Kreis von Menschen um sie her zu versammlen.

Statt Ihrer hatt' ich einen herrenlosen Schiffer aus Pillau, der aber in diesen Gewässern wohl bekannt war, als Passagier an Bord genommen; und da mir noch immer die Stelle unter den Füßen brannte, so ließ ich mir seinen Vorschlag gefallen, ohne irgend einen weitern Aufhalt die offene See zu suchen, wobei er selbst mir als Lootse dienen wollte. Das geschah, und gerieth glücklicher, als meine Keckheit es verdiente. Denn Niemand hielt mich an; und des dritten Tages nachher warf ich bereits wieder in Pillau den Anker. Weil jedoch mein Schiff in der Bordings-Zunft zu Königsberg eingeschrieben war, so blieb ich hier noch liegen, um eine Bordings-Fracht von Pregel hinauf zu erwarten.

Zwei Tage darauf erschien Schiffer Kummerow mit jenem nemlichen Schiffe, worauf im vorigen Jahre der gute Christian verunglückte, auf der Rheede und steuerte, trotz einem fliegenden Sturme, muthig in den Hafen. Sobald er im Kessel vor Anker gekommen, ward ich mit meinen braven Landsleuten, den Schiffern Paul Todt und Johann Henke, im lustigen Muth des Sinnes, zu dem Neuangekommenen, der gleichfalls ein ehrlicher Colberger war, an Bord zu fahren. Beim Eintritt in seine Kajüte sahen wir, daß ihm die Brandung beim Einlaufen hinten die Fenster und Porten in Stücken geschlagen hatte, und daß drinnen

Alles voll Wasser stand. Er hatte nun zum Schaden auch noch den Spott, indem wir ihn redlich auslachten. Ich erinnerte mich dabei, daß ich mit diesem nemlichen Schiffe und in einem ähnlichen Sturmwetter hier in den Hafen gesegelt, aber die Besonnenheit gehabt, die Hinter-Porten zuvor fallen zu lassen.

Bei der fortgesetzten Neckerei hub endlich unser Wirth im halben Unwillen an: »Basta, Ihr Herren! Ihr sollt am längsten gespottet haben. — Heda, Junge! Den Koch herbei! — Koch, auf dem Platze an Land gefahren, und holt mir den Tischler, so und so genannt. Er soll sich mit Handwerkszeug versehen, um hier die Einschieb-Rahmen loszumachen, damit sie zum Glaser in die Kur gebracht werden können.« — Während nun sein Wille ausgerichtet wurde, der Tischler aber, ohne daß wir uns weiter daran kehrten, seine Arbeit begann, saßen wir daneben bei einem Glase Wein, wobei wir vergnügt und wohlgemuth alte und neue Geschichten, nach Seemanns Weise, auf die Bahn brachten.

Ganz von ohngefähr fielen hierbei meine Blicke auf den emsig beschäftigten Tischler und nahmen mit Verwunderung wahr, wie Dieser hinter der Verkleidung, wo die Fensterrahmen eingeschoben gewesen waren, allerlei Sachen hervorlangte und mit dem krummen Stiele seines Schnitzers immer noch nach Mehreren angelte. Das Blut schoß mir auf's Herz und ins Gesicht. Ich fiel, wie aus den Wolken: denn ich erkannte augenblicklich, Stück für Stück, das verschwundene Eigenthum des verstorbenen Schiffers Karl Christian. Da war seine Uhr, seine Garnitur silberner Schnallen, ein Beutel mit einigen hundert Thalern Dänisch Courant, ein Schächtelchen mit Pretiosen an goldenen Ringen und Ohrgehängen, desgleichen silberne Schlösser zu großen Bügeltaschen nach damaliger Mode, und was sonst noch mehr, das der gute Mann vormals in Amsterdam eingehandelt und unterweges, aus Furcht vor Kaperei, hier in Sicherheit gebracht hatte. — Hier hatt' es kein Mensch gesucht und auch *wir* es eher in jedem andern Versteckwinkel geahndet!

Guter Gott! Und ich hatte mich müssen drum gleichwohl einen Dieb heißen lassen! Aber der Himmel ist gerecht und barmherzig. Er fügte es, daß die Wahrheit noch nach Jahr und Tag wunderlich an's Licht kam; daß es sogar in meiner Gegenwart und vor vieler Zeugen sichtlichen Augen geschehen mußte! Wären wir nicht Alle zugegen gewesen — wer weiß, wie weit die Ehrlichkeit des Finders Stich gehalten, ob je Hund oder Hahn darnach gekräht und ich nicht Zeit meines Lebens Dieb geheissen hätte! — Ja, allemal wenn ich an diese Geschichte denke, schlage ich meine Hände in die Höhe und danke Gott. Der Name des Herrn sey gelobet!

Nun raffte ich in der Bestürzung Alles zusammen, und damit an Land zu der Wittwe meines ehemaligen Schiffers. »Hier, meine liebe Frau!« rief ich außer Athem — »Hier bring ich Ihnen den Schatz von Ihrem seligen Herrn, und wofür ich so lange habe Dieb heißen müssen. So und so ist das, durch Gottes Leitung, wieder aufgefunden worden; und nun danken auch Sie Gott und seyn fröhlich. Nun ist Ihnen und Ihren armen Würmerchen auch besser geholfen.«

So gab es also Freude von allen Seiten. Bald auch wurde die Geschichte in Königsberg und in der ganzen Umgegend ruchtbar. Jeder hielt es für ein halbes Wunderwerk; Jeder wollte darüber von mir selbst noch näheren Bericht erfahren; und war ich vorher hie und da wohl zweideutig und über die Achsel angesehen worden, so wurde ich seitdem, Gott weiß es! von Bekannten und Unbekannten mit unverdienter Güte und Liebe behandelt.

Mein gutes Glück, das ich in diesem Jahre mit meinem kleinen Schiffe gehabt hatte, machte mich, wenn auch nicht übermüthig, doch zuversichtlich. Ich war ein junger Mensch und wollte mich noch besser in der Welt versuchen, um es desto gewisser in der Welt zu etwas zu bringen. Meinem Absehen nach mußt' ich ein neues und größeres Schiff haben, womit ich mich in die Nordsee und über den Kanal hinaus wagen dürfte, anstatt bloß in der

Ostsee, wie in einer Entenpfütze, umher zu leyern. Nebenher verließ ich mich auch wohl auf mein Geschick, womit ich mir das Glück, auch wenn es mir den Rücken kehren wollte, wohl zu erzwingen gedachte. Leider hatte oder achtete ich damals die Erfahrung noch nicht, daß zum Laufen kein Schnellseyn hilft, und sollt' es erst noch mit einem Schaden lernen.

Überhaupt hab' ich es erst spät begriffen, daß lediglich Alles vom Glück abhängt und Dieses durch Fleiß und Geschick allein sich nicht erzwingen lassen will. Wohl aber hätt' ich es an meinen eigenen dummen Streichen (woran ich es leider! nie habe fehlen lassen) abnehmen können, daß diese den Dummbart oft dem Glücke weiter in den Schooß führen, als ein Andrer mit seinen weisesten Überlegungen auszureichen vermag. Doch will ich damit nicht gesagt haben, daß man den Letztern mit Vorbedacht aus dem Wege gehen solle. Muß man in der Ausführung ja doch immer noch dem lieben Gott die größere Halbschied überlassen. —

Kurz, ich verkaufte meinen kleinen und glücklichen Postreiter; setzte mir's in den Kopf, ein funkelnagelneues Schiff von etwa 80 Lasten auf den Königsberger Stapel zu setzen, und war den größten Theil des Jahres 1763 mit dem Ausbau desselben beschäftigt, ohne den Ort zu verlassen. In das nemliche Jahr traf auch der unglückliche große Brand in Königsberg, wobei der Löbenicht, Sackheim und ein Theil vom Roßgarten in Feuer aufgiengen. Als der erstgenannte Stadttheil so plötzlich und an allen Orten zugleich in Flammen stand, befand ich mich, mit wohl noch tausend andern Menschen, auf der Holzwiese, dicht am Pregel, dem Löbenich gegenüber. Hier bemerkten wir auf der Ladebrücke, hinter dem Hospital, arme gebrechliche Bewohner desselben, welche darauf ihre letzte kümmerliche Zuflucht gesucht hatten. Denn hinter ihnen standen ihre Zellen, sammt der Hospital-Kirche, in lichtem Brande; zur Einen Seite nicht minder der Mönchhof, und zur Andern, neben der Brücke, ein großer Stapel Brennholz; so daß den Unglücklichen nur übrig blieb, sich in den Pregel zu stürzen, oder ihr Schicksal auf jener Ladebrücke abzuwarten.

Schon aber schien die Flamme sie auch in diesem letzten Bergewinkel ereilen zu wollen! Wir sahen deutlich von jener Seite, wie bereits Einigen Lahmen und Krüppeln die Kleider auf dem Leibe angeglommen waren; während Andre, die noch etwas berühriger waren, Wasser schöpften und damit ihre Unglücksgefährten wiederholt übergossen, um sie vor dem Verbrennen zu retten. Sie konnten dies auch um so füglicher, da zugleich ein starker Orkan aus Norden wüthete, (der eben den Brand so unaufhaltsam verbreitet hatte) und wodurch auch das Stromwasser so aufgestauet wurde, daß es fast die Höhe der Brücken erreichte.

Hier sollte und mußte nun, in so dringender Gefahr, den armen Leuten unverzüglich geholfen werden! Fahrzeuge waren in der ganzen Gegend nirgends abzusehen. Ich lief indeß über die Kuttelbrücke nach dem Hunde-Gat; sprang in ein Boot, das zu einem dort liegenden Schiffe gehörte; und da zum Glück ein Ruder drinne lag, so war ich, mit Hülfe des starken Windes, binnen 5 bis 10 Minuten wieder an der Ladebrücke. Man denkt sich's leicht, wie ich hier von den armen Menschen bestürmt wurde. Immer wollte Einer vor dem Andern aufgenommen seyn; und mir blieb endlich nichts übrig, als eilig mit dem Boote und den zuerst Eingesprungenen abzustoßen, wenn nicht Alles auf der Stelle mit und unter mir versinken sollte. Ich brachte indeß meine Ladung nach der Holzwiese in Sicherheit; und so gelang es mir in dreimaligem Hin- und Herfahren, sie Alle glücklich aus der Klemme zu schaffen.

Als ich jedoch mich der Brücke nochmals näherte und den Platz wohlbedächtig mit meinen Blicken musterte, während bereits die Laufbretter hie und da die Flammen durchzüngeln ließen, nahm ich, 15 oder 20 Schritte von mir entfernt, etwas wahr, das sich brennend auf dem Boden bewegte und Anfangs von mir für ein glimmendes Bette gehalten wurde, das der Sturmwind vor sich her wälzte. Als ich aber die Brücke bestiegen hatte und es in der Nähe untersuchte, fand ich, daß es eine alte Frau war, die, wie ich späterhin erfuhr, an Einer Seite des Leibes völlig vom Schlage gerührt worden. Ich hob sie auf, um sie nach meinem Fahrzeuge zu tragen: allein der Qualm und Gestank der schweelenden Kleider stieg mir so unerträglich zu Kopf und Brust, daß ich von meinem Vornehmen abstehen mußte. Doch ergriff ich die Unglückliche an Hand und Fuß; zerrte sie so — wenn gleich einwenig unsanft, nach dem Boote, und brachte sie hinüber, wo sie mir von den vielen umstehenden Menschen abgenommen wurde.

Gleich darauf stieß ich wieder ab, um, wo möglich, irgend einem Bedrängten in dieser Noth retten zu helfen, und kam an das Löbenichtsche Schlachthaus, das gleichfalls in hellem Feuer stand, und wo noch, wie ich durch die niedergebrannten Planken wahrnehmen konnte, eine Menge ausgeschlachteten Viehes umherhieng. »Mein Gott! dachte ich — wie vielen hundert Menschen könnte das noch zur Erquickung dienen, denen das Unglück heute nichts, als das liebe Leben, gelassen hat!« Ein großer fetter Ochse, der der Treppe nach dem Wasser am nächsten hieng, fiel mir besonders in die Augen. Ich schnitt ihn ab, wälzte ihn hinunter und schleppte ihn hinter meinem Fahrzeuge her an's jenseitige Ufer, wo ihn mir ein Reuter abnahm und vollends auf's Trockne brachte. Wo er weiter geblieben und wem er zu gute gekommen ist, weiß ich nicht.

Indem ich mich nun auf's neue nach der Löbenichtschen Seite hinüber machte, stieß ich dort auf eine korpulente Frau, die ihre Hände nach mir aufhob und rief: »O Schifferchen, erbarme Er sich! Helf Er! Rett Er! — Das da ist mein Haus, was mit den Andern im Brande steht; und mein Mann ist ausgereist auf den Viehhandel. All meine Leute haben mich verlassen; und was Er hier um mich liegen sieht, hab' ich mit meinen eignen Händen aus dem Feuer gerissen.« — Dabei wies sie auf einen Berg von Betten, Kleidungsstücken und dergleichen.

Ich ließ mich nicht Zweimal bitten; wir warfen Beide Hals über Kopf von den Sachen bunt durch einander in das Boot, soviel es nur fassen konnte, und nun schlug ich ihr vor, diese Ladung an's jenseitige Ufer hinüber zu schaffen, dann aber wiederzukommen und sie selbst mit dem Rest in Sicherheit zu bringen. Das war aber keinc gute Disposition, wie ich sogleich inne ward, als ich die Holzwiese erreichte: denn hier gab es zwar hundert geschäftige Hände, die mir die geretteten Sachen abnahmen; als ich mich aber darnach umsah, ob sie auch in gute Verwahrung kämen, lief der Eine hiehin, der Andere dorthin; dieser zog mit einem Bette ab, Jener mit einem Laken oder einem Armvoll Kleider; und als ich das letzte Stück aus den Händen gab, hatte sich bereits die ganze Ladung verkrümelt.

»Frauchen!« sagte ich bei meiner Wiederkehr — »Das sieht betrübt mit Ihrem Eigenthum aus! — Ich fürchte, Sie kriegt in Ihrem Leben keine Faser wieder davon zu sehen. So und so ist mir's damit gegangen.« — Die Unglückliche weinte und seufzte. Indeß schleppten wir noch einen schweren Kleiderkasten an und in's Boot, und was sie noch von Geräthschaften geborgen hatte. Sie selbst trug ich, trotz ihrer Wohlbeleibtheit, indem ich bis an den halben Leib durch's Wasser watete, gut oder übel ebenfalls hinein, und fuhr ab. Unterweges gewann sie wieder etwas Muth und Redseligkeit. Sie nannte mir ihres Mannes Namen, (den ich aber wieder vergessen habe) und daß er ein Branntweinbrenner gewesen, sammt ihren andern häuslichen Umständen. Die ganze Brandgeschichte, vom ersten Feuerlärm an, und ihren Schreck, und was sie und ihre Nachbarn gedacht und gesagt und vermuthet — Das Alles bekam ich anzuhören, und wahrscheinlich noch sehr Vieles mehr, wenn wir nicht schon früher bei der Holzwiese angelangt gewesen wären.

Hier war das unordentliche Getümmel der räuberischen Dienstfertigkeit um die arme Frau fast noch ärger, als bei meiner ersten Landung. Endlich drängte man mich ganz von ihr ab, und ich sah sie nur noch aus der Ferne auf ihrem Kasten sitzen, um wenigstens *diesen* zu behaupten. Wieviel ihr von dem Übrigen geblieben oder wiedergebracht worden, weiß Gott: denn meine Augen haben sie nachdem in dem weitläuftigen Orte niemals wiedergesehen.

Für diesmal wollt' ich nun sehen, was in einer andern Gegend, auf der Sackheimschen Seite, passirte. Nicht lange, so traf ich abermals mit einer alten Frau zusammen, die am Wasser stand und mir entgegenschrie: »Ach Herzens Schifferchen, goldnes! Hierher, zu *mir* hin! Ich will Ihm auch gerne einen Sechser geben.« — Ich mußte lachen, so wenig mir's bei der allgemeinen grausamen Noth auch lächerlich um's Herz war. — »Nun, und wo soll ich *hier* denn angreifen?« — »Ach du mein Gottchen! Diesen Kasten hier, wenn Er mir *den* doch nach der Holzwiese schaffen wollte. Mein ganzes armes Haab' und Gut steckt zusammen drinnen! Ich bin eine geschlagne Frau, wenn ich den missen soll!«

Nun freilich, da mußte schon Hand zum Herzen gethan werden! Sie übergab mir eine lange schmale Kiste, die mir nun zwar bei dem flüchtigen Blick, den ich mir darauf zu werfen abmüßigte, keine sonderlichen Schätze zu bergen schien, aber doch, unter gemeinschaftlicher Daranstrekkung unsrer Kräfte, glücklich ins' Boot geschoben und, weil sie darinn der Länge lang keinen Platz fand, mit Mühe querüber in's Gleichgewicht gerückt wurde; wiewohl das Fahrzeug, da sie hochstand, heftig damit schwankte. Auch gieng es mit der Fahrt noch immer gut genug, bis wir, auf Stromes-Mitte, auch in den Bereich des Sturmwindes geriethen, welcher uns dergestalt packte, daß sich das Boot ganz auf die Seite legte und Wasser schöpfte. Was ich immer thun mochte, dem Übel abzuhelfen, blieb vergeblich, und unsre Gefahr zu sinken ward mit jedem Augenblick dringender. »Aber, liebe Frau, was *hat* sie denn in dem unbeholfenen verwetterten Kasten?« fragte ich endlich mit einiger Ungeduld. — »Ach, mein Ein und Alles! Meine Hühner und Enten, womit ich handle, und die mir

Eier legen.« — »Ei, so hole denn der Henker lieber den ganzen Kram!« schrie ich giftig, — »als daß wir hier unsre Haut darum zu Markte tragen!« — und damit schob ich den Kasten fein säuberlich über Bord und ließ ihn treiben, wohin er wollte. Nun aber erhub sich über mich ein Sturmwetter von ganz andrer Art, und ich kriegte Ehrentitel zu hören, wie ich sie mir nimmer vermuthend war. Aber wie sollt' ich es anders machen? Das Boot stand am Umkippen und war schon hoch voll Wasser gelaufen.

Wir waren darüber beinahe bis an den Sackheimschen Baum getrieben. Ich machte mich also eilig von meiner lästigen Begleiterinn los, stieg an Land, befestigte das Fahrzeug und half anderweitig bei dem Feuer bergen und retten, wo und wie ich immer vermochte. Darüber blieb ich nun von meiner eignen Schwelle entfernt vom Sonntag Abends, da das Feuer angieng, bis Dienstags Nachmittags, wo endlich seine zerstörende Wuth sich legte. Während dieser entsetzlichen Frist kam ich verschiedentlich mit Bekannten aus unserm Stadt-Ende, am Licent und der Gegend umher, zusammen. Da ward denn immer die erste angelegentliche Frage, wie es in der Nachbarschaft stehe, freudig beantwortet: »Gottlob! Wir haben bis jetzt keine Noth vom Feuer: wohl aber vom Sturm hohes Wasser in Straßen und Häusern, daß man überall darinn mit Kähnen umherfahren kann.« —

Ein ähnlicher Orkan stieg einige Zeit nach jenem unvergeßlichen Unglück so gewaltig auf, daß alle Schiffe mit denen der Pregel, vom grünen Baume an, bedeckt war, sich theils einzeln von ihren Befestigungen am Bollwerk losrissen, theils unter einander abdrängten, und selbst die mitten im Strome geworfenen Anker dagegen nicht aushielten. Die Verwirrung und das Gedränge ward mit jedem Augenblick größer. Endlich packte sich Alles an der grünen Brücke in eine dichte wüste Masse zusammen; die Masten stürzten über Bord, und die Bogspriete knickten, wie Rohrstengel. Der Schade war unermeßlich; und als man endlich wieder zur Besinnung kam, hatte man sich billig zu verwundern, daß nicht Alles und Jedes zu Grunde gegangen.

Gleichwohl betraf dieses Schicksal unter Andern auch einen ledigen Bording von 50 Lasten, der zwischen den andern Schiffen so eingeklemmt ward, daß er endlich, als die geringere Masse, von ihnen niedergedrückt und dergestalt völlig in den Grund versenkt werden mußte, daß keine Spur von ihm zu erblicken war. Dies Gefäß gehörte einer Wittwe Roloff, meiner guten Freundinn und Gevatterinn, zu, die in ihrer Noth und mit weinenden Augen auch zu mir kam, ob ich ihr in ihrem Unglück nicht helfen könne. Ich versprach mein Möglichstes; und sobald nur der Sturm sich abgestillt hatte, und die Schiffe sich wieder auseinandergewirrt, traf ich Anstalten, den Bording mit Winden und Tauen aus dem Grunde wieder emporzuheben, was mir denn auch mit vieler Mühe und Arbeit gelang; so daß das Fahrzeug auf eine sichre Stelle gebracht und der erlittene Schade ausgebessert werden konnte.

Einige Zeit nachher, während ich noch an meinem Schiffe baute, kam eines Tages das Geschrei zu mir auf die Baustelle: Auf dem Pregel am grünen Krahn stehe ein Holländisches Schiff, mit 120 Lasten Hanf geladen, in lichtem Brande. Sofort machte ich mich, sammt all meinen Schiffszimmerleuten, deren Jeder mit seiner Axt versehen war, auf den Platz, und sah, wie das Feuer klafterlang, gleich einem Pferdeschweif, hinten durch die Kajüt-Porten emporflackerte. Alle Menschen, soviel sich deren bereits herbeigemacht hatten, waren damit beschäftigt, Löcher in das Verdeck zu hauen und von oben hinab Wasser in den brennenden Raum zu giessen. Offenbar aber gewann dadurch der Brand unterm Deck nur um so größeren Zug und war auf diese Weise mit nichten zu dämpfen.

Ein so widersinniges Verfahren konnt' ich nicht lange gelassen mit anblicken; und das nur um so weniger, da mir das schnelle und sichre Mittel beifiel, dem weitern Unglück auf der Stelle zu steuern; wenn nemlich das Schiff, ohne langes Säumen, zum Untersinken gebracht werden konnte.

So packte ich denn flugs den Schiffer am Arm, und schrie ihm zu: »Ihr arbeitet Euch ja damit zum Unglück, daß Ihr dem Feuer noch mehr Luft macht. *Versenken* müßt Ihr das Schiff! Hört Ihr? Versenken! Was da lange Besinnens!«

Es lief aber Alles verwirrt durch einander, und kein Mensch konnte oder wollte in dem Tumult auf mich hören. Da griff ich Einen von meinen Schiffszimmerleuten auf; sprang mit ihm in das Boot, welches zum brennenden Schiffe gehörte und demselben zur Seite lag, und zeigte ihm eine Planke, dicht an und über dem Wasser, wo er in Gottes Namen ein Loch durch's Schiff hauen sollte. »Das laß' ich wohl bleiben!« war seine Antwort — »Ich könnte schlimmen Lohn dafür haben!«

Dieser Widerstand erhitzte mich noch mehr. Ich riß ihm die Axt aus den Händen, und bedachte mich keinen Augenblick, ein ganz hübsches Loch hart überm Wasserspiegel durchzukappen. Als ich den guten Erfolg sah, legte ich mich auf den Bauch und hieb immer tiefer einwärts, bis endlich das Wasser stromweise da durch und in den Schiffsraum drang. Das eben hatte ich gewollt; und nun eilte ich spornstreichs aus dem Boote auf das Verdeck, wo sich hundert und mehr Menschen drängten, und schrie: »Herunter vom Schiff, was nicht versaufen will! In der Minute wird's sinken!«

Anfangs hörte man mich nicht; da ich es aber immer und immer wiederholte, und zugleich auch das Schiff begann, sich stark auf jene Seite zu neigen, so kam auf Einmal der Schrecken unter die Leute; Alles lief nach dem Lande, in banger Erwartung, was weiter geschehen würde. In der That legte sich das Schiff so gewaltig seitwärts, als ob es umfallen wollte; aber im Sinken selbst richtete es sich plötzlich wieder empor, und fuhr so, geraden Standes, plötzlich bis an die Gaffel-Klaue in die Tiefe, die hier zur Stelle wohl 36 bis 40 Fuß betragen mochte.

Das Feuer war gedämpft. Eine stille dumme Verwunderung folgte. Aber plötzlich auch ward jedes Gaffers Mund wieder rege und laut, und Jeder fragte in die Wette:

»Wer hat das gethan? Wer hat das Schiff in den Grund gehauen?« Jeder hatte aber auch gleich die durch einander geschrieene Antwort bei der Hand: »Nettelbeck! Ei, das ist ein Stückchen von Nettelbeck!« — Nettelbeck aber kehrte sich an nichts, gieng ruhig nach Hause, und war in seinem Herzen überzeugt, daß er recht gethan habe.

Gleich des andern Tages, Vormittags neun Uhr, trat, in voller Angst, mein Schwiegervater zu mir in's Haus, und fuhr auf mich ein: »Nun haben wir's! Ein schönes Unglück habt Ihr angerichtet mit dem in Grund gehauenen Schiffe! Da sind eben drei Kaufleute und der holländische Schiffer, sammt einem Advokaten, auf der Admiralität, und klagen wider Euch auf vollen Ersatz alles Schadens. Nun sitzt Ihr in der Brühe!« — Und noch hatt' er seine Hiobs-Post kaum geendet, so war auch schon der Admiralitäts-Diener zur Stelle, der mich auf den Lizent, gleich in dieser nemlichen Stunde, vor das Admiralitäts-Collegium beschied. »*Die* sind rasch darhinter her!« dacht' ich bei mir selbst; und mir ward doch nicht ganz wohl dabei zu Muthe.

Als ich ankam, fand ich es ganz so, wie mir's mein Schwiegervater verkündigt hatte. Mir ward ein schon fertiges Protokoll vorgelesen, des Inhalts, daß ich es sey, der unberufener Weise das Schiff zum Sinken gebracht und dadurch einen Schaden von so und so viel Tausenden angerichtet habe. Ich sollte jetzt die Wahrheit dieser Angaben anerkennen, von der Ursache Rede und Antwort geben und allenfalls anführen, was ich zu meiner Vertheidigung vorzubringen wüßte.

Hm! das stand ja sogar verzweifelt noch nicht, wenn mir noch Einrede und Vertheidigung zugestanden wurde! — »Tausend Augen« — sagte ich — »haben es mit angesehen, wie das Schiff hinten hinaus in hellem Feuer stand; und je mehr Luftlöcher die Leute in's Verdeck hieben, desto mehr Nahrung gaben sie dem inwendigen Brande. Hätte das nur noch eine halbe Viertelstunde so fortgedauert, so nahm die Flamme dergestalt überhand, daß es kein Mensch auf dem Schiffe mehr aushalten konnte, und dieses, mit sammt der Ladung, preisgegeben werden mußte. Allein wenn und während es nun in voller Gluth stand — Wie sollt' es da fehlen, daß nicht auch die Taue mit verbrannten, an denen es am Bollwerk befestigt lag; daß die flammende Masse stromabwärts und unter die vielen andern dort liegenden Schiffe trieb und diese mit in's Verderben zog? — Ja, was leistete uns Bürgschaft, daß dieser Schiffsbrand nicht ebensowohl auch die dicht am Bollwerk befindlichen Speicher und die unzähligen, vor denselben aufgefahrenen Hanfwagen ergriff? und daß darüber nicht ganz Königsberg in Rauch und Asche aufgieng? — Jetzt ist großes und gewisses Unglück mit um so geringerm Schaden abgewandt, als Schiff und Ladung wohl noch meist wieder zu bergen seyn werden. Ich bin daher auch des guten Glaubens, daß ich in keiner Weise strafbar gehandelt, sondern nur meine Bürgerpflicht geleistet habe.«

Der Director, Hr. Schnell, dictirte diese meine Verantwortung selbst zu Protokoll; und der Advokat ermangelte nicht, dagegen allerlei Einrede zu thun. Darnach ward ich abermals befragt, ob ich weiter noch etwas zu meinen Gunsten vorzubringen habe? — »Nicht ein Wort!« erwiederte ich — »Meine Sache muß für sich selber sprechen.« Die Verhandlung ward zu Papier gebracht, und dies mußten alle Parten unterzeichnen. Dann wurden wir bedeutet, einstweilen unsern Abtritt zu nehmen, weil unser Handel klar genug sey, um noch in dieser nemlichen Sitzung zum Spruche zu kommen.

»Desto besser!« dachte ich — »Wenn nur die gestrengen Herren drinnen auch Vernunft annehmen wollen!« und über diesem »Wenn« kam es denn doch bei mir zu einem Herzpochen, das mir diese halbe Stunde Verweilens zu einer sehr bänglichen machte. Wer weiß, ob es meinen Gegenparten viel besser ergieng? — Endlich hieß es, daß wir wieder vortreten möchten; und nun gab man uns sogleich auch die gefällte Sentenz zu vernehmen, deren Inhalt, der Hauptsache nach, etwa dahin lautete:

»Die Admiralität erkenne, daß der Schiffer Nettelbeck vollkommen recht und löblich gehandelt, indem er durch schnelle Versenkung des, in Rede stehenden, brennenden Schiffes größeres Unglück von dem Handelsstande und der Stadt abgewandt. Nächstdem aber behalte sich das Collegium vor, ihm dessen Zufriedenheit und Dankbarkeit durch feierlichen Handschlag zu bezeugen. Falls auch der Gegenpart mit diesem Erkenntniß zufrieden sey, solle derselbe gleichmäßig mit dargebotener Hand sich bei beregtem Nettelbeck bedanken, daß er Schiff und Ladung vor noch größerm Schaden bewahrt habe.«

Nach geschehener Vorlesung stand der Director, Hr. Schnell, von seinem Sitze auf, schüttelte mir treuherzig die Hand, und sagte: »Ich thue das, als Erkenntlichkeits-Bezeugung, im Namen aller Schiffer, die auf dem Pregel liegen, und im Namen der Stadt, die durch Ihren Muth und Besonnenheit einem großen Unglück entgangen ist. Sie sind ein wackerer Mann!«

Kaufleute, Schiffer und Advokat sahen einander an, und gaben etwas verlegene Zuschauer bei dieser Scene ab. Endlich traten sie, Einer nach dem Andern, zu mir und gaben mir ihre dankbare Hand. Die Vernünftigern unter ihnen gaben zu gleicher Zeit zu verstehen, sie wären nur darum zur Klage wider mich geschritten, um sich bei ihren Assüradeurs, Rheedern und Correspondenten wegen des Vorgangs mit dem Schiffe hinlänglich zu decken.

Schon waren wir im Begriff, aus der Gerichtsstube wieder abzutreten, als der Director mich zurückrief, und anhub: »Schiffer Nettelbeck! Wie ist's? Haben sie nicht in vorigem Jahre der Wittwe Roloff ihren im Pregel versunkenen Bording glücklich wieder in die Höhe gebracht? — Ich dächte, Sie wären ebensowohl der Mann dazu, Ihr Kunststück auch an diesem Schiffe hier zu wiederholen? — Meine Herren!« sich zu den Kaufleuten wendend — »Sie sollten sich diesen Vorschlag überlegen! Was meynen Sie?«

Alsobald legten mir die Gefragten die Sache andringlich vor. »Je nun«, erwiederte ich — »Vieles in der Welt läßt sich machen, wenn es mit Vernunft und Geschick angegriffen wird. Wir Beide, der Schiffsherr und ich, wollen hingehen, untersuchen und das Ding an Ort und Stelle reiflicher überlegen. Läßt sich was beginnen, so wollen wir in Gottes Namen Hand an's Werk schlagen.« — Sogleich auch machten wir uns auf den Platz: aber alsbald auch ward mir's klar, daß der Schiffer eine Schlafmütze war, von dem ich keinen erklecklichen Beistand erwarten durfte. Lieber also ließ ich ihn ganz aus dem Spiele; gieng zu meinem guten ehrlichen Freunde, dem Schiffszimmermeister Backer, und bat ihn, daß er mir bei meinem Vornehmen helfen möchte. Der war auch zu Allem bereit und willig; und so schritt ich denn getrost an die Ausführung.

Nach dem Plane, den wir entworfen hatten, erbat ich mir von ein paar guten Freunden zwei Fahrzeuge zu meiner Verfügung; wobei denn natürlich alle Gefahr und der Ersatz des etwa zugefügten Schadens auf meine Rechnung gieng, für den Gebrauch derselben aber eine billige Vergütung bedungen wurde. Indem ich nun diese Bordinge zu beiden Seiten des versenkten Schiffs postirte, und meine Winden und Hebezeuge darauf anbrachte und in Bewegung setzte, gieng die Arbeit rasch und glücklich von statten. Wir hoben die ungeheure Last unter dem Wasser aus dem tiefen Grunde so weit in die Höhe, daß man bereits auf das Verdeck, etwas mehr, als Knie tief, treten konnte und ich binnen kurzem den Augenblick erwartete, wo dasselbe vollends emportauchen würde.

Jetzt aber plötzlich stockten alle meine Maschinen; und keine Kraft derselben war stark genug, das Schiff auch nur um einen einzigen Zoll höher zu bringen. Ich hatte die beiden Bordinge durch die Winden dergestalt anstrengen lassen, daß sie vorne mit dem Bord-Rande dicht auf dem Wasser lagen, während die Hintertheile sich bis zum Kiel in die Höhe kehrten. Brach jetzt irgend etwas an den Tauen, die unter dem Schiffe durchgezogen waren, so waren Unglück und Schaden, die dann entstehen mußten, gar nicht zu berechnen. In dieser peinlichen Lage mußten demnach vor allen Dingen noch ein paar Ankertaue unter den Schiffskiel gebracht werden, in denen es nunmehr mit vollerer Sicherheit hieng; und nun galt es um ein Mittel, es noch um soviel zu erleichtern, damit nur die großen Luken auf dem Verdeck nicht mehr vom Strome überflossen würden und die anzubringenden Pumpen dann freies Spiel gewännen.

Da sich jedoch der Schiffs-Körper um keine Linie mehr rücken lassen wollte, so fiel ich darauf, ich müßte jene Lucken um soviel erhöhen, daß sie über dem Wasserspiegel emporragten. Das war zu bewerkstelligen, wenn ich ebensoviel Kasten oder Verschläge, von wenigstens zwei Fuß Höhe, und gleichem Umfang mit den Lucken dergestalt wasserdicht auf denselben und dem Verdeck befestigte, daß sie gleichsam einen Brunnenrand vorstellten. Was nun aus diesen Kasten geschöpft wurde, war dann eben so gut, als sey es aus dem Raume geschöpft, in welchem auf diese Weise das Wasser endlich doch nothwendig abnehmen mußte. Dann aber hob sich das Schiff von selbst, ohne daß es ferner meiner Maschinen bedurfte.

Kaum war dieser Gedanke zur Welt gebohren, so ließ ich mir einen Zollstock geben, um unter dem Wasser das genaue Maaß der Lucken in Länge und Breite zu nehmen; rief meine Leute zu mir nach der Baustelle und gab ihnen an, was zu thun sey. In Zeit einer Stunde, (während welcher Alles in höchster Erwartung dessen stand, was werden sollte) kam ich mit den fertigen Kasten und meinen Arbeitsleuten zurück, und hatte die Freude, zu sehen, daß jene vollkommen wohl anschlossen. Um mich jedoch dessen noch völliger zu versichern, riß ich mit dem Zirkel die Biegung der Schiffsdecke unterm Wasser an dem Rande der Kasten sorgfältig vor; ließ soviel, als darnach nöthig war, heraushauen, und konnte nunmehr mein Werk, da kaum noch einiges Wasser durchsickerte, für gelungen halten.

Hunderte von müßigem Pöbel standen, als Zuschauer, am Bollwerk. Ich wandte mich zu ihnen und rief: »Heran mit Eimer und Geräth, wer Lust hat, mit Wasserschöpfen jede Stunde einen halben Gulden zu verdienen!« — Ho, das war, als hätt' ich sie zur Hochzeit gebeten! Es stürzten gleich soviel Arbeiter herbei auf das nasse Verdeck, daß sie um die Kastenränder nicht Alle Raum zum Handthieren hatten. Ich ließ sie ihr Wesen treiben und stieg derweilen in's Boot, um mit dem Bootshaken das Loch unter Wasser aufzusuchen, welches meine Hände hineingehauen hatten. Dann aber sah ich mich nach einem Sacke, um (oder war es ein Stück altes Segeltuch; ich weiß es nicht!) um jenes Loch zu stopfen und dadurch neuen Zufluß zu hindern. Bei jedem Schopf, den so viele Eimer zugleich thaten, wurden vielleicht funfzig und mehr Kubik-Fuß Wasser — erst aus den Kasten, dann tiefer aus dem Schiffsraume hervorgefördert; so daß bald die Arme der Arbeiter es nicht füglich erreichen konnten. In eben dem Maaße nun, als durch diese Erleichterung das Schiff wieder an eigner Hebekraft gewann, erlangten auch die beiden Fahrzeuge, zwischen denen es in der Schwebe hieng, ihre verlorne Wirksamkeit wieder. Sie hoben sich vorne wieder; und so, mit einem Ruck, brachten sie nun das Schiff glücklich in die Höhe, daß es durch sich selber flott wurde und das Verdeck über Wasser zu stehen kam.

Jetzt konnten auch die Hanfgebinde an den Lastbändern aus dem Raume hervorgelangt werden. Mit der erleichterten Ladung aber trat auch immer mehr und mehr Bord hervor, bis endlich auch mein gehauenes Loch über dem Wasser zum Vorschein gelangte und sonach mein Werk für abgethan gelten konnte. Ich schlug also ein Kreuz darüber und gieng, weil ich mich trefflich abgemattet fühlte, in des Herrn Namen nach Hause; während mein Freund Backer und der Schiffer das Übrige besorgen mochten.

Einige Tage darauf ward ich abermals vor die Admiralität gefordert. Ich fand dort die Herren Kaufleute, die mir fürerst ihren Dank für mein glückliches gelöstes Versprechen bezeugten, dann aber auch sich für meine angewandte Bemühung mit mir abzufinden wünschten. Auf meiner Rechnung, die ich ihnen deß Endes einreichte, standen bloß die beiden Bordinge, die ich gebraucht hatte, jeder mit 20 Thalern angesetzt, sammt einer Kleinigkeit für Abnutz an Tauen, Winden und andern Geräthschaften; die denn auch sogleich und ohne allen Anstand bewilligt wurden. Da ich indeß, was mich selbst betraf, keine Forderung machen wollte, so boten sie mir ein Douceur von hundert Gulden Preuß., sammt 10 Pfund Kaffe und 20 Pfund Zucker. Ich nahm, was mir gegeben wurde, und schenkte davon 25 Gulden für die Armen, um ihnen auch einmal einen guten Tag zu machen.

Zu Ostern 1764 war ich endlich auch, nach vieler Mühe und Sorge, mit deren einzelner Aufzählung ich den Leser nicht belästigen will, mit meinem Schiffbau im Reinen. Das Gebäude und Alles, was dazu gehörte, war nun wohl ganz nach meinem Sinn gerathen: aber Lust und Freude konnt' ich dennoch nur wenig daran haben: denn wie so ganz anders waren die Zeiten geworden, seit ich in vorigem Jahre den Kiel dazu legte, und jetzt, wo es, glatt wie ein Aal, vom Stapel lief! Mit den guten Zeiten für die Rheederei hatt' es ein plötzliches und betrübtes Ende genommen. Ich will nicht sagen, daß ich auf lauter solche Frachten, wie jene nach Riga, zu 40 Rubel die Last, gerechnet hätte; denn dann wär' ich ein baarer Thor gewesen: allein noch im Jahre zuvor standen die Frachten auf Amsterdam zu 45 holländischen Gulden, und jetzt, wo, beim Frieden, in alles Verkehr eine Todtenstille eintrat, galt es Mühe, eine Fracht dahin um 11 Gulden zu finden. Erst im October ward mir's sogut, auf den genannten Platz für 16 Gulden abzuschließen.

Während nun mein Schiff in der Ladung begriffen war, kam ich eines Tages von der Börse, um am Borde mit eignen Augen nachzusehen. Das Schiff hatte sich etwas vom Bollwerk abgezogen: dennoch dachte ich den Sprung wohl hinüber zu thun, traf es aber so unglücklich, daß ich über ein Ankertau, welches längs dem Verdecke lag, stolperte und mir den rechten Fuß unten aus dem Gelenke fiel. Da lag ich nun, und mußte nach Hause getragen werden! Das Bein schwoll an; ich konnte bald kein Glied mehr rühren, und während daran gezogen, gesalbt und gepflastert wurde, hatt' ich die grausamsten Schmerzen auszustehen. An ein Mitgehen mit meinem Schiffe, wie ich es willens gewesen, war nun gar nicht zu denken. Aber *wen* nunmehr in meine Stelle setzen?

Zum Steuermanne unter mir hatte ich einen gewissen Martin Steinkraus angenommen, der zwar bereits selbst ein Schiff geführt, aber dabei eben keine Ehre eingelegt hatte. Er war, gleich mir, ein gebohrner Colberger und mir von meinen übrigen Landsleuten, halb wider meinen Willen, angebettelt worden. Jetzt, da ich im Bette lag, ward ich abermals mit guten Worten und eingelegten Fürbitten von allen Seiten dermaaßen bestürmt, daß ich mich endlich, in einer unglücklichen Stunde, bethören ließ, diesem Menschen mein Fahrzeug auf die vorhabende Reise, als Schiffer anzuvertrauen. An guten Ermahnungen und Instructionen, wie er sich in vorkommenden Fällen verhalten, wie er sich helfen und wirthschaften sollte, ließ ich es auf keine Weise ermangeln. Auch gab ich ihm sofort 200 Gulden baar in die Hände, um sich damit in Pillau frei in See zu bringen.

Desto verwunderlicher däuchtete mir's, daß, als er kaum von Königsberg abgegangen und drei Tage vor Pillau gelegen, das Comptoir von Seif et Co. daselbst mir eine Anweisung von 200 Gulden präsentiren ließ, welche mein Schiffer baar auf meine Rechnung bezogen hatte. Gleich darauf war er in der Mitte Novembers, in See gegangen. Späterhin kamen noch verschiedene ähnliche Assignationen, zusammen im Belauf von etwa 300 Gulden, zum Vorschein, die er zum Theil baar aufgenommen, zum Theil auf allerlei Schiffsbedürfnisse verwandt hatte, als ob er ganz mit lediger Tasche von mir gegangen wäre.

Alles dieses gestattete mir kaum noch einigen Zweifel, daß dieser Mensch es auf Betrug und Hinterlist mit mir abgesehen habe. Hätte ich noch daran zweifeln mögen, so mußten mir vollends die Augen aufgehen, als ich, nachdem er Anfangs Decembers den Sund passirt war, durch das Haus von Dorß eine neue Assignation, lautend auf 85 Thaler Dän., empfieng, die doch nur für Sundzoll und aufgelaufene Kosten verausgabt seyn konnten, ohngeachtet ich aus Erfahrung wußte, daß ein Schiff von der Fracht, wie das meinige, dort nur 12 bis 15 Thaler Dän. zu zahlen haben könne.

Im Januar 1765 liefen Briefe aus Gothenburg an mich ein, mit der Hiobs-Post: Schiffer Steinkraus sey dort eingelaufen, habe die Einleitung zu einer Haverey gemacht und, zu dem Ende, gleich anfänglich 2000 Gulden aufgenommen. Im Februar wiederum Briefe aus Gothenburg; Schiffer Steinkraus habe sich genöthigt gesehen, die zur Ausbesserung nöthigen Gelder bis auf 6000 Gulden zu vermehren und sich auszahlen zu lassen!

Jetzt ward mir der unsaubre Handel denn doch zu arg und zu bunt! Wollt' ich nicht, mit dem Stabe in der Hand mein Eigenthum mit dem Rücken ansehen, so mußt' ich eilen, dem unverschämten Räuber durch meine persönliche Gegenwart einen Zügel anzulegen. In dieser Absicht gieng ich, im Merz, mit Schiffer Martin Blank, als Passagier nach Amsterdam ab, wo ich meinen Urian entweder schon zu treffen, oder doch zu erwarten gedachte. Er hatte aber gar nicht die Eile gehabt, die ich bei ihm voraussetzte: sondern erst in den letzten Tagen des Aprils, nachdem ich schon mehrere Wochen nach ihm ausgesehen, ließ mir Schiffer Johann Henke von Königsberg, der eben auch im Hafen lag, sagen: Steinkraus sey so eben angekommen und habe mit dem Schiffe vor der Laage geankert. Jetzt verlor ich keinen Augenblick, mich nach der Wasserseite zu begeben. Je üblere Dinge ich ahndete, um so sorgfältiger hatte ich auch bereits im Voraus meine Maaßregeln überlegt und mit meinen dortigen Correspondenten, den Herren Kock und van Goens, die erforderlichen Abreden genommen.

In der Ferne sah ich mein Schiff liegen, das mir durch die arglistige Bosheit eines Taugenichts so theuer zu stehen kommen sollte. Ich ließ mich durch einen Schuytenfahrer an den Bord desselben übersetzen; fand aber beim Hinaufsteigen, auf dem Verdeck keine lebendige Seele. Voll Sinnens gieng ich auf demselben einige Minuten lang umher; und indem ich mir Masten, Taue, Segel, Anker — Alles die alten wohlbekannten Gegenstände! — genauer darauf ansah, konnt' ich, mit steigender Verwunderung, immer weniger begreifen, was denn mit den aufgenommenen ungeheuern Summen daran verändert oder gebessert worden?

Endlich kam der Schiffsjunge aus dem Kabel-Gat zum Vorschein und machte trefflich große Augen, als er seinen Herrn und Meister so unverhofft erblickte. Ich säumte nicht, den Burschen in ein näheres Verhör zu nehmen; und nun erzählte er mir denn, halb aus Treuherzigkeit, halb aus Furcht, mehr als mir lieb war und ich zu wissen verlangte. Sein Schiffer, sammt den übrigen Leuten, hatte sich, sogleich nach der Ankunft; im hellen Haufen an's Land begeben. Der neue Steuermann (denn der, von Königsberg mitgegangene, war — Ein Unglück mehr für mich! — in Gothenburg gestorben) befand sich nur noch allein an Bord und verzehrte in der Kajüte sein Mittagsmahl. Dort suchte ich ihn mir auf; gab mich als seinen Rheeder zu erkennen und wechselte einige gleichgültige Worte mit ihm, bevor ich nach dem Lande zurückfuhr. Er war auf keine Weise der Mann dazu, mir die nähere Aufklärung, die ich brauchte, zu geben.

Da es nun aber Einmal auf eine Überraschung abgesehen seyn sollte, so postirte ich mich, dem Schiffe gegenüber, am Bollwerk, und beschloß, hier geduldig zu warten bis mein guter Freund, der dort nothwendig passiren mußte, in eigner werther Person zum Vorschein kommen würde. Nach etwa zwei Stunden Harrens, die mir lang und sauer genug wurden, erschien auch ein Trupp ganz wilder und besoffener Matrosen, in denen ich unschwer mein Volk erkannte, und hinter ihnen her taumelte, in keinem bessern Zustande, der Schiffer Steinkraus — Beide, ohne auf mich zu achten — an mir vorüber. Mein schmerzliches Erstaunen brauche ich nicht zu beschreiben: denn dies lustige Leben schien ihrer Aller gewöhnliche Tages-Arbeit zu seyn. Wie mußten *die* mit meinem anvertrauten Gute gewirthschaftet haben!

Ich folgte ihnen und wartete bis zu dem Augenblick, wo sie sämmtlich in die Schaluppe steigen wollten, um nach dem Schiffe überzusetzen. Hier klopfte ich dem Schiffer unversehens auf die Schulter, und rief: »Willkommen in Amsterdam!« — Er blickte hinter sich; ward starr wie eine Bildsäule, und auch so blaß, als er mich endlich erkannte. Ich änderte indeß nichts in meiner höflichen Gelassenheit, wie bitter mir's auch ankam, meinen gerechten Groll zu verbeißen; denn ehe ich gegen ihn losfuhr, wie er's verdient hatte, mußte ich mir erst seine Gothenburger Haverey-Rechnung haben vorlegen lassen, um zu wissen, ob und wie diese gegen meine Assecuradeurs zu rechtfertigen wäre, die in Amsterdam zur Stelle waren und auf mein Schiff 8000 Gulden Holl. gezeichnet hatten. Jene Haverey aber betrug, soviel mir vorläufig bewußt war, noch etwas mehr sogar, als diese Summe.

Ich setzte mich nun, als ein schwerlich sehr willkommner Gast, mit in das Boot und begleitete ihn an Bord. Unmittelbar darauf holten wir das Schiff in die Lage zu den übrigen vor Anker, wo es, nach meinem Wunsche, neben dem vorbenannten Henke zu liegen kam. Dies gab mir die Bequemlichkeit, mich entweder an meinem eignen Borde, oder bei diesem meinem Freunde, in der Nähe zu verweilen und gute Aufsicht zu halten; während die Ladung gelöscht und das Schiff bis auf den untersten Grund leer wurde. Hier vermißte ich denn nun zunächst 80 Stück eichene Planken, die ich in Königsberg zum Garniren des Schiffsbodens mitgegeben hatte. Wo konnten *die* geblieben seyn? Ich erhielt die Auskunft vom Schiffer, daß sie in Gothenburg, zugleich mit der übrigen gelöschten Ladung, an's Land gekommen und dort, ohne sein Wissen und Willen, vom Schiffsvolk von Zeit zu Zeit über Seite gebracht und heimlich verkauft worden. Das Volk hinwiederum wälzte alle Schuld von sich ab, und behauptete, der Schiffer selbst habe die Planken verkauft.

Nicht besser stand es um einen Schiffs-Anker von 800 Pfund, der mir auf meinem vorigen Schiffe, und bei einer früheren Reise am Bollwerk zu Pillau in einem Sturme zerbrochen worden. Da die beiden Stücken in Königsberg nicht wieder zusammengeschmiedet werden konnten, so hatt' ich sie dem Steinkraus mitgegeben, um dies in Amsterdam bewerkstelligen zu lassen. Aber auch dieser Anker war abhanden gekommen; und bei näherer Untersuchung ergab sich's, daß mein getreuer Stellvertreter das größere Stück desselben, und die Matrosen das kleinere, an Mann zu bringen gewußt und das Geld unter sich getheilt hatten.

Nunmehr kam auch die Reihe an die Durchsicht der Gothenburger Papiere, die Haverey betreffend; und da standen mir denn wirklich die Haare zu Berge! Alles befand sich in der greulichsten Unordnung, als ob es mit rechtem Vorbedacht verwirrt worden sey, um jede klare Einsicht unmöglich zu machen. Ich wußte nimmermehr, wie ich meinen Assecuradeurs diese Rechnungen vorlegen sollte, ohne daß sie dieselbe von Anfang bis zu Ende für nichtig erklärten. Selbst meinen Schuft, wie er's verdient, hatte, beim Kopfe nehmen zu lassen, war nicht rathsam, wenn ich jene Versicherer nicht selbst in Allarm setzen wollte, über gespielten Betrug bei der Haverey zu schreien und mich für meine eigne Person in das böse Spiel zu verwickeln.

Allein desto sorgfältiger mußte ich auch zu verhindern suchen, daß der Bube, der all seine bösen Schliche sich immer mehr entdecken sah, nicht heimlich das Weite suchte. Ich hatte ihn also bei Tag und Nacht, als meinen Augapfel zu hüten, und durfte ihn gleichwohl mein Mißtrauen nicht merken lassen. Nichts desto weniger mußte sich's fügen, daß, als ich, zwei Tage später, mit ihm die Börse besuchte, wo es, wie bekanntlich, immer ein dichtes

Gewimmel giebt, er mir unter den Händen entschlüpfte. Die Börsenzeit gieng zu Ende: aber kein Steinkraus war zu sehen! Meine schwache Hoffnung, daß er sich an Bord begeben haben könnte, spornte mich, ihm dahin nach: aber sie schlug fehl, wie mir geahndet hatte. Er war und blieb für mich verschwunden!

War meine Lage vorhin schon kritisch gewesen, so schien sie nunmehr durch dies Entlaufen vollends rettungslos für mich zu werden. Ich hatte meinen Assecuradeurs des Schiffers Haverey-Rechnung nothwendig vorlegen müssen, bei welcher sie, auch wenn Alles in bester Ordnung war, dennoch nur zu guten Grund hatten, den Kopf zu schütteln und sich zu besinnen, ob sie zur Zahlung einer so enormen Summe verpflichtet wären. Jetzt da Jener sich unsichtbar gemacht hatte, wiesen sie jede Anforderung auf das bestimmteste zurück, und verlangten, daß ich ihnen, vor allen Dingen, den Schiffer, der die Haverey gemacht hätte, zur Stelle schaffte, damit er selbst Rede und Antwort gäbe; denn mit *ihm,* und nicht mit *mir,* hätten sie es zunächst zu thun. »Mein Gott!« entgegnete ich — »Wenn er nun aber in's Wasser gefallen und ertrunken wäre?« — »Das könnte nur ein Kind glauben«; war ihre höhnische Antwort — »und es schiene nun nicht, daß sie nöthig haben würden, um dieser 8000 Gulden willen den Beutel zu ziehen.«

Dagegen war nun diese Summe auf das Schiff wirklich verbodmet, und die gesetzliche Zeit bereits verflossen. Der Bodmerey-Geber verlangt sein vorgeschossenes Geld, welches die Versicherer mit hinlänglichem Fug sich zu zahlen weigerten. Ich befand mich im entsetzlichsten Gedränge: denn was blieb mir übrig, als den Verkauf meines Schiffes geschehen zu lassen, damit die Bodmerey gedeckt werden könne? — Es schien unmöglich, daß noch irgend etwas mich armen geschlagenen Mann aus diesem Unglück herausrisse!

So saß ich nun eines Tages, im größten Herzenskummer, in einem Weinhause, wo vor mir auf dem Tische ein holländisches Zeitungsblatt lag. Im trüben Sinnen nahm ich es, gleichsam unwillkührlich, zur Hand: aber ich wußte selbst nicht, was ich las, bis meine Augen auf eine Anzeige fielen, des Inhalts: »Es sey zu Schlinger-Want (ohngefehr eine Meile von Amsterdam, jenseits des Y) ein ertrunkener Mann gefunden worden«, dessen Kleidung und übrige Kennzeichen zugleich näher angegeben wurden. Der Prediger des Orts, von welchem er dort begraben worden, forderte hier die etwannigen Angehörigen dieses Verunglückten auf, der Kirche die wenigen verursachten Begräbnißkosten zu entrichten.

»Himmel!« dacht' ich bei mir selbst — »Wenn dieser Ertrunkene vielleicht dein Steinkraus seyn sollte!« — Tag und Zeit und manche von den angegebenen Merkmalen trafen mit dieser Vermuthung gut genug zusammen. Zwar konnt' ich an seinem bösen Willen, mir zu entlaufen, nicht zweifeln: allein wie? wenn ihn nun sein erwachtes Gewissen zu einer raschen That der Verzweiflung getrieben? oder wenn Gottes rächende Hand ihn schnell ereilt — wenn er, in der Hast, sich den Blicken aller Bekannten zu entziehen, sich unvorsichtiger Weise auf's Wasser gewagt und sich seinen Untergang selbst geholt hätte? — Immer schien mir sein Tod, unter diesen Umständen, ein Glücksfall: und wie gerne glaubt man, was man wünscht? — Es kostete mir also auch wenig Mühe, mich zu überzeugen, daß hier von Niemand anders, als von meinem entwichenen Schiffer, die Rede sey; und dieses Glaubens bin ich auch noch bis zur heutigen Stunde, da ich nie wieder in meinem ganzen Leben auch nur die entfernteste Spur seines Daseyns aufgefunden habe.

Ließ sich nun auf diese Art erweisen, daß der Mann, mit welchem meine Assecuradeurs einzig und allein ihren streitigen Handel ausmachen konnten und auch wollten, nicht mehr unter den Lebendigen war, so mußten sie auch seine Rechnungen annehmen, wie sie da lagen und standen, oder den klaren Beweis über die Betrüglichkeit derselben führen; was ihnen schwer, wo nicht unmöglich, fallen durfte. Ich, als Rheeder hingegen, war nun befugt, mich buchstäblich an meine Police zu halten und auf volle Entschädigung zu dringen. In der *Form* war dann das Recht auf meiner Seite: nur ob auch dem *Wesen* nach — darüber hatt' ich bei mir selbst einige Bedenklichkeiten, die ich nicht sofort loswerden konnte. Daß der Steinkraus bei der Haverey mit Lug und Trug umgegangen seyn müsse, schien, wenn auch nicht klar erweislich doch nur zu glaublich. Meine eigene Hand und Gewissen war gleichwohl rein und frei von jeder, auch nur der entferntesten Theilnahme an jeglichem, hier stattgefundenen Unrecht. Hatt' ich seiner Ehrlichkeit nicht selbst mein Gut und Vermögen — vielleicht nur zu treuherzig! — anvertraut? War ich nicht selbst von ihm schändlich betrogen, hintergangen und übervortheilt worden? Konnte *ich* ausmitteln, wie groß oder klein der Betrug seyn möchte, den er in Gothenburg gespielt? Und *wem* konnt' und sollt' es dennoch zukommen, den Schaden desselben zu tragen?

Es mag vielleicht Moralisten geben, die im Stande sind, Haare zu spalten und Recht und Unrecht auf der Goldwaage abzuwägen. Ich gestehe, daß ich dies in meiner Einfalt nicht vermag und auch damals nicht vermochte; — ja, *damals* vielleicht noch weniger, da Glück und Fortkommen in der Welt an meinem Entschlusse hiengen und mein Gemüth ungestüm bewegt war. Doch wollt' ich keinen Schritt in dieser Sache thun, ohne mich mit meinem wackern und verständigen Freunde, dem Schiffer Johann Henke, berathen zu haben. Auch er schüttelte dabei Anfangs den Kopf und äußerte mancherlei Bedenken, bis ich ihm meine Gründe und meinen Glauben näher auseinandersetzte, wo er mir denn endlich beifiel und seinen treuen Beistand verhieß. Das Urtheil eines so rechtlichen Mannes war bei mir von entscheidendem Gewichte.

Wir entschlossen uns demnach, *sofort* in meinem Boote nach Schlinger-Want hinüber zu fahren und den Ortsprediger aufzusuchen. Indem ich Diesem nun das Zeitungsblatt, welches ich früher zu mir gesteckt hatte, vorzeigte, machte ich ihm meine Anzeige, daß jener ertrunkene Mann, nach den angegebenen und von mir noch näher bestimmten Kennzeichen, mein Schiffer gewesen, und wie ich in der Absicht käme, ihm die aufgewandten Begräbnißkosten dankbarlich zu vergütigen. Diese letzteren nun, welche 21 Gulden betrugen, wurden sofort entrichtet und freundlich angenommen; wogegen ich eine Quittung, in Form eines Todtenscheins, erhielt, und nunmehr getrost meines Weges gieng.

Gleich am andern Tage nun wandte ich mich auf der Börse an meinen Schiffs-Mäkler, Hrn. Schwartwant, durch dessen Vermittelung mein Geschäft mit den Assecuradeurs bisher war betrieben worden. »Nun sehen Sie, wie richtig meine Vermuthung eingetroffen ist«, sagte ich, indem ich ihm meinen Schein vorzeigte. — »Der Steinkraus hat wirklich seinen Tod im Wasser gefunden. Seyn Sie nun von der Geneigtheit, den Herren davon Eröffnung zu thun und anzufragen, was sie nunmehr in der Sache thun oder lassen wollen?« — Das ganze Gesicht des Mannes nahm sofort eine fröhliche Miene an. »Ich gratulire Ihnen, lieber Kapitain Nettelbeck«, rief er mit einem Händedruck. — »So mißlich Ihr Spiel bisher stand, so halt ich es doch von jetzt an gewonnen.«

Nun gieng er stehenden Fußes, um die beiden Herren Versicherer im Börsen-Gewühl aufzusuchen, während ich ihm von ferne folgte. Bald auch stieß er auf Einen von ihnen, dem er mein Document mittheilte, indem er es mit einem angelegentlichem Vortrage begleitete. An der ganzen Physiognomie und Gebehrdung des Andern nahm ich wahr, wie ihn diese Nachricht überraschte, aber auch, daß er wohl geneigt seyn möchte, gelinderte Saiten aufzuziehen. Dies bestätigte mir der Mäkler bei seiner Zurückkunft, indem er mir den Vorschlag brachte, morgen auf der alten Stadt-Herberge einer anzustellenden Conferenz beizuwohnen, wozu ich mir dann einen Assistenten mitbringen möchte.

Zu diesem Beistande konnt' ich wohl keinen erfahrnern und geachtetern Mann erkiesen, als meinen alten Patron, den Kapitain Joachim Blank, mit welchem ich vormals wiederholte Reisen nach Surinam gemacht und der sich hier jetzt zur Ruhe gesetzt hatte. Er fügte sich auch freundlich meiner Bitte; und so erschienen wir zur bestimmten Zeit am bemeldeten Orte; während auch meine Gegenparten beiderseits, sammt einem andern Schiffs-Kapitain und einem Advokaten zugegen waren. Nach einigem Hin- und Wiederreden und Streiten, kam es denn auch endlich zu einem Vergleich, dessen Billigkeit wir sammt und sonders anerkannten und guthießen. Ich ließ nemlich die Hälfte meiner Forderung nach und zeichnete 4000 Gulden Bodmerey auf mein Schiff; wogegen meine Herren Assecuradeurs die andere Hälfte mit gleicher Summe an die Bodmerey-Geber in Gothenburg abzuzahlen über sich nahmen.

So kam ich bei diesem schlimmen Handel noch glücklich genug mit einem blauen Auge davon; behielt mein Schiff, als freies Eigenthum, unter den Füßen und konnte damit fahren nach Lust und Belieben, um meine Scharte wieder auszuwetzen. Letzteres beschloß ich denn auch auf der Stelle, indem ich mir vornahm, mit Ballast nach Noirmoutiers abzugehen, dort eine Ladung Salz für eigne Rechnung einzunehmen und hiernächst in Königsberg loszuschlagen. Zum Ankauf jener Waare wollten mir meine Amsterdammer Correspondenten, die schon genannten Herren Kock und van Goens, gegen Bodmerey auf Schiff und Ladung, die Gelder in Frankreich formiren.

Ehe ich jedoch zum Werk schreiten konnte, hatte ich zuvor noch reine Rechnung mit meinem Schiffsvolk zu machen, welches, außer dem neuhinzugekommenen Steuermann und einem Jungen, aus sechs Matrosen bestand. Dies verwilderte Gezücht hatte nicht minder gottlos gelebt und hausgehalten, als der nichtsnutzige Schiffer selbst; und weil auch *er* in keinen reinen Schuhen steckte, hatt' er's ihnen nicht abschlagen dürfen, während der Reise Vorschuß über Vorschuß an sie zu zahlen. Dabei waren auch hierinn seine Papiere so confuse, daß ich darnach den eigentlichen Betrag ihrer aufgenommenen Gelder auf keine Weise ausmitteln konnte. Auf jeden Fall aber waren sie so beträchtlich, daß sie dieselben in Jahren und Tagen nicht wieder abverdienen konnten.

Hier blieb mir nun nichts übrig, als bald den Einen bald den Andern, besonders vorzunehmen; sie durch gute Worte treuherzig und cordat zu machen, und dann wieder auch durch unversehene Zwischenfragen in die Klemme zu nehmen; so daß stets Ein Spitzbube den Andern verrieth. Allein eben so wenig, als sie gegen *mich* reinen Mund gehalten, konnt' es unter ihnen selbst auf die Länge ein Geheimniß bleiben, wie ich es darauf anlegte, ihnen hinter die Schliche zu kommen. Sie hielten es demnach, nach einer gemeinschaftlichen Beredung, für das Gerathenste, mir allesammt auf Einmal zu entlaufen, und diesen Vorsatz führten sie auch des andern Tages richtig aus; doch nicht, ohne daß ich es sogleich erfahren und auch den Ort am Lande entdeckt hätte, wo sie sich aufhielten.

Dieser Nachricht zufolge verfügte ich mich augenblicklich mit den zu mir genommenen Gerichtsdienern dahin, und traf auch glücklich das ganze Nest beisammen; wo sie denn mit Gewalt aufgehoben und an Bord meines Schiffes begleitet wurden. Am besten hätt' ich freilich gethan, sie laufen zu lassen: allein so wenig sie auch übrigens taugten, so waren sie doch erfahren und tüchtige Kerle zur Arbeit, die hier in der Geschwindigkeit nicht wohl durch Andre zu ersetzen waren. Zudem hoffte ich, daß wenn ich mich Ihrer nur bis zur wirklichen Abfahrt versichern könnte, ich sie wohl wieder zu Zucht und Ordnung herumbringen wollte.

Mit diesem Plane beschäftigt, nahm ich also einige Matrosen von den neben mir liegenden Schiffen für Tagelohn zu Hülfe, um sofort die Anker zu lichten und von Amsterdam nach der Bucht bei Dirkerdam abzusegeln, die etwa eine Meile von dort entfernt liegt. Hier warf ich auf's neue Anker, entließ meine gemietheten Matrosen, und hoffte, daß ich's nunmehr den meinigen schwer genug machen wollte, von Bord zu kommen, um Ihretwegen auch in meiner Abwesenheit wohl sicher zu seyn. Denn ich konnt' es nicht vermeiden, für meine Person des nächsten Tages noch einmal nach dem verlassenen Hafen zurückzukehren, um, neben meiner Ausklarirung noch eine Menge anderweitiger Geschäfte zu besorgen und einen Lootsen mitzubringen.

Vor der Abfahrt nahm ich mit meinem Steuermanne die nöthige Abrede und übergab ihm mein verdächtiges Volk in besondre sorgfältige Aufsicht. Das Boot ließ ich auf's Deck setzen und anschließen, damit sich dessen Niemand bedienen könnte; und mein Stellvertreter sollte nicht vom Deck weichen und die Nacht kein Auge schliessen, um überall gleich bei der Hand zu seyn, bis ich mit dem frühen Morgen mich wieder an Bord zeigen würde. Dann versammlete ich die Ausreisser und stellte ihnen Himmel und Hölle vor, und wie schändlich sie handeln würden, Vater und Mutter und Freunde auf Nimmerwiedersehen im Stiche, und sich zu Hause nie wieder dürfen blicken zu lassen. Zugleich versicherte ich Ihnen, daß Meinerseits alles Vorgegangene vergeben und vergessen seyn und selbst ihre, vom vorigen Schiffer empfangene Vorschüsse in den Schornstein geschrieben seyn sollten. Das Alles schienen sie auch zu Herzen zu nehmen, und versprachen mir mit Hand und Mund eine gebührliche Aufführung.

Nunmehr rief ich eine vorbeifahrende Schuyte an, die nach Amsterdam gieng, und ließ mich von derselben an Bord nehmen. Es war Nachmittags um 3 Uhr, und des nächsten Morgens um 8 Uhr befand ich mich, nach beendigten Verrichtungen, bereits wieder auf dem Rückwege und im Angesicht meines Schiffes. Es nahm mich sofort Wunder, daß ich kein Boot auf demselben erblickte. Eben so wenig sah ich eine menschliche Seele auf dem Verdeck. Ich sprang endlich selbst hinauf; und mit steigender Bestürzung fand ich die Thüre der Kajüte von außen mit einem Brecheisen gesperrt. Auf mein Rufen keine Antwort! Nun riß ich die Thüre mit Gewalt auf; und da lag denn mein Steuermann, mehr todt, als lebendig, auf dem Boden längs ausgestreckt!

Stöhnend erzählte mir Dieser, was während der Zeit meiner Abwesenheit vorgegangen. Gleich nach meinem Abgang hatt' er an dem Zusammenstecken der Köpfe und dem heimlichen Flüstern unter den Leuten deutlich wahrgenommen, daß sie etwas im Schilde führten. Endlich waren sie zu ihm herangetreten, um ihm zu erklären, daß sie mit dem Boote an Land zu gehen verlangten; wollt' er sich's beikommen lassen, bei den Vorüberfahrenden, durch Geschrei um Hülfe, Lärm zu machen, so gedächten sie, ihn über Bord zu werfen und wie einen Hund zu ersäufen. Gleichwohl hatt' er, mit Abmahnen, Drohen und endlich mit lautem Rufen über zugefügte Gewalt, gethan, was seine Pflicht von ihm forderte; war aber auch augenblicklich von den Bösewichten ergriffen, geknebelt, gestoßen, geschlagen und, mit verstopftem Munde, trotz allem Sträuben in die Kajüte gesperrt worden; worauf sie sich des Bootes bemächtigt und sich damit in alle Welt davon gemacht hatten.

In dieser ganzen Zeit nun hatte der arme zerschlagene Mann vor Schmerz und Ermattung sich kaum zu regen vermocht; und auch jetzt hielt er nur mit Mühe den Kopf nach oben. Wie mir selbst dabei zu Muthe war, mag man sich leichtlich vorstellen. Das Schiff hier auf offner Rheede vor Anker, und genöthigt, sich mit jeder Fluth und Ebbe um denselben zu schwingen; kein Volk an Bord; der Steuermann krank und keines Gliedes mächtig; meines Bootes beraubt und das Schiff von den Flüchtlingen, nebst ihren eigenen Sachen, von verschiedenem kleineren Geräth, ja sogar von Kessel und Pfannen, rein ausgeplündert! Es gehörte eine standhafte Fassung dazu, sich sogleich in dies neue Unglück zu finden!

Was war gleichwohl zu thun? Ich mußte mich entschließen, das Schiff unter der unzulänglichen Aufsicht eines einzigen kranken Mannes zu lassen, und sowohl ihm selbst ärztliche Hülfe, als mir eine neue Mannschaft zu verschaffen. Also gieng mein Weg zur Stelle nochmals nach Amsterdam, wo ich andre sechs Matrosen und einen Jungen, wie sie mir zuerst in den Wurf kamen, heuerte, dann einen Lootsen nahm und einen Wundarzt aufkriegte, der mir den Steuermann verbinden und bepflastern und den Ausspruch thun sollte, ob Dieser die Reise, ohne Lebensgefahr, werde mitmachen können? Nachdem ihm jedoch der Doctor die Glieder etwas zurechtgesetzt und ihn mit Medicamenten reichlich versehen hatte, war derselbe der Meinung, es solle weiter keine Gefahr haben, wenn er sich nur schonen wolle; und so nahm Jener seinen Abzug.

Ich machte mich darauf mit meinem neuen Schiffsvolk an die Ankerwinde, um unter Segel zu gehen. Da sah ich denn nun klärlich, was für schlechten Kauf ich gemacht hatte. Nur zwei darunter waren befahrne Matrosen; während die Übrigen kaum wußten, was auf dem Schiffe hinten oder vorne war. Warlich, mir graute innerlich, die Reise anzutreten. Mein bestes Vertrauen mußte ich in mich selbst und in die günstige Jahrszeit setzen: denn es war jetzt zu Anfang Mai's, da ich aus dem Texel lief. In der Mitte des Monats kam ich vor Noirmoutiers glücklich vor Anker.

Hier fand ich drei Schiffe vor, deren Kapitaine sämmtlich zu meinen guten Freunden und Bekannten gehörten; nemlich Neste, mit einem Dreimaster aus Danzig, und Fries und Jantzen, Beide Königsberger. Alsbald auch kamen sie sämmtlich zu mir an Bord: allein so willkommen sie mir selbst waren, so unerwünscht war mir die mitgebrachte Zeitung, daß schon sie drei Frühergekommene hier ihre Ladung an Salz nicht völlig aufzubringen vermöchten, und gleichwohl das Muid mit 85 Livres aufwiegen sollten. Nach längerer Berathschlagung fanden wir es für das dienlichste, uns nach den nächstgelegenen Salzhäfen Croisic, Bernif und Olonne zu vertheilen, um anderswo, wenn möglich, bessern Markt zu finden; wobei das Loos entscheiden sollte, wer hier zu bleiben, und wohin ein Jeder in seinem Boote, zu gehen und vorläufig seinen Handel für Alle abzuschließen hätte; Letzteres jedoch nur mündlich, damit Jeder Gelegenheit behielte, an dem wohlfeilsten Preise Theil zu nehmen.

Als nun die Loose gezogen wurden, traf mich die Fahrt nach Croisic, welche nicht nur die weiteste, (da die Entfernung von Noirmoutiers 10 bis 12 Meilen beträgt) sondern auch die gefährlichste war; denn sie geht durch den offnen Ocean, ohne durch Vorgebürge oder Inseln geschützt zu seyn. Mein im Texel neu angeschafftes Boot stand auf Deck und ward nun sofort über Bord gesetzt: allein so wie es das Wasser berührte, drang dieses auch zu allen, durch die lang ausgestandene Hitze ausgetrockneten Näthen hinein. Es schien unmöglich, mich in diesem Zustande hinein zu wagen! Aber schon sah ich meine Freunde Neste und Fries in ihren Fahrzeugen abstoßen, um sich auf ihre, ihnen zugefallenen Posten zu begeben. Ich zitterte vor Ehrbegierde, ihnen in Pünktlichkeit nicht nachzustehen!

Nun hatt' ich, außer jenem Boote, noch eine kleine fichtene, sogenannte Berger Jölle. Flugs sah ich sie mir drauf an, ob sie mich, in diesem Fall der Noth, nicht ebensowohl nach Croisic sollte tragen können? — Wozu längeres Bedenken? Es mußte gewagt seyn! — Ich ließ Mast und Segel auf derselben einrichten, und bestieg sie mit zwei Mann. Um mir jedoch nicht offenbar ein Tollmannsstückchen zu Schulden kommen zu lassen, wollt' ich es zuvor auf eine kleine Probe anlegen; segelte vom Schiffe abwärts, legte bei, machte diese und jene Wendungen, und bestärkte mich solchergestalt in meiner Zuversicht, daß ich nichts Unmögliches wagte.

Eiligst versah ich mich nun noch an Bord mit einem durchgeschnittenen halben Oxhoft, welches ich zum sichern Reisebehälter für einen Kompaß, Brodt, Fleisch, einige Flaschen Wein und Brandtwein und andre kleine Bedürfnisse bestimmte. Noch nahm ich ein Bootsanker, ein Tau und drei Regenröcke für uns ein; und so versehen, trieb ich meine beiden Gefährten zum Einsteigen; rief ein herzhaftes: »Nun, mit Gott!« — und stieß ab. — Zwar ward mir's, ehe wir noch funfzig Klaftern geseegelt waren, hell und klar, daß ich meine Jölle mit all den Siebensachen zur Ungebührniß überladen, und daß ich den dümmsten Streich in meinem ganzen Leben begangen hatte, drei Menschenleben in die augenscheinlichste Gefahr des Verderbens zu setzen: aber sollt' ich mir die Schande anthun, noch einmal umzukehren? — Lieber wär' ich dem Tode in den offnen Rachen gesegelt!

Bis ich um die kleine Insel Piquonnier herumkam, gieng auch Alles gut. Hier aber rollte mir die spannische See, von der Seite her, in langen und hohen Wogen mächtig entgegen! der steife Wind stand von dort her gerade auf's Land, und es sahe ganz darnach aus, daß wir hier mit Gemächlichkeit ersaufen könnten. Gleichwohl hätte man Alles von mir fordern können; nur nicht, daß ich hier noch umsatteln sollte. »Du willst der Gefahr Stand halten!« sagt' ich zu mir selbst, und faßte mein Steuer nur noch fester in die Faust.

Nach 4 oder 5 Stunden begann indeß der Einbruch der Nacht; und mit der Dunkelheit schien auch der Wind mehr Stärke zu gewinnen. Keiner von uns sprach ein Wort: aber meine Matrosen drängten sich immer näher an mich, der ich am Ruder saß und die Schote des Segels zugleich in der Hand gefaßt hielt. Allmählig fingen die beiden rohen Kerle, ergriffen vom Gefühl ihrer Lage bitterlich an zu weinen. Ihre Todesangst ließ mich nicht ohne Mitgefühl: denn wie konnt' ich die Schuld von mir abwälzen, ihnen, sammt mir, durch meinen unzeitigen Ehrgeiz dies nasse Grab gegraben zu haben? — Ich sagte ihnen zu ihrer Beruhigung, ich wolle vom Winde abhalten und, da wir an der Mündung der Loire schon vorüber wären, in die ich uns sonst geflüchtet haben würde, geradezu auf das Land steuern. Dort würde es freilich eine hohe Brandung geben; daher sie, sobald wir in diese hineingeriehten, sogleich zu beiden Seiten der Jölle in's Wasser springen, sich an ihren Bord hängen und, sobald sie Grund unter den Füßen fühlten, das Fahrzeug mit der Spitze scharf gegen den Strand halten müßten, damit es nicht in die Queere unter die See käme. Wenn dann die letzten Sturzwellen vom Ufer zurückrollten und den Boden trocken lassen wollten, hätten sie sich mit aller Macht entgegenzustemmen, damit nicht auch das leichte Boot mit zurückgespült würde. Alles das und noch Mehreres band ich ihnen fest auf die Seele; und sie gelobten auch, es treu zu beobachten. Es kam aber anders.

Um ihnen nun Wort zu halten, steuerte ich gerade auf die Küste. Die Jölle schoß, wie ein Pfeil, durch die Wogen, und nach einer guten halben Stunde drang uns auch schon das schreckliche Gebrüll der Brandung in die Ohren. Nun sahen wir angestrengt vor uns hin nach dem weißen Schaume derselben: allein die Nacht ward so finster und unser Fahrzeug flog so schnellen Laufs, daß wir uns plötzlich mitten darinn befanden. Ehe wir uns auch nur besinnen konnten, erblickten wir kurz hinter uns den beschäumten Kamm einer Woge, die sich bis zur Höhe unsers Mastes aufbäumte, dann brausend über uns niederschoß und uns zu unterst zu oberst in ihren Abgrund mit sich fortriß.

Nun trat die See für ein paar Augenblicke zurück; ich bekam den Kopf in die Höhe und meine Füße spürten Grund. Ehe die nächste brandende Welle wiederkehrte, hatt' ich meine Sinne glücklich gesammlet; ich hielt Stand, und da sie mir diesmal nur bis unter die Arme reichte, so eilte ich guter Dinge dem Strande zu, wo ich mich in weniger, als einer Minute, in voller Sicherheit befand. Meine beiden Gefährten hatten eben so gutes Glück. Wir fanden uns bald wieder zusammen; nur unsre Jölle war wieder mit in die See gerissen worden, bis sie endlich mit dem Kiel nach oben, dennoch an Land trieb. Aber Alles, was drinne gewesen war, gieng uns verloren, ohne daß wir in der Dunkelheit etwas davon aufzufischen vermochten. Wir mußten uns also begnügen, unser Fahrzeug am Strande so hoch hinauf zu ziehen, daß es gesichert war, von den Wellen nicht mehr erreicht zu werden.

Hierauf giengen wir landeinwärts, um zu Menschen zu kommen; sahen auch aus der Ferne ein Licht schimmern, auf welches wir freudig zutrabten und wo wir dann bei einem Bauer übernachteten und uns trockneten. Allein Morgens begaben wir uns, sammt unserm Wirthe, nochmals zum Strande zurück, um nach unserer Jölle und dem verlornen Gepäck zu sehen. Jene fanden wir noch auf ihrer alten Stelle; nur aber auf Dieses mußten wir, zu unserm Verdrusse, völlig verzichten. Zwar auch mit unserm Fahrzeuge geriethen wir in Verlegenheit, da die See noch nicht wieder fahrbar geworden; bis unser Bauer, dem ich mich durch Einen meiner Matrosen verständlich machen konnte, uns aus der Verlegenheit half. Wir hatten bereits erfahren, daß wir uns hier anderthalb Meilen von Pollien (ebenfalls ein Salzhafen, wie das, noch zwei Meilen weiter entfernte Croisic) befänden; und dahin erbot er sich, gegen gute Bezahlung, unser Puppen-Fahrzeug über Land zu transportiren, indem es zwischen zwei von seinen Eseln hienge.

Wirklich auch hielten er und seine Esel redlich Wort! In dem lustigsten und nie geschehenen Aufzuge zogen wir zu Pollien ein, und die ganze Stadt lief über dem seltsamen Schauspiel zusammen. Meine erste Erkundigung war sofort nach dem angesehensten Salzhändler des Orts. Man nannte mir einen Kaufmann, Namen Charault, und während ich zu ihm hineingieng, ward die Jölle vor seiner Thüre niedergelassen. Meine Aufnahme war freundlich; auch brachte ich sogleich eine Unterhandlung wegen des gesuchten Salzes in Gang, wobei es zu dem Ausschlage kam, daß ich volle Ladung für alle vier Schiffe, das Muid zu 54 Livres accordirte; und zwar dortigen Gemääßes, welches noch um 5 Prozent größer ist, als auf Noirmoutiers. Ich durfte mir also schmeicheln, einen vortheilhaften Handel abgeschlossen zu haben.

Nun gieng meine nächste Sorge dahin, mein Boot wieder zuzutakeln und meine Rückfahrt damit anzutreten. »Wie?

In *der* Nußschaale?« fragte Herr Charault, indem er es von allen Seiten verwundert ansah. — »Lassen Sie das Dingelchen hier in Gottes Namen stehen, bis Sie mit Ihrem Schiffe kommen, es abzuholen. Ich gebe Ihnen meine Barke, die Sie mir dann ja wieder mitbringen können.« — Der Vorschlag war aller Ehren werth: allein dann wäre ich dem Manne fester verbunden gewesen, als ich wünschte, falls meine Freunde anderwärts vielleicht noch besser gemarktet haben sollten. Also schlug ich diese Güte dankbar aus, und setzte mich, zwei Tage später, mit meinen Leuten guten Muthes wieder in die *Nußschaale,* wie er's genannt hatte. Dadurch gab ich nun zwar den Müßiggängern im Orte ein neues Schauspiel, indem sie sich zu Hunderten auf den Sunddünen sammleten, um uns abfahren zu sehen: allein das Wetter war schön, der Wind günstig, und Noirmoutiers, nach einer ruhigen Fahrt von 12 bis 14 Stunden, glücklich wieder erreicht.

Hier waren die beiden andern Abgeschickten schon vor mir angelangt; und Alles hatte uns sogut als verloren gegeben. Daher mischten sich in ihren herzlichen Willkommen zugleich auch heftige Vorwürfe über meine Tollkühnheit, die sie sehr richtig dem wahren Grunde zuschrieben, und worauf ich freilich nur wenig zu erwiedern hatte, da ich vollkommen fühlte, wie sehr verdient sie waren. Bei alledem hatt' ich doch, wie sich's nunmehr ergab, das vortheilhafteste Geschäft gemacht; nur waren die beiden Königsberger da sie auf *mich* nicht mehr rechneten, kurz zuvor in Noirmoutiers eine neue Verbindlichkeit eingegangen, wodurch sie dort zurückgehalten wurden, wiewohl sie das Muid mit 80 Livres zu bezahlen genöthigt waren. Und doch schlug diese Trennung wiederum zum Glücke für mich aus: denn als ich nun mit Kapitain Neste in Pollien anlangte, konnte Herr Charault kaum uns Beide befriedigen. Ich zwar, als der Erste, ward schnell genug befrachtet; dagegen aber mußte Jener noch die nächste Springfluth und die darauf folgende Salz-Erzeugniß abwarten, um seine volle Ladung zu bekommen.

Unterm 12. Junius schrieb ich nunmehr an meine Correspondenten, die Herren Kock und van Goens in Amsterdam, daß ich heute mit der Ladung meines Schiffes begänne und ihnen auftrüge, die Assecuranz auf dasselbe zu 8000 holländischen Gulden, für die Salz-Ladung aber mit 2000 Gulden, von hier auf Königsberg zu besorgen. Sechs Tage später wiederholte ich diese nemliche Ordre, mit dem Beifügen, daß ich bereits segelfertig läge und nur auf einen günstigen Wind wartete. Zum Überfluß aber ließ ich auch noch am 22. Jun. ein drittes Aviso abgehen, worinn ich mich auf meine frühern Schreiben bezog und die geschehene Versicherung von Schiff und Waare, als besorgt, voraussetzte, oder auch neuerdings dringend aufgab; indem ich in diesem Augenblick bereits in See sey, und bloß zu mehrerer Sicherheit noch an mein Verlangen erinnern wolle.

Indeß überfiel mich bereits am 24. Jun. ein so harter Sturm, daß ich nur vor einem kleinen Sturmsegel unterm Winde liegen konnte. Eine besonders schwere Sturmwelle, die sich über meinem Hintertheil brach, zertrümmerte mein Steuerruder, 8 Fuß über dem untern Ende, in der Mitte durch; so daß, von diesem Augenblick an, alles Steuern damit ein Ende hatte und auch in offner See an kein Ausbessern desselben zu denken war. Um gleichwohl das Schiff, nach Möglichkeit, bei einem regelmäßigen Gange zu erhalten, suchte ich es mit den Vorder- und Hintersegeln zu zwingen. Indem aber der Wind geradezu auf's Land stand, ward meine Lage dadurch noch wesentlich verschlimmert: denn nun war ich genöthigt, Segel über Segel aufzusetzen, um nur das Schiff hart an den Wind zu halten und vom Leger-Strande ferne zu bleiben. Demungeachtet liefen wir, des Schiffes nur unvollkommen mächtig, bald in den Wind, bald wieder fielen wir vor den Wind; und da wir eine solche Menge Segel machen mußten, so bekamen auch Stengen und Masten schier über ihre Kräfte zu tragen.

Wirklich geschah auch gar bald, was ich gefürchtet

hatte: denn mit einer schweren Buy, (Stoßwinde) die sich plötzlich erhob, brach der große Mast, 8 oder 10 Fuß überm Deck, gleich einer Rübe, entzwei und stürzte, sammt der ganzen Takelage, über Bord; und nicht nur das allein, sondern dies ganze Gewirre von Rundhölzern — Mast, Stengen und Raaen — stießen nun auch unaufhörlich und mit solcher Macht gegen die Seiten des Schiffs, daß wir uns auf dem Verdeck kaum stehend erhalten konnten und jeden Augenblick erwarten mußten, Planken und Fütterung zertrümmert zu sehen. Nichts blieb übrig in dieser Noth, als schnell alles Tauwerk, das mit dem gestürzten Mast noch zusammenhieng, zu kappen, um solchergestalt davon loszukommen.

Eigentlich aber hub unsre wahre Noth jetzt erst an, da unser schwer beladenes Schiff, gleich einem Klotz auf dem Wasser trieb; ein Spiel der Wellen, die sich unaufhörlich drüber hin brachen und uns überspülten. Selbst die Kajüte schwamm beständig voll Wasser; unsre Lebensmittel wurden naß, und unsre Ladung hatte kaum ein besseres Schicksal zu gewarten, da wir das eindringende Wasser mit beiden Pumpen kaum zu überwältigen vermochten. Über dies Alles trieben wir augenscheinlich immer näher dem Lande zu, indem wir Nachts um 11 Uhr bereits in einer Tiefe von 40 Faden Grund fanden. Ungesäumt ward jedoch der Anker ausgeworfen, und ich ließ das Ankertau 100 bis 110 Faden nachschießen. Nun lag das Schiff bequem gegen die hohe See, wie eine Ente, die auf ihrem Teiche schwimmt; und der Sturm ward glücklich ausgehalten.

Des andern Tages, sobald das Wetter sich abgestillt hatte, hoben wir unser Bogspriet aus; befestigten es, so gut es gehen wollte, an dem Stumpf des abgebrochenen Mastes; takelten diesen Nothmast nach Möglichkeit zu, und zogen daran ein paar Segel auf, die wir noch in Vorrath besaßen. Der Wind hatte sich gedreht und blies aus Ostsüdost, längs dem Lande hin; so daß wir hoffen durften, uns von demselben zu entfernen. Um aber auch das ermangelnde Steuerruder durch irgend etwas zu ersetzen, ließ ich ein Ankertau, vom Hintertheil hinaus, etwa 20 Klafter lang an einem großen Klotze treiben; und indem von vorne gleichfalls an jeder Seite ein Tau mit diesem Klotze zusammenhieng, ließ sich das Schiff daran zur Nothdurft links oder rechts umholen; obwohl freilich nicht daran zu denken war, mittelst eines so unzulänglichen Behelfs einen ordentlichen Kurs zu halten. Vielmehr trieben wir, bei anhaltendem Ostwinde, auf Gottes Gnade, immer weiter in die spanische See und auf das atlantische Meer hinaus, und erkannten es für unser größtes Glück, daß wir noch ein dichtes Schiff behalten hatten.

In der That kann man sich unsre Lage nicht mißlich genug denken. Leben und Seele war gleichsam aus unserm Schiffe gewichen. Jeder Veränderung des Windes preißgegeben, trieben wir hiehin und dorthin, auf dem unermessenen Raume des großen Oceans. An eine Berechnung von unserm Kurs und Distanz war gar nicht mehr zu denken. Zwar gaben mir meine Beobachtungen an Sonne und Sternen zu Zeiten die Breiten-Grade an, unter welchen wir uns befanden: allein über unsre Länge war auch nicht einmal eine ohngefähre Schätzung anzustellen, noch weniger richtige Rechnung zu führen. Es war aber sicher genug, daß wir uns in weiter Entfernung von allen europäischen Küsten befinden mußten, da die Winde meist östlich und südlich waren. Auch erblickten wir während dieses rathlosen Umhertreibens nur Zweimal ein fremdes Segel; zuerst ein englisches und demnächst ein schwedisches Schiff, welche zwar Beide uns beizukommen suchten, aber durch das schlechte Wetter daran verhindert wurden. Sie gereichten uns also zu keiner Hülfe, sondern mußten sich begnügen uns durch das Sprachrohr zu beklagen und besseres Glück zu wünschen. Doch gewährte uns dies Zusammentreffen den Trost, daß sie uns ihre beobachtete Länge mittheilen; so daß wir uns doch einigermaaßen belehrten, auf welchem Punkte des Erdballs wir uns befänden.

Schon hatten wir, auf diese Weise, sechs Wochen lang, eben so nutz- als hülflos, auf dem Weltmeer umher gekreuzt, als uns, unter der am 2. August beobachteten nördlichen Breite von 58 Grad 33 Minuten, (So hoch hinauf nach Norden waren wir verschlagen!) ein gewaltiger Sturm aus Südwesten ereilte. Am 6. Aug. sprang der Wind nach Westen um, und das Wetter ward so furchtbar, als ich es je erlebt habe. Alle unsre andre Noth und Gefahr aber ward noch durch die Besorgniß vermehrt, daß wir bei Nacht gegen die Lewis-Inseln und die dort zahlreich umherliegenden Klippen geworfen werden könnten. Diese Furcht schwand erst dann, als wir uns am 9. Aug. mitten zwischen den orkadischen Inseln und im Angesicht von Fairhill erblickten. Da auch zugleich der Wind nach Nordwesten gieng und kräftig zu blasen fortfuhr; so wuchs uns der Muth, daß wir unser Schiff nach Ostsüdost zu treiben zwangen, um die norwegische Küste zu erreichen und dort Hülfe zu finden.

Am 13. trat uns diese gewünschte Küste auch wirklich in's Gesicht; und am folgenden Tage Abends kamen wir ihr so nahe, daß wir deutlich die zahllosen, theils emporragenden, theils blinden Klippen vor uns erkannten, an welchen die tobende See hoch in die Lüfte zerschäumte. Dieser Anblick schlug unsre Freudigkeit um ein Großes nieder; ja diese verwandelte sich gar bald in eine peinliche Todesangst, da wir die Unmöglichkeit fühlten, unser unlenksames Schiff davon abzusteuern. Mußt' es nicht uns doppelt schmerzlich seyn, nach so langer ausgestandener Noth uns hier, wo wir unsre Rettung gesucht und gehofft, von einem unvermeidlichem Untergange bedroht zu sehen?

Doch nicht Untergang, sondern Rettung hatte der gütige Himmel diesmal über uns beschlossen! Mitten zwischen den grausigen steilen Klippenwänden trieb unser Schiff, wie von unsichtbaren Händen gelenkt, hindurch in eine Bucht, wo ich Ankergrund und stilles Wasser fand. Es war Abends um 9 Uhr, als ich hier den Anker fallen ließ, und nun erst mit voller Besinnung an die schreckliche Vergangenheit zu denken vermochte, der wir, in einem Fahrzeuge ohne Mast und Ruder, auf einem unermeßlichen Irrwege, unter Hunger, Durst, allem nur erdenklichen Drangsal und stetem Todeskampfe, nach sieben ewiglangen Wochen, endlich glücklich entronnen waren.

Unser Nothhafen hieß Bommel-Sund, wie wir noch in der nämlichen Nacht von einigen Leuten erfuhren, die vom Land zu uns an Bord kamen und mir behülflich waren, das Schiff noch tiefer in die Scheeren hinein in Sicherheit zu bringen. Am Morgen fuhr ich selbst an Land, um mir Hülfe zu suchen: denn es fehlte mir geradezu an Allem, um weiter aus der Stelle zu kommen. Allein Mast, Ruder und Takelwerk, wie ich's brauchte, war in dieser ganzen Gegend nicht zu erlangen; und so mußt' es mir genügen, daß ich hier Fahrzeuge und Leute annahm, die mich, zwischen den Klippen entlang, täglich eine kleine Strecke weiter bogsirten. So gelangte ich kümmerlich am 19. Aug. in den Hafen von Fahresund.

Hier wandte ich mich unverzüglich an das Handelshaus Lund *et Comp.,* welches auch nicht ermangelte, mir schnellen und thätigen Beistand zu leisten, damit ich mein Schiff wieder in gehörigen Stand setzte. Um nichts zu versäumen, ließ ich vor allen Dingen mein Schiffsvolk eine gerichtliche Erklärung über unsre erlittenen Unglücksfälle während dieser Reise ablegen; versah mich mit allen übrigen erforderlichen Zeugnissen, und übersandte dies Alles an meine Correspondenten nach Amsterdam, mit dem Auftrage, mir, in ungezweifelter Voraussetzung der von ihnen bewirkten Versicherung meines Schiffs, auf den Grund derselben einen Credit-Brief von einer Summe, wie ich sie etwa zur Ausbesserung meines Schiffs erforderlich glaubte, zu übermachen.

Demnächst gieng ich nun mit Eifer an dies Werk selbst, wo es denn allerdings mehr zu schaffen und auszuflicken gab, als ich selbst vermuthet hatte. Bei dem Ausladen des Schiffes, welches vorangehen mußte, fand sich's, daß zehn bis zwölf Lasten Salz verschmolzen waren. Ich ließ nun den Boden kielholen, ein neues Steuerruder einhängen, einen neuen Mast aufrichten; besorgte alle fehlenden Rundhölzer, Segel und Takelwerk; ersetzte, was gebrochen, verfault oder sonst verdorben war, und setzte mich so allmählig wieder in Stand, die offne See zu halten. Freilich war dies Alles nicht möglich ohne den bedeutenden Aufwand von 4400 Thalern Dänisch Courant, und ich konnte mich, um mich meines Schadens zu erholen, nur an die, auf mein Schiff gezeichnete Assecuranz halten.

Soweit war ich, als ich von den mehrbenannten Herren Kock und van Goens ein Schreiben empfing, worinn sie mir empfahlen, mich in meinen Ausgaben möglichst zu menagiren, indem es ihnen nicht möglich gewesen wäre, für mein Schiff und Ladung eine Versicherung zu bewirken. — Als hätte der Donner vor meinen Füßen eingeschlagen, so überraschte und erschütterte mich dieser trockne Bericht! Zugleich aber giengen mir auch plötzlich die Augen auf über das Schelmstück, das man mir gespielt hatte. Wie? Auf drei, nach einander folgende Avisos, in der sichersten Jahrszeit und auf einem Platze, wie Amsterdam, sollte für keine Prämie, hoch oder niedrig, eine mäßige Assekuranz zu beschaffen gewesen seyn? Oder wenn in Holland kein Mensch sein Geld an eine so geringe Gefahr hätte setzen wollen, stand dann meinen Beauftragten nicht Hamburg, Copenhagen, oder London, oder jeder andre Handelsort frei und offen? — Allein es war klar, (und in diesem Urtheil hatt' ich alle Sachverständigen auf meiner Seite) daß die feinen Herren es für zuträglicher gehalten hatten, die Assekuranz gar nicht auszubieten, sondern es immerhin im Vertrauen auf meine Tüchtigkeit und die anderweitigen günstigen Umstände zu wagen. Lief die Fahrt glücklich ab, wie zu hoffen war, so würden sie nicht vergessen haben, mir die Assekuranz-Prämie gehörig anzurechnen: nun aber, da ich Havarey hatte, entschuldigten sie sich als Schurken; wie es auch die Folge sattsam erwiesen hat.

Was war nun zu thun? — Ich saß in der Klemme, und mußte abermals auf Schiff und Ladung Bodmerey zeichnen. Indeß erhielt es mich noch einigermaaßen bei gutem Muthe, daß ich der gewissen Hoffnung lebte, das saubre Paar seiner Schelmerei zu überweisen, und so wieder zu dem Meinigen zu gelangen. Ich gieng also wieder in See und langte bald darauf glücklich in Königsberg an. Kaum aber hatt' ich meine Ladung Salz dort gelöscht, so trat auch der Bodmerey-Geber auf und forderte sein, auf das Schiff vorgestrecktes Geld zurück, welches sich, mit allen Nebenausgaben auf die Summe von 7000 Thalern belief. Da ich nun auch noch in einigen andern Schulden steckte, so kam ich von Tage zu Tage immer mehr in's Gedränge: denn an ein schleuniges Ende des Processes, den ich nun zunächst gegen Kock und van Goens in Amsterdam angestrengt hatte, war sobald gar nicht zu denken.

Vielmehr ward hier nun ein Federfechten begonnen, das Jahr und Tag dauerte und immer bunter und verwickelter wurde. Endlich ward mir der Handel und die Rabulisterei für meinen armen schlichten Menschenverstand zu arg. Ich packte meine dicken Proceß-Acten zusammen und legte sie, in tiefster Devotion, Sr. Majestät, dem Könige vor, mit inständigster Bitte, Sich Ihres allergetreuesten Unterthanen anzunehmen und diesen Prozeß gegen Kock und van Goens durch den Preußischen beglaubigten Minister im Haag ausmachen zu lassen.

Während aber nun meine Sache diesen gemächlichen Gang gieng, mußt' ich, um meine Gläubiger zu befriedigen, die nicht Lust hatten, den weitaussehenden Erfolg abzuwarten, zuförderst meine Ladung, dann aber auch mein schönes liebes Schiff, sammt Allem, was ich um und an mir hatte, soweit es langte, losschlagen. Das unschuldige Opfer eines schändlichen Betruges, stand ich da, und konnte kaum das Hemde mein nennen, das ich auf dem Leibe trug! Meine einzige letzte Hoffnung beruhte auf dem Ausgange meines in Holland geführten Processes; und selbst auch hier schwand mir mein anfänglicher Muth je mehr und mehr, je tiefere Blicke ich in das Gewebe rechtlicher Chikane that, das hier von meinen Gegnern angezettelt wurde, um, wo möglich, Weiß in Schwarz zu verdrehen.

Dieser unselige Rechtshandel bedrohte aber nicht bloß mein geringes Vermögen, sondern griff zugleich tief in meinen ganzen Lebensgang ein und legte meinem aufstrebenden Geiste Hemmketten an, die ihm je länger je unerträglicher fielen. Nach der Einbuße meines eignen Schiffes hätt' ich wenigstens als Schiffer für fremde Rechnung fahren und meinen mäßigen Erwerb suchen können: allein all augenblicklich gab es, des Prozesses wegen, in Königsberg gerichtliche Termine, wo ich zur Stelle seyn und Rede und Antwort geben sollte. Gleichwohl wollten Frau und Kinder (denn auch der Eheseegen hatte sich nach und nach bei mir eingestellt) auf eine ehrliche Weise ernährt seyn. Was blieb mir demnach übrig, als daß ich mich noch einmal unter das alte verhaßte Joch bequemte, und, als Setzschiffer, auf einem Leichter-Fahrzeuge, zwischen Königsberg, Pillau und Elbing hin und her tagelöhnerte, um nur mein kümmerliches Brodt zu verdienen.

Drei mühselige Jahre blieb mein Schicksal in dieser Schwebe; und Gott weiß, wie sauer, ja bitter sie mir geworden sind! Endlich gieng vom Preussischen Gesandten im Haag ein großes Schreiben an mich ein, mit der Verkündigung, mein Prozeß sey in letzter Instanz glücklich gewonnen. — Gottlob! hätt' ich gerne aus tiefer erleichterter Brust gerufen, wäre nur nicht unmittelbar die Hiobs-Post damit verbunden gewesen: Kock, der Eine meiner Widersacher, sey gestorben, nun sey der Bankerott des Hauses ausgebrochen, von den übrigen Gläubigern auf alle Effecten desselben Beschlag gelegt worden und zu Befriedigung meiner Anforderung leider! nichts übrig geblieben. — So war ich denn ein ruinirter Mann; hatte mir die schönsten Jahre meines Lebens gleichsam stehlen lassen, mir den Leib unaufhörlich voll geärgert, und mochte nun in Gottes Namen anfangen, zu meinem künftigen Glücke, wo ich wüßte und könnte, wieder den allerersten Grundstein zu legen!

Da ereignete sich's im Jahr 1769, daß der geheime Finanz-Rath Delatre, welchen König Friedrich II. an die Spitze der neuen Regie aus Frankreich berufen hatte, und der damals Alles bei ihm galt, nach Königsberg kam. Sein neuestes und weitaussehendes Projekt, womit er dem Monarchen große Summen fremden Geldes in's Land zu ziehen verhieß, gieng dahinaus, daß von dem Überfluß an dem schönsten Schiffsbauholz in den königl. Forsten in Stettin, für königl. Rechnung eine Anzahl großer Fregatten erbaut, armirt und ausgerüstet, und dann zu gutem Preise an auswärtige Mächte abgelassen werden sollten. Friedrich war auch auf diesen Vorschlag eingegangen; und so lag denn bereits ein Schiff von 40 Kanonen bei Stettin auf dem Stapel.

Ich weiß nicht, auf welche Weise ich dem Franzosen bekannt und als der Mann empfohlen worden seyn mochte, dem die Ausrüstung, Einrichtung und Führung dieses Schiffs vor Andern anzuvertrauen wäre. Kurz, er ließ mich zu sich rufen, erklärte mir seine Meynung, und bot mir endlich diese Kapitains-Stelle, unter solchen Bedingungen an, daß ich, bei hinlänglicher Überzeugung, dem von mir geforderten Dienste gewachsen zu seyn, auch kein Bedenken fand, mich für dies Unternehmen zu verpflichten. Der Kontrakt wurde von beiden Seiten in bester Form abgeschlossen; und ich gieng unverzüglich nach Stettin ab, um meine Function anzutreten.

Während nun hier der königl. Schiffsbaumeister, Hr. Catin, die Fregatte in ihrem Bau nach Kräften förderte, war ich Meinerseits nicht minder geschäftigt, Masten, Segel, Tauwerk und jedes andere Zubehör in fertigen Stand zu setzen. Sobald sie demnach im May 1770 glücklich vom Stapel gelaufen war, that ich mein Bestes, daß sie schon in den nächsten 4 Wochen, zu Anfang des Junius, für völlig ausgerüstet gelten könnte. Dem damaligen Gouverneur, Herzog von Bevern zu Ehren, erhielt sie den Namen *Duc de Bevre,* und war würklich ein schönes und tüchtiges Gebäude.

Erfreut über den hurtigen Fortgang, hatte mir mein Gönner *Delatre* bei Sr. Königl. Majestät das, in seiner Art Erste, Patent als Königl. Preuß. Schiffskapitain, sammt der Berechtigung, zu Tragung der Königl. Uniform und eines Säbels mit dem Portepee, ausgewirkt, die mir vom Herzoge mit eigenen Händen überreicht wurden.

Doch war ich nicht der Einzige, der sich in diesem neuen Zweige des Königl. Militär-Dienstes angestellt sah; sondern die Preußische Flagge sollte nun auch einen eignen Admiral aufzuweisen haben. Dazu schlug Hr. *Delatre* seinen eignen Bruder vor, — einen jungen, im Seewesen ganz unerfahrnen Menschen, der indeß früher als Unter-Lieutenant, auf einer Französischen Fregatte gedient hatte, mit derselben im letzten Kriege den Engländern in die Hände gefallen und dort (eben) erst, durch des zu Glück und Ehren gelangten Bruders Vermittelung, aus dem Schuldgefängnisse hervorgekrochen war. Er kam nach Stettin, und ich war eben nicht sonderlich erbaut, meinen neuen Herren Admiral kennen zu lernen, und zugleich zu erfahren, daß ihm das Commando der nächsten zu erbauenden Fregatte zugetheilt werden sollte. Bis dahin hatt' er nun freilich wenig oder gar nichts zu thun; und so verführte der Müßigang den luftigen Patron zu einer Menge albernen Streiche, die ihm wenig zur Ehre gereichten. Unaufhörlich gab es Neckereien und blutige Händel mit den Officieren von der Garnison: so daß er am Ende sich kaum mehr durfte blicken lassen, um nicht der schimpflichen Ahndung eines gerechten Unwillens anheim zu fallen.

Gegen Ende des Junius gieng ich mit meinem Schiffe die Oder hinab, und war angewiesen, auf der Rheede von Swinemünde eine Ladung Balken einzunehmen, die ich nach Cadix bringen und dort, wo möglich, mit sammt dem Schiffe losschlagen sollte. Es kostete jedoch nicht wenig Noth und Mühe, bevor ich das große und tiefgehende Gebäude über die Bank am Ausflusse des Stroms zu schaffen und mich außen auf der Rheede vor Anker zu legen vermochte. Ich hatte dabei einen sehr unthätigen Zuschauer an meinem Admiral, der mir die unverlangte Ehre erzeigte, mich bis hierher zu begleiten.

Sobald ich meinen gelegenen Ankerplatz gefunden, befahl ich, die Stangen und Raaen niederzulassen, wie es Seemannsbrauch ist, wenn ein noch unbeladenes Schiff auf der Rheede liegt, um das übermäßige Schwanken desselben zu vermeiden. Dieser nothwendigen Anordnung widersetzte sich aber der Patron, zur Befriedigung seiner kindischen Eitelkeit, die das Schiff noch länger in Parade sehen wollte. Vergeblich bedeutete ich ihm, daß es hier mehr auf Sicherheit, als auf stattliches Ansehen ankomme, und daß ich wissen müßte, was ich zu thun hätte. Das Fäntchen erboßte sich, trotzte und pochte, und wollte durchaus, wie ein unzeitiges Kind, seinen Willen haben. Freilich kam es da bei mir eben an den Unrechten. Ich wich ihm keines Daumens breit.

Nun war vollends Feuer bei ihm im Dache! Er parlirte mir, roth um den Kamm, wie ein Puter, allerlei dummen Schnack vor, und trat endlich drohend auf mich ein, indem er die Hand an das Gefäß seines Degens schlug. »Oho Bürschken«, sagte ich, und besah ihn mir schmunzelnd von unten bis oben — »das wollen wir dir wohl anstreichen!« — Ich ging in die Kajüte, schnallte mir meinen Säbel um, und kam wieder auf's Verdeck, um ihm das Weiße im Auge zu sehen. Weil sich seine Galle aber immer noch nicht legen wollte, seine geläufige Zunge wie ein Rohrsperling schimpfte, und bei jedem dritten Worte die Faust immer wieder nach dem Degen fuhr, riß mir endlich auch die Geduld. Ich legte ebenfalls die Hand, und eben nicht sanft, an meinen Säbel, und forderte ihn auf, zur Stelle mit mir an's Land zu kommen, damit ich sähe, was Vater und Mutter aus ihm gefuttert hätten, — wie wir Pommern zu sagen pflegen.

Ich sprang voran in die Schaluppe und bot sechs Matrosen auf, die Riemen zur Hand zu nehmen. Mein Urian kam auf mein wiederholtes Winken mir nachgestiegen. Ich stellte mich an's Ruder und steuerte nach dem Packwerk; war mit Einem Satze am Lande, und warf, meines Gegners gewärtig, mir Hut und Rock vom Leibe, der denn auch bald hinter mir dreinfackelte. Wir zogen Beide blank, und standen verbittert einander gegenüber. Monsieur machte mir mit seinem Degen allerlei Figuren und Firlefanz vor der Nase, bis ich mit einem abgepaßten Hiebe von unten herauf ihm unterhalb des Gefäßes Eins quer in den Arm zog; und mit der nemlichen Wendung gab ich ihm einen Denkzettel hinter's linke Ohr, so daß er, wenn er nicht an dem Einen, doch an Beiden genug haben konnte.

Nun, er *verlangte* eben auch nicht mehr; warf flugs den Degen an die Erde, und schüttelte die verwundete Hand, mit einem etwas verstörten Gesichte. Auch ich schleuderte meinen Sarras über Seite, um aus seinem Rocke, der im Sande lag, ein Schnupftuch hervorzusuchen, welches ich, nachdem ich ihm das Blut vom Ohre gewischt, fein säuberlich um die lahme Hand wickelte. Dann machte ich dem Herrn ein Kompliment, so gut ich's ohne Tanzmeister gelernt hatte, und ließ ihn stehen, indem ich wieder in die Schaluppe stieg und nach dem Schiffe zurückfuhr.

Zwei Tage nach diesem Abentheuer erhielt ich einen schriftlichen Befehl des Herrn Geh. Finanz-Rath Delatre, Angesichts Dieses in Stettin zu erscheinen. Ich erwiederte darauf: »Das Schiff, welches ich commandirte, läge in See, und ich wäre für dessen Sicherheit verantwortlich. Ich würde mich einstellen, sobald man mir einen Stellvertreter schickte, der der Mann dazu wäre, es in versicherte Aufsicht zu nehmen.« Dies Notabene hatte denn auch die Wirkung, daß bald nachher ein gewisser Schiffer Stöphase, einer unsrer besten Preußischen Seemänner, zu mir an Bord kam und sich durch schriftliche Ordres als meinen Nachfolger auswies. Zugleich wurde aber auch der Befehl zu meiner unverzögerten Gestellung in Stettin erneuert und geschärft; und ich that, was man haben wollte.

Mein ungnädiger Gönner, mit dem ich es hier zu thun hatte, ließ mich gar hart an, daß ich so gröblich gegen die

Subordination im Dienst gehandelt. Ich war aber auch kurz angebunden, schenkte ihm über seinen Herrn Bruder, den Admiral, klaren Wein ein, und bewies dessen Ungeschick in einem gepfefferten Text so kräftig, daß eben nicht sonderlich viel darauf zu antworten blieb. Aber es war einmal sein *Bruder,* dem er nicht ganz entstehen konnte, und so ergriff er um so lieber ein leicht von mir hingeworfenes Wort, um mir, wenn ich nicht anders wollte, meine Dienst-Entlassung anzukündigen. — »Herzlich gern!« war meine Antwort — »Mit Vorbehalt jedoch, daß meine Thätigkeit zum Königl. Dienst nicht in Abrede gestellt werde.«

»Wer zweifelt daran, Herr? Wenn Sie sich nur fügen wollten . . .«

»Gehorsamer Diener!« erwiederte ich: »Da mag es wohl liegen! Aber wenn auch mein Kopf etwas hart ist, so erinnert er sich doch an eine Klausel in meinem Kontrakt, daß mir, falls ich einst meines Seedienstes entbunden würde und gegen meine Taugsamkeit nichts einzuwenden wäre, eben sowohl eine Gratification von zweihundert Thalern, als meine rückständige Monats-Gage, zugute kommen solle. — Wohl denn, ich habe bisher meine Schuldigkeit gethan: jetzt erwarte ich ein Gleiches von der Regierung.« — Die Zahlung geschah auf der Stelle; und so kriegte denn mein Königl. See-Kommando ein baldiges und betrübtes Ende.

Mein Vornehmen war jetzt, nach Königsberg zu meiner Familie zurückzugehen und eine Gelegenheit zu suchen, wo mir's möglich würde, die Arme einwenig freier zu rühren. Auf dem Wege dahin sprach ich indeß bei meinen Eltern in Colberg ein; und sey es nun, daß es hauptsächlich ihr dringendes Zureden vermochte, oder daß die alte Vorliebe für meine Vaterstadt wieder lebendig in mir erwachte, während ich gegen Königsberg, wo mir so Vieles den Krebsgang genommen hatte, einen heimlichen Widerwillen spürte: — genug, ich glaubte wohl daran zu thun, wenn ich meinen dortigen Wohnsitz aufgäbe, um mich fortan hier unter den Meinigen häuslich niederzulassen. Anstatt also meine Reise fortzusetzen, ließ ich vielmehr Weib und Kind zu mir herüber kommen, und begann, mich hier häuslich einzurichten.

Aber Colberg war doch der Ort nicht, wo Meinesgleichen auf die Länge seine Rechnung finden konnte. Der Seehandel hatte damals hier eben auch nicht viel zu bedeuten, und die Colberger Schiffer waren gar zahme Leute, die sich eben nicht weit in die Welt hinaus verthaten. Es gab daher auch wenig Anschein, daß ich hier sobald ein braves Schiff unter die Füße würde bekommen können; und wurden mir gleich binnen Jahr und Tag zu wiederholten Malen kleine Jachten zur Führung angeboten, um damit die Ostsee-Häfen zu besuchen, so war dies doch ein zu enger Spielraum für mich, als daß ich mich darauf hätte einlassen mögen. Lieber errichtete ich eine kleine Navigations-Schule, worinn ich junge Seefahrer für ihr Fach tüchtig auszubilden suchte; und noch jetzt, in meinem hohen Alter, habe ich das Vergnügen, einige brave Schiffer am Leben zu wissen, die ich als meine Schüler betrachten darf.

Man wird sich jedoch leicht denken, daß all dies Thun und Treiben nur ein Nothwerk blieb, dessen ich gern entübrigt gewesen wäre, und daß ich mich in meiner Lage mit jedem Tage mißmüthiger und unzufriedener fühlte. Auf die Länge konnte das so nicht bleiben. Was aber dem Fasse vollends den Boden ausschlug, war ein Schimpf, der mir von einem Manne widerfuhr, um den ich wohl ein Besseres verdient gehabt hatte. Dieser Kaufmann K. nemlich, für den ich vormals, als eigner Schiffsrheeder Güter und Frachten mit Ehren über See gefahren hatte, glaubte ein Werk der Barmherzigkeit an mir zu thun, wenn er mir das Glück widerfahren ließe, unter seinem unwissenden Bauer-Schiffer als Steuermann zu dienen. Meine ganze Seele fühlte sich über diesen erniedrigenden Vorschlag entrüstet. Es war, als ob jeder Bube in Colberg mit Fingern auf mich wiese; und so ließ mir's auch länger keine Ruhe, als bis ich mich im Jahr 1771, als Passagier, nach Holland auf den Weg machte; in voller und gewisser Zuversicht, daß dies Land mir für mein besseres Fortkommen in allen Fällen die gewünschte Genüge leisten werde.

Mein eigentlicher Plan bei diesem rasch gefaßten und ausgeführten Entschlusse war auf die Küste von Guinea gerichtet, wo die Art des Handelsverkehrs mir bei meiner ersten Ausflucht bereits bekannt geworden war; und da ich mich der damals erlernten Landessprache noch immer mächtig fühlte, im Navigations-Wesen es mit Manchem aufnahm und mir auch sonst zutrauen durfte, Herz und Verstand am rechten Flecke zu haben, so war ich darauf aus, mich auf irgend einem dorthin bestimmten Schiffe als Ober-Steuermann anzubringen. In Amsterdam zwar gab es hiezu, für diesen Augenblick, keine Gelegenheit: als ich mich aber, durch Freunde und Bekannte, in gleicher Angelegenheit, an das Haus Rochus *et* Copstadt in Rotterdam empfehlen ließ, erhielt ich auch sofort einen Ruf dahin, und ward mit den Rheedern einig, auf einem ganz neuen Schiffe, Namens Christina, unter Kapitain Jan Harmel, als Ober-Steuermann die Fahrt auf die Küste von Guinea anzutreten.

Im November des nemlichen Jahres giengen wir von Goree unter Segel. Unsre Ladung bestand in solchen Artikeln, wie die Afrikaner sie gegen Sklaven, Goldstaub und Elephanten-Zähne am liebsten einzutauschen pflegen. Die Schiffsmannschaft betrug 106 Köpfe, und das Schiff führte 24 Sechspfünder, weil Holland damals mit dem Kaiser von Marocco in Mißhelligkeiten gerathen war; weswegen allen Schiffen, die des Weges fuhren, aufgegeben worden, sich gegen jeden etwannigen Anfall der Korsaren gehörig auszurüsten. Aus dem nemlichen Grunde versäumten wir auch nicht, sobald wir in den Ocean gekommen waren, unser Schiffsvolk täglich in der Bedienung des Geschützes und in andern kriegerischen Handgriffen zu üben, damit wir's mit den Maroccanern um so besser aufzunehmen vermöchten und, falls es zum Schlagen käme,

Jeder am Borde wußte, wohin er gehöre und wie er es anzugreifen habe. Und daß es hiermit nicht etwa von unserm Kapitain nur für die Langeweile gemeynt war, kann ich sofort durch ein Beispiel belegen.

Um mich aber hierüber noch mit einigen Worten weitläuftiger auszulassen, sey mir zuförderst erlaubt, zu bemerken, daß ein Kapitain auf dieser Art von Schiffen sich seinen Dienst insofern bequem genug macht, als er sich (dringende Nothfälle ausgenommen) die Nacht hindurch, in der Regel, an nichts, was am Borde zu thun ist, kehrt, sondern Abends um 8 Uhr ruhig zu Bette geht und vor 6 Uhr Morgens nicht wieder zum Vorschein kömmt. Er verläßt sich lediglich auf seine vier Steuerleute, deren je zweie zusammen in ihren vierstündigen Wachen abwechseln; und begnügt sich, Morgens beim Aufstehen den Rapport über Alles, was nächtlich vorgefallen ist, anzunehmen, und Mittags um 12 Uhr bei der Beobachtung der Sonnenhöhe zugegen zu seyn, um den Stand des Schiffs nach Länge und Breite in das Schiffstagebuch einzutragen.

Solchergestalt kam ich (nachdem Kapitain Harmelin mir schon früher aufgegeben hatte, von unserm Konstabler ein Faß halbgefüllter Kartuschen anfertigen zu lassen) einst in dieser Zeit des Morgens zu ihm in die Kajüte, um meinen nächtlichen Rapport abzustatten, und verwunderte mich nicht wenig, als ich ihn am Tische, den Kopf auf beiden Händen liegend, wie im tiefen Traume sitzen sah; — übrigens nackt und bloß, bis auf ein paar linnene Hosen und das Hemde, das an beiden Armen bis hoch an die Achseln hinauf aufgestreift und mit rothen Tüchern festgebunden war. Das gelockte Haar hieng ihm rings um den Kopf auf den Tisch hinab, und vor ihm auf demselben lag ein blanker Schiffshauer.

Wie wild und furchtbar er mir in diesem Aufzuge auch erschien, so fing ich doch an zu lachen; und eben wollt' ich fragen, was diese Maskerade zu bedeuten habe, als er mich martialisch anblickte, den Säbel ergriff, aufsprang, an mir vorbei eilte und, indem er auf's Verdeck stürzte, aus vollem

Halse schrie: »Ho, da der Feind! Ho, da der Feind! — Feuer! Vom Steuerbord Feuer!« — In der ersten Überraschung meynte ich wirklich, er sey toll geworden; sobald ich jedoch seine wahre Meynung ahndete, den Muth und die Geistesgegenwart seiner Schiffsmannschaft auf die Probe zu setzen, so schrie ich tapfer mit: »Feuer! Steuerbord Feuer!« und es gab einen Lärm am Borde, der hinten und vorn und aus allen Winkeln gräßlich zusammendröhnte.

Da nun auch schon seit einiger Zeit unsre Kanonen, mit Kugeln geladen, bereit standen, so währte es auch keine drei Minuten, daß die ganze volle Lage gegen den eingebildeten Korsaren abgefeuert wurde. Sofort hieß es: »Schiff gewendet!« und als dies im Nu geschehen war: »Feuer! Vom Backbord Feuer! Am Steuerbord geladen! — Wieder wenden! Vom Steuerbord Feuer! Am Backbord geladen!« — und so lustig fort, bis der Konstabler zu mir herantrat, um zu melden, daß das Oxhoft voll Kartuschen glücklich in die Luft verplatzt sey. Ich brachte die Meldung an den Kapitain, und »Gut!« sagte dieser — »Nun laß die Maroccaner nur kommen!«

»Aber« — unterbrach er sich plötzlich — »Entern — *entern* wollen die Hunde! Die sollen sich bei uns die Nasen verbrennen! Halloh! Allmann auf seinen Posten!« — Flugs traten, angewiesener Maaßen, 40 Mann auf dem halben Deck zusammen; Jeder ergriff sein geladenes Gewehr aus der dort in Bereitschaft stehenden Kiste. Hier war das Kommandiren an *mir:* »Feuer über Steuerbord!« während Andre, die in Reserve standen, ihnen die frisch geladenen Büchsen zureichten und die abgeschossenen empfingen. So folgte Lage auf Lage; und die Kerle hielten sich so wacker dazu, daß wir unsre Lust und Freude daran hatten.

Dabei begab sich's nun, daß ein Matrose seinem Nebenmann zur Rechten beim Abfeuern das Gewehr zu nahe an sein langes struppiges Haar hielt, welches vom Zündpulver ergriffen ward und augenblicklich in lichten Flammen stand. Zur Strafe solcher Ungebühr ward der Schmidt, der in solchen Fällen den Sergeanten vorstellt, hervorgerufen, um den Unvorsichtigen als Arrestanten abzuführen; während noch das Manoeuvre mit dem Handgewehr solange fortgesetzt wurde, bis der Tambour (der solange aus Kräften fortgewirbelt hatte) Befehl erhielt Appell zu schlagen und vom geschlagenen Feinde nichts mehr zu sehen war.

Nun sollte der Arrestant in's Verhör: aber der hatte seine Zeit so gut abgepaßt, daß derweile, da seine Wächter dem Spectakel zugafften, er sich glücklich über Seite machte; doch nur solgange bis er in seinem Versteck erwischt worden und nun seinen nachläßigen Wächtern vorne in der Back Gesellschaft leistete, bis ihm seine Strafe dictirt worden. Er sollte auf dem halben Deck durch 60 Mann 24 mal Gassen laufen, wo, statt der Ruthen, Reifzeisinge*) als Stellvertreter dienten: doch kam der arme Schelm mit 6 Malen ab und mochte sich, so wie seine, mit derben Fuchteln bestraften Wächter, an der reichlichen Portion Brandtwein trösten, die ihnen gegeben wurde, sich ihren wunden Buckel zu waschen.

Dies Pröbchen von strenger Subordination mag zugleich beweisen, mit welchem Ernst und Regelmäßigkeit der Dienst auf den holländischen Schiffen damals versehen wurde, daher ich auch stets auf denselben die beste Ordnung gefunden habe. Nicht so bei den Engländern, wo man dergleichen als Kleinigkeiten ansieht, die mit Fußtritten, Faustschlägen und Ribbenstößen abgemacht werden; und von solcher barbarischen Willkühr bin ich stets ein abgesagter Feind gewesen.

Wenige Tage später, etwa in der Mitte Octobers, da wir uns unter dem 41sten Grade nördlicher Breite und ohngefehr 90 Meilen von der portugiesischen Küste entfernt

*) Dies sind Flechten, 7 Fuß lang, in der Mitte 12 Garne dick und nach beiden Enden spitz zulaufend. Sie dienen anderweitig zum Aufbringen der Ankertaue; zu dem hier erwähnten Behuf aber werden sie in der Mitte angefaßt und mit beiden Enden zugehauen.

befanden, erblickten wir in den Vormittags-Stunden ein Schiff vor uns über dem Winde, das uns, da wir den Kopf immer voll von Seeräubern hatten, verdächtig vorkam. So wie schon früher, theils aus Vorsicht, theils um unsre Mannschaft zu üben, geschehen war, so oft ein Segel in unsrer Nähe auftauchte, so ward auch jetzt im Augenblick an unserm Borde Alles zum Gefechte bereit gemacht. Allein indem unsre Blicke aufmerksam auf jenes Schiff gerichtet blieben, wurden wir mit Verwunderung gewahr, daß es gar keinen geraden Kurs hielt, sondern bald nördlich, bald östlich am Winde lag. Alle Segel waren fest gemacht, bis auf das Vorder-Mars-Segel, das frei im Winde flog, während dieser, aus Südwesten her, sich fast zum Sturm verstärkte, so daß wir selbst unsre Mars-Segel hart eingerefft führen mußten.

Indem es nun solchergestalt vor uns vorüber taumelte, so daß wir ihm bald über den Wind kamen, wußten wir immer weniger, was wir aus dieser Erscheinung schließen sollten; und da es wenigstens noch anderthalb Meilen von uns entfernt lag, so konnten wir auch nicht entdecken, was es eigentlich im Schilde führte. Nichts destoweniger schien es uns wohlgethan, dies in der Nähe etwas genauer zu untersuchen, um unsrer Schanze desto besser wahrzunehmen. Indem wir also unsre Flagge hinten, so wie vorne die Gisse und einen Wimpel an der Spitze des großen Mastes aufsetzten, um unsre Bravour zu zeigen und uns den Anschein eines Kriegsschiffes zu geben, (wie denn auch unser Schiff aus der Ferne wirklich ein ganz stattliches Ansehen hatte) so richteten wir unsern Lauf gegen den wunderlichen Unbekannten; doch so, daß wir ihm oberhalb Windes blieben.

Als wir demselben auf die Hälfte näher gekommen waren, thaten wir einen blinden Schuß gegen ihn, als Aufforderung, unsre Flagge zu respectiren und uns die seinige zu zeigen. Diese kam gleichwohl nicht zum Vorschein; selbst dann nicht, da wir, im Abstande von einer halben Meile, jenes Signal wiederholten. Ja, sogar der dritte

Gruß dieser Art, im steten Näherrücken, verfehlte die gehoffte Wirkung: denn keine Flagge ließ sich blicken. Unter der Zeit war das fremde Schiff in den Bereich unsers Geschützes gekommen; und wir bedachten uns nun nicht länger, ihm auf gut Glück eine scharfe Kugel zuzuschicken. Diese schlug auch hart vor ihm nieder: aber seine Flagge verzog noch immer, sich uns zu zeigen.

»Er *soll* und *muß* es!« rief unser Kapitain. — »Konstabler, schießt ihm eine Koppelkugel in den Rumpf), und seht wohl zu, daß Ihr trefft!« — Gesagt, gethan! Wir waren ihm jetzt so nahe, daß sich unmöglich fehlen ließ; und die Kugel fuhr ihm in den Bug, daß wir die Holzsplitter umher fliegen sahen. Dennoch keine Flagge! — So etwas gieng über all unsern Begriff. Allein nun wurden auch wir immer hitziger und beschlossen, ihm oberhalb Windes so dicht, als immer möglich, auf den Leib zu rücken.

Dies geschah auch, indem wir, kaum im Abstande eines Flintenschusses, an ihm vorüber liefen und zugleich ihn mit dem Sprachrohr anriefen. Auf unser drei- bis viermaliges Holla! keine Antwort! Eben so wenig erblickten wir eine Menschenseele am Borde. Nur ein großer schwarzer Hund richtete sich über die Borte empor, uns heiser anzubellen. Indeß trieb uns der starke Wind nach wenig Augenblicken vorüber; doch vermochten wir im Vorbeisegeln zu erkennen, daß die Finkennetze und Schanzgitter längs der ganzen Seite mit Weißkohl-Köpfen vollgepackt waren, und daß auch einige Stücken frisches Fleisch unter der großen Mars in der Luft aufbewahrt hiengen. Ja, Einige von unsern Matrosen, die sich oben im Mastkorbe befanden, wollten zu gleicher Zeit bemerkt haben, daß auf dem Verdeck des fremden Schiffes menschliche Leichname ausgestreckt umher gelegen.

Diese vermeyntliche Entdeckung war gleichwohl zu unstatthaft, um bei uns Übrigen Glauben zu finden. Was sollte diesen Unglücklichen den Tod gebracht haben? Das Schiff schien unversehrt und gut; kein Feind hatte mit Feuer und Schwerdt darauf gehauset. An ansteckende

Seuchen, an Verhungern und Verdürsten war eben so wenig zu denken: denn die frischen Lebensmittel, die wir wahrgenommen, bewiesen genüglich, daß das Schiff erst ganz vor kurzem einen europäischen Hafen verlassen haben müsse. Genug indeß, daß uns hier ein Räthsel aufgegeben war, dessen Lösung uns eben so eifrig, als fruchtlos beschäftigte!

Inzwischen legten wir um und hielten diesmal unsern Strich noch näher an das verödete Schiff, ohne es an unserm wiederhohlten und durchdringenden Holla! Holla! fehlen zu lassen. Immer noch sahen wir kein lebendiges Wesen, und hörten keine Stimme, als das Bellen des Hundes, der nach uns herüber winselte. Es schien nun wohl entschieden, daß das Schiff leer und verlassen von Menschen seyn müsse: aber eben dies weckte in mir und Andern mehr die Lust, die Schaluppe auszusetzen und zu einer genaueren Untersuchung dieses wunderbaren Vorfalls hinüber zu fahren: denn so, wie sich die Sache anließ, kam es hier vielleicht bloß darauf an, ein herrenloses Eigenthum als gute Prise in Besitz zu nehmen.

Meine hierauf gerichteten Vorschläge fielen jedoch bei dem Kapitain in taube Ohren. Er meynte, der Wind bliese zu frisch und die See gienge zu hoch, als daß er Boot und Menschen einem solchen Wagniß preiß geben könnte; und auch im besten Falle werde es um den Rückweg, gegen den Sturmwind an, noch mißlicher stehen. Erpicht, wie ich auf den Handel war, stellte ich ihm vor, wie es füglich so einzurichten wäre, daß die Schaluppe mit Wind und Wellen geradezu auf das fremde Schiff lossteuerte, und das unsrige, nach erfolgter Besichtigung, sich jenseits unter den Wind legte, um uns, mittelst dieses Manoeuvre's gemächlich wieder an Bord zu nehmen. »Nettelbeck!« rief er — »Das wird der Teufel nicht mit Euch wagen!«

»Das käme noch drauf an!« meynte ich — »Laß einmal hören! — Jungens«, rief ich, indem ich auf das halbe Deck vortrat, unsern Leuten zu — »Wer von euch hat die Courage, mit mir in unsrer Schaluppe nach jenem Schiffe hinüber zu fahren? Wenn wir das vielleicht als gute Prise in Besitz nehmen könnten!«

»Ich — ich — ich!« schallte mirs von allen Seiten entgegen. — »Und was sagt Ihr *nun,* Kapitain?« wandte ich mich an unsern Befehlshaber.

»Fahrt meinetwegen, wenn Ihr Lust habt, zu ersaufen!« gab er mir verdrüßlich zur Antwort; und ich hielt ihn sogleich, wenigstens wegen des Erstern, beim Worte. Die Schaluppe ward mit dem größten Feuer angegriffen, in die Takel gehängt und über Bord gesetzt. Noch hatte sie ihr nasses Element nicht erreicht, als ich mich bereits hinein stürzte. Alles stürzte mir nach, und wollte mich begleiten; so daß ich genug zu steuern und abzukehren hatte, um nicht mehr, als die beschlossene Zahl von 12 Mann hinüber zu lassen, die ich namentlich aufrief und als tüchtige zuverlässige Kerle kannte. Da auch, von dem neulichen Scheingefecht her, die offne Gewehrkiste noch auf dem Verdeck vorhanden war, so wurden uns Pistolen und Hauer in solchem Überflusse zugelangt, ja sogar in die Schaluppe geworfen, daß ich genug mit Händen und Füßen abzuwehren hatte.

So giengen wir nun mit unserm Fahrzeuge, vor See und Wind, gerade auf das Schiff zu, welches auch kaum in der Weite eines Pistolenschusses vor uns auf den Wellen trieb. Leichter und glücklicher, als ich selbst gehofft hatte, legten wir uns ihm an Bord; und gehörig bewaffnet stieg ich sofort mit 11 Mann auf dasselbe hinüber, während der Zwölfte im Boote zurück blieb und dieses mit einem Schlepptau hinten angehängt wurde. Auf dem Verdeck fanden wir, wie zu vermuthen war, Niemand, als jenen Hund, der uns freundlich zuwedelte und die Hände leckte, und einen Behälter mit lebendigen Hühnern und Enten, die noch Gerste und frisches Wasser im Troge hatten. Überall lagen Kleidungsstücke zerstreut umher. Die Schaluppe stand, wie sich's gehört, im Boot; Alles ordentlich befestigt; kein Takel hieng über Bord, woraus man hätte schließen mögen, daß etwa ein Fahrzeug, zur Flucht der Mannschaft, in's

Wasser gelassen worden, weil das Schiff vielleicht leck geworden und man das Sinken befürchtet.

Dies zu ergründen, stellte ich sofort meine Leute an beide Pumpen; und mittlerweile, daß sie diese in Bewegung setzten, gieng ich auf dem Schiffe von hinten nach vorne und nach allen Seiten; besah mir's oben und unten, und nahm endlich wahr, daß die Thür zur Kajüte niedergehauen war. Sogar das Beil, womit dies geschehen seyn mochte, lag noch daneben. Ich erschrak nicht wenig über diesen unvermutheten Anblick: denn nun schoß mir's auf's Herz, daß hier gottlose Buben gehaust haben müßten, die den Kapitain oder sonstigen Befehlshaber ermordet haben müßten und sich in diesem Augenblick vielleicht absichtlich im untern Raume versteckt hielten. Voll von dieser Vorstellung, hielt ich es auch nicht für rathsam, mich dahinunter zu wagen.

Unterdeß hatten meine Begleiter wacker an den Pumpen gearbeitet, und erklärten nach etwa 12 oder 15 Minuten: das Schiff sey rein, und die Pumpen zögen kein Wasser mehr. »So kommt denn Alle!« rief ich — »Nehmt eure Wehren zur Hand, spannt den Hahn und folgt mir, dicht zusammengeschlossen, nach.« — In solcher Ordnung nun stiegen wir zuförderst in die Kajüte hinab, wo der zertrümmerte Eingang uns nichts, als einen vollen Greuel der Verwüstung, erwarten ließ. Dem war jedoch keinesweges also; sondern überall das Geräthe in bester Ordnung, als ob gar nichts vorgefallen. Ich hob den Deckel von einer Seitenbank empor, und fand den Sitz angefüllt mit Weinflaschen, die sorgsam in Stroh gepackt waren. Zu näherer Untersuchung zog ich Eine daraus hervor, hielt sie gegen das Licht und fand sie mit rothem Clairet gefüllt. Eine Schieblade im Tische, die ich hervor zog, enthielt allerlei Tafelgeräth, Messer, Gabeln u.s.w. Ich nahm ein Messer, schlug jener Bouteille den Hals ab, und wir machten Ein Schlückchen nach dem Andern, bis uns der Boden entgegen leuchtete. Nun machten meine Gefährten nicht übel Miene, auch dem Reste auf gleiche Weise zuzusprechen: allein, bange vor den möglichen Folgen, rief ich mein

»Halt! Keinen Tropfen mehr!« dazwischen, und schritt sofort zu einer weitern Untersuchung.

In einer andern Schieblade, die ich öffnete, fiel mir ein starkes Pack Briefe in die Hände, deren Aufschriften sämmtlich nach Port au Prince, Martinique, Guadeloupe und andern französischen Inseln lauteten. Ich griff Einige auf gut Glück daraus hervor und steckte sie zu mir, um sie demnächst, bei besserer Muße, genauer zu untersuchen. Für den Augenblick aber ward meine volle Aufmerksamkeit von einer Luke angezogen, die sich in der Mitte des Fußbodens der Kajüte vorfand und angelweit offen stand. »Hier wird es doch der Mühe werth seyn, hinunter zu steigen«, sagte ich zu meinen Leuten; — »wär' es auch nur, um zu erfahren, womit das Schiff geladen seyn mag.« — Zu gleicher Zeit ließ ich mich an den Händen hinab, ohne jedoch mit den Füßen Grund zu erreichen. »Nun, es wird ja so tief nicht mehr seyn!« dacht' ich bei mir selbst, ließ oben fahren und purzelte auf einen Haufen, den ich alsbald für Steinkohlen erkannte.

Indem ich über dies unbequeme Lager hinüber kroch, gerieth ich, bald hier, bald dort im Dunkeln umher tappend, an Fässer, Ballen und Packen in Bastmatten gehüllt, die mich auf eine vermischte Ladung schließen ließen. Unwillkürlich aber stieg mir bei dieser irren Beschäftigung auch die Befürchtung zu Kopf, daß in diesem Chaos auch wohl Menschen stecken und mir auf den Dienst lauern könnten. Schon war mir's, als ob sie mir überall auf dem Nacken säßen; als würde bei jedem nächsten Tritt eine grimmige Faust mich anpacken. Vergeblich sträubte sich mein Muth und suchte diesen feigherzigen Gedanken abzuschütteln. Mich ergriff ein Zittern, das mich mit einer Gänsehaut überlief, und wohl oder übel wieder nach dem Tageslichte hin zurückdrängte. Erst dann ward mir wieder wohl, als ich oben an der Luke ein Paar von meinen Gefährten erblickte, die auf den Knieen lagen und in den Raum hinab sahen. An ihren dargereichten Händen ward ich wieder emporgezogen.

Inzwischen war auch mein Kapitain bei seinem Manoeuvriren dem Schiffe wieder nahe genug gekommen, um mir durch's Sprachrohr zuzurufen: Wie es an meinem Borde zustände? — Da ich ein ähnliches Werkzeug auf dem Verdeck an seiner gewohnten Stelle vorfand, so antwortete ich ihm: Das Schiff sey fest und dicht, und Alles darauf in guter Ordnung, aber nicht Mann noch Maus darauf zu spüren. Er befahl mir darauf, ihm die Schaluppe mit 8 Mann hinüber zu schicken, weil er selbst willens wäre, den Fund in Augenschein zu nehmen. Das Erstere geschah; als er jedoch auf dem Herwege noch etwa 80 Klaftern von meinem Borde entfernt war, erhob sich plötzlich ein so heftiges Windwirbel, daß man sich auf unserm eigenen Schiffe genöthigt sah, die Segel eiligst einzuziehen. Dieser Zufall benahm meinem Kapitain den Muth. »Kommt! kommt! Zu mir herüber!« rief er mir aus dem Fahrzeuge zu; und indem er an meine Seite legte, hörte er nicht auf mit: »Her zu mir, in die Schaluppe! Fort! fort!« — bis ich ihm den Willen that, mit dem Rest meiner Leute zu ihm einstieg, und solchergestalt mit ihm nach unserm Schiffe zurück ruderte. Als wir dort ankamen, ward die Schaluppe unter die Takel gebracht, empor gehoben und wieder an ihrem Platze befestigt.

Sobald wir nun wieder in Ordnung und zu Besinnung gekommen waren, galt es die Frage: Was mit dem herrenlosen Schiffe zu thun oder zu lassen sey? — Ich und Mehrere mit mir stellten dem Kapitain auf das triftigste vor, daß es doch Sünde und Schande seyn würde, wenn wir diesen Fund so um nichts und wieder nichts aufgeben wollten. Allein wie dringend wir ihm auch anlagen, so schien doch sein Widerwille gegen jedes weitere Vornehmen zu diesem Zwecke so gut, als unbezwinglich: und, wohlerwogen, war es ihm eigentlich auch nicht zu verdenken, wenn er üble Lust bezeugte, sich mit einem Handel dieser Art zu schaffen zu machen. Die Sache hieng aber so zusammen.

Auf seiner vorigen Fahrt nach der Küste von Guinea

hatte Kapitain Harmel von einem englischen Sklaven-Schiffe Besitz genommen, das, in Folge einer unter den Schwarzen ausgebrochenen Meuterei, von Diesen überwältigt worden war. Sie hatten, beinahe hundert Köpfe stark, die ganze Schiffsmannschaft, bis auf einen Steuermann und zwei Matrosen, ermordet, welche unter dem Beding verschont worden waren, daß sie die Negern in deren Heimath zurück führen sollten. Auf diesem Zuge nun fielen sie meinem Kapitain in die Hände; und es munkelte nicht nur, daß er mit ihnen, wie mit der Schiffsladung, nicht zum besten gewirthschaftet, sondern daß auch das Schiff selbst von seinen darauf gesetzten Leuten verwahrlost und bei St. Georg de la Mina gestrandet sey. Hierüber hatten die Rheeder desselben in England gegen Harmel ein gerichtliches Verfahren eingeleitet und wollten ihn für nichts bessers, als einen Seeräuber erklärt wissen. Dieser Proceß schwebte auch noch in dem nemlichen Augenblick vor den holländischen Gerichten; und je zweifelhafter es war, wie das End-Urtel ausfallen könnte, um so weniger mocht' er allerdings Neigung in sich spüren, etwas Frisches auf sein Kerbholz zu bringen.

Wir jedoch, die wir die Sache mit ganz andern Augen ansahen; drangen so ungestüm und unablässig in ihn, das Schiff zu besetzen, daß er endlich einwilligte, die große Schiffsglocke läuten zu lassen und einen allgemeinen Schiffsrath zu halten, dessen Gutachten nicht zweifelhaft ausfallen konnte, indem hier Alle und Jede ihre Meynung von sich geben sollten. Es ward beschlossen, daß Zwölf von den Unsern das Schiff zur Nothdurft bemannen und ich die Ehre haben sollte, es nach einem holländischen Hafen in Sicherheit zu bringen.

»Gut gemeynt, aber schlecht berathen!« war meine Einrede — »und so muß ich mich der zugedachten Ehre höflichst bedanken. Wer möchte wohl eine solche Commission so losen Fußes auf sich nehmen? Denn wie? wenn nun auf dem Wege nach Europa irgend ein englisches, französisches oder anderweitiges Kriegsschiff auf mich stieße und nach meinen Schiffspapieren fragte? Möcht ich zehnmal versichern und schwören, daß es mit dem Funde ehrlich und christlich zugegangen: wer würde mir's glauben, und mich nicht vielmehr für einen argen Freibeuter erklären und mir und all meinen Gefährten die hanfene Schleife zuerkennen? — Und steckt nicht noch dort die Kugel im Schiffsrumpfe in dem gesplitterten Barkholz, die wir vorhin abgeschossen haben, und Zeugniß von gebrauchter Gewalt gegen uns ablegen würde? — Im besten Falle würden wir in ein finstres Loch gesteckt und könnten schwitzen, bis wir schwarz würden, bevor die Mannschaft der Christina, die unterdeß in den afrikanischen Gewässern umherschweifte, vernommen werden könnte und uns wieder aus der Patsche hülfe.«

Meinem Bedenken war nicht füglich zu widersprechen: doch fand und ergriff man endlich den Ausweg, daß, zu meiner bessern Beglaubigung, ein schriftliches Zeugniß über den ganzen Hergang, mit all seinen besondern Umständen, ausgefertigt und von der gesammten Harmelschen Schiffsmannschaft eigenhändig unterzeichnet werden sollte. Da es nun in Holland herkömmliche Einrichtung ist, daß vor dem Auslaufen eines jeden Schiffes die gesammte Besatzung ihre Namenszüge bei der Admiralität in die Schiffs-Register eintragen muß, um vorkommenden Falles dadurch bewahrheitet zu werden, so konnte die Ächtheit dieser Urkunde in Rotterdam unfehlbar ausgemittelt werden und diesem Beweise unsrer Ehrlichkeit nichts zur Gültigkeit abgehen. Auch ich erklärte mich nun mit einem solchen Passe zufrieden.

Inzwischen nahte der Abend bereits heran; und bei dem stürmischen Wetter schien es am rathsamsten, jene Ausfertigung bis zum nächsten Morgen zu verschieben; damit jedoch dem fremden Schiffe bis dahin, falls es länger sich selbst überlassen bliebe, kein Zufall zustieße, sollte der Untersteuermann Peters dasselbe mit 10 Matrosen vorläufig sogleich in Obhut nehmen. Seine Instruction lautete dahin, sich mit dem Schiffe so nahe, als möglich, an dem unsrigen zu halten, und es wurden die Signale verabredet, woran beide sich während der Nacht erkennen wollten. Zwar kannten wir ihn als einen nicht sonderlich gewiegten Seemann: doch schien der Dienst, wozu er beordert worden, um so weniger bedenklich, da ich ihn binnen 12 oder 15 Stunden abzulösen gedachte, um sodann das Schiff nach Holland heimzuführen.

So fuhr denn Peters mit seiner bestimmten Mannschaft in unsrer Schaluppe an Bord hinüber; die Segel wurden dort den unsrigen gleichgestellt, und das Schiff gewann wieder einen festen und regelmäßigen Gang, bei welchem es, etwa in der Entfernung eines Kanonenschusses, uns zur Seite blieb. Mit Einbruch der Nacht steckten wir unsre Laterne aus, und dort geschah ein Gleiches. Ich versah die erste Wache von 8 bis 12 Uhr, und nahm mit meinen Leuten wahr, daß sich das jenseitige Licht je mehr und mehr entfernte und endlich zwischen 10 und 11 Uhr gar erlosch. Augenblicklich ward dies dem Kapitain gemeldet und hierauf beschlossen, einen Stückschuß abzufeuern, um unserm Gefährten unsre Richtung anzugeben.

Der Erfolg war keinesweges befriedigend. Wir wiederholten nun diese Signal-Schüsse von Zeit zu Zeit die ganze Nacht hindurch; ja steckten endlich selbst scharfe Patronen auf, um den Knall zu verstärken und in desto weitere Ferne gehört zu werden. Unter steigender Unruhe graute endlich der Morgen heran; Alles eilte an den Masten hinauf, um sich rings umher umzusehen. Umsonst! Freund Peters, sammt unsrer Prise, war und blieb verschwunden!

Unsre Bestürzung war nicht geringe. Wie war *dies* zugegangen? Was *war* geschehen? Was *konnte* geschehen seyn? — Ein unermeßliches Feld eröffnete sich unsern Muthmaaßungen und Zweifeln. Manche waren der Meynung, unsre Leute wären, zusammt dem Schiffe, gesunken; so wie es auch zuvor schon von seiner eigentlichen Besatzung um irgend eines, nicht mehr zu stopfenden Lecks willen, verlassen worden seyn möchte. Dem mußte ich aber, mit Fug entgegnen, daß ich, sammt Allen, die mit mir am Bord gewesen, das Schiff dicht und gut befunden; daß wir das wenige Wasser, das sich am Kiele gesammlet, mit leichter Mühe ausgepumpt, und daß ich ja auch selbst in den Raum hinabgestiegen gewesen, ohne etwas von eingedrungenem Wasser zu spüren. Billig also ward diese Voraussetzung verworfen.

Möglicher aber schien es uns, und stieg bald zur ängstlichen Besorgniß, daß allerdings doch Leute im Schiff versteckt gewesen, die bei Nacht unversehens hervorgebrochen, die Unsrigen überwältigt und ermordet und sich, unter Begünstigung der Finsterniß, davongemacht hätten. Gewaltthätigkeit und Meuterei schien, wie die zersplitterte Kajüten-Thüre bewies, allerdings, vor dem Begegniß mit uns, auf dem Schiffe stattgefunden zu haben. Wußten sich nun die Empörer schuldig, so war es wohl natürlich, daß sie, als sie uns unter Flagge und Wimpel auf sich zukommen und sie mit Kanonenschüssen begrüßen sahen, in der Unmöglichkeit, uns zu entkommen, sich lieber in die geheimsten Winkel verkrochen hatten und es auf den Zufall ankommen lassen, ob wir sie entdecken, oder ob sie vielleicht den Mantel der Nacht gewinnen würden, um mit dem Schiffe wieder durchzugehen. Wir hatten also wohl nur zuviel Ursache, das Schicksal unsrer armen zwölf Gefährten zu bedauern.

Allein selbst wenn wir ihnen auch das bessere Loos wünschen wollten, daß sie — sey es durch Zufall, Ungeschicklichkeit, oder gar durch vorsätzlichen bösen Willen, — in der Nacht von uns abgekommen, so waren sie darum noch wenig besser berathen; und nicht nur sahen sie sich all den Gefahren ausgesetzt, die ich gescheut und zu vermeiden gesucht hatte: sondern es stand auch überhaupt gar sehr dahin, ob sie jemals Holland oder irgend eine andre Küste wohlbehalten erreichen möchten. Der Steuermann war, wie schon gesagt, ein Dummbart, welcher der Führung eines Schiffes auf einen so weiten Weg keineswegs gewachsen war. Doch hätt' es auch besser um sein Wissen gestanden, so fehlte es ihm auch zu einem solchen, nimmer von ihm zu erwartenden Wagestück ganz an einem festen Punkte, welchen er bei seiner Schiffsrechnung hätte zum Grunde legen können: denn in der Eile, womit seine Absendung betrieben wurde, war entweder nicht daran gedacht, oder überhaupt für die kurze Zeit seines Dienstes nicht für nöthig gehalten worden, ihm unsre zuletzt beobachtete Länge und Breite mitzugeben. Eben so wenig fand er dort Instrumente nach holländischer Art, (wie er sie allein gewohnt war) um die Sonnenhöhe zu nehmen; und fielen ihm auch die dort geführten Schiffs-Journale und Seekarten in die Hände, so blieben sie ihm doch eben so unnütz zum Gebrauche, da sie in französischer Sprache verzeichnet waren. Immer also gaben wir, nicht ohne Kummer, ihn und die Seinen verloren!

Erst einige Tage nachher klärte sich wenigstens Einiges, was uns an diesem Schiffe räthselhaft war, um etwas heller auf: aber der völlige Zusammenhang der Dinge, so wie das weitere Schicksal desselben, sollte uns erst in späterer Zeit und auf verschiedenen Wegen zu einer befriedigenden Kenntniß kommen. Jene ersten Entdeckungen ergaben sich uns, als ich zufällig den Schanzloper wieder auf den Leib zog, welchen ich zu jenem Male, da ich auf dem fremden Schiffe gewesen, getragen. Indem ich nemlich zufällig in die Tasche griff, kamen mir die Briefe wieder in die Hände, welche ich damals zu mir gesteckt hatte, ohne mich Ihrer bis jetzt wieder zu erinnern. Ich eilte mit meinem Fund zu dem Kapitain in die Kajüte, und es gab kein Bedenken, die Briefe zu öffnen, damit wir einst, im entstehenden Falle, um so leichter von unserm bestandenen Abendtheuer Rede und Antwort zu geben vermöchten.

Zwar waren diese Papiere, wie wir nunmehr ersahen, französisch abgefaßt, und also uns Beiden unverständlich: allein wir hatten einen französischen Matrosen, Namens Josephe, an Bord, welcher recht hübsche Kenntnisse besaß und sofort gerufen wurde, um uns als Dollmetscher zu dienen. So bestätigte sich denn unsre frühere Vermuthung, daß das verlassene Schiff ein französisches gewesen. Es war von Havre de Grace ausgegangen, und zwar nur vier Tage früher, als wir von Goree in See gelaufen. Martinique hatte sein Bestimmungsort seyn sollen. Name des Schiffs, so wie des Kapitains, sind mir wieder entfallen; auf die Sache selbst aber werde ich noch weiterhin wieder zurück kommen.

Inzwischen beförderten wir unsre Reise nach Möglichkeit; kamen ins Gesicht von Madera und Teneriffa, passirten die Capverdischen Inseln und erblickten am 24sten December die Küste von Guinea unter 4 Grad 10 Minuten Nördlicher Breite, liefen anfangs nach der Sierra Leona hinauf, und warfen endlich am 4ten Januar 1772 vor Cap Mesurado den Anker.

# ZWEITES BÄNDCHEN.

Bevor ich hier in meinem Lebensberichte weiter fortfahre und mich zu den kleinen Abentheuern hinwende, die mir an der afrikanischen Küste begegnet sind, wolle mir der geneigte Leser über die nunmehr ergriffene Lebensart einige Entschuldigung zugute kommen lassen. »Wie?« wird er vielleicht bei sich selbst gesagt haben — »*Nettelbeck* ein Sklavenhändler? Wie kömmt ein so verrufenes Handwerk mit seinem ehrlichen pommerschen Herzen zusammen?« — Allein das ist es ja eben, daß dies Handwerk zu damaliger Zeit bei weitem nicht in einem solchen Verrufe stand, als seitdem man, besonders in England, wider den Sklavenhandel, (und auch wohl nicht mit Unrecht) als einen Schandfleck der Menschheit, geschrieben und im Parlamente gesprochen hat; und wenn er durch dies nachdrückliche Geschrei entweder ganz abgekommen ist, oder doch mit heilsamer Einschränkung betrieben wird: so ist gewiß auch der alte Nettelbeck nicht der letzte, der seine herzliche Freude darüber hat. Aber vor 50 Jahren war und galt dieser böse Menschenhandel als ein Gewerbe, wie andre, ohne daß man viel über seine Recht- oder Unrechtmäßigkeit grübelte. Wer sich dazu brauchen ließ, hatte die Aussicht auf einen harten und beschwerlichen Dienst, aber auch auf leidlichen Gewinn. Barbarische Grausamkeit gegen die eingekaufte Menschen-Ladung war nicht nothwendiger Weise damit verbunden und fand auch wohl nur in einzelnen Fällen statt; auch habe ich, meines Theils, nie dazu gerathen oder geholfen. Freilich stieß mein Auge oft genug auf Rohheit und Härte; aber *die* waren mir, leider, überall, wohin der Beruf des Seemanns mich führte, und nicht bloß auf der Sklaven-Küste, ein nur zu gewohnter Anblick und konnten mir also auch eine Lebensweise nicht verleiden, mit der ich, schon als Kind und bei meinem ersten Ausfluge in die Welt, vertraut geworden war, und zu der ich also auch jetzt, als Mann, um so unbedenklicher zurückkehrte.

Zu besserem Verständnisse des Folgenden wird es jedoch erforderlich seyn, einige Worte über die Art und Weise, wie dieser Negerhandel damals von den Holländern betrieben wurde, im Allgemeinen beizubringen.

Da hier *Menschen* nun einmal als *Waare* angesehen wurden, um gegen die Erzeugnisse des europäischen Kunstfleißes ausgetauscht zu werden, so kam es hauptsächlich darauf an, solche Artikel zu wählen, welche das Bedürfniß oder der Luxus den Schwarzen am unentbehrlichsten gemacht hatte. Schießgewehre aller Art, und Schießpulver in kleinen Fässern von 32, 16 bis 8 Pfund, nahmen hierunter die erste Stelle ein. Fast eben so begehrt war Taback, sowohl geschnitten, als in Blättern, sammt irdenen Pfeifen, und Branntwein, entweder in halben Ankern, oder in Flaschenkellern von 12, 8 bis 6 Gemäßen. Kattune von allen Sorten und Farben, lagen in Stücken von 21 bis 24 Ellen; so wie auch dergleichen, oder leinene und seidene Tücher, deren 6 bis 12 zusammengewirkt waren. Eben so wenig durfte ein guter Vorrath von linnenen Lappen, 3 Ellen lang und halb so breit, fehlen, die dort als Leibschurz getragen werden. Den Rest der Ladung füllten allerlei kurze Waaren; als kleine Spiegel, Messer aller Art, bunte Korallen, Nähnadeln und Zwirn, Fayence, Feuersteine, Fischangeln und dergl.

Einmal gewöhnt, diese verschiedenen Artikel von den Europäern zu erhalten, können und wollen die Afrikaner, sowohl an der Küste, als tiefer im Lande, sie nicht missen, und sind darum unablässig darauf bedacht, sich *die* Waare zu verschaffen, wodurch sie sich dieselben eintauschen können. Also ist auch das ganze Land immerfort in kleine

Partheien getheilt, die sich feindlich in den Haaren liegen und alle Gefangenen, welche sie machen, entweder an die schwarzen Sklavenhändler verkaufen, oder sie unmittelbar zu den europäischen Sklavenschiffen abführen. Allein oft, wenn es ihnen an solcher Kriegsbeute fehlt und sie neue Waaren-Vorräthe bedürfen, greifen ihre Häuptlinge, die eine despotische Gewalt über ihre Unterthanen ausüben, diejenigen auf, welche sie für die entbehrlichsten halten; oder es geschieht wohl auch, daß der Vater sein Kind, der Mann das Weib und der Bruder den Bruder auf den Sklavenmarkt zum Verkaufe schleppt. Man begreift leicht, daß es bei solchen Raubzügen an Grausamkeiten jeder Art nicht fehlen kann, und daß sich alle diese Länder dabei in dem elendesten Zustande befinden. Aber eben so wenig kann auch abgeläugnet werden, daß die erste Veranlassung zu all diesem Elende von den Europäern herrührt, welche durch ihre eifrige Nachfrage den Menschenraub bisher begünstigt und unterhalten haben.

Ihre, zu diesem Handel ausgerüsteten Schiffe pflegten längs der ganzen Küste von Guinea zu kreuzen, und hielten sich, unter wenigen Segeln, stets etwa eine halbe Meile oder etwas mehr vom Ufer. Wurden sie dann am Lande von Negern erblickt, welche Sklaven oder Elephanten-Zähne zu verhandeln hatten, so machten diese am Lande ein Feuer an, um dem Schiffe durch den aufsteigenden Rauch ein Zeichen zu geben, daß es vor Anker gienge; warfen sich aber auch zu gleicher Zeit in ihre Kanots und kamen an Bord, um die zur Schau ausgelegten Waaren-Artikel zu mustern. Vor ihrer Entfernung versprachen sie dann, mit einem reichen Vorrath von Sklaven und Zähnen sich wieder einzufinden; oft jedoch ohne darinn Wort halten zu können oder zu wollen.

Gewöhnlich aber erschienen sie, zu wirklichem Abschluß des Handels, mit ihrer Waare am nächsten Morgen, als der bequemsten Tagszeit für dies Verkehr. Denn da dort jede Nacht ein Landwind weht, so hat dies auch bis zum nächsten Mittag eine ruhige und stille See zur Folge.

Dann steigt wieder ein Seewind auf; die Brandung wälzt sich ungestümer gegen den Strand, und die kleinen Kanots der Schwarzen können sich nicht füglich hin und zurück wagen. Das Fahrzeug, welches die verkäuflichen Sklaven enthielt, war in der Regel noch von einem halben Dutzend Andrer, jedes mit mehreren Menschen angefüllt, begleitet, welche Alle einen Antheil an der unglücklichen Waare hatten. Allein nur 8 oder höchstens 10 aus der Menge wurden mit derselben an Bord gelassen; während die Übrigen in ihren Kanots das Schiff umschwärmten und ein tolles Geschrei verführten.

Nun wurden auch die Gefangenen an Bord emporgehoben, um in nähern Augenschein genommen zu werden; die männlichen mit auf dem Rücken dergestalt hart zusammengeschnürten Ellenbogen, daß oft Blut und Eiter an den Armen und Lenden hinunterlief. Erst auf dem Schiffe wurden sie losgebunden, damit der Schiffsarzt sie genau untersuchen konnte, ob sie unverkrüppelt und übrigens von fester Constitution und bei voller Gesundheit wären; und hierauf eröffnete sich denn die eigentliche Unterhandlung; jedoch nicht, ohne zuvor sowohl den Verkäufern, die sich auf dem Verdeck befanden, als ihren Kameraden in den Kanots, Taback und Pfeifen vollauf gereicht zu haben, damit sie lustig und guter Dinge würden — freilich aber auch sich um so leichter betrügen ließen.

Die europäischen Tauschwaaren wurden den Schwarzen stets nach dem höchsten Einkaufspreise, mit einem Zusatz von 25 Procent, angerechnet; und nach diesem Tarif galt damals ein vollkommen tüchtiger männlicher Sklave etwa 100 Gulden Holl.; ein Bursche von 12 Jahren und drüber ward mit 60 bis 70 Gulden, und ohngefähr zu gleichem Preise auch eine weibliche Sklavinn bezahlt. War sie jedoch noch nicht Mutter gewesen und ihr Busen noch von jugendlicher Fülle und Elasticität, (und daran pflegt es die Natur bei den Negerinnen nicht fehlen zu lassen) so stieg sie auch verhältnißmäßig im Werthe bis auf 120 oder 140 Gulden.

Die Verkäufer bezeichneten stückweise die Artikel, welche ihnen unter den ausgelegten Waaren anstanden; wogegen der holländische Einkäufer seinen Preis-Courant fleißig zu Rathe zog, um nach dem angenommenen Tarif nicht über 90 Gulden hinauszugehen, und wobei auch der gespendete Brantwein, sammt Toback und Pfeifen, nicht unberücksichtigt blieben. Fieng er dann an, sich noch weitern Zulegens zu weigern, und ließ sich höchstens noch ein Stück Kattun abdringen, so ward der Rückstand im geforderten Menschenpreise vollends mit geringeren Waaren und Kleinigkeiten, und zuletzt noch mit einem Geschenk von Messern, kleinen Spiegeln und Korallen ausgeglichen. Wieviel es übrigens, bis zum gewünschten Abschluß, des Streitens, Fluchens und Lärmens bei diesem Handel gegeben habe, bedarf kaum einer besondern Erwähnung: denn wenn der eigentlichen Wortführer bei den Negern auch nur 2 oder 3 seyn mochten, so gab es doch immer unaufhörliche Rücksprache und Verständigung mit ihren Gefährten in den Kanots, die bei dem Erfolg der Unterhandlung Alle gleich sehr interessirt waren. Hatten sie dann endlich die eingetauschten Waaren in Empfang genommen, so packten sie sich wieder in ihre Fahrzeuge und eilten lustig, wohlbenebelt und unter lautem Halloh wieder dem Strande zu.

Während dieser ganzen geräuschvollen Scene saß nun der arme Sklave, um welchen es gegolten hatte, auf dem Verdeck und sah sich, mit steigender Angst, in eine neue unbekannte Hand übergehen, ohne zu wissen, welchem Schicksal er aufbehalten sey. Man konnte den Unglücklichen, so zu sagen, das Herz in der Brust schlagen sehen: denn eben so wenig, als die Meisten von ihnen je zuvor das Weltmeer, auf dem sie nun schwammen, erblickt, hatten sie auch früherhin die weißen und bärtigen Menschen gesehen, in deren Gewalt sie gerathen waren. Nur zu gewiß waren sie des Glaubens, wir hätten sie nur gekauft, um uns an ihrem Fleische zu sättigen. Voll von dieser Vorstellung, sah man es ihnen deutlich an, daß unsre weiße

Hautfarbe sie mit noch weit höherem Entsetzen erfüllte, als uns ihre schwarze erschreckte.

Die Verkäufer waren nicht sobald vom Schauplatz abgetreten, als der Schiffsarzt Sorge trug, den erhandelten Sklaven (warlich zum schlechten Labsal!) ein Brechmittel einzugeben, damit die seither ausgestandene Angst nicht nachtheilig auf ihre Gesundheit zurückwirkte. Aber begreiflicher Weise konnten die gewaltsamen Wirkungen dieser Procedur jenen vorgefaßten schrecklichen Wahn ebensowenig beseitigen, als die Anlegung eiserner Fesseln an Hand und Fuß, wodurch man sich besonders der männlichen Sklaven noch enger zu versichern suchte. Gewöhnlich kuppelte man sie überdem noch paarweise zusammen, indem man durch einen, in der Mitte jeder Kette befindlichen Ring noch einen fußlangen eisernen Bolzen steckte und fest vernietete.

Verschonte man auch die Weiber und Kinder mit ähnlichem Geschmeide, so wurden sie doch in ein festes Behältniß vorne in der Schiffsback eingesperrt; während die erwachsenen Männer ihren Aufenthalt dicht daneben zwischen dem Fock und großen Maste fanden. Beide Behälter waren durch ein zweizölliges eichenes Plankwerk von einander gesondert, so daß sie sich nicht sehen konnten. Doch brachten sie in diesem engeren Verwahrsam nur die Nächte zu; bei Tage hingegen war ihnen gestattet, in freier Luft auf dem Verdecke zu verweilen. Auf ihre fernere Behandlung während der Überfahrt nach Amerika werde ich in der Folge wieder zurückkommen.

Der hiernächst bedeutendste Gegenstand des Handels an dieser Küste sind die Elephanten-Zähne, von welchen auch der ganze Strich zwischen Cap Palmas und tres Puntas den Namen der »Zahn-Küste« führt. Habe ich die Erzählungen der Eingebohrnen recht verstanden, so bemächtigen sie sich dieser stark gesuchten Waare, indem sie sich, in Partheien von 30 und mehr Personen, in die landeinwärts gelegenen Wälder auf die Elephanten-Jagd begeben. Ihre Waffen bestehen hauptsächlich in fußlangen zweischneidigen Säbelklingen, die sie von den Schiffen einhandeln und zu diesen Jagden an langen Stangen befestigen. Haben sie ein solches Thier aufgespürt, so suchen sie es entweder zu beschleichen, oder treiben es mit offner Gewalt auf, und trachten einzig dahin, ihm den Rüssel, der seine vorzüglichste Schutzwehr ausmacht, an der Wurzel abzuhauen; oder sie zerschneiden ihm die Sehnen an den Füßen, um es so zum Fallen zu bringen. Ist der Feind solchergestalt überwältigt, so wird er vollends getödtet; man haut ihm die Zähne aus, und der Rumpf bleibt, als willkommne Beute für die Raubthiere und das Gevögel, liegen.

Noch wird an einem anderm Striche dieser Negerländer, die »Goldküste« genannt, einiger Verkehr mit Goldstaub, oder vielmehr kleinen Körnern dieses Metalls, das entweder aus dem Flußsande gewaschen oder von der reichen Natur dieses heißen Bodens oft dicht unter dem Rasen dargeboten wird, getrieben. Doch war dies Geschäft weder beträchtlich, noch sonderlich gewinnreich; und pflegte deshalb dem Obersteuermann, bei seinen kleinen Nebenfahrten, für eigne Rechnung anheimgestellt zu werden; so wie ihm zu dem Ende auch vergönnt war, den Betrag von 600 holl. Gulden in Waaren mit an Bord zu nehmen. Ich selbst hatte mich zu diesem Privat-Handel mit allerlei Quincaillerieen, etwa 500 Gulden an Werth, versehen.

Denn außer dem Verkehr, der am Bord des Schiffes selbst statt fand, wurden von demselben, in gleicher Absicht, zugleich auch noch mehrere Bööte ausgerüstet und abgeschickt, welche sich oft auf mehrere Wochen lang entfernten und bis auf 50 und mehr Meilen an der Küste umherkreuzten. Dieser Bootsfahrten habe ich zwar bereits oben, bei Gelegenheit meines früheren Ausflugs in diese Weltgegend, erwähnt: doch sey es mir erlaubt, hier noch etwas ausführlicher auf diesen Gegenstand zurückzukommen.

Sobald die Guineafahrer sich dem wärmeren Himmelsstrich näherten, begannen auch die Schiffszimmerleute, die Schaluppen und Schiffsboote zu ihrer künftigen neuen Bestimmung in Stand zu setzen, indem sie ein Verdeck darauf anbrachten und Alles so einrichteten, daß sie See zu halten vermochten. Holz und Planken hiezu ward schon von Holland aus mitgenommen und zwischendecks bereit gehalten. Die Besatzung eines solchen Fahrzeugs bestand aus 10 bis 12 Mann, unter Anführung des Obersteuermanns oder eines andern Schiffs-Officiers. Auch war es mit einigen Drehbassen und kleinerm Handgewehr wohl versehen.

Die Bestimmung dieser Boote erforderte, stets in einiger Entfernung vor ihrem Schiffe vorauszugehen und die Punkte, wo ein vortheilhafter Handel zu treiben war, zu vervielfältigen, damit die gewünschte volle Ladung desto schneller zusammengebracht und der Aufenthalt an diesen ungesunden Küsten um so mehr abgekürzt würde. So oft nun ein solches Fahrzeug seine mitgenommenen Waaren-Artikel oder seine Lebensvorräthe erschöpft, oder einen genügenden Eintausch gemacht hatte, kehrte es an Bord seines Schiffes zurück, um sofort für eine neue Reise ausgerüstet zu werden. Es ergiebt sich daraus, wie anstrengend und beschwerlich dieser Dienst seyn mußte.

Allein auch außerdem war derselbe mit gar mancher Fährlichkeit verbunden: denn nicht selten gieng bereits ein solches Boot durch Überrumpelung der Neger, sammt dem Leben der ganzen Besatzung, verloren; und so ward hier die höchste Vorsicht erforderlich. Nie wurden mehr, als 4 Verkäufer, zugleich auf dem Boote zugelassen; und auch die Übrigen in den Kanots durfte man nicht zunahe herankommen lassen. Während also der Steuermann, nebst einem Gehülfen, hinten im Fahrzeuge den Handel betrieb, stand der Rest der Mannschaft vorne auf demselben mit dem geladenen Gewehre in der Hand zu seinem Schutze bereit, und wehrte zugleich den umkreisenden Kanots, sich nicht ungebührlich zu nähern.

Noch gefährlicher wäre es gewesen, die Nacht über an dem nemlichen Orte liegen zu bleiben, wo man sich am Abend befunden hatte. Vielmehr mußte man die Ankerstelle sorgfältig verändern, um jede Vermuthung der verrätherischen Schwarzen, die unaufhörlich auf Überfall sannen, zu täuschen. Eben so sehr gebot es die Klugheit, keiner ihrer noch so freundlichen Einladungen zu trauen, und am wenigsten, sich in die Mündung ihrer Flüsse zu wagen.

Die männlichen Sklaven, die man auf diesen Fahrten erhandelte, wurden sofort unter das Verdeck gebracht, weil sie sonst nur zuleicht Gelegenheit gefunden haben würden, über Bord zu springen. Im Raume aber legte man ihnen eiserne Bügel um die Füße, die mit Ringen versehen waren; und diese streifte man hinwiederum über eine lange, mit beiden Enden unten im Vorder- und Hintertheile des Bootes befestigte Kette, so daß sie wenigstens einige Schritte hin und wieder gehen konnten. Glimpflicher verfuhr man mit den Weibern, deren Zutrauen man sich auf eine leichtere Weise versicherte.

Noch hatte wenigstens Eines dieser Fahrzeuge die Nebenbestimmung, den aus Europa mitgebrachten Briefsack schneller, als sonst hätte geschehen können, nach dem holländischen Haupt-Fort St. George de la Mina zu fördern. Denn da die ankommende Schiffe ihr Handelsgeschäft gewöhnlich bei Sierra Leona anfingen, welches gegen 200 Meilen westlicher liegt, und längs der Küste nur gemachsam fortkreuzten, so würde es oft 6 bis 8 Monate gewährt haben, bevor sie selbst jenen Platz erreichten. Dieser Unbequemlichkeit zu begegnen, waren demnach die Schiffer angewiesen, mit den Regierungs-Depeschen auch die anderweitige Correspondenz ohne Aufhalt nach der gedachten Niederlassung abzuliefern.

Diesen Auftrag erhielt auch ich, sobald wir in den ersten Tagen des Jahrs 1772 auf der Küste von Guinea angelangt waren. Zu dem Ende ward die Barkasse mit 10 Mann unter meinen Befehlen ausgerüstet und mit Provisionen aller Art, besonders aber solchen, beladen, welche in diesem heißen Klima einem schnellen Verderb ausgesetzt seyn konnten. Das Brieffelleisen ward nicht vergessen; und so steuerte ich, nachdem ich auch die Vorräthe für meinen eigenen kleinen Handel eingenommen hatte, bereits am vierten Tage nach unsrer Ankunft, dem Schiffe vorangehend, gegen Osten.

Bei dieser Küstenfahrt führte mich mein Weg zunächst nach dem holländischen Fort Axim, wo ich ein Pack Briefe, europäische Zeitungen und andre Kleinigkeiten abzugeben hatte. Ich fand den dortigen Befehlshaber, einen gebohrnen Hanoveraner, Namens Feneckol, sehr begierig nach Neuigkeiten aus dem gemeinschaftlichen Vaterlande, so wie ihm hinwiederum die Nachricht, daß ich ein Preuße sey, Gelegenheit gab, mich aufmerksam darauf zu machen, daß Fort Axim früherhin eine Besitzung unsers großen Churfürsten gewesen, die erst im Jahre 1718 durch Kauf an Holland übergegangen. Er zeigte mir auch die darüber verhandelten Acten, so wie sechs alte brandenburgische Kanonen, die noch auf einer Batterie aufgepflanzt standen. — Hab' ich anders seine Erzählung recht behalten, so hatt' es hiemit folgende Bewandtniß.

Ursprünglich gehörte Axim den Spaniern zu. Als aber der Churfürst Friedrich Wilhelm, welcher dieser Macht in ihren Kriegen gegen Frankreich Hülfstruppen in den Niederlanden gestellt, die bedungenen Subsidien, trotz aller gütlichen Unterhandlung, nicht erhalten können, habe er in Hamburg eine kleine Flotte ausrüsten lassen, 500 Mann darauf eingeschifft, außer andern genommenen Repressalien, auch Axim angreifen und in Besitz nehmen lassen und sich dort neun Jahre lang behauptet. Während dieser Zeit, wo der brandenburgische Gouverneur auch noch das 2½ Meile östlicher gelegene Fort Friedrichsburg gegründet, sey von Hamburg und Emden aus ein lebhafter Handel dorthin getrieben worden, bis diese Befestigungen die Unzufriedenheit der benachbarten Negerstämme aufgeregt und diese die Besatzungen beider Plätze, welche nicht genugsam auf ihrer Hut gewesen, überrumpelt und niedergemacht hätten.

In diesem unglücklichen Ereigniß — lautete die fernere Erzählung — sey es dem damaligen Gouverneur zwar geglückt, sich mit einigen wenigen Gefährten in das Pulver-Magazin zu flüchten: doch habe er's vorgezogen, sich mit demselben freiwillig in die Luft zu sprengen, als unter den Händen der Neger einen martervollen Tod zu dulden. Diese hätten darauf beide Forts spoliirt und dem Erdboden gleich gemacht. Solchergestalt hätten nun diese Plätze gegen 30 Jahre lang in Schutt und Verwüstung gelegen, bis König Friedrich Wilhelm I. seine Ansprüche auf diese Besitzungen an Holland gegen eine Summe von 200 000 Gulden überlassen habe.

Zwei Tage nach meinem Abgange von Axim stieß ein Kanot mit vier Negern vom Lande ab und knüpfte einen kleinen Handel in Goldstaub mit mir an. Von ihnen erfuhr ich, daß an diesem nemlichen Morgen ein portugiesisches Schiff an dieser Küste gekreuzt und eine Rolle gepreßten brasilianischen Taback gegen zwei Unzen Gold an sie vertauscht habe. Diese Art Tabacks ist in Rindsleder genäht, enthält einige und siebenzig Pfund und ist eine, von den Schwarzen sehr begierig gesuchte Waare. Das Preisverhältniß aber wird sich ergeben, wenn ich bemerke, daß die Unze Goldstaub dort zu 42 holl. Gulden berechnet zu werden pflegte.

Nichts hätte mir erwünschter seyn können, als von diesem Schiffe für meinen eignen kleinen Verkehr einige Rollen dieses Tabacks gegen die bei mir habenden Kaufwaaren umzusetzen. Ich erblickte auch seine Segel in einer Entfernung von etwa anderthalb Meilen vor mir und säumte also nicht, unter Aufziehung der holländischen Flagge, auf dasselbe zuzusteuern. Je eifriger ich mich aber mühte, es zu erreichen, desto mehr Segel setzte es auch Seinerseits auf, um sich von mir zu entfernen. Ich schoß zu mehreren Malen Einen von meinen Pöllern unter dem Winde ab, um ihm mein Verlangen nach einer näheren Gemeinschaft zu erkennen zu geben: der Portugiese hingegen manövrirte unaufhörlich, mir durch veränderten Kurs aus dem Gesichte zu kommen. Es schien nicht anders, als ob er sich vor mir fürchtete, ohne daß ich gleichwohl begriff, was ein Schiff von dieser Größe wohl von einem Fahrzeuge Meinesgleichen zu besorgen haben könne?

Ich ließ indeß nicht ab, Jagd auf dasselbe zu machen, bis die Nacht einbrach und die Dunkelheit mir Einhalt gebot. Indem ich aber meinen Weg längs der Küste fortsetzte, hielt ich mich doch sehr seewärts und unter vollen Segeln; und meine Hoffnung, diesem verwunderlichen Gaste dicht auf der Ferse zu bleiben, trog mich auch sowenig, daß gleich der erste Morgenstrahl mir ihn, kaum dreiviertel Meilen von mir, näher dem Lande zu und über dem Winde, wieder zu Gesicht führte. Zugleich erblickte ich, eine Meile von mir entfernt, das englische Fort Descowy, wo auch zwei englische Schiffe auf der Rheede vor Anker lagen.

Erpicht auf mein Vorhaben, mit dem Portugiesen zur Sprache zu kommen, steuerte ich von neuem auf ihn zu. Allein bevor ich ihn einholen konnte, war er schon in den Bereich der Engländer gekommen. Einer von ihnen that einen Schuß auf den Flüchtling, der nun zwar seine Flagge aufzog, aber zugleich auch bei seinem vorigen Kurs beharrte. Zwei darauf folgende Schüsse blieben gleichmäßig ohne Wirkung. Nun aber ließen beide Engländer ihre Ankertaue fahren, verlegten dem Portugiesen den Weg und nahmen ihn hart zwischen sich in die Mitte; worauf sie von neuem vor Anker giengen.

Von diesem ganzen Vorgange war ich in fast unmittelbarer Nähe Zeuge gewesen, und begriff je länger je weniger, wie ich mir denselben erklären sollte. Da ich indeß wußte, daß England und Holland in vollkommen friedlichem Vernehmen standen, so überwog bei mir die Neugier jede anderweitige Rücksicht. Ich legte mich zuversichtlich neben das eine englische Schiff und stieg sogar an Bord des Portugiesen hinüber, wo mir sofort eine Scene des höchsten Wirrwarrs in die Augen fiel. Die Engländer hatten das Verdeck des angehaltenen Schiffes erfüllt, die Lucken desselben geöffnet, und waren im Begriff, eine bedeutende Parthie Tabacks-Rollen auf das Verdeck empor zu werfen. Der portugiesische Kapitain knirschte mit den Zähnen und schoß wüthende Blicke auf mich; seine englischen Herren Collegen aber, obwohl sie mir etwas glimpflicher begegneten, waren doch mit dem guten Rathe fertig, mich augenblicklich davonzupacken.

Je mehr ich sah und hörte, je wundersamer und verdächtiger erschien mir der ganze Handel. Ich hatte nur die Wahl, entweder zu glauben, daß es zwischen der englischen und portugiesischen Regierung zu einem plötzlichen Bruche gekommen, oder daß es die Absicht der Engländer sey, ihre Übermacht hier zu einer gewaltsamen Beraubung zu mißbrauchen. Beides aber ließ es noch immer unerklärt, warum der Portugiese auch mir Ohnmächtigen so gefliessentlich ausgewichen sey. Erst späterhin, als ich zu St. George de la Mina angelangt war, sollte ich den eigentlichen Zusammenhang dieses Räthsels erfahren.

Diese Ankunft erfolgte zwei Tage später, nach jenem Vorfall; wo ich denn sofort meinem Auftrage durch Überlieferung des Brief-Felleisens und der dazu gehörigen Schlüssel an den Gouverneur genügte. Es ward von diesem in meiner Gegenwart geöffnet, und zugleich entspann sich zwischen uns eine vertrauliche Unterhaltung, worinn ich mit dem Ehrenmanne um so weniger sonderliche Umstände machte, als sein Aufzug in einem linnenen Schlafrock und einer schmierigen Schlafmütze eben nicht geeignet war, einen großen Respect einzuflößen; so wie er mir denn überhaupt als eine gute grundehrliche Haut, und was man einen alten deutschen Degenknopf nennt, erschien. Auch er selbst schien das Cerimoniell wenig zu lieben, und lud mich gutmüthig ein, ihm die Briefe sortiren zu helfen, da deren verschiedene nach den andern holländischen Forts auf der Küste abzuschicken waren.

Bei diesem Geschäft geriethen wir noch tiefer in's Plaudern, und ich erzählte ihm, was sich mit dem portugiesischen Schiffe begeben und wovon ich an dessen Borde Augenzeuge gewesen. Plötzlich gerieth mein Mann in

Feuer und ward ein ganz Andrer, als er kaum ein paar Minuten zuvor gewesen. »Das ist ein ernsthafter Casus«; sagte er mit Gravität — »und dem müssen wir auf den Grund kommen!« — Zugleich nöthigte er mich, in ein anstoßendes Zimmer zu treten und dort den ganzen Vorfall, mit all seinen besondern Umständen, zu Papier zu bringen. Nachdem dies geschehen war, eröffnete er mir seinen Entschluß, gleich des nächsten Morgens den hohen Rath zu versammeln, und gab mir auf, zusammt meinem Schiffsvolk vor demselben zu erscheinen, damit wir unsre Aussage eidlich bekräftigten, er aber seine ferneren Maaßregeln darnach nähme.

Dieser Vorladung gemäß erschien ich am andern Tage mit den Meinigen, und ward sofort auch in den Rathssaal eingeführt, über dessen hier kaum erwartete Pracht ich nicht wenig erstaunte. Alles glänzte von Gold, und Tisch und Stühle waren mit violettem Sammet überzogen, mit goldenen Tressen besetzt und mit dergleichen Franzen reich umhangen. Mein guter Freund von gestern, der Gouverneur Peter Wortmann, strahlte mir vor allen Andern in seiner Herrlichkeit entgegen. Er saß, als Präsident der Versammlung, an dem Sessions-Tische in einer gewaltigen holländischen Ratsherrn-Perücke, (Ein wunderlicher Staat in diesem Klima!) und steckte überdem in einer holländischen goldgestickten Garde-Uniform, die überdem noch von Tressen starrte. Auf eine ähnliche Weise, nur etwas minder herausgeputzt, saßen der Fiskal, die Rathsherrn und die Assistenten um ihn her, und machten die Feierlichkeit vollkommen.

Dennoch war der, mir und meinen Leuten hier abgenommene Eid und die wiederholte Aussage über den Vorgang mit dem portugiesischen Schiffe nur eine Cerimonie, und das, was geschehen sollte, schon während der Nacht völlig vorbereitet. Es standen nemlich bereits zwei Kanots fertig, in deren Jedes 25 Soldaten und 20 Ruderer eingeschifft wurden, und die unmittelbar darauf, hinten und vorn mit der holländischen Flagge geschmückt, unter

Trommel- und Trompeten-Klang in See stachen, um das angefochtene portugiesische Schiff aufzusuchen und nach St. George de la Mina zu bringen. Nichts setzte mich hierbei mehr in Erstaunen, als diese Kanots, welche bei einer Länge, die über 50 Fuß hinausreichte, und bei einer Breite von 6 bis 6½ Fuß, aus einem einzigen Baume, wiewohl von weichem und leichtem Holze, gehauen waren. Man sagte mir, daß diese Riesenbäume mehrere Meilen landeinwärts angetroffen würden, wohin Unser Einer freilich nicht zu kommen pflegt.

Mit dem ausgezogenen Staatsrocke war der Gouverneur auch wieder, wie zuvor, mein Freund und Gönner geworden und behielt mich unausgesetzt in seiner Nähe. Von ihm erhielt ich nun aber auch nähern Aufschluß über alle jene Dinge, die mir bisher so wunderseltsam vorgekommen waren. Er erzählte mit, daß das Fort St. Georg und die andern davon abhängigen Besitzungen ursprünglich unter portugiesischer Hoheit gestanden, von den Holländern aber, in ihrem ersten großen Freiheitskriege, den Spaniern, welche damals auch Portugal sich einverleibt hatten, abgewonnen worden. Im endlich erfolgten Frieden wären sie auch in den Händen der jungen Republik verblieben, und zwar noch mit der demüthigenden Einschränkung, daß forthin kein spanisches oder portugiesisches Schiff an der Küste von Guinea Handel treiben solle, bevor es nicht vor St. George angelegt und zehn Procent von seiner gesammten Ladung für die Erlaubniß eines freien Verkehrs entrichtet hätte. Bei der geringsten Hintansetzung dieser Verpflichtung sollte jedesmal Schiff und Ladung verfallen seyn; und auf diesen Vertrag würde auch immerfort noch um so strenger gehalten, da England und Frankreich ihn späterhin bestätigt hätten.

So begriff ich denn nun, worinn der portugiesische Kapitain, dem ich begegnet war, sich strafbar gemacht, und warum er gegen mich ein so böses Gewissen verrathen hatte; wie aber auch jene beiden Engländer garstig anlaufen dürften, falls er ihnen erweisen könnte, daß sie auf eine räuberische Weise zu ihm an Bord gekommen und ihn zum Handel gezwungen hätten. »Und diese Ausflucht zu benutzen«, setzte der Gouverneur hinzu — »wird er auch sicherlich nicht unterlassen; wie vollkommen ich auch überzeugt bin, daß er von Herzen gerne mit den beiden englischen Schiffen ein Geschäft gemacht haben würde, wenn es unter der Hand hätte geschehen können und Ihr nicht, als ein ungelegener Dritter, darüber zugekommen wäret.«

Weiter belehrte er mich, was mir eigentlich bei dieser Gelegenheit zu thun obgelegen hätte, wenn ich mit den Gesetzen und Rechten meiner Nation in dieser Weltgegend bekannter gewesen wäre. Ich mußte nemlich meine holländische Flagge an dem Schiffe des Portugiesen befestigen, oder auch nur sie über die geöffnete Schiffslucke decken, um dadurch Schiff und Ladung unter ihren Schutz zu setzen. Hätten dann die Engländer es gewagt, auch nur irgend etwas mit der Spitze ihres Fingers anzurühren, so wären sie, als offenbare Seeräuber, in die schwerste Verantwortung gerathen; mir aber hätte dann, nach unsern Gesetzen, eine Belohnung von hundert Dukaten gebührt. Von alle Diesem aber war mir, wie ich's nun zu spät bedauerte, kein Jota bewußt gewesen.

Zwei Tage nachher kam die ausgeschickte Expedition mit dem ertappten Portugiesen glücklich auf der Rheede an. Zufall oder Neugierde führten mich dem Kapitain bei seiner Landung in den Weg; und die grimmigen Blicke, die er auf mich schoß, ließen mich nicht zweifelhaft, daß er mich für seinen Angeber erkannte, dessen Aussagen ihn ohne Zweifel in's Verderben stürzen würden. Indessen mußte ihn doch gleich sein erstes Verhör eines Bessern belehrt und er gefunden haben, daß im Gegentheil meine abgegebene Erklärung zu seinem Vortheil lautete: denn er ließ mich am andern Tage zu sich bitten, fiel mir dankbar um den Hals, wußte nicht, was er mir zu Liebe thun sollte, und nöthigte mich, eine Rolle Taback, sammt 20 Pfund Zucker, zum Geschenk von ihm anzunehmen.

Obwohl nun mein Geschäft an diesem Platze beendigt war, so hielt mich doch Herr Peter Wortmann von Einem Tage zum Andern bei sich auf; sey es, daß er irgend ein absonderliches Wohlgefallen an mir gefunden, oder daß sonst Neugier und Langeweile ihn plagten: denn des Fragens, sowohl nach meinen persönlichen Umständen, als überhaupt nach Neuigkeiten aus Europa, wollte kein Ende werden. Das war freilich auch eben so erklärbar, als verzeihlich. Die Ansiedler in diesen afrikanischen Niederlassungen leben so abgeschieden von der ganzen übrigen Welt, daß sie nur in langen Zwischenräumen erfahren, was sich daheim und andrer Orten begeben hat. Oft bringt ihnen ein Schiff einen ganzen Jahrgang alter Zeitungen auf einmal, die zwar den vollen Reiz der Neuheit für sie haben, aber ihrer Wißbegier dennoch nicht in dem Maaße genügen, daß ihnen nicht auch noch manche mündliche Erläuterung zu wünschen übrig bliebe. Hiezu kömmt, daß ein großer Theil der hier Angestellten aus deutschen Landsleuten besteht, die insonderheit auch von ihrem lieben Vaterlande hören wollen und darinn kaum zu ersättigen sind.

In diesem Falle war nun auch der Gouverneur, der sich auf's Ausfragen verstand, wie irgend Einer; dagegen aber auch ebensowenig mit Mittheilungen aus seiner eigenen Lebensgeschichte gegen mich zurückhielt. Er war aus Grüningen gebürtig, hatte daselbst das Metzger-Handwerk erlernt und ein Weib genommen, dessen Untreue aber ihn endlich zu dem raschen Entschlusse gebracht, sie zu verlassen und in alle Welt zu gehen. So war er nach Holland gerathen, als gemeiner Soldat nach der Küste von Guinea gegangen, hier allmählig zu höhern Militair-Graden emporgestiegen und endlich nicht nur Befehlshaber im Fort St. George de la Mina, sondern auch über alle holländische Besitzungen in dieser Weltgegend geworden. Sein Titel lautete nemlich als General-Gouverneur über die Westküste von Afrika.

Endlich mußt' ich mich doch von diesem wackern Manne trennen, der noch einen bedeutenden Einfluß auf meine Lebenslage gewinnen sollte. Er gab mir ein besonderes Belobungsschreiben an meinen Kapitain mit, worinn der Wunsch ausgedrückt war, daß derselbe für den Fall, daß neue Communicationen mit dem Haupt-Forte und der Regierung nothwendig würden, keinem Andern, als mir, den Auftrag dazu geben möchte. Ich hatte indeß den nöthigen Ballast eingenommen, und machte mich auf den Rückweg nach Westen, um mein Schiff wieder aufzusuchen. Die Reise war ohne besondern Zufall: doch kann ich nicht umhin, hierbei eines seltsamen Fundes zu erwähnen, der vielleicht auch die Aufmerksamkeit der Leser verdient.

Wir befanden uns in See, etwa vier Meilen vom Lande; und nicht nur war der Wind, wie ausgestorben, sondern auch das Meer (wie es hier nichts Seltenes ist) bot rings umher eine glatte Fläche dar, in welcher sich die Sonne spiegelte. Zugleich sahen wir, in weiter Ferne seewärts, von Zeit zu Zeit etwas aus dem Wasser glänzend auftauchen, was mir Anfangs etwa ein todter Fisch däuchtete, dessen silberweißen Bauch die Sonne beschiene. Endlich ließ ich, von Neugier getrieben, darauf zurudern; und da fand sich's denn, daß eine viereckige Bouteille aus einem Flaschenfutter, den Hals nach oben gekehrt und mit einem Korkstöpsel versehen, im Meere schwamm. Rings um hatte sich ein runder Haufen Seegras um dieselbe, in einem Durchschnitte von 10 bis 12 Fuß, angesetzt. Ich ergriff die Flasche, mich weit über Bord lehnend, an der Mündung, war aber nicht im Stande, sie von dem Kräutergeflechte zu trennen, welches an dieselbe fest angewachsen war. Es bedurfte daher meines Messers, womit ich all diese fremdartigen Anhängsel kappte und solchergestalt, wiewohl nicht ohne Anstrengung und Beschwerde, mich meiner Beute bemächtigte.

Bei genauerer Besichtigung befand sich nun, daß diese Flasche etwa zu einem Drittel (und daher ihre aufrechte Stellung) mit in Brandtwein eingemachten, aber freilich schon verdorbenen Kirschen angefüllt und vermuthlich auch, als unbrauchbar, über Bord geworfen war. Allein was sie eigentlich in meinen Augen merkwürdig machte, war die Entdeckung, daß sich außen umher überall Schulpen und andre Muscheln fest angesetzt hatten, die hinwiederum den Seegewächsen zu einem Befestigungs-Punkte gedient, um Wurzeln darinn zu schlagen und allmählig zu einem dichten Klumpen von so ansehnlichem Umfange heran zu wachsen. Wie lange mußte indeß dies Glas nicht bereits in den Wogen umhergetrieben seyn, bevor die Natur nach und nach alle diese Erscheinungen an demselben hervorbringen konnte! Es hätte verdient, mit all diesen Anhängseln von Muscheln und Tang in einem Naturalien-Kabinette aufbewahrt zu werden; und darum reut mich jetzt um so mehr meine Unachtsamkeit, die diese Seltenheit, nachdem ich sie noch einige Zeit aufgehoben, endlich doch dem zufälligen Schicksal des Zerbrechens preißgab.

Meinen Kapitain mit dem Schiffe fand ich noch bei Cap Mesurado, nachdem ich länger, als vier Wochen, abwesend gewesen. Bevor ich jedoch zu einer neuen Handelsfahrt abgehen konnte, ward es für nöthig befunden, neue Vorräthe von Wasser einzunehmen, und dieses Geschäft mir zur Ausrichtung übertragen. Bei dem gegenseitigen Mißtrauen aber, welches zwischen den europäischen Schiffen und den Eingebohrnen herrscht und tief in der Natur des hier betriebenen Handels liegt, ist ein solcher Auftrag ebensowohl mit Beschwerde, als mit Gefahr verknüpft, und erfordert die genaueste Vorsicht, um nicht von den treulosen Afrikanern überwältigt, ausgeplündert und ermordet zu werden.

Das Wasser, dessen man bedarf, muß jedesmal von ihnen am Lande erhandelt werden. Man versieht sich hiezu an Bord mit allerlei kleinem Kram, an Spiegeln, Korallen, Messern, Fischangeln, Nähnadeln, Zwirn und dergl., und erwartet, dicht am Seestrande, wohlbewaffnet, das zufällige Zusammentreffen mit den Eingebohrnen, um mit ihnen den Preis für jedes Faß Wasser, welches man eben holt, oder auch künftig zu holen gedenkt, zu verabreden. Das hiezu bestimmte Boot bleibt jedesmal bis 120 Klafter weit vom Lande vor Anker liegen. Die ledigen Wassertonnen werden über Bord geworfen, und die Neger stürzen sich in die Brandung, um sie schwimmend an Land zu bringen, und nach ihren Brunnen und Wasserstellen hinaufzurollen. Sind sie hier angefüllt und verstopft, so werden sie wieder an den Strand zurückgewälzt, von zwei schwimmenden Negern in die Mitte genommen und an das Boot gebracht, wo ihnen dann die dafür bedungenen Waaren ausgeliefert werden.

Als ich in solcher Expedition zum Erstenmale das Ufer betrat, standen bereits 12 oder 14 Schwarze unsers Empfangs gewärtig; und während ich, mit etwa 10 meiner Begleiter vollend's in's Trockne watete, kam uns auch ihr Anführer entgegen, bot mir die Hand, schnitt eine Menge wunderlicher Capriolen, und gab sich mir endlich mit den Worten »Amo King Sorgo« (Ich bin der König George) zu erkennen. Daß er aber auch für irgend etwas Besonderes angesehen seyn wollte, gab schon sein ganzer Aufzug zu erkennen. Er war nemlich mit einer alten zerrissenen linnenen Pumphose und einer weißen Kattun-Weste ohne Ermel bekleidet; sein noch größerer Schmuck aber bestand in einer rothen und weißen Schminke, womit er sich Gesicht und Hände, vorzugsweise vor all seinen Gefährten, scheußlich bemahlt hatte. Mit diesem Narren nun und seinen Unterthanen wurden wir des Preises für das Wasserfüllen einig und hielten uns auch des nächsten Tages wacker zu unsrer Arbeit.

Bei dieser Gelegenheit nahm ich am Strande eine Menge von Feldsteinen wahr, deren wir, als Ballast, für Boot und Schaluppe vielfach benöthigt waren. Ich schloß demnach mit den Negern einen neuen Handel über eine Bootsladung solcher Steine ab, worinn zugleich die Größe derselben dahin bestimmt wurde, daß ein Mensch sie allenfalls tragen und damit handthieren könnte. Sie suchten Ihrerseits sich den Transport zu erleichtern, indem sie ein Kanot dicht auf den Strand zogen und es füllten, soviel es bequem tragen konnte. Dann traten je vier von ihnen an jede Seite des Fahrzeugs, warteten eine niedrigere Welle ab, und schoben es dann schnell in die See, während Einer behende hinein hüpfte, um es vollends an unser Boot zu geleiten und in dasselbe auszuladen.

So geschah es indeß, daß einst auf dieser Überfahrt eine Woge, stürmischer, als die übrigen, über das Kanot herstürzte und es augenblicklich versenkte. Sofort sprangen die am Ufer zurückgebliebenen hinzu, schwammen nach der Stelle, wo sich der Unfall ereignet hatte, bläueten den ungeschickten Fährmann, zu unsrer großen Belustigung, wacker durch, aber erregten auch ebensosehr unser Erstaunen, als sie hierauf, Einer nach dem Andern, in eine Tiefe von wenigstens 12 bis 14 Fuß untertauchten und, nach kurzem Verzuge, Jeder mit einem versunkenen Steine, von beinahe Centners-Schwere, auf die Schulter geladen und mit der Hand im Gleichgewicht gehalten, wieder emporkamen. Noch mehr! Mit dieser nemlichen Last schwammen sie, wenn gleich mit sichtbarer Anstrengung und blasendem Athem, noch 40 bis 50 Klafter weiter an unser Boot, um ihren sauer gewordenen Fund an uns abzuliefern.

Noch oft und viel bin ich Zeuge von der ungeheuren Körperkraft der Neger, so wie von ihrer ausgezeichneten Behendigkeit und Ausdauer im Schwimmen gewesen. Wenn sie mit ihren Kanots dicht an der Einen Seite des Schiffes lagen, und Jemand sich eine Lust mit ihnen machen wollte, so durft' er ihnen nur eine thönerne Tabackspfeife zeigen und sie über den entgegengesetzten Bord in's Meer werfen. Alsogleich auch stürzte sich dann eine Anzahl aus dem Kanot nach in die Fluth; tauchte, unter dem Schiffe weg, in den Grund, und sicherlich kam irgend Einer, mit der unbeschädigten Pfeife in der Hand, wieder zum Vorschein, wenn gleich das Meer auf einer solchen Stelle eine Tiefe von 25 bis 35 Klaftern hatte.

Nicht minder habe ich gesehen, wie Kinder von etwa fünf Jahren keck und wohlgemuth sich im Wasser tummelten und durcheinander schwammen; ja sogar wie einst ein Neger (wahrscheinlich war es der Vater des Kindes) einen solchen vier- oder fünfjährigen Burschen bei beiden Beinen ergriff und ihn, soweit er mit aller Kraft vermochte, in die See schleuderte. Das Kind kam nach wenig Augenblicken wieder an Land geschwommen; und seine frohe Miene bewies, wie geringe der Eindruck gewesen, den diese rohe Behandlung auf dasselbe gemacht hatte.

Noch waren wir mit unsern Stein- und Wasser-Transporten beschäftigt, als ich eines Morgens bei guter Zeit mit dem Boote, ohnweit des Strandes, zu Anker kam. Hier war indeß noch kein Neger sichtbar, um uns bei unsern Fässern Handreichung zu thun. Denn da in dieser Weltgegend die Nächte stets zwölf Stunden währen, so kühlt sich binnen dieser Zeit die Temperatur sehr merklich ab und es weht bis 8 oder 9 Uhr Morgens eine ziemlich frische Luft, die den völlig nacket einhergehenden Negern so empfindlich fällt, daß sie sich nicht gerne früher aus ihren Hütten hervormachen. Ihre Erscheinung mußte also mit Geduld erwartet werden.

Gerade dies Warten aber gab uns in unserm Boote eine Langeweile, die je länger, je drückender für uns wurde. Unter meinen Gefährten befand sich ein englischer Matrose, der sich bereit erklärte, an Land zu schwimmen und die säumigen Neger herbeizuholen. Hätte ich auch nicht andre Gründe gehabt, ihm meine Zustimmung zu versagen, so würde mich doch schon die Furcht, daß ein Hayfisch ihn packen könnte, dazu bewogen haben. Inzwischen gab es vergeblichen Harrens immer mehr; unser Mißmuth stieg, und der Engländer erbot sich zu wiederholten Malen, das, wie er vermeynte, ganz unbedenkliche Abentheuer zu bestehen. Mein Kopfschütteln dämpfte indeß seine Begierde nicht, bis ich endlich, mehr ermüdet von seinem stetem Andringen, als es billigend, und zugleich hoffend, daß ja nicht augenblicklich ein solches Ungethüm in der Nähe lauern werde, ihm nachließ, zu thun, was er nicht lassen könnte.

Alsobald warf der Mensch, frohen Muthes, seine Hemde von sich, sprang über Bord und steuerte schwimmend dem Lande zu. Allein kaum hatt' er sich zwei Klafter weit vom Boot entfernt, so sahen wir ihn auch bereits von einem solchen gefürchteten Thiere umkreiset, bis es sich endlich, nach seiner Gewohnheit, auf den Rücken warf, seine unglückliche Beute ergriff und mit derselben davonzog. Bald ragte der Kopf, bald Hand oder Fuß des armen Schwimmers über die Wellen empor; endlich aber verschwand er ganz aus unserm Gesichte, die wir Zeugen dieses gräßlichen Schauspiels hatten seyn müssen, ohne helfen und retten zu können. Daß es, als ich wieder an Bord kam, an einem tüchtigen, aber auch verdienten Verweise von meinem Kapitain nicht fehlte, kann man sich wohl vorstellen. Gott wird mir jedoch meine Sünde vergeben, da er am besten weiß, daß ich dies Unglück nicht aus Muthwillen, sondern gänzlich wider meinen Wunsch und Willen verschuldet!

Merkwürdig ist gleichwohl die Versicherung der Neger, die auch durch den Augenschein bestätigt wird, daß Keiner Ihresgleichen von der Gefräßigkeit dieser Haye etwas zu fürchten habe; so daß man wohl schließen muß, die schwarze Farbe derselben habe etwas, wodurch sie abgehalten werden, jene anzufallen. Eine solche Gefahr würden diese Afrikaner insonderheit in der Nähe der Schiffe laufen, welche — zumahl wenn ihr Bord unter Wasser allmählig mit Muscheln überzogen und mit allerlei Seegras bewachsen ist — von jenen Fischen vorzüglich gerne aufgesucht werden. Hier sieht man sie, wenn manchmal das Wasser still und die See ruhig geworden, in ganzen dichten Heerden, worunter es Bestien von 12 Fuß lang und darüber giebt, diese Fahrzeuge umschwärmen und das Geringste, was eßbar scheint und zufällig über Bord geworfen wird, begierig und heißhungrig erschnappen.

Wird ihr hartes und unschmackhaftes Fleisch gleich nicht gegessen, so macht man doch zu Zeiten zum Vergnügen Jagd auf sie; und dazu bedarf es kaum etwas mehr, als eines tüchtigen Hakens von irgend einem Kistengehänge, den man an eine starke Leine befestigt, an der Spitze aber mit einem Stücke Speck oder dergl. ködert. Kaum hat er das Wasser erreicht, so hat auch bereits ein Hayfisch wüthend angebissen, der dann emporgezogen und auf dem Verdecke vollends getödtet wird. Grausamer aber ist der, gar nicht seltene Gebrauch, wo ihnen auf dem Rücken ein Loch quere durch die starke Haut gestochen und dann ein Tau von drei oder vier Klaftern Länge hindurch gezogen wird, an dessen entgegengesetztes Ende man ein Stück Holz oder auch ein verspündetes ganzes oder halbes Ankerfaß befestigt, um sie sodann wieder lebendig in die See zu werfen. So sieht man sie dann wohl zwei, drei und mehr Tage sich unaufhörlich auf den Wogen umherwälzen, weil jenes leichte Anhängsel sie am Untertauchen hindert.

Noch lagen wir in dieser Küstengegend vor Anker, als sich auch ein holländisches Sklavenschiff bei uns einfand und gleichfalls dicht neben uns ankerte. Der Kapitain desselben rief uns zu, daß wir ihn doch mit unsrer Schaluppe zu uns herüber holen möchten. Kaum war dies geschehen und er zu uns an Bord gekommen, als er uns die drückende Noth klagte, in welcher er sich augenblicklich befände. Eilf Mann von seiner Besatzung wären ihm unterweges gestorben; und noch habe er 14 Kranke liegen, so daß er kaum noch 5 gesunde Leute an die Arbeit stellen könne. Auch habe er seither nicht mehr, als 18 Sklaven eingehandelt, und wisse vor Sorge und Verlegenheit nicht, was er beginnen solle. Sein eigentlicher Wunsch aber war, daß wir ihm einige Köpfe von unsrer Mannschaft überlassen möchten. Hieran war jedoch von unsrer Seite so weniger zu denken, als selbst kaum irgend Jemand von den Unsrigen sich zu einem solchen Tausche freiwillig verstanden haben würde. Der einzige Rath, den wir ihm geben konnten, war, daß er suchen möchte, St. George de la Mina je eher je lieber zu erreichen, wo das Gouvernement verpflichtet seyn würde, sich Seiner anzunehmen.

Während ich ihn wieder nach seinem Schiffe zurückbrachte, erzählte er mir noch umständlicher, daß dasselbe zu Middelburg in Seeland ausgerüstet worden; er selbst aber heiße Harder; sey, gleich mir, ein Pommer und von Rügenwalde gebürtig. Nun that es mir doppelt leid um den armen Landsmann, als ich an seinen Bord kam und überall ein Elend und eine Unbereitschaft wahrnahm, wie sie mir noch niemals vorgekommen war. Fast mit Thränen in den Augen trennten wir uns; und so wie ich mich von dem Schiffe entfernte, nahm ich auch wahr, daß es die Anker lichtete und unter Segel gieng. Doch mocht' es kaum eine Viertelmeile Weges gemacht haben, so legte es sich abermals, uns im Gesichte, vor Anker.

Mitten in der Nacht aber sahen wir von dorther Gewehrfeuer aufblitzen und hörten neben dem Schießen auch allerlei Lärm und Geräusch, ohne zu wissen, was wir daraus machen sollten. Endlich ward Alles wieder still und ruhig: doch als der Tag anbrach, erblickten wir jenes Schiff auf den Strand gesetzt und von unzähligen Negern umschwärmt; deren gleichwohl Keiner während der zwei Tage, die wir hier noch liegen blieben, sich vom Lande zu uns an Bord getraute; — zur hinreichenden Bestätigung unsers Argwohns, daß sie den wehrlosen Middelburger überrumpelt, die Besatzung niedergehauen und das Schiff hatten stranden lassen, um seine Ladung desto bequemer zu plündern.

Wenn eine solche blutige Gewaltthat den Leser mit Recht empört, so muß dagegen nothwendig in Anrechnung gebracht werden, daß dergleichen eigentlich doch nur als Nothwehr oder Wiedervergeltung gegen nicht minder abscheuliche Überfälle angesehen werden müssen, welche sich auch die Europäer gegen diese Schwarzen gestatten. Besonders sind die Engländer dafür bekannt, daß sich von Zeit zu Zeit in ihren Häfen einige Rotten von Bösewichtern, 15 bis 20 Mann stark, und aus verlaufenen Steuerleuten und Matrosen bestehend, die bereits mit dem Gange des Sklavenhandels bekannt sind, vereinigen, die ein kleines Fahrzeug ausrüsten, sich mit Schießbedarf und Proviant, so wie mit einigen Waaren-Artikeln, wie sie zu diesem Handel gebräuchlich sind, zum Scheine versehen, und so nach der Küste von Guinea steuern. Kommen hier nun die Neger an Bord eines solchen Korsaren, um ein friedliches Verkehr anzuknüpfen: so fallen diese Räuber über sie her, legen sie sammt und sonders in Ketten und Banden; und haben sie der Unglücklichen solchergestalt 30 bis 40 oder wie viele sie bewachen können, zusammengerafft, so stechen sie damit nach Süd-Amerika hinüber, um sie an die Spanier oder Portugiesen loszuschlagen. Dort verkaufen sie auch ihr Fahrzeug und gehen nun einzeln, als Reisende mit ihrem ungerechten Gewinn nach England zurück, um vielleicht unmittelbar darauf ein neues Unternehmen dieser Art zu wagen.

Es kann nicht fehlen, daß solche Raubzüge dem regelmäßigen Handel an der afrikanischen Küste, so wie dem gegenseitigen Vertrauen, den empfindlichsten Nachtheil bringen. Besonders verderblich aber waren sie zu jener Zeit für das Verkehr, welches die Holländer vermittelst ihrer Bööte betrieben, da die Neger diese von jenen englischen Raubfahrzeugen nicht hinreichend zu unterscheiden vermochten. Diese Erfahrung machte auch ich an meinem Theile, als ich, in der Mitte Februars, mit der Schaluppe unsers Schiffs, und begleitet von 13 Mann und mit 6 kleinen Pöllern wohlausgerüstet, eine neue Küstenfahrt antrat. Kurz zuvor nemlich hatte ein solcher englischer Korsar in dieser Gegend herumgekreuzt und mancherlei Unfug verübt. Wo ich mich also irgend blicken ließ, ward ich von den Schwarzen mit Jenem verwechselt; nirgend wollte sich ein Einziger von ihnen zu mir an Bord getrauen. Kam ja hie und da ein Kanot zum Vorschein, so hielt es sich, voll Argwohns, in einer Entfernung von hundert und mehr Klaftern; die armen furchtsamen Schlucker glotzten mich an; fragten, ob ich ein Engländer oder Holländer sey, und verlangten, zum Wahrzeichen des letztern, eine holländische Pfeife zu sehen, als ob diese aus einem andern Thone gebacken wäre. Oft auch sollte ich

ihnen eine Flasche aus meinem Flaschenfutter zeigen, weil sie wußten, daß die englischen Handelsleute dergleichen nicht zu führen pflegten.

Mit solcherlei kleinen Künsten und guten Worten gelang es mir endlich doch, drei Neger, die in einem Kanot gekommen waren, zu bewegen, zu mir an Bord zu steigen. Sie hatten einen Elephanten-Zahn zu verhandeln: aber in ihren scheuen Blicken verrieth sich die Angst und der Zweifel, ob sie bei mir auch sicher seyn würden. Nun wollte es der Zufall, daß ich einen etwas närrischen Matrosen im Boote hatte, der sich den Spaß machte, Einen von unsern Gästen um den Leib zu fallen und ihn auf die schwarzen Lenden zu klatschen. Allein dies Übermaaß von guter Laune brachte einen so plötzlichen und heftigen Schreck über sie Alle, daß sie sich kopfüber in ihr Kanot stürzten und eiligst davon machten, ohne ihres Elephanten-Zahns zu gedenken, den sie in unsern Händen zurückliessen. In einiger Entfernung hielten sie indeß an, huben die Hände in die Höhe und baten um Auslieferung ihres Eigenthums.

All mein Winken und gütliches Zureden zur Umkehr war vergeblich. Je ernstlicher mein Unwille über das so muthwillig gestörte gute Vernehmen war, desto weniger bedachte ich mich, nach einem tüchtigen Endchen Tau zu greifen und den Friedensstörer im Angesichte Jener nachdrücklich abzustrafen. Diese Gerechtigkeitspflege gab ihnen wenigstens den Muth, sich, obwohl mit Zittern und Zagen, soweit zu nähern, daß wir ihnen ihren Zahn in's Kanot werfen konnten. Da sie es aber immer noch weigerten, sich uns näher anzuvertrauen, so ließen wir sie endlich in Frieden ihres Weges nach dem Lande ziehen.

Wenige Tage später befand ich mich vor der Mündung eines kleinen Flusses, genannt Rio de St. Paul, aus welchem zwei Neger in einem Kanot zu mir herankamen, um mir den Kauf von zwei Sklaven und einer Kackebobe*) anzu-

*) Der dort übliche Name einer jungen Sklavinn, die noch nicht Mutter geworden.

bieten, die sie daheim bewahrten und wohlfeilen Preises loszuschlagen gedächten. Doch war die Bedingung, daß ich mit dem Boote zu ihnen in den Strom kommen müßte, weil sie mit ihren Nachbarn am andern Ufer in offner Fehde begriffen wären, die sie sonst mit ihrer Waare nicht ungehindert passiren lassen möchten. Wie mißlich mir auch dieser Antrag däuchte, so überwog doch endlich die Betrachtung, daß ich bereits seit mehreren Tagen zu gar keinem Handel hatte kommen können und daß hier schon einmal etwas gewagt seyn wolle. Nachdem ich also meine kleinen Pöller geladen, die Gewehre zur Hand genommen und mich in gehörige Verfassung gesetzt hatte, ruderte ich getrost auf den Ausfluß zu, während die beiden Schwarzen bei mir im Fahrzeuge verblieben.

Ein paar hundert Klafter mocht' ich stromaufwärts gekommen seyn, wo ich beide Ufer dicht mit Gebüsch verwachsen fand und der Fluß selbst eine Krümmung machte, als ich es, unter solchen Umständen, doch für rathsam hielt, hier vor Anker zu gehen, wie sehr meine neuen Begleiter auch in mich drangen, noch weiter hinauf bis an ihre Heimath zu fahren. Da ich dies aber beharrlich weigerte, giengen sie in ihrem Kanot ab und kamen mir aus dem Gesichte. Inzwischen vergieng wohl noch eine Stunde, die ich in immer gespannterer Erwartung zubrachte, als plötzlich ein Schuß fiel und gleich darauf ein gewaltiger Lärm sich erhob. Hiedurch mit Recht beunruhigt, ließ ich augenblicklich das Bootsanker aus dem Grunde reißen, das Fahrzeug seewärts umwenden, und begann das Weite zu suchen. Gleichzeitig stürzte sich auch Einer von jenen beiden Negern vom Ufer herwärts in den Strom, schwamm zu uns an's Boot und verlangte, aufgenommen zu werden, indem er immerfort schrie: »Sie sind da! Sie sind da! und meinen Bruder haben sie schon in ihrer Gewalt!«

Kaum hatt' ich indeß die Strommündung erreicht und die Brandung hinter mir, so füllte sich aus das Seeufer mit einer großen Anzahl von schwarzen Verfolgern, die mir eine Menge von Kugeln und Pfeilen nachschickten; jedoch ohne Jemand von uns zu treffen, wogegen aber unsre Segel verschiedene Schüsse empfiengen. So kam ich also noch leidlich gut aus einem Abentheuer davon, das mir und Allen im Boote den elendesten Tod hätte bringen können, wenn ich nur noch eine einzige Minute gezögert hätte, auf meinen Rückweg zu denken. Was aber nun mit unserm neuen Boots-Kameraden beginnen? — Wär' es auch nach den holländischen Gesetzen nicht bei Lebensstrafe verboten, öffentlichen oder heimlichen Menschenraub zu begehen, so hätt' ich mich doch nimmermehr entschließen können, sein Zutrauen so schändlich zu mißbrauchen und mich für den verfehlten Handel an seine schwarze Haut zu halten. Nachdem ich also noch etwa eine halbe Meile längs dem Strande gesegelt war, gab ich ihm seinen Freipaß und ließ ihn wieder nach dem Lande schwimmen, wo der arme Teufel hoffentlich in Sicherheit gelangte.

Doch ehe ich selbst noch ganz außerhalb des Bereichs unsrer Widersacher kam, bemerkte ich mit Verwunderung, daß das Boot weder gehörig steuern, noch so rasch von der Stelle wollte, als es nach Maaßgabe seiner Beseglung gesollt hätte. In der Meinung, daß sich irgend einiges Kraut oder Strauchwerk am Kiel verfangen und das Steuerruder behindert habe, lehnte ich mich, soweit möglich, über Bord, um die Seiten und den Boden des Fahrzeugs unterhalb Wassers zu untersuchen. Da fand ich denn, daß sich Tausende von Neunaugen an dasselbe überall festgesogen hatten, die sich ohne Zweifel in dem süßen Stromwasser befanden und mit unsern Feinden gemeinschaftliche Sache gemacht zu haben schienen, um uns dort zurückzuhalten. Da indeß alles Losreißen mit den Händen nicht genügte, uns von diesem Ungeziefer zu befreien, so zogen wir endlich einige Taue unter dem Boote durch, womit wir dasselbe durch Hin- und Herziehen allmählig abstreiften.

Während ich nun mein Verkehr, bald mit mehr, bald mit weniger Glück, an der Küste fortsetzte und mich dabei immer weiter vom Schiffe entfernte, begann mir allmählig das frische Wasser zu mangeln, ohne daß ich dessen am

Lande wieder hätte habhaft werden können. Es schien mir demnach Zeit, mich wieder nach dem Schiffe hinzuwenden; gleichwohl aber fand ich, in der Zwischenzeit von 13 Tagen, sammt meinen Gefährten und den paar erhandelten Negern, überflüssige Zeit, die steigenden Schrecknisse eines unauslöschlichen Durstes unter diesem glühenden Himmel zu erproben. Wer es nicht selbst erfahren hat, ist durchaus unfähig, sich dies Elend in seiner ganzen Größe vorzustellen. Mit dem Mangel an frischem Wasser wurden uns auch unsre trocknen Lebensvorräthe an Erbsen, Graupen u.s.w. unbrauchbar: denn mit Seewasser gekocht, (wie wir es versuchten) blieben sie so hart und waren zugleich von so bitterm Geschmack, daß sie stets wie das heftigste Brechmittel wirkten. Ebensowenig konnten wir unser Pökelfleisch ungewässert kochen und verzehren, ohne unsern grausamen Durst noch zu steigern; und selbst unsern trocknen Zwieback vermochten wir unaufgeweicht nicht durch den ausgedörrten Hals zu würgen.

In diesem Drangsal erinnerte ich mich, gehört zu haben, daß der sparsame Genuß des Branntweins in solchen Fällen ein erprobtes Mittel zur Linderung des Durstes darbiete. Allein die kleine Probe, die wir damit anstellten, bekam uns gar übel: denn die Hitze dieses Getränks trieb uns soviel Galle in den Magen, daß wir selbst den Mund beständig voll davon hatten und darüber zum Sterben erkrankten. Trotz meiner von jeher gleichsam eisernen Natur, befand *ich* mich am elendesten unter Allen, und lag bereits fast regungslos auf dem Verdeck darnieder. Nur unsre Sklaven schienen im Ganzen von dieser Noth am wenigsten angefochten zu werden.

In der That aber war es mit derselben bei uns schier auf das Höchste gestiegen, als wir in der Ferne ein Segel ansichtig wurden und um so freudiger darauf lossteuerten, da wir es bald für ein holländisches erkannten. Wir klagten dem Kapitain unser Elend und baten um Abhülfe; erhielten aber den schlechten Trost, daß es ihm selbst an frischem

Wasser fehle: doch wolle er unserm dringendsten Bedürfniß abhelfen; und so schickte er uns wirklich ein Fäßchen, das vielleicht ein halb Anker halten mochte, herüber.

Mit einer Begierde, die keine Beschreibung zuläßt, setzte ich sofort das Gefäß an den Mund; und sowohl ward mir dabei, daß ich fortgetrunken haben würde, bis ich auf der Stelle den Tod davon gehabt, wenn meine Leute, eben so ungeduldig nach dem Genuß dieses Labsals, es mir nicht von den durstigen Lippen weggerissen hätten. Als nun aber auch Einer nach dem Andern sich gütlich gethan, war das Wasser schier alle geworden. Die Leute, welche es uns in ihrer Schaluppe gebracht hatten und Zeugen von diesem Auftritte waren, konnten des Erstaunens über unsre ausgedörrten Kehlen und unser Elend kein Ende finden. Um so williger erfüllten sie meine Bitte, ihren Kapitain in meinem Namen um noch einigen Vorrath anzugehen. Ihre Verwendung war auch nicht ohne Erfolg; und es ward uns ein ähnliches halbes Ankerfäßchen zugestanden.

Solchergestalt versehen, gönnten wir uns eine neue Erquickung, indem wir uns alsofort nicht nur einen Kaffee bereiteten, sondern auch einen Kessel mit Graupengrütze zum Feuer brachten, um endlich wieder einmal eine ordentliche warme Speise zu genießen. Das Gleiche wiederholten wir am nächstfolgenden Tage: aber mit dem dritten war nun auch wieder unsre Labequelle versiegt, und das vorige Fasten wäre wieder an die Tagesordnung getreten, wenn wir nicht noch des nemlichen Tages ein Kanot mit zwei Negern angetroffen hätten, mit denen ich mich über einen kleinen Wasser-Transport vom Lande verständigte. Allein die Burschen merkten, daß wir uns darum in Verlegenheit befanden, und forderten für die Lieferung von zwei Fäßchen, die ich ihnen zeigte, und deren jedes etwa 30 Quart enthalten mochte, einen so ungeheuern Preis an Waaren, daß wir dafür in Europa den köstlichsten Wein hätten kaufen können. Indeß galt hier kein Weigern, und die Gefäße wurden ihnen zum Füllen hingegeben.

Erst in der Nacht kehrten sie damit zurück, und empfiengen den bedungenen Lohn. Als wir aber den Inhalt näher untersuchten, ergab sich, daß derselbe merklich nach Seewasser schmeckte; sey es, daß hier ein absichtlicher Betrug vorgegangen, oder daß sie, aus Bequemlichkeit, aus dem ersten dem nächsten Brunnen mit Brackwasser geschöpft, oder daß über das Kanot in der Brandung eine Welle herstürzte, die Fässer umgerollt, den Stöpsel ausgeworfen und sie zum Theil wieder mit Seewasser angefüllt hatte. Da jedoch die Beimischung noch erträglich fiel, so nahmen wir auch weiter keinen Anstand, in unserm dringenden Bedürfniß davon Gebrauch zu machen. Auch erreichten wir drei Tage später unser längst ersehntes Schiff, das bei Cap la How kreuzte: aber unsre diesmalige Fahrt, die gleichwohl bis in die fünfte Woche gewährt hatte, war in jedem Betracht ungünstig ausgefallen: denn wir brachten nur 3 Sklaven und 5 Elephanten-Zähne mit uns. Glücklicher war unter der Zeit das Schiff selbst in seinem Handel gewesen.

Während der acht Tage, die ich am Borde verweilte, um mich, mit Hoffnung bessern Erfolgs, auf eine neue Bootsreise anzuschicken, kam ein Schiff unter französischer Flagge, und als Fregatte gebaut, in unsern Gesichtskreis, welches von Norden nach Süden längs der Küste steuerte. Sogleich auch gab mir mein Kapitain den Auftrag, mit der Schaluppe hinüber zu segeln und nach neuen Zeitungen über Krieg und Frieden in Europa nachzufragen, damit wir, falls unsre Nation seit unsrer Abfahrt irgend in Krieg verwickelt worden wäre, unsre Maaßregeln desto sicherer darnach nehmen könnten. Den schon genannten französischen Matrosen Joseph nahm ich mit, um mir als Dolmetscher zu dienen.

Dort angelangt, fand ich eine Menge von Schiffs-Officieren (oder mochten es Passagiere in Uniform seyn) vor, die meine Begrüßung mit Höflichkeit erwiederten, und eben so auch meine Fragen über ihren Kurs, und wie lange sie bereits in See gewesen, beantworteten. Indem ich auf diese Weise vernahm, daß sie vor etwa vier Wochen von Havre de Grace in See gegangen, fiel mir augenblicklich jenes, von seiner Mannschaft verlassene Schiff ein, welches wir im vorigen October-Monat in der spanischen See angetroffen und besetzt hatten, und welches gleichfalls von jenem Hafen nach den Antillen bestimmt gewesen. Ich trug demnach meinem Dollmetscher auf, die Herren zu fragen, ob und was ihnen von diesem Schiffe bewußt seyn möchte?

Schon an ihren verwunderten Gesichtern konnt' ich es spüren, daß sie mit diesem Ereignisse bereits bekannt seyn müßten; und nun erfuhr ich von ihnen folgende Umstände, die mich dem völligen Aufschlusse jener räthselhaften Begebenheit um Manches näher führten. Das Schiff war, nachdem es uns so plötzlich von der Seite verschwunden, wider all unser Hoffen, glücklich in Rotterdam angekommen, wo man aus den vorgefundenen Papieren sofort ersehen hatte, daß es von Havre de Grace ausgefahren gewesen. Diesem zufolge hatten die holländischen Behörden sowohl an den Handelsstand in jenem französischen Hafen ein Circulare erlassen, als durch die Zeitungen öffentlich bekannt gemacht: Kapitain Johann Harmel, mit dem Schiffe Christina von Rotterdam, habe in den spanischen Gewässern ein französisches Schiff menschenleer umhertreibend angetroffen, mit Mannschaft besetzt und nach Holland führen lassen. Bei näherer Untersuchung sey befunden worden, daß hinten unterhalb Wassers zwei Löcher durch das Schiff gebohrt gewesen, indem der dazu gebrauchte Bohrer noch daneben gelegen. Die stumpfe Schneide desselben habe jedoch verursacht, daß die Spähne von der äußern Plankenhaut nicht scharf abgeschnitten worden, sich in die Öffnung zurückgelegt, voll Wasser gesogen und dadurch verhindert hätten, daß dasselbe nicht völlig habe eindringen und das Schiff, der gehabten Absicht nach, zum Sinken bringen können. Nicht minder wunderbar habe eingedrungene Nässe das Fortglimmen einer wirklich schon brennenden, zehn Fuß langen Lunte gewehrt, deren entgegengesetztes Ende zu einem Pulverfasse geleitet worden. Aus beiden frevelhaften Versuchen aber gehe deutlich hervor, daß das Schiff muthwillig und ohne Noth verlassen worden und entweder habe sinken oder in die Luft fliegen sollen.

Während nun durch diese Kundmachungen die Rheeder des Schiffes aufgefordert worden, sich zu ihrem Eigenthume zu melden, hatte auch der französische Kapitain desselben, von Lissabon aus, an sie nach Havre de Grace geschrieben: Sein Schiff sey im Meerbusen von Biskaja so leck geworden, daß er befürchtet, jeden Augenblick sinken zu müssen, als zum Glück ein Schwedischer Ostindien-Fahrer in seine Nähe gekommen, der sich auf sein dringendes Bitten habe bewegen lassen, ihn und die übrige Mannschaft, zu ihrer Aller Lebensrettung, an seinen Bord abzuholen. Dieser sey darauf zu Lissabon angekehrt und habe sie sämmtlich dort an's Land gesetzt. Er habe nicht unterlassen, hier mit seinen Leuten also gleich eine gerichtliche eidliche Erklärung abzulegen, die er zugleich mit einsende.

Beide Nachrichten, welche zu der nemlichen Zeit in Umlauf kamen, ließen es, in ihrer Zusammenstellung, keinen Augenblick zweifelhaft, daß der französische Kapitain ein abgefeimter Betrüger gewesen; und auch die darauf angestellte gerichtliche Untersuchung ergab, daß er mit zwei Mit-Rheedern des Schiffs unter einer Decke gesteckt, indem sie dasselbe zu gleicher Zeit in London, Amsterdam und Hamburg für große Summen versichern lassen. Diese sahen nun ihrer gerechten Strafe entgegen; ihr Mitschuldiger aber (wahrscheinlich unter der Hand von ihnen selbst gewarnt) hatte es für's klügste gefunden, sich in Lissabon unsichtbar zu machen, ohne wieder nach seiner Heimath zu verlangen.

Für unser Schiffsvolk ward ich, als ich mit diesen eingesammleten Nachrichten von der glücklichen Bergung unsrer, schon für verloren geachteten Prise wieder an Bord kehrte, ein wahrer Freudenbote: denn nun durfte Jeder auch auf seinen angemessenen Antheil an der, für die Rettung derselben zu bestimmenden Prämie hoffen. Es begann sofort Ein Handel über den Andern wegen dieser zu erwartenden Prisen-Gelder. Einige verkauften ihr Anrecht für wenige Flaschen Branntwein; Andre für etliche Pfunde Taback, ohne sich um die nur zu muthmaaßliche Übervortheilung zu kümmern.

Nach Verlauf einiger Tage rüstete ich mein Boot zu einer neuen dritten Handelsfahrt zu; und diesmal durft' ich auch für mein Privat-Verkehr, im Einkauf von Staubgold, gewissern Vortheil hoffen, da wir uns nunmehr im Angesichte der sogenannten »Goldküste« befanden. Hier wird es daher auch an der rechten Stelle seyn, mich über die Art, wie dies Geschäft betrieben zu werden pflegt, etwas ausführlicher auszubreiten.

So verschwenderisch hat die Natur hier ihr edelstes Metall verbreitet, daß selbst der Seesand dessen in hinreichender Menge mit sich führt, um die Mühe des Einsammelns zu vergüten. Wenn daher Vormittags die Sonne hoch genug gestiegen ist, um den nackten Negern die Luft-Temperatur behäglich zu machen, finden sie sich zu Hunderten am Strande ein; so daß derselbe oft ganz schwarz von ihnen wimmelt. Dann setzen sie sich, dicht neben dem Ablauf der Wellen in's Wasser, und jeder hält eine tiefe hölzerne Schüssel (deren die Schiffe ihnen als Handelswaare zuführen) vor sich zwischen den Knieen, nachdem er sie zuvor voll goldhaltigen Sandes geschöpft. Sie wissen diese Gefäße so geschickt zu drehen, daß jede anlaufende Welle darüber hinspült und etwas von dem leichteren Sande über den Rand mit sich fortschwemmt; während das Metall sich, vermöge seiner natürlichen Schwere, tiefer zu Boden senkt. Dies wird so lange wiederholt, bis der Sand beinahe gänzlich verschwunden ist und das reine Staubgold, kaum noch mit einigen fremden Körnern untermischt, sichtbar geworden. Die Neger wissen es sodann gar geschickt und behende in ihre kleine Dosen aufzufassen, die wir ihnen gleichfalls zum Verkaufe bringen. Auf diese Weise habe ich wohl selbst zum öftern gesehen, daß Manche binnen 8 bis 10 Stunden den Werth von 6 bis 12 und mehr holländischen Stübern zu Wege brachten.

Noch weiß ich aus den, deshalb angestellten Erkundigungen, daß sie auch weiter landeinwärts mit dem dort befindlichen goldhaltigen Kiessande auf eine ähnliche Art verfahren, indem sie diese Erdklumpen in die Nähe eines Gewässers tragen und Erde, Sand und Kies so lange durcheinander rühren und ausspülen, bis sie zu dem nemlichen Erfolg gelangen. Hier aber finden sich auch nicht selten bedeutendere Stückchen Goldes, selbst von der Größe, wie unser grober Seegries. Die Neger nennen es »heiliges Gold«; durchbohren es, reihen es auf Fäden und schmücken mit diesen kostbaren Schnüren Hals, Arme und Beine. In solchem stattlichen Putze zeigen sie sich gerne auf den Schiffen; und so trägt oft ein Einziger einen Werth von mehr als tausend Thalern am Leibe.

Stellen sie ihr gewonnenes Gold auf den europäischen Fahrzeugen zu Kaufe, so werden ihnen zuvor die ihnen anständigen Waaren vorgelegt und über den anzunehmenden Werth derselben eine Übereinkunft getroffen. Dieser Werth wird in »Bontjes« bestimmt, oder Stückchen Goldes, etwan einer Erbse schwer und zu 6 Stüber Geldwerth zu berechnen. Acht Bontjes betragen ein Entis oder einen Thaler holländisch; und 10 Entis ein Loth, dessen Werth zu 24 holländische Gulden, oder nach Unzen zu 42 Gulden angeschlagen wird. Die Neger Ihrerseits bedienen sich ähnlicher Gewichte, welche aber gegen die holländischen jedesmal zu kurz kommen.

Hier geht nun das Streiten und Zanken an. Immer noch fehlt etwas — noch etwas, und so weiter; bis man denn zuletzt unter Zanken und Streiten doch einig wird. *Betrogen* aber werden die Neger endlich doch immer, wie schlau sie es auch anfangen mögen! Mancher Weiße läßt sich sogar absichtlich die Nägel an den Fingern lang wachsen; rührt damit in dem Staubgolde, unter dem Vorwande, als werde er noch gelben Sand unter den Metallkörnchen gewahr, umher, und kraut sich dann, unmittelbar darauf, mit den Nägeln in den Haaren, um die aufgefischte Beute dort abzusetzen. Haben sich endlich die Verkäufer entfernt, so kämmt er sein struppiges Haar mit einem engen Kamme wohl durch, und bringt dadurch zuweilen zwei und noch mehr Bontjes Goldstaub vom Kopfe. Niemand rechnet sich diese Hinterlist zum Vorwurf. Es heißt dann immer: »Nun, was ist's mehr? Ist's doch nur ein Neger, der angeführt wird!«

Nachdem ich endlich eines Morgens meine Fahrt wirklich angetreten hatte und ich etwa drei Meilen vom Schiffe entfernt war, kam mir noch an dem nemlichen Nachmittage ein kleines englisches Schiff zu Gesichte, das ungewöhnlich nahe am Strande vor Anker lag, während ein Theil der Segel und des Takelwerks sich in größter Unordnung befand und wild um die Masten peitschte. Indem ich meine Begleiter auf diese in solcher Lage unbegreifliche Nachlässigkeit aufmerksam machte, beschloß ich, mich diesem Fahrzeuge zu nähern, ob ihm vielleicht Hülfe vonnöthen seyn möchte, die wir ihm leisten könnten. Bald kam ich im Heransegeln so dicht an seine Seite, daß ich ihm die Frage zurufen konnte: »Warum er sich in diese gefährliche Nähe an einem unsichern Strande gelegt habe?«

War ich bereits verwundert, so ward ich es noch vielmehr, als sich kein einziger Weißer am Borde blicken ließ, dagegen aber wohl 20 bis 30 Neger auf dem Verdeck herum standen und giengen. Vor Allem zeichnete sich ein Kerl auf dem Hintertheil, mit einem blauen Überrock bekleidet, durch seine Keckheit aus, indem er ein kurzes weitmündiges Schießgewehr (Wir nennen es eine Donnerbüchse) in der Hand führte und auf uns anlegte. Ein Andrer stand vorne, mit einer weißen Weste ohne Ermel, und lag mit seinem Gewehr ebenfalls im Anschlage auf uns. Auch die Übrigen Alle, längs dem Borde, winkten mit den Händen abwärts und schrieen aus vollem Halse: *Go way! Go way!* (Packt euch!)

Was war natürlicher zu glauben, als daß dies Schiff so eben in die Gewalt der Schwarzen gerathen, welche die englische Mannschaft ermordet hätten und im Begriffe ständen, ihre Beute auszuplündern. Hier war es also nicht allerdings rathsam, lange zu verweilen. Ich steuerte demnach ab, gegen den Wind: doch indem ich mich außer der Schußweite sah, fieng ich an zu überlegen, daß es nicht gar ehrenvoll für uns aussehen würde, die schwarzen Räuber ihr Wesen so ganz ungestört treiben zu lassen. Ich berieth mich mit meinen Leuten, ob nicht ein entschloßner Angriff auf die Brut zu wagen seyn möchte? Denn wenn wir gleich mit einem tüchtigen Feuer auf sie anrückten, so war ich der Meynung, daß die Kerle, da sie so dicht am Lande lagen, bald über Bord springen und uns das Schiff als gute Prise überlassen würden.

Dieser Vorschlag, mit so glänzender Aussicht auf Gewinn verbunden, gewann sich alsobald ihren ungetheilten Beifall. Um mir aber jede künftige Verantwortung und üble Nachrede zu ersparen, fuhr ich fort: »Ihr habt aber auch gesehen, daß wenigstens Zwei von ihnen Schießgewehr führen und es sicherlich auch gebrauchen werden, bevor sie uns das Feld räumen. Sollte nun Einer oder der Andre von uns dabei zu Schaden kommen, so sage Niemand: Ich hätte ihn zu dem Unternehmen gezwungen. Hier bedarf es durchaus eines freiwilligen Entschlusses. Also: *Ja oder Nein?*« — Ihr kaltblütiges »Ja« weckte das glimmende Feuer in mir zur vollen lichten Flamme. — »Wir gehen drauf los, und jagen die schwarzen Bestien durch ein Knopfloch?« fragte ich noch lauter und heftiger. — »Ja! Das wollen wir!« scholl mir zur Antwort entgegen. — »Nun denn! Immer drauf, in Gottes Namen!«

Sofort sprang ich nun, zu Vollführung meines Vorsatzes, hinten in die Luke hernieder; ergriff ein kleines Pulverfaß, das 16 Pfund enthielt; trat ihm hastig mit einem Fußstoße den Boden ein; füllte meinen Hut mit Pulver; eilte damit auf's Deck; lud meine sechs Pöller allein; setzte auf jede Ladung zwei Kugeln, und ließ ein paar angezündete Lunten in Bereitschaft halten. Den besten und zuverlässigsten Mann setzte ich an's Ruder, mit dem Gebot, daß er von vorne auf das Schiff zusteuern und so längs dem Borde desselben hinweg streifen sollte, wie ich ihn an Ort und Stelle noch genauer anweisen würde. Das Abfeuern meines Geschützes behielt ich mir ausschließlich selbst vor, um meines Ziels desto sicherer nicht zu verfehlen; wogegen meine übrigen Leute im rechten Augenblick mit dem Handgewehre ihr Bestes thun sollten.

Wie gesagt, so geschehen! Wir steuerten so dicht auf unsre gehoffte Prise los, daß wir ihren Bord im Vorüberfahren mit einem Bootshaken hätten entern können. Während dem gab ich zugleich aus all meinen vier Pöllern Feuer; hatte aber den Schreck, zu sehen, wie sie sammt und sonders zersprangen und überm Haufen lagen, weil ich sie in meinem unbedachten Eifer zu stark überladen hatte. Was mich jedoch auf der Stelle tröstete, indem wir nun hinter das Schiff kamen, war die gelungene Frucht meines Knallens — der Anblick einer guten Anzahl schwarzer Köpfe im Wasser, die bereits eifrig dem Lande zuschwammen.

Jetzt rief ich meinen Leuten zu: »Das Boot umgelegt! Nun dran! Nun geentert! Handgewehr auf's Deck!« — Ich selbst sprang wiederum hinten in die Lucke hinab, um die Gewehre, die uns früher hinderlich gewesen wären, schnell hervorzulangen: aber da sprudelte mir von unten ein mächtiger Wasserstrahl aus dem Boden des Fahrzeugs entgegen. Es war nicht anders zu glauben, als daß, während der Pulverdampf Alles erfüllte, im Vorüberfahren am Schiffe, jener Kerl mit der Donnerbüchse vom höheren Hintertheile herab gerade in die offne Lucke gehalten und den Boden so unglücklich durchschossen haben mußte. Konnt' es wohl einen wunderlicheren, aber zugleich auch widerwärtigeren Zufall geben?

Ich trat augenblicklich mit dem Fuße auf das Loch und schrie nach irgend einem Kleidungsstück, um davon einen

Pfropfen zu drehen und diesen in oder auf die Öffnung zu stopfen. Meine Leute aber standen Alle wie angewurzelt und bedonnert, ohne meine Meynung zu fassen. Endlich riß ich mir selbst das Hemde vom Leibe; wickelte es so fest zusammen, als mir möglich war, und suchte dem Unheil vorläufig damit abzuhelfen. Doch wie ich nun auf das Deck kam nahm ich wahr, daß das Boot fast bis zum Sinken tief lag und das eingedrungene Wasser es binnen der kurzen Zeit schier bis oben erfüllt hatte. Noch empfindlicher aber ward mir dies Unglück in der Betrachtung, daß ich so eben erst mein Schiff verlassen hatte und nun mein noch vollständiger Vorrath von Handelswaaren durchnäßt und nur zu gewiß verdorben worden. An die Fortsetzung des Gefechts war unter diesen Umständen nicht mehr zu denken; und alle unsre schon erlangten Vortheile mußten aufgegeben werden.

Ich entfernte mich also mit großem Schaden von dem Kampfplatze. Dreiviertel Meilen weiter von hier, unter dem Winde, nahm ich ein Schiff vor Anker wahr, auf welches ich zusegelte, bis ich neben demselben gleichfalls den Anker fallen ließ, um mein eingedrungenes Wasser auszupumpen. Der Kapitain jenes Schiffes kam in seiner Schaluppe zu mir an Bord, weil er wahrgenommen, daß ich bei jenem ober Windes liegenden Fahrzeuge geschossen, und er zu wissen wünschte, was dies zu bedeuten gehabt? — Mein Bericht setzte ihn eben so sehr in Erstaunen, als er mir sein Beileid über meinen erlittenen Unfall und das Verderbniß meiner Ladung bezeugte: denn ich hatte so eben die unerfreuliche Entdeckung gemacht, daß meine Waaren nicht nur sämmtlich unter Wasser gelegen, sondern daß auch die Pulverfässer, woraus ein Theil derselben bestand, durch das Schlingern des Bootes ihren Inhalt dem Wasser mitgetheilt und all meine Zeugwaaren völlig schwarz gefärbt hatten.

Der Kapitain bemerkte, daß er das englische Fahrzeug bereits seit drei Tagen dort habe liegen sehen. Gegen den Wind habe er zu demselben nicht heransteuern können;

und da auch sein Boot gerade auf einer Handelsreise abwesend sey, so habe er bisher einen unthätigen Zuschauer abgeben müssen. Er wolle mir aber mein Boot in möglichst kurzer Zeit wieder dicht machen helfen, sich persönlich mit mir vereinigen, noch etwa ein 10 oder 20 Köpfe von seinen Leuten mit zu Hülfe nehmen, und das englische Schiff mit mir gemeinschaftlich angreifen und nehmen. Allein ich hatte in dem Augenblick den Kopf zuvoll von meinem Unglück, das mir auf dem Halse lag. Ich schlug ihm daher meine Theilnahme an der Fortsetzung dieses Abentheuers ab; und wahrscheinlich wäre es auch eben so fruchtlos abgelaufen: denn schon am nächstfolgenden Morgen sahen wir das englische Schiff völlig am Strande liegen, wohin es die Schwarzen hatten treiben lassen. Was ferner damit geworden seyn mag, ist mir nicht wissend geworden.

Für mich blieb nun kein andrer Rath, als mich wieder nach unsrer Christina zu wenden und eine ganz neue Ausrüstung zu verlangen. Indeß mag sich der Leser selbst, wenn er kann, eine Vorstellung davon machen, mit welch einem garstigen Willkommen ich dort, nach Abstattung meines Berichts, von meinem Kapitain empfangen wurde, der das Unglück hatte, fast beständig betrunken zu seyn. Er wollte mich todtstechen, todtschießen, oder mir sonst auf eine neue, noch unerhörte Manier das Garaus machen. Da ich nun Meinerseits des Glaubens war, daß ich, nach Maaßgabe der Umstände, vollkommen recht und pflichtmäßig gehandelt, und ich den unglücklichen Zufall, der hier den Ausschlag gegeben, nicht verantworten könnte: so mocht' ich mich auch nicht entschließen, demüthig zu Kreuze zu kriechen; und so gab es nun noch drei Wochen lang zwischen uns nichts, als böses Blut und täglichen Verdruß, (denn in dem Ärger sprach mein Gegner nur um so fleißiger der Flasche zu, und ward dann wie ein tolles rasendes Thier) bis wir endlich vor St. George de la Mina anlangten, um dort unsern letzten Handel abzuschließen.

Hier fand ich den Gouverneur Peter Wortmann noch

von den nemlichen wohlwollenden Gesinnungen gegen mich erfüllt, wie ich ihn vormals verlassen hatte. Ich klagte ihm bei Gelegenheit mein ganzes Unglück und meine obschwebende Mißhelligkeit mit dem Kapitain, die mir alle Ruhe des Lebens verbitterte. Er dagegen hieß mich guten Muthes seyn; indem er ehestens den hohen Rath versammeln wolle, wo ich volle Freiheit finden würde, mein beobachtetes Verfahren zu vertheidigen. Dies geschah auch wirklich bald nachher in einer Sitzung, wozu außer den ordentlichen Räthen noch fünf holländische Schiffs-Kapitaine, die dort eben mit ihren Schiffen auf der Rheede lagen, mit hinzugezogen wurden. Ich erklärte vor dieser Versammlung, unter dem Vorsitz des Gouverneurs und im Beiseyn Kapitain Harmels, den ganzen Verlauf der Sache mit dem Angriff auf das englische Fahrzeug; daß ich, was ich gethan, zu Gunsten unsers Schiffs und unsrer Leute unternommen, welche, wenn die Besitznahme geglückt wäre, nach den Seerechten Zweidrittel der Ladung als Bergelohn zu fordern berechtigt gewesen seyn würden. Ob mein Angriff ungeschickt geleitet worden und ob ich, ohne den empfangenen Schuß mein Vorhaben nicht unfehlbar erreicht haben würde, überließ ich, dem Gericht zur einsichtsvollen Beurtheilung. — Die Folge dieser Verantwortung war, daß ich einstimmig und mit Ehren freigesprochen wurde.

Während unsers ferneren Verweilens vor diesem Platze kam eines Tages ein holländisches Schiff auf der Rheede vor Anker, welches sofort auch die Nothflagge wehen ließ und mehrere Nothschüsse abfeuerte. Von allen anwesenden Schiffen konnte indeß nichts zu dessen etwannigen Beistande geschehen, da unsre sämmtlichen Kapitaine eben mit den Schaluppen an Land gegangen waren, und wir Steuerleute kein anderes Boot zu unsrer Verfügung hatten. Doch sahen wir bald, daß vom Forte aus ein Kanot mit vier Negern abstieß, eiligst nach dem nothleidenden Schiffe hinruderte und auch, nach Verlauf einer Stunde, von dort wieder zurückkehrte.

Zwei Stunden später kam dies nemliche Kanot, vom Lande aus, wieder zum Vorschein und geradesweges zu mir an Bord. Es brachte mir den schriftlichen Befehl des Gouverneurs, mit diesen Negern zu ihm an Land zu fahren. Ich befolgte diese Weisung ohne mir's einfallen zu lassen, daß meinem Kapitain hievon nichts gesagt worden. Indem ich aber in den großen Saal trat, fand ich die nemliche Versammlung, vor welcher ich ohnlängst zu Gerichte gestanden, und auch den Kapitain Harmel, an der Tafel bei einem fröhlichen Mittagsmahl sitzen. Kaum aber faßte mich der Letztere in's Auge, so sprang er auf, und fragte mich in rauhem Tone: Was ich am Lande zu schaffen hätte? — Statt der Antwort überreichte ich ihm das, von Seiner Edelheiten, dem Gouverneur erhaltene Billet, und trat, während dessen, hinter den Stuhl des Letztern, um zu fragen, was zu seinen Befehlen stände?

»Da ist« — hub Dieser an, indem er aufstand und sich zu mir wandte — »so eben der Kapitain Santleven von Vliessingen auf der Rheede angelangt und befindet sich im äußersten Drangsal. Er selbst liegt krank im Bette; seine Steuerleute sind todt; er hat daneben beinahe hundert Sklaven an Bord, und seine Noth und Verlegenheit ist dermaaßen groß, daß er hat eilen müssen, diese Station zu erreichen, um von den hier liegenden Schiffen einen Steuermann zu erlangen, der die Führung des Schiffes übernehmen möchte. Ich und die übrigen Herren Kapitaine hier wünschen ihm darinn, wie billig, zu willfahren und haben Euch, mein lieber Nettelbeck, zu diesem Posten ersehen.«

Bevor noch der Gouverneur seinen Antrag geendigt hatte, begann schon mein Kapitain, ihn unterbrechend, dagegen aus allen Kräften zu protestiren; wie sehr auch die übrigen Anwesenden bemüht waren, ihn davon zurückzuhalten. Zuletzt wandte er sich ganz wüthend gegen mich und gebot mir: »Nettelbeck, Ihr verfügt Euch stehendes Fußes auf mein Schiff zurück, und verseht den Dienst am Bord. Ich will und befehl es!« — Dem mußte allerdings gehorcht werden! Ich wandte mich ruhig um und gieng zum Saale hinaus.

Kaum war ich aus der Thüre, so hörte ich etwas hinter mir drein schreiten. Es war Einer von den tafelnden Kapitainen, der aufgesprungen war, mich hastig an der Hand ergriff, und mich fragte: »Ich bitte Euch um Alles — Ihr heißt *Nettelbeck?*« — Ich bejahete; und nun fuhr Jener noch angelegentlicher fort: »Und seyd Ihr ein Colberger? Wohnt nicht Euer Vater dort am Markte? und habt Ihr nicht eine Schwester, die an Einem Fuße hinkt?« — Ich bejahete wiederum, aber mit zunehmender Verwunderung, theils über diese genaue Kenntniß meiner Familie, theils über die Absicht all dieser Fragen. — »Nun denn«; setzte er, mit gleichem Feuer, hinzu — »So müßt Ihr ja auch einen Bruder in Königsberg haben, der ein Schiff für eigne Rechnung fährt?« — »Der werde ich wohl selbst gewesen seyn«; war meine Antwort. — »Wie? Nicht möglich! Ihr selbst? Nun denn, um so weniger« ... unterbrach er sich selbst, hielt mich noch fester und zog mich stürmisch wieder in das eben verlassene Zimmer zurück. Ich wußte am allerwenigsten, was dies alles zu bedeuten haben könnte.

Sein Nächstes war nun, daß er sich an den Kapitain Harmel wandte, ihn freundlich umfieng, und ihm schmeichelnd zuredete: »Nicht wahr, lieber alter Freund, — Ihr gebt meinem und unser Aller Dringen eine gute Statt, und überlaßt diesen wackern Mann an Santleven? Denn ich will's Euch nur sagen: Für Alles, was Nettelbeck heißt, laß ich Leib und Leben; und ich will Euch für ihn einen meiner eignen Steuerleute, und einen befahrnen Matrosen oben ein, der es auch alle Tage werden könnte, an Bord schicken. Topp?« — Auch die Andern insgesammt umringten den zornigen Menschen und redeten so lange und eifrig auf ihn ein, bis er sich jede Ausflucht abgeschnitten sah, und endlich, mir halb über die Achsel zugewandt, entgegenbrummte: »So geht denn Meinetwegen zum Teufel!« — Das war und blieb mein Abschied!

Dagegen drang nun der Mann, der mir so geflissen das Wort geredet hatte, in mich, nun auch sofort mit ihm zu Kapitain Santleven an Bord zu gehen, wohin er mich in seiner Schaluppe bringen wolle. Dies geschah auch, und indem wir nun vom Strande abstießen und in der See waren, konnt' ich mich denn länger nicht entbrechen, an meinen freundlichen Begleiter die Bitte zu richten, daß er mir doch erklären wolle, woher er eine so genaue Kenntniß meiner Familie habe, und wie er überhaupt dazu komme, einen so warmen und freundschaftlichen Antheil an mir zu nehmen.

»Nun«, erwiederte er lächelnd — »das wird Euch weiter nicht Wunder nehmen, wenn Ihr hören werdet, was ich Euch zu erzählen habe. Im Jahr 1764 fuhr ich, als Steuermann, auf einem holländischen Schiffe und hatte, in der herbesten Jahreszeit zwischen Weihnachten und Neujahr, das Mißgeschick, eine Meile von Colberg zu stranden und kaum das nackte Leben zu bergen. Des nächsten Tages führte Euern Vater der Zufall in das Dorf und die armselige Bauerhütte, wohin ich und meine übrigen Unglücksgefährten uns kümmerlich geflüchtet hatten. Die hellen Thränen traten ihm bei unserm Anblick in's Auge. Insonderheit richtete er seine Aufmerksamkeit auf mich, fragte mich über meine Umstände aus und erbot sich auf der Stelle edelmüthig, mich, wenn ich wolle, mit nach Colberg zu nehmen und für mein weiteres Unterkommen zu sorgen. Er habe auch zwei Söhne in der See; und Gott wisse, wo und wie auch sie die Hülfe mitleidiger Seelen bedürfen könnten. Vor der Hand könne er zwar nur mich allein mitnehmen: allein auch für die Rückbleibenden solle baldigst Rath geschafft werden.«

»So kam ich« fuhr er fort — »nach Colberg in Euer väterliches Haus, wo ich an Eures Vaters, Mutter und Schwester Seite gegessen und getrunken, all meine Nothdurft empfangen und tausendfache Liebe und Güte genossen habe. Eure Schwester versorgte mich mit Wäsche; meine kleinsten Wünsche wurden erfüllt; und so erhielt ich von so liebreichen Händen meine volle Verpflegung bis über Ostern hinaus, wo sich endlich eine Schiffsgelegenheit fand, wieder nach der Heimath zurückzukehren. Aber auch da noch steckte mir Euer Vater einen holländischen Dukaten zum Reisegelde in die Hand, und hinter seinem Rücken that Eure Mutter mit zwei preußischen harten Thalern das nemliche. Oft genug erzählten mir Beide von ihrem wackern Sohne in Königsberg; und ich hinwiederum vertraute ihnen, wie ich, obwohl ich es vorgegeben, doch kein Holländer, sondern ein preußisches Landeskind und aus Neuwarp in Vorpommern gebürtig sey, Carl Friedrich Mick heiße und mich aus Furcht vor dem Soldaten-Stande außer Landes gewandt habe. Seit jenen Zeiten habe ich nun alles darauf gesonnen, wie ich es möglich machen wollte, soweit Liebe und Güte nach Würden zu vergelten, und hätte wohl nicht gedacht, daß sich mir dazu hier an der Küste von Afrika eine so erwünschte Gelegenheit aufthun sollte. Wiewohl ich noch immer nicht begreife, was für ein widriges Schicksal Euch hieher führt und Eure blühenden Umstände so ganz verändert hat?«

Die Antwort auf diese theilnehmende Frage mußte ich dem guten Manne für diesmal noch schuldig bleiben, da wir so eben am Bord des Kapitains Santleven anlangten. Diesen fanden wir, beim Eintritt in die Kajüte, bettlägrig und in elender Verfassung. Mein Begleiter stellte mich ihm, mit einer nachdrücklichen Empfehlung und Verbürgung, als Denjenigen vor, der ihm in Führung seines Schiffs und seiner Geschäfte beiräthig seyn solle, und auf den er sich in allen Fällen verlassen könne. Der gute Mann streckte seine Arme nach mir aus, umfieng mich inbrünstig und hieß mich von ganzem Herzen willkommen. Demnächst übergab er mir das völlige Kommando am Borde, ließ mich durch den Kapitain Mick dem Schiffsvolke vorstellen, gab mir die nöthige Einsicht in seine Papiere und Geschäfte und war solchergestalt nach Möglichkeit behülflich, daß hier Alles wieder mit einem neuen Geist und Leben beseelt wurde. Mir selbst war nicht minder zu Muthe, als sey ich aus der Hölle in den Himmel übergegangen.

Bevor nun mein neuer thätiger Freund und Gönner mich verließ, bemerkte ich ihm, daß ich auf der Christina noch eine sechsmonatliche Gage zu fordern hätte; und er versprach mir, daß sie mir unverkürzt ausgezahlt werden sollte. Wirklich geschah dies auch gleich am nächsten Tage mittelst einer Anweisung des Kapitains Harmel auf 216 Gulden holländisch. an seine Schiffs-Rheeder, die Herren Rochus und Kopstädt in Rotterdam, die auch zu ihrer Zeit gebührend honorirt wurde. Eben so holte ich meine Habseligkeiten aus dem alten in das neue Schiff ab, und war von diesem Augenblick an in dem Letztern vollkommen einheimisch.

Nach gepflogener Berathschlagung mit meinem Kapitain wandten wir das Schiff wiederum gegen die westlicher gelegenen Punkte, um unsre Ladung durch fortgesetzten Handel zu vervollständigen. Das beschäftigte uns bis in den September hinein; während welcher Zeit der gute Mann, zu meiner nicht geringen Freude, sich merklich erholte, und endlich auch wieder auf dem Verdeck erscheinen konnte. Um so leichter ließ sich nun auch der Beschluß ausführen, daß ich mit dem Boote nach dem, 6 Meilen von uns entfernten holländischen Forte Boutrou abgehen sollte, wohin wir mit dem Schiffe zu kommen durch Wind und Strömung verhindert wurden und wo sich gleichwohl vielleicht einiger Vortheil für unser Verkehr beschaffen ließ.

Auf dem Wege dahin erblickte ich ein Boot, das uns entgegensteuerte; und aus dieser Richtung sowohl, als aus andern Umständen erkannte ich leicht, daß es mit seinem Briefsack nach St. George de la Mina gedenke und zu einem, kürzlich erst auf der Küste angelangten Schiffe gehören müsse. Dies machte mir Lust, mich ihm zu nähern und ihm seine mitgebrachten Neuigkeiten abzufragen. Kaum aber war das Gespräch angeknüpft, so erkannte ich in dem jenseitigen Führer, mit absonderlicher Verwunderung, den nemlichen Steuermann Peters, der uns in vorigem Herbste mit der besetzten französischen Prise so unerwartet und bei Nacht und Nebel davon gegangen. Auch mein Gesicht ward ihm sofort kenntlich; er rief meinen Namen, und wir verloren keinen Augenblick, unsre Fahrzeuge an einander zu befestigen, damit wir die tausend Fragen und Antworten, die uns beiderseits auf der Zunge schwebten, gegen einander austauschen könnten, indem er zu mir übersprang und mir vollkommne Befriedigung meiner Neugier gelobte.

Daß er sich mit dem Schiffe glücklich nach Rotterdam hingefunden hatte, war mir, wie der geneigte Leser weiß, bereits im Merz durch die französische Fregatte zu Ohren gekommen. Allein wie er dies bei seinen eingeschränkten Kenntnissen vom Seewesen, und ohne einen festen Punkt von Länge und Breite mit sich zu nehmen, habe möglich machen können, wollte mir eben so wenig, als daß sein Verschwinden ein bloßes Werk des Zufalls gewesen seyn sollte, einleuchten. Indeß behauptete er doch, er habe, als es Tag geworden, uns in der Christina weder gesehen, noch wieder auffinden können, und sey also genöthigt gewesen, seinen Kurs nach Gutdünken, gegen den englischen Kanal zu, einzurichten. In dieser beibehaltenen Richtung sey er einige Tage später auf ein englisches Schiff gestoßen, bei welchem er sich wegen der Lage von Ouessant und der Entfernung dieses Punktes befragt, aber von der Antwort wenig verstanden habe, da ihm, wer weiß wieviel hundert Meilen (wahrscheinlich wohl englische Seemeilen, 60 auf einen Grad) vorgerechnet worden. Demnach sey er getrost bei seinem anfänglichen Kurs geblieben, bis ihm des nächstfolgenden Tages ein schwedisches Schiff die Auskunft ertheilt, daß er Kap Landsend in Ostnordost 65 Meilen vor sich liegen habe; und dieser willkommenen Weisung nachsteuernd, habe er denn auch, bei günstigem Winde, diese Landspitze des dritten Tages zu Gesichte bekommen, von dort den Kanal hinaufgeleiert, ferner die flämischen Küsten möglichst in der Nähe behalten, und so des fünften

Tages auch glücklich Goree und die Mündung der Maas erreicht.

Weiter setzte er hinzu: Der Hafenmeister von Goree, als er zu ihm an Bord gekommen, ihn alsobald wieder erkannt, daß er erst vor wenigen Wochen von hier in See gegangen und sich die übrigen seltsamen, dies Schiff betreffenden Umstände berichten lassen, habe sich vor Verwunderung gekreuzigt und gesegnet, aber auch um so weniger zulassen wollen, daß es seinen Weg stromaufwärts nach Rotterdam fortsetze, bevor nicht davon Bericht erstattet und eine nähere Untersuchung verfügt worden. Beides sey demnächst auf Veranstaltung des Handelshauses Rochus und Kopstädt durch eigne Commissarien geschehen, der Befund nach dem Haag an die Staaten von Holland abgegangen und von dorther die Anweisung zu dem gerichtlichen Verfahren gekommen, wovon bereits oben ausführliche Meldung geschehen. Eben so übereinstimmend war des Steuermanns Erzählung von dem Befund der versuchten Anbohrung des Schiffes, welcher sich beim Ausräumen desselben ergeben. Schiff und Ladung waren in der Folge gerichtlich zu Verkauf gestellt und aus beiden ein Werth von 99,000 Gulden holl. gelöst worden.

Von dieser bedeutenden Summe kamen nun, nach den holländischen Seerechten, Zweidrittel den französischen Eigenthümern, Eindrittel aber dem Schiffsvolke der Christina zu. Umgekehrt wäre das Verhältniß gewesen, wenn sich jener Hund nicht mehr, als Wächter, auf dem Schiffe befunden hätte, um dieses als völlig herrenlos anzunehmen; woraus denn zu ersehen, was für eine sonderbare Gerechtigkeit die Seegesetze auf einem Schiffe selbst einem Hunde einräumen. Denn Dieser hier verdiente seinem Herrn durch sein Bellen, womit er uns empfieng, reine 32,000 Gulden!

Das Drittel, welches unserm Schiffe zufiel, kam zur Hälfte wiederum den Rheedern zu gute; die Andre hingegen dem Schiffsvolke, nach Maaßgabe der Monats-Gage, die Jeder zu empfangen hatte. Ob jedoch hierbei ganz nach den richtigsten Grundsätzen verfahren wurde, mag man daraus entnehmen, daß, als ich in der Folge, als gewesener Ober-Steuermann der Christina, meine Forderung an diese Prisengelder in Holland geltend machte, mir 42 Gulden ausgezahlt wurden. — Von Peters aber habe ich nur noch zu erzählen, daß er demnächst auf einem Schiffe des nemlichen Handelshauses Rochus und Kopstädt, als Ober-Steuermann, unter Kapitain Schleuß, angestellt worden, das jetzt bei Kap Monte lag und mit dessen Briefsack er eben auf dem Wege nach St. George de la Mina begriffen war.

Einige Tage nachher traf ich zu Boutrou ein, ohne dort für unser Negoz etwas Tüchtiges schaffen zu können. Überall war für diesen Augenblick im Handel bereits aufgeräumt und die größere Anzahl der Schiffe, als ich nach unserm Hauptfort zurück kehrte, von dort nach Amerika in See gegangen. Es blieb uns daher nur übrig, diesem Beispiel ungesäumt zu folgen und zu dem Ende uns für diese Reise mit Trinkwasser und Brennholz zu versehen.

Als ich bei dieser Gelegenheit mit meinen Leuten mich am Lande befand, trat ich bei einem Kompagnie-Neger, Namens Franz, ein, dessen Bekanntschaft ich gemacht hatte. Hinter seiner Hütte hatte dieser Mensch eine Art von Gärtchen eingehegt; und ich bemerkte, daß er sich zum öftern dorthin begab, um mit sichtbarer Sorgfalt an einem Schirm von Bastmatten zu drehen und zu stellen. Meine Neugier erwachte; ich gieng ihm nach und fragte, was für einen seltenen Schatz er hinter dem Schirme hütete? — »Ja wohl, einen Schatz!« war seine Antwort. — »Ein rares vaterländisches (d. i. holländisches) Gewächs!« — Nun erwartete ich wenigsten ein Beet mit den theuersten harlemer Blumen-Zwiebeln vorzufinden. — »Ei, Franz! Das sind ja aber ganz gewöhnliche Grünkohl-Pflanzen! und aus den 5 oder 6 Pflanzen wirst du schwerlich auch einmal ein Gericht zusammen bringen!« — »Nun, wer sagt denn auch, daß ich sie essen will? Es ist ja nur der Rarität wegen!« — Und dicht neben dieser vaterländischen Rarität lagen Citronen und Limonien zu Dutzenden im Grase, und verfaulten, ohne daß Jemand es der Mühe werth gehalten hätte, sie aufzulesen! So verschieden sind die Begriffe von Werth oder Unwerth, den wir auf dergleichen Sachen zu legen geneigt sind!

Zu Anfang Octobers endlich verließen wir die afrikanische Küste, um, unsrer Bestimmung zufolge, zuförderst den Markt von Suriname zu besuchen. Zu Beschleunigung der Fahrt wandten wir uns erst südlich und giengen unter der Linie durch, um 3 oder 4 Grad jenseits derselben die gewöhnlichen südöstlichen Passat-Winde zu gewinnen, vor welchen man dann westlich und nordwestlich hinläuft, bis man von neuem die Linie passirt, um die nordöstlichen Passat-Winde zu benutzen und mit ihnen die Reise zu beendigen. Die Krankheiten und die Sterblichkeit, welche unter den Sklaven bei jeder verlängerten Dauer der Überfahrt nur zu gewöhnlich einzureißen pflegen, machen es wünschenswerth, dieselbe auf jede Weise abzukürzen. Unsre Ladung bestand aus 425 Köpfen, worunter sich 236 Männer und 189 Frauen, Mädchen und Jungen befanden. Es begreift sich also auch wohl, daß es dazu auf dem Schiffe einer ganz besondern Wirthschaft bedurfte; und darüber will ich hier noch einige Worte verlieren.

Über die Art, die Unglücklichen Paarweise zusammenzufesseln, und das zwiefache Behältniß vorn im Schiffe, wo sie, jedoch beide Geschlechter durch ein starkes Gitterwerk von einander geschieden, den Tag über zubringen, ist schon oben das Nöthige beigebracht worden. Vor jener Plankenwand stehen zwei Kanonen, deren Mündung gegen das Behältniß der Männer gerichtet ist; und gleich anfänglich werden dieselben in ihrem Beiseyn mit Kugeln und Kartätschen geladen, nachdem man ihnen die mörderische Wirkung derselben durch Abfeuern gegen einige nahe und entfernte Gegenstände begreiflich gemacht hat, und sie bedroht worden sind, daß Ihrer bei der mindesten unruhigen Bewegung das nemliche Schicksal warte. Heimlich aber werden nachher die Kugeln und Kartätschen wieder herausgezogen und, statt deren, die Stücke mit Grütze geladen, damit es, selbst im Fall einer Extremität, doch nicht gleich das Leben gelte. Denn — die Kerle haben ja Geld gekostet!

Die Weiber und die Unmündigen, deren Schwäche sie weniger furchtbar macht, haben bei Tage ihren Aufenthalt hinter der Wand auf dem halben Deck und können ihre männlichen Unglücksgenossen zwar nicht sehen, aber doch hören. Allen ohne Ausnahme wird des Morgens, etwa um 10 Uhr, das Essen gereicht, indem je Zehn einen hölzernen Eimer, der ebensoviel Quart fassen mag, voll Gerstgraupen empfangen. Die Stelle, wohin jede solche Tischgesellschaft sich setzen muß, ist durch einen eingeschlagenen eisernen Nagel mit breitem Kopfe genau bezeichnet, und Alles sitzt rings umher, wie es zukommen kann, um das Gefäß mit Grütze, welche mit Salz, Pfeffer und etwas Palmöl durchgerührt ist; doch Keiner langt um einen Augenblick früher zu, als bis dazu durch den lauten Schlag auf ein Brett das Zeichen gegeben worden. Bei jedem Schlage wird gerufen: »Schuckla! Schuckla! Schuckla!« Den dritten Ruf erwiedern sie Alle durch ein gellendes »Hurrah!« — und nun holt der Erste sich seine Handvoll aus dem Eimer, dem der Zweite, Dritte u. s. f. in gemessener Ordnung folgen.

Anfangs geht dabei Alles still und friedlich zu. Neigt sich aber der Vorrath im Gefäße allmählig zu Ende, und die Letzten müssen besorgen, daß die Reihe nicht wieder an sie kommen dürfte: so entsteht auch Hader und Zwiespalt. Jeder sucht dem Nachbar die Kost aus den Händen und beinah aus dem Munde zu reißen. Da nun diese Scene jedesmal und bei jedem Gefäße schier in dem nemlichen Moment zutrifft, so kann man sich den Lärm und Spektakel denken, der dann auf dem Schiffe herrscht, und wobei die Peitsche den letzten und wirksamsten Friedensstifter abgeben muß. Diese wieder hergestellte Ruhe wird dazu angewandt, ihnen den ledigen Eimer mit Seewasser zu füllen, damit sie sich Mund, Brust und Hände abwaschen. Zum Abtrocknen giebt man ihnen ein Ende aufgetrieseltes Tau, (Schwabber genannt) worauf sie Paarweise zu der Süßwasser-Tonne ziehen, da ein Matrose Jedem ein Gemäß, etwa ein halb Quart enthaltend, reicht, um ihren Durst zu stillen.

Nach solchergestalt geendigter Mahlzeit, und nachdem das Verdeck mit Seewasser angefeuchtet worden, läßt man das ganze Völkchen reihenweise und dicht neben einander sich niederkauern; und Jeder bekömmt einen holländischen Ziegelstein (Mopstein) in die Hand, womit sie das Verdeck nach dem Takte und von vorne nach hinten zu scheuern angewiesen werden. Sie müssen sich dabei Alle zugleich wenden; und indem sie bald vor- bald rückwärts arbeiten, wird ihnen unaufhörlich neues Seewasser über die Köpfe und auf das Verdeck gegossen. Diese etwas anstrengende Übung währt gegen zwei Stunden und hat bloß den Zweck, sie zu beschäftigen, ihnen Bewegung zu verschaffen und sie desto gesunder zu erhalten.

Hiernächst müssen sie sich in dichte Haufen zusammenstellen; wo denn noch dichtere Wassergüsse auf sie herabströmen, um sie zu erfrischen und abzukühlen. Dies ist ihnen eine wahre Lust; sie jauchzen dabei vor Freude, und in der brennend-schwülen Sonnenhitze, der sie, ohne alle Bedeckung, den ganzen Tag ausgesetzt sind, muß es ihnen auch wirklich für eine wahre Erquickung gelten. Noch wohlthätiger aber ist für sie die nun nächstfolgende Operation, indem einige Eimer, halb mit frischem Wasser angefüllt, und mit etwas Zitronen-Saft, Branntwein und Palm-Öl durchgerührt, auf's Verdeck gesetzt werden, um sich damit den ganzen Leib zu waschen und einzureiben, weil sonst das scharf gesalzene Seewasser die Haut zu hart angreifen würde.

Für die männlichen Sklaven sind ein paar besonders lustige und pfiffige Matrosen ausgewählt, welche die Bestimmung haben, für ihren muntern Zeitvertreib zu sorgen und sie durch allerlei auf die Bahn gebrachte Spiele zu unterhalten. Zu dem Ende werden auch Tabacksblätter unter sie ausgetheilt, welche, nachdem sie in lauter kleine Fetzen zerrissen worden, als Spielmarken dienen und ihre Gewinnsucht mächtig reizen. Zu gleichem Behuf erhalten dagegen die Weiber allerlei Arten Korallen, Nadeln, Zwirnfäden, Endchen Band und bunte Läppchen; und Alles wird aufgeboten, um sie zu zerstreuen und keine schwermüthigen Gedanken in ihnen aufkommen zu lassen.

Spiel, Possen und Gelärm währen fort bis um drei Uhr Nachmittags, wo wiederum Anstalten zu einer zweiten Mahlzeit gemacht werden; nur daß jetzt, statt der Gerstgraupen, große Saubohnen gekocht, zu einem dicken Brei gedrückt und mit Salz, Pfeffer und Palm-Öl gewürzt sind. Die Art der Abspeisung, des Waschens, Trocknens, Trinkens und Abräumens bleibt dabei die nemliche; nur wird mit Allem noch mehr geeilt, weil unmittelbar darauf die Trommel zum lustigen Tanze gerührt wird. Alles ist dann, wie elektrisirt; das Entzücken spricht aus jedem Blicke; der ganze Körper geräth in Bewegung, und Verzuckungen, Sprünge und Posituren kommen zum Vorschein, daß man ein losgelassenes Tollhaus vor sich zu sehen glaubt. Die Weiber und Mädchen sind indeß doch die Versessensten auf dies Vergnügen; und um die Lust noch zu mehren, springen selbst der Kapitain, die Steuerleute und die Matrosen mit den Leidlichsten von ihnen zu Zeiten herum; — sollte es auch nur der Eigennutz gebieten, damit die schwarze Waare desto frischer und munterer an ihrem Bestimmungsorte anlange.

Gegen fünf Uhr geht endlich der Ball aus; und wer sich dabei am meisten angestrengt hat, empfängt wohl noch einen Trunk Wasser zu seiner Labung. Wenn dann die Sonne sich zum Untergang neigt, heißt es: »Macht euch fertig zum Schlafen unter Deck!« Dann sondert sich Alles nach Geschlecht und Alter in die ihnen unter dem Verdeck angewiesenen, aber gänzlich getrennten Räume. Voran gehen zwei Matrosen und hinterdrein ein Steuermann, um Acht zu haben, daß die nöthige Ordnung genau beobachtet werde; denn der Raum ist dermaaßen enge zugemessen, daß sie schier wie die Heringe zusammengeschichtet liegen. Die Hitze in demselben würde auch bald bis zum Ersticken steigen, wenn nicht die Luken mit Gitterwerk versehen wären, um frische Luft zur Abkühlung zuzulassen.

Zu diesem Gitter führt eine Leiter, zu einer Öffnung in demselben, die nur gerade weit genug ist, um zwei Menschen durchzulassen, und vor welcher die ganze Nacht hindurch ein Matrose mit blankem Hauer die Wache hält, der immer nur Paarweise aus- und einläßt, was durch irgend ein Bedürfniß hervorgetrieben wird. Da indeß die Rückkehrenden selten ihre Schlafstelle so geräumig wiederfinden, als sie dieselbe verlassen haben, so nehmen Lärm und Gezänke die ganze Nacht kein Ende; und noch unruhiger geht es, begreiflicher Weise, bei den Weibern und Kleinen zu. Gewöhnlich muß daher zuletzt auch die Peitsche den Frieden vermitteln.

Aus Bewegungsgründen, auf deren nähere Entwicklung sich hier nicht einzulassen ist, werden gewöhnlich 6 bis 8 junge Negerinnen von hübscher Figur zur Aufwartung in der Kajüte ausgewählt, und erhalten auch ihre Schlafstelle in der Nähe derselben, so wie ihre Beköstigung von den überbleibenden Speisen an des Kapitains Tische, die zu dem Ende sämmtlich durcheinander gerührt werden. Begünstigt vor ihren Schwestern, sammlen sie nicht nur allerlei kleine Geschenke an Kattun-Schürzchen, Bändern, Korallen und kleinem Kram ein, womit sie sich, wie die Affen, ausputzen, sondern der Matrosen-Witz giebt ihnen auch den Ehrennamen von »Hof-Damen«, so wie den Einzelnen diese oder jene spaßhafte Benennung. Bei Tage aber mischen sie sich gerne unter ihre Gefährtinnen auf dem Deck; wo es mit Verwunderung anzusehen ist, wie Jede sofort einen bewundernden Kreis um sich her versammlet, in dessen Mitte sie stolzirt und sich den Hof machen läßt.

Bekanntlich kommen all diese unglücklichen Geschöpfe beiderlei Geschlechts ganz splinkernacket an Bord; und wenn sie gleich selbst wenig darnach fragen, so hat doch der Anstand (Wiesehr er auch sonst auf diesen Sklaven-Schiffen verletzt werden mag) ihre nothdürftige Bedekkung geboten. Die Weiber und Mädchen empfangen daher einen baumwollenen Schurz um den Leib, der bis an die Knie reicht, und die Männer einen leinwandenen Gurt, der eine Elle in der Länge und acht Zoll in der Breite hält, und den sie, nachdem er zwischen den Beinen durchgezogen worden, hinten und vorne an einer Schnur um den Leib befestigen.

Wenn sie nun gleich auf diese Weise im eigentlichsten Verstande *nichts* mit sich auf das Schiff bringen, so vergehen doch kaum einige Wochen oder Monate, und sie haben allesammt, besonders die weiblichen Personen, ein Paket von nicht geringem Umpfange, als Eigenthum, erworben, womit sie sich überall unterm Arme umherschleppen. Wie man sich indeß leicht denken kann, besteht dieser ganze Reichthum in nichts, als allerlei Lappalien, die sie zufällig auf dem Verdecke gefunden und aufgehoben haben — abgebrochenen Pfeifenstengeln, beschriebenen und bedruckten Papierschnitzeln, bunten Zeugflicken, Stückchen Besenreis und dergleichen Schurrpfeifereien. Hiezu erbitten sie sich nun von den Schiffsleuten den Zipfel eines Hemdes oder sonst eines abgetragenen Kleidungsstücks, um ihren Schatz dahinein zu bündeln.

Aber nur zu oft begnügt sich ihre Begehrlichkeit nicht an dem, was ihnen das Glück auf diesem Wege zuwirft, sondern sie bestehlen sich unter einander; und da entsteht denn Klage über Klage, als wären ihnen alle Kleinodien der Welt vonhanden gekommen. Der wachhabende Steuermann verwaltet sodann das gestrenge Richteramt; veranstaltet Untersuchungen, wobei Jeder sein Bündel vorweisen und auskramen muß, und wobei es seiner Gravität oft schwer genug wird, sich des Lachens zu enthalten, und verfügt endlich über den ertappten Dieb einige gelinde Peitschenhiebe. So geht es heute; so morgen, und so alle übrigen Tage während der Dauer der

Reise; nicht anders, als ob man mit lauter Affen und Narren zu thun hätte.

Über unsre diesmalige Fahrt, queer durch den atlantischen Ocean, weiß ich nur wenig zu sagen, wenn ich nicht die nemlichen Erscheinungen wiederholen soll, deren hundert Reisebeschreiber vor mir bereits zur Genüge erwähnt haben. Dahin gehört das Leuchten des Meerwassers in manchen dunkeln Nächten, das Emporflattern ganzer Rudel von fliegenden Fischen, wie wir's bei uns zu Lande an den Sperlingen zu sehen gewohnt sind, und Manches mehr, das ich mit Stillschweigen übergehe. Dagegen bemerke ich, was, meines Wissens, Andre noch nicht angezeigt haben, daß, wenn man sich von der Küste von Guinea etwa zehn oder mehr Meilen entfernt hat, sich das Seewasser plötzlich verändert. Es wird klarer, blauer und durchsichtiger. Giebt es nun zugleich eine vollkommene Meeresstille, wie sie in diesem Striche nicht ungewöhnlich ist, und ebnet sich dann die Fluth zu einer Spiegelfläche; so giebt es einen unbeschreiblich wunderbaren Anblick, in das krystallhelle Gewässer, wie in einen dichteren Himmel unter sich, zu schauen und es von unzähligen Fischen und Seegeschöpfen in tausend verschiedenen Richtungen wimmeln zu sehen. Man fängt Ihrer auch von allen Arten, soviel man will: doch haben sie, den fliegenden Fisch ausgenommen, alle ein hartes unschmackhaftes Fleisch und werden für wenig gesund gehalten.

Die Sklavenschiffe beobachten auf dieser Überfahrt die Gewohnheit, das Boot, womit sie den Nebenhandel auf der afrikanischen Küste betrieben haben, nicht wieder einzunehmen und auf's Deck zu setzen, weil es dort den Raum für die Neger zu sehr beengen würde. Wenn es daher die Witterung nur irgend gestattet, fährt es fort, neben dem Schiffe her zu kreuzen und wird gebraucht, mit den Schiffen, die auf dem Wege aufstoßen, nähere Gemeinschaft zu pflegen. Man besetzt es daher fortdauernd, und von 8 zu 8 Tagen, mit 7 Mann, unter denen wenigstens Einer sich etwas auf Kurs und Steuerkunst versteht; und diese erhalten zugleich hinreichende Provisionen, um auch im übelsten Falle einer Trennung von ihrem Schiffe sich helfen zu können.

Ohne einigen widrigen Zufall langten wir, gegen die Mitte des Decembers, in dem Fluße Suriname an, wo wir jedoch, in einer Entfernung von 4 bis 5 Meilen von Paramaribo, ankerten, um die Gesundheits-Commission von dorther zu erwarten, weil diese zuvor untersucht haben muß, ob nicht etwa ansteckende Krankheiten am Borde des neu angekommenen Schiffes herrschen, bevor demselben die Erlaubniß zum Einlaufen gestattet werden kann. Dies war gleichwohl unser Fall nicht, da wir (was verhältnißmäßig sehr wenig sagen will) binnen den vier Monaten, die ich mich nunmehr auf diesem Schiffe befand, nicht mehr, als 4 von unsern Matrosen und 6 Sklaven, verloren hatten. Als daher jene Herren uns am nächsten Tage besuchten, fanden sie auch kein Bedenken, uns in die Kolonie zuzulassen.

Ich, an meinem Theile, hatte indeß noch einen besondern Grund mehr, ihrer Erscheinung mit einigem Verlangen entgegen zu sehen; und um dies gehörig zu erklären, sehe ich mich genöthigt, hier, als an dem angemessensten Orte, etwas aus meiner früheren Lebensgeschichte nachzuholen.

Im Jahre 1764, als ich noch in Königsberg wohnte und mich im besserm Wohlstande befand, geschah es, daß ich eines Tages einen Faden Brennholz vor meiner Thüre spalten ließ. Der ältliche Mann, der zu diesem Geschäft herbeigeholt worden, schien es weder mit sonderlicher Lust, noch mit großer Geschicklichkeit, zu verrichten. Ich ließ mich mit ihm (wie ich wohl pflege) in ein Gespräch ein, und gab ihm wohlmeynend zu verstehen, daß es mir schiene, als würd' er mit dieser Handthierung in der Welt nicht viel vor sich bringen. Ob er sich auf nichts Andres und Besseres verstände? — Seine Antwort war: Er habe es in der Welt mit viel und mancherlei versucht, ohne dabei auf einen grünen Zweig zu kommen. Aber was einmal zum Heller ausgeprägt sey, werde nimmermehr zum Thaler. — »Nun, nun!«, versetzte ich scherzend — »Das hinderte gleichwohl nicht, daß Ihr nicht noch einmal ein großer Herr würdet und in der Kutsche führet! Aber an Eurer Mundart vernehm' ich, daß Ihr nicht von Kind auf Königsbergisch Brodt gegessen habt. Vielleicht sind wir gar Landsleute?« — »Könnte wohl seyn — Irgend ein Unglückswind hat mich einmal hieher nach Preußen verschlagen. Eigentlich bin ich ein Pommersch Kind und aus Belgard.« — »Ei, aus Belgard? und Euer Name?« — »Kniffel.« — »Kniffel? Kniffel?« wiederholte ich nachsinnend, indem mir etwas auf's Herz schoß — »Und habt Ihr noch Brüder am Leben?« — »Ein paar wenigstens, die aber schon vor vielen Jahren, gleich mir, in die weite Welt giengen, ihr Glück zu suchen; und von denen ich weiter nicht weiß, wohin sie gestoben oder geflogen sind.«

Jetzt ließ ich mir noch die Vornamen der Verschollenen nennen; und nun war ich meiner Sache gewiß! Es waren die nemlichen Gebrüder Kniffel, die ich vormals in Suriname kennen gelernt und die sich dort zu so bedeutendem Wohlstande emporgearbeitet hatten, während dieser dritte Bruder so gut, als ein Bettler, geblieben. Ohne ihm darüber einen Floh in's Ohr zu setzen, gieng mir doch das Ding je länger je mehr im Kopfe herum. Ich erfuhr, auf weiteres Befragen, daß er verheirathet sey und eine einzige Tochter, ein Mädchen von 16 oder 17 Jahren habe. Bald auch stellte ich bei andern Leuten Erkundigung nach dieser Familie an, die den Vater als einen halben Narren bezeichneten, von der Mutter auch eben nicht sonderlich viel Gutes zu rühmen wußten, aber der Tochter das Zeugniß eines gutartigen lieben Geschöpfes, doch ohne Bildung und feinere Sitten, beilegten.

Nun wußte ich, daß die reichen Brüder in Suriname ohne Kinder waren; und ich kannte sie als so rechtliche Leute, daß ich ihnen mit Gewißheit zutrauen durfte, sie würden gerne bereit seyn, etwas für ihre arme Verwandte zu thun, sobald sie mit der bedrängten Lage derselben bekannt wären. Kurz, es ließ mir keinen Frieden, bis ich wieder der gutherzige Thor geworden, der es nicht lassen konnte, sich in andrer Leute Händel zu mischen, sobald er glaubte, daß es zu irgend etwas Guten führen könne. Ich setzte mich also hin; schrieb an jene Herren in Suriname, wie ich zufälliger Weise mit ihrem Bruder bekannt geworden, und überließ es ihrem Ermessen, ob sie die dürftige Lage der Familie nicht in etwas erleichtern wollten?

Der Brief gieng über Holland an seine Bestimmung ab. Da es jedoch leicht Jahr und Tag dauern konnte, bevor eine Antwort darauf zu erwarten war; so nahm ich mich denn derweile der Leutchen an, so gut ich vermochte, um sie vor drückendem Mangel zu schützen. Das Mädchen ließ ich etwas besser kleiden und den früher versäumten Unterricht nach Möglichkeit wieder einbringen; wobei es denn auch nicht an guten Ermahnungen zu einem ehrbaren christlichen Wandel mangelte, die nicht ohne Eindruck blieben. So gieng das fort, bis endlich Briefe an mich einliefen, worinn meine alten Gönner und Freunde mir herzlich dankten, daß ich ihnen behülflich gewesen, einen lang gehegten Wunsch zu befriedigen und ihnen ihren vorlängst todt geglaubten Bruder wieder zuzuweisen. Sie hatten die Veranstaltung getroffen, demselben durch ein nahmhaftes Königsberger Handelshaus eine jährliche Leibrente auszahlen zu lassen, wovon sie glaubten, daß er seine übrigen Lebenstage damit bequem und gemächlich würde ausreichen können.

Hiernächst aber eröffneten sie mir zugleich ein Verlangen, worinn sie wünschten und mich aufforderten, ihnen noch näher die Hände zu bieten. Mir sey bewußt, daß sie unbeerbt lebten; und doch möchten sie gerne die Freude genießen, einen Blutsverwandten um sich zu sehen und einst ihr Vermögen in dessen Hände zu übergeben. Ich möchte also dahin sehen, ob es thunlich seyn wolle, die Tochter ihres Bruders, mit Einwilligung der Eltern, dahin zu vermögen, daß sie sich entschließe, die Reise zu ihnen nach Suriname zu unternehmen. Es sey ihre Absicht, sie an Kindesstatt anzunehmen; und sie würden sie mit offenen Armen und Herzen aufnehmen. Sey sie dazu nicht abgeneigt, so würde ich dahin zu sorgen haben, sie auf eine sichre und bequeme Weise nach Amsterdam an das Haus ihres dortigen Korrespondenten zu adressiren, von wo ihre weitere Reise über Meer in gleicher Art veranstaltet werden sollte. Daß diese Aufträge zugleich mit reichlichem Ersatz für meine aufgewandte Mühe und Auslagen verbunden waren, bedarf kaum noch einiger Erwähnung. Die Gebrüder hatten sich auch hierinn, nach ihrer gewohnten Weise, eben so großmüthig, als rechtlich, erwiesen.

Man kann sich leicht denken, mit welcher freudigen Überraschung die Eltern die Zeitung von dem hellen Glücksstern empfiengen, der ihnen so unverhofft jenseits des Meeres aufgegangen; aber auch daß die Wohlhabenheit, in welche sie sich so auf einmal versetzt sahen, ihnen mehr oder weniger die Köpfe verrückte. Leicht auch entschlossen sie sich, in die Trennung von ihrem Kinde zu willigen; so wie dieses selbst an Sinn und Neigung noch zusehr ein Kind war, um nicht mit leichtem Muthe in den Aufruf so gütiger Verwandten einzustimmen, die es zu sich entboten. Indeß war doch auch, in der Zwischenzeit, in des Mädchens äußerm Wesen eine, ihr sehr vortheilhafte Änderung vorgegangen, und es schien mir keinem Zweifel unterworfen, daß sie sich in der Zuneigung ihrer Oheime behaupten würde. Es fand sich Gelegenheit, sie der Obhut Eines meiner Freunde, der ein Schiff nach Amsterdam führte, anzuvertrauen. Ich wußte, daß sie dort glücklich angekommen war und eben so wohlbehalten die Überfahrt nach Suriname gemacht hatte. Von dort hatte ich die schriftlichen Danksagungen meiner innigst erfreuten Freunde empfangen: aber späterhin war unser briefliches Verkehr unterbrochen worden; so daß ich seit mehreren Jahren nicht wußte, wie es um sie und ihr angenommenes Kind zustehen möchte. Beides hoffte ich nunmehr von den, an Bord erschienenen Gesundheits-Commissarien zu vernehmen.

Leider erfuhr ich auf diesem Wege, daß die Gebrüder Kniffel beiderseits schon vor einigen Jahren mit Tode abgegangen. — »Aber was ist mit einem Frauenzimmer — einer Anverwandtinn aus Deutschland — geworden, die vor nicht gar zu langer Zeit in die Kolonie gekommen und als die muthmaßliche Erbinn ihrer Oheime angesehen wurde?« — »Ei, das ist sie auch wirklich geworden«, fiel die Antwort — »und nicht nur im vollen Besitz des ganzen ungeheuern Kniffelschen Vermögens, sondern auch gegenwärtig die Gemahlinn des Banco-Directors, Mynheer van Roose, und zu Paramaribo wohnhaft« — Schmerz und Freude wechselten bei diesen Nachrichten in meinem Gemüthe; doch war ich voller Begierde, mich der Frau van Roose auf eine gute Art vorzustellen.

Dazu fand sich Gelegenheit gleich am nächsten Tage, als wir uns im Angesichte der Stadt vor Anker gelegt hatten, indem ich meinem Negerjungen von einer Anzahl mitgebrachter blauer Papageien, wie sie hier unter die Seltenheiten gehören, den schönsten auf die Hand und einen Affen auf den Kopf nehmen, dann aber vor mir hin nach dem, mir noch von Alters her gar wohl bekannten Kniffelschen Hause traben ließ, und wo auch gegenwärtig die reiche Erbinn noch wohnen sollte. Jetzt wimmelte es in demselben von schwarzen Sklavinnen zur herrschaftlichen Aufwartung. Durch Eine derselben ließ ich der Frau van Roose mein Verlangen melden, ihr aufwarten zu dürfen.

Alsbald trat sie aus ihrem Zimmer hervor; und mein erster Blick auf ihre Gestalt ließ mich sie ungezweifelt wieder erkennen, obwohl sie seither groß und stattlich ausgewachsen war. Ich darf indeß wohl gestehen, daß mir, als sie so leibhaftig vor mir stand, doch etwas wunderlich um's Herz war, und daß mir's einigermaaßen den Athem versetzte, als ich die Frage an sie richtete: Ob es ihr nicht beliebe, etwas von meinen afrikanischen Raritäten zu kaufen? — Anstatt mir darauf zu antworten, faßte sie mich nicht weniger scharf in's Auge, als das meinige auf ihr haftete. »Mein Gott!« rief sie endlich — »Gesicht und Stimme kommen mir so bekannt vor ... Es ist unmöglich, daß ich Sie nicht schon irgend einst gesehen haben sollte —«

»Ei freilich wohl!« — gab ich zur Antwort. — »Den alten Nettelbeck aus Königsberg werden Sie so ganz und gar nicht vergessen haben!«

Nun entfuhr ihr ein lauter Freudenschrei; sie fiel mir mit beiden Armen um den Hals; die hellen Thränen stürzten ihr aus den Augen, (und mir war's auch nicht weit davon!) bis ihr endlich, im Übermaaß der Rührung, in meinen Armen beinahe die Sinnen schwanden. Darüber erhob sich ein Geschrei und Lärmen unter ihrer schwarzen Dienerschaft, das weit umher erscholl und endlich auch den erschrocknen Hausherrn herbeiführte. Dieser stutzte nicht wenig, seine Gattin, in halber Ohnmacht, am Halse und in den Armen eines unscheinbaren Fremden zu erblicken. Er sprang herzu; fragte, was es gebe, und fand sie eben so wenig im Stande, ihm eine Antwort zu stammlen, als ich selbst mich, vor inniger Rührung, vermögend fühlte, ihn zu befriedigen. Endlich erholte sie sich in dem Maaße, ihm zuzurufen: »Mein Kind, dies ist der Mann, von dem ich dir so oft erzählt habe — der erste Urheber meines Glücks — der ehrliche Nettelbeck, der sich in Königsberg Meiner annahm. O Gott!« —

Mehr konnte sie nicht sagen, weil eine neue Schwäche sie anwandelte. Der Gatte und ich nahmen sie unter beide Arme und führten sie in das anstoßende Zimmer zu einem Kanapee, wo denn der Aufruhr in ihrer Seele sich allmählig wieder beruhigte. Nun jagten sich tausend verwirrte Fragen — Wie es mir gehe? was ich treibe? wie ich hieher nach Suriname komme? — und war nicht eher befriedigt, als bis ich ihr in der Kürze meine neuesten Lebensschicksale erzählt hatte. Eben so unersättlich war sie in Erkundigungen nach dem Ergehen ihrer Eltern, von denen sie seit zwei Jahren keine Kunde erhalten habe. Ich war zwar selbst bereits seit vier Jahren von Königsberg abwesend, und konnte sie hierüber nur wenig befriedigen: doch sagte ich, was ich wußte: Daß ihr Vater den wunderlichen Einfall gehabt, sich den Titel als Licent Rath zu kaufen, und daß er Dieses und Jenes treibe, was man ihm zugute halten müsse. Jene Standeserhöhung hatte er ihr wohlweislich verschwiegen; und sie konnte nicht umhin, recht herzlich darüber zu lachen; bis sie denn endlich hinzusetzte: »Ei, und warum auch nicht? Laßt doch dem alten Manne die närrische Puppe!«

Jetzt dünkte mir's Zeit, wieder aufzubrechen: aber ich ward mit liebreichem Ungestüm zurückgehalten. Vergebens suchte ich mich mit meinen Verhältnissen, als Ober-Steuermann, zu entschuldigen, die keine gar zu lange Entfernung vom Schiffe zuließen. Doch auch dem wußten sie zu begegnen, indem sie nach meinem Kapitain aussandten und ihn gleichfalls freundlich zur Tafel einluden. Dieser, der aus meinen früheren Unterhaltungen wußte, was für eine Erkennungs-Scene mich am Lande erwartete, schlug es nicht aus, zu erscheinen; und seine Gegenwart diente nur dazu, unser geselliges Vergnügen noch zu erhöhen.

Unter dem lebhaftesten Hin- und Herfragen, bemerkte endlich Frau van Roosen, daß auf den Sklavenschiffen oftmals einige Verlegenheit um die Herbeischaffung frischer Mundvorräthe zu entstehen pflege. Diese für uns zu beseitigen, würde sie Befehl stellen, daß von allen ihren drei Plantagen täglich soviel Lebensmittel an Bord geschafft werden sollten, als wir irgend bedürfen möchten. Den Werth dafür könne der Kapitain mir nach einem billigen Maaßstabe zugute schreiben. Da dies nun auch während der vierzehntägigen Dauer unsers hiesigen Aufenthalts zur wirklichen Ausführung kam, so erwuchs mir dadurch ein kleiner Vortheil von 140 Gulden: doch noch mehr verpflichtet fühlte ich mich durch die liebevolle und freundliche Aufnahme, deren ich mich binnen dieser Zeit in dem Roosenschen Hause schier täglich zu erfreuen hatte.

Unser Hauptgeschäft bestand hier indeß im Verkauf unsrer schwarzen Waare: worüber ich mich hier doch auch mit einigen Worten zu erklären habe. Gewöhnlich erläßt der Schiffs-Kapitain, bei seiner Ankunft in der Kolonie, ein Circulare an die Plantagen-Besitzer und Aufseher, worinn er ihnen seine mitgebrachten Artikel anempfiehlt und die Käufer zu sich an Bord einladet. Bevor jedoch Diese anlangen, wird eine Auswahl von 10 bis 20 Köpfen, als der Erlesensten unter dem ganzen vorhandenen Sklavenhaufen, veranstaltet; man zeichnet sie mit einem Bande um den Hals, und so oft ein Besuch sich naht, müssen sie unter das Verdeck kriechen, um unsichtbar zu bleiben. Denn die Politik des Verkäufers erfordert, daß nicht gleich vom Anfang herein das beste Kaufgut herausgesucht werde und dann der Rest, als sey er bloßer Ausschuß, in bösen Verruf komme.

Haben sich nun kauflustige Gäste auf dem Schiffe eingefunden, so werden die männlichen, wie die weiblichen Sklaven angewiesen, sich in zwei abgesonderten Haufen in die Runde zu stellen. Jeder sucht sich darunter aus, was ihm gefällt und führt es über Seite; und dann erst wird darüber gehandelt, wie hoch der Kopf durch die Bank gelten soll. Gewöhnlich kömmt dieser Preis für die Männer auf 400 bis 450 Gulden zu stehen. Auch junge Bursche von 8 oder 10 Jahren und drüber erreichen diesen Preis so ziemlich; ein Weibsbild wird, jenachdem ihr Ansehen besser oder geringer ausfällt, für 200 bis 300 Gulden losgeschlagen; hat sie aber noch auf Jugend, Fülle und Schönheit Anspruch zu machen, so steigt sie im Werthe auf 800 oder 1000 Gulden, und wird oft von Kennern noch ausschweifender bezahlt.

Ist nun der Handel solchergestalt abgeschlossen, so wird der Preis entweder zur Stelle baar berichtigt, meist aber durch Wechsel ausgeglichen, oder es findet auch ein Austausch gegen Kolonie-Erzeugnisse an Zucker, Kaffee u. s. w. statt; und wenn die Käufer ihre erhandelten Sklaven nicht gleich mit sich hinwegführen, so bedingen sie auch wohl ein, daß der Kapitain sie im Boot oder in der Schaluppe an die bezeichnete Plantage abliefern läßt.

Zuletzt bleibt denn nun, nachdem allmählig auch die erlesenere Waare zum Vorschein gekommen ist, wirklich nur der schlechtere Bodensatz zurück; und um sich dessen zu entäußern, muß nun zu einer neuen Maaßregel geschritten werden; und dies ist der Weg des öffentlichen Ausgebots an den Meistbietenden. Zu dem Ende werden diese Neger an dem dazu bestimmten Tage an Land und auf einen eigenen Platz gebracht, wo ein Arzt jeden Sklaven einzeln über seine Tauglichkeit untersucht. Dieser muß dann so auf einen Tisch treten; der Arzt legt Zeugniß ab, daß er fehlerfrei sey, oder daß sich dieser oder jener Mangel an ihm finde. Nun geschehen die Gebote der Kauflustigen; und so wird, nach erfolgtem Zuschlage, bis zu dem Letzten aufgeräumt.

Wir indeß hatten diesmal bei unserm Handel nur wenig Glück; was auch nicht fehlen konnte, da nur kurz zuvor zwei Sklaven-Schiffe hinter einander hier gewesen waren und den Markt überfüllt hatten. Die schlechte Erfahrung der ersten 14 Tage, die wir hier zubrachten, überzeugte uns daher bald von der Nothwendigkeit, einen vortheilhaftern Platz aufzusuchen; und unsre Wahl fiel auf die benachbarte holländische Kolonie Berbice. Bei unserm Abgange befand sich Herr van Roose und seine Gemahlin gerade abwesend auf Einer von ihren Plantagen; so daß wir uns, zu meinem innigen Bedauern, kein Lebewohl sagen konnten. Am ersten Januar 1773 stachen wir demnach wieder in See.

Doch schon am nächsten Tage verspürten wir plötzlich einen Leck von solcher Bedeutung, daß wir im vollen Ernst das Sinken fürchteten und uns mit der angestrengtesten Arbeit an den Pumpen kaum über Wasser erhalten konnten. Wir befanden uns hier einem unangebauten Strich der Küste und der Mündung des Flußes Kormantio gegenüber, die 15 Meilen nördlich von Suriname liegt und bis dahin noch von keiner europäischen Macht in Besitz genommen war. Wollten wir nun nicht unser augenblickliches Grab in den Wellen finden, oder auf den Strand laufen und auch hier es darauf wagen, Alles zu verlieren: so blieb uns nur der Versuch übrig, in den gedachten Fluß einzulaufen und unsern Schaden, wo möglich, auszubessern.

Ich gieng mit der Schaluppe voraus und untersuchte die Einfahrt. Die Mündung des Stromes war beinahe anderthalb Meilen breit, und in der Mitte vor derselben lag eine kleine Insel, von nur mäßigem Umfange, niedrig und mit Rohr und Strauch bewachsen. Das Fahrwasser fand ich bei der höchsten Fluth nur 13 Fuß tief — Für uns ein leidiger Umstand, da unser Schiff etwas über 14 Fuß tief gieng. Es galt demnach, dasselbe mindestens noch um anderthalb Fuß zu erleichtern; und zu dem Ende bedachten wir uns ebensowenig, unsern gesammten eingenommenen Vorrath von frischem Wasser wieder über Bord laufen zu lassen, als unsre überzähligen Stengen und Raaen in's Wasser zu lassen, sie zu einem Floße zu vereinigen und Alles, was nur irgend dem Verderb nicht ausgesetzt war, auf dasselbe auszuladen.

Dennoch lief uns mit der Ebbe eine so gewaltige Strömung entgegen, daß wir uns der Mündung nicht nähern durften, sondern unter Furcht und Sorge die nächste Fluth erwarten mußten; und diese führte uns denn doch soweit hinein, daß wir Schutz vor den Wellen fanden und das Schiff dicht am Lande auf den Grund setzen konnten. Bei der niedrigsten Ebbe hingegen stand es völlig trocken auf einem Sandgrunde, und das hineingedrungene Wasser lief dann wieder zum Boden hinaus. Auf diese Weise machte es uns denn auch wenig Mühe, die eigentliche Stelle des Lecks aufzufinden und gehörig wieder zu verstopfen. Doch hielt uns diese Ausbesserung hier 5 bis 6 Tage auf, während welcher Zeit uns an diesem Orte, trotz unseren fleißigen Streifereien in der ganzen Gegend umher, auch nicht ein einziges menschliches Wesen zu Gesichte kam; so daß wir diesen Fluß und seine Ufer durchaus für unbewohnt halten mußten.

Unter den Ursachen dieser gänzlichen Verödung mochte wohl der Mangel an frischem trinkbaren Wasser obenan stehen: denn das Wasser im Flusse war auch bei der niedrigsten Ebbe bitter gesalzen; hineinfallende kleine Bäche gab es nicht, und was wir in den, von uns gegrabenen Brunnen fanden, war so dick und lehmigt, daß wir es zwar im Nothfall gebrauchen, aber doch unsre ausgezapften Wassertonnen nicht wieder damit anfüllen mochten. Diesemnach fuhr ich den Strom mit der nächsten Fluth in der Schaluppe gegen 4 Meilen weiter hinauf, wo er immer noch die Breite von einer Viertelmeile zeigte; wartete, bis die Ebbe völlig abgelaufen war, und gedachte nunmehr frisches und taugliches Wasser zu schöpfen. Aber auch hier fand ich es noch so gesalzen, daß es vergebliche Mühe gewesen seyn würde; so daß ich den nemlichen Versuch, unter gleichen Umständen, noch etwa 3 Meilen höher aufwärts, wiederholen mußte, wo ich endlich meinen Zweck nach Wunsch erreichte. Selbst hier betrug indeß die Entfernung beider Ufer immer noch gegen 500 Schritte.

In dieser Gegend des Flusses war es auch, wo wir, zum Erstenmal an dieser Küste, ein Kanot mit drei Indianern entdeckten, die sich mit dem Fischfang beschäftigten. So wie sie uns gewahr wurden, ergriffen sie die Flucht und versteckten sich im Rohr und Schilf. Wir waren ihnen nachgefolgt, um, wo möglich, einiges Verkehr mit ihnen anzuknüpfen; fanden aber nur das Kanot, worinn sie ihr ganzes Fischergeräth zurückgelassen hatten; sie selbst waren an's Land gesprungen und in den dicksten Busch geflüchtet. Ich bewog meine Leute, mit mir ihre Taschen auszuleeren, und was wir darinn an Messern, Feuerzeugen und andern Kleinigkeiten mit uns führten, (unter Verheißung einer hinreichenden Entschädigung bei unsrer Wiederkehr an's Schiff) als Geschenk für die Entflohenen in dem Fahrzeuge zurückzulassen.

Meine Absicht, diese Menschen gegen uns etwas zutraulicher zu machen, gelang auch vollkommen. Denn als wir des nächsten Tages in zwei Fluthen, mit beiden Booten nach jener Gegend zurückkehrten, um unsre Wasserfässer zu füllen, stießen wir auf diese nemlichen drei Indianer und suchten eine Unterhaltung mit ihnen anzuknüpfen. Allein es gelang uns, bei der gänzlichen Unkunde ihrer Sprache, so wenig, uns auch nur einigermaaßen mit ihnen zu verständigen, daß wir durch sie über die Beschaffenheit dieses Landes und seiner Bewohner um nichts klüger wurden. Auch stießen uns binnen den 15 Tagen, die wir hier verweilten, keine Andere von ihren Landsleuten auf; und da wir, nach ergänztem Wasservorrath, hier weiter nichts zu suchen hatten, so säumten wir auch nicht länger, wieder in See zu gehen.

In Berbice, wo wir mit dem letzten Januar anlangten, fanden wir leider! eben so schlechten Markt, indem bereits zwei Sklaven-Schiffe in gleicher Absicht dort vor Anker lagen. Wir hielten uns also auch nur drei Tage auf, und steuerten nach St. Eustaz; erreichten diese Insel in der Mitte Februars, und hatten das Glück hier verschiedene Sklavenkäufer von den spanischen Besitzungen auf der Terra firma anzutreffen, an welche wir unsre Ladung sammt und sonders binnen drei Tagen mit Vortheil losschlugen.

Hier war es auch, wo wir mit dem Sklaven-Schiffe, welches mein wackrer Freund und Landsmann Mick führte, wieder zusammenstießen. Er war auf der Überfahrt von Afrika verstorben! und sein Steuermann getraute sich nicht, allein mit dem Schiffe nach Holland zurückzugehen. Man warf daher die Augen auf mich, diese Führung zu übernehmen, und des Bittens und Bestürmens war so lange kein Ende, bis ich mich dazu entschloß und auch Kapitain Santleven einwilligte, mich von seinem Schiffe zu entlassen. Wir schieden als Freunde und mit einem Herzen voll gegenseitiger Liebe und Achtung; ich gieng in den letzten Tagen des Februars von St. Eustaz ab und warf um die Mitte Aprils vor Vliessingen, wohin das Schiff gehörte, glücklich die Anker. Die Rheeder bewilligten mir, außer meiner gebührenden Gage, noch ein besondres

Geschenk von 100 Gulden und würden mich auch gerne in ihrem Dienste behalten haben, wenn ich nicht geglaubt hätte, einer anderweitig eröffneten Aussicht folgen zu müssen.

Es war nemlich gerade um diese Zeit, daß eine englische Transport-Flotte mit 1500 Seesoldaten nach der Küste von Guinea abgehen sollte, um die Besatzungen in den dortigen englischen Forts abzulösen. Zugleich aber suchte man auch für diese Expedition Seeleute, und zumal Steuermänner, welche jener Weltgegend kundig wären. Bei mir, als mir ein solcher Antrag geschah, bedurfte es keines langen Zuredens, um mich zu einer solchen Fahrt zu entschließen. Ich kam nach Portsmouth, wo jenes Geschwader ausgerüstet wurde, und man setzte mich, als Schiffslieutenant, auf den Jupiter von 64 Kanonen, und geführt von Kapitain Cappe, welcher dieser Convoy zur Bedeckung dienen sollte. Es schien mir schon der Mühe werth, auch einmal den *englischen* Seedienst zu versuchen.

Schon im halben Merz 1774 segelte die Flotte, außer uns in 6 Transport-Schiffen bestehend, von Portsmouth aus, langte in den ersten Tagen des Mai-Monats auf der Küste von Guinea an; schiffte nach und nach ihre eingenommenen Truppen in den englischen festen Plätzen aus; nahm die Reste der alten Garnisonen wieder an Bord und stach zuletzt, etwa in der Mitte des Junius, von Cap Coast, queer über den Ocean, nach Jamaika hinüber. Hier langten wir nach 6 oder 7 Wochen glücklich an, verweilten auf dieser Station noch einen Monat; ließen gleichwohl unsre bisherige Begleitung, die ihre Frachten so schnell nicht einnehmen konnte, dort hinter uns zurück und erreichten im November England wieder, ohne daß uns überall irgend ein denkwürdiges Ereigniß aufgestoßen wäre.

Meine Lust, mich im englischen Dienst umzusehen, hatt' ich mit dieser Reise vollständig und für immer gebüßt. Diese Verhältnisse und Lebensweise waren nicht für meinen nüchternen deutschen Sinn gemacht. Schwerlich auch kann man sich eine Vorstellung davon machen, wie rauh und ungefügig es auf den Schiffen dieser Nation hergeht. Da ist keine Ehre und kein Respect; man hört nichts anders, als »Goddam!« und brutale Reden ohne Zahl. Alles, vom geringsten Matrosen an, ist gegen die Officiere im Widerspruch; wiewohl ich nicht zweifle, daß sie dennoch, wenn es irgend zum Schlagen kömmt, unter einander einig und brav sind. Von der nöthigen Ordnung hab' ich übrigens auf diesen Schiffen nur wenig verspürt. Selbst Essen und Trinken hat keine bestimmte Zeit. Nicht selten hängt ein gekochtes Stück Fleisch von 10 bis 20 Pfund am Mast, wovon sich ein Jeder abschneidet, wann und wieviel er will. Zu beiden Seiten daneben steht das Brodt-Faß und das Gefäß mit Grog, (Wasser mit etwas Rum vermischt) um die offne Tafel vollständig zu machen. Dies Leben gieng mir denn freilich auf die Länge zu bitter ein. Ich bat um meine Entlassung, erhielt sie, und begab mich, wenige Wochen nach meiner Heimkehr, nach Amsterdam herüber.

Während ich hier den Winter über, wo es nichts für mich zu thun gab, bis in den Merz 1775 verweilte, hatt' ich genügliche Muße, über meine Lebenslage, und was ich ferner thun und treiben sollte, reiflich nachzudenken. Ich hatte jetzt meine vollen 37 Jahre auf dem Nacken; hatte, unter tausend Gefahren und Mühseligkeiten und unter allen Himmelsstrichen, meine besten Jahre und Kräfte im Dienst von Fremden verschwendet, und sah immer deutlicher ein, wie wohl ich thun würde, mit meinen Erfahrungen, und was ich sonst irgend vermöchte, meinem Vaterlande und mir selbst zu dienen. Dies brachte mich denn auch zu dem Entschlusse, mein ferneres Glück und Fortkommen am liebsten in meiner Vaterstadt, an der ich noch immer mit ganzer Seele hieng, zu suchen; und demzufolge begab ich mich auch sofort, nach wieder eröffneter Schiffahrt, als Passagier von Amsterdam nach Swinemünde, von wo ich mich sodann nach Colberg verfügte.

Eigentlich aber kam ich doch schon für dies Jahr zu spät, um eine Anstellung im Seewesen zu finden, wie sie mir am gemüthlichsten gewesen wäre. Ich begnügte mich also, nach alter Weise, wieder eine Navigations-Schule zu eröffnen, um junge Leute für den Seedienst zu bilden: denn an solchen Anstalten fehlte es damals noch gar sehr in unserm Vaterlande. Auch darf ich mir wohl das Zeugniß geben, daß aus meinem Unterrichte nicht wenige Schiffs-Kapitaine und Steuermänner hervorgegangen sind, welche sich des, in ihre Geschicklichkeit und Anstelligkeit gesetzten Vertrauens überall werth erwiesen haben, und jetzt soviel Ihrer noch leben, auch schon mit Ehren graues Haar tragen. Einige von ihnen haben auch in der Folge hier in Colberg meine Stelle ersetzt und sich als Lehrer in der Steuermannskunst verdient gemacht.

Da inzwischen die Lehrlinge in solchen Schulen den Sommer hindurch den praktischen Übungen des Erlernten obzuliegen pflegen und der zu empfangende Unterricht meist nur ihre müßigen Wintermonate ausfüllt, so gab derselbe auch mir nicht hinreichende Beschäftigung, deren mein unruhiger Geist dennoch sosehr bedurfte. Kurz, ich fühlte hier Langeweile; fühlte aber auch zugleich, daß ich an Geist und Leib noch keinesweges so flügellahm geworden, um unthätig hinter dem Ofen hocken zu müssen. Auf die Gefahr also, für wetterwendisch gehalten zu werden, will ich nur gestehen, daß mich nebenher doch immer wieder nach der eignen Führung eines tüchtigen Schiffs verlangte, und daß, da sich's damit nicht nach meinem Sinne schicken und fügen wollte, meine Gedanken abermals auf Holland und die jüngst verlassene Lebensweise standen.

Wer weiß auch, was geschehen wäre, wenn einige Freunde, die es mir ansahen, wie mich der Thätigkeits-Trieb verzehrte, mich nicht aufgeredet hätten, daß ich mir das Verdienst um meine Vaterstadt erwerben möchte, sie, den Sommer hindurch, aus der Ferne, vom Stettinschen Haff her, und reichlicher, als es bisher der Fall gewesen, mit lebendigen Fischen zu versorgen. So ganz zwar wollte dies Project mir selbst nicht gefallen; indeß ich ließ mich dazu überreden; kaufte ein Haus am Wasser, welches die, zu dieser Handthierung passende Gelegenheit besaß, und war nun drauf aus, mir auch ein, zu solchem Handel eingerichtetes Fahrzeug (Man nennt es eine *Quatze*) anzuschaffen. Zu dem Ende begleitete ich meinen guten Freund, den Schiffer Blank, der eben nach Swinemünde steuerte, weil ich dort, oder in der Nachbarschaft, mich zu meinem neuen Gewerbe am besten zu versehen hoffte.

Ein steifer Südwest-Wind wollte uns an jenen Hafen nicht sogleich herankommen lassen, sondern trieb uns zwei oder drei Meilen weiter an die Küsten der Insel Usedom und in die Gegend, wo einst die alte wendische Handelsstadt Wineta im Meere versunken seyn soll. Natürlich drehte sich, in solcher Nähe, das Gespräch zwischen meinem Freunde und mir um diesen Gegenstand. »Man muß« — sagte Jener — »bei der Schiffahrt sich um so Vieles und so genau bekümmern; und dieser merkwürdige Fleck ist uns überdem so nahe gelegen, daß es doch fürwahr eine Schande wäre, wenn wir darüber nicht mit Was und Wie und Wo sollten richtige Auskunft geben können.«

»Das könnt' ich wohl«, war meine Antwort — »aber doch nur auf Treu und Glauben des holländischen Schiffers, mit dem ich meine letzte Reise, als Passagier, von Amsterdam nach Swinemünde machte. Dieser erzählte mir, als wir diesen nemlichen Strich hier hielten, er sey vor vier Jahren bei jener versunkenen Stadt auf den Grund gerathen und habe sein Schiff verloren. Um so sorgfältiger habe er sich die Merkzeichen der Küste bekannt gemacht, um sich künftig vor Schaden zu hüten.« — »Seht dorten« — sprach er — »ist ein schwarzer Berg in Westen; und weiter ostwärts liegt ein andrer Berg von gleicher Farbe. Zwischen Beiden entdeckt Ihr einen weißen Sandhügel; und gerade vor Diesem, eine halbe Meile vom Lande, ist das verwünschte Steinriff, das mich bald zum armen Mann gemacht hätte.« — »Irr' ich aber nicht, so stehen uns seine angegebenen Merkzeichen dort gerade im Gesichte; und es möchte wohlgethan seyn, einwenig aufzupassen.«

Kaum noch war mir das Wort über die Lippen, so stieß unser Schiff so plötzlich und so hart auf den Grund, daß uns die Füße unter'm Leibe entglitten und wir unwillkührlich auf das Verdeck hinstürzten. Indem wir uns schnell besannen und um uns schauten, überzeugten wir uns, daß wir auf der nemlichen Stelle fest saßen, die den Gegenstand unsers Gesprächs ausgemacht hatte. Denn etwa 20 Klafter nördlich vom Schiffe entdeckten wir eine ebene Platte, die fast mit dem Wasserspiegel gleich stand, und deren Daseyn uns nur darum entgangen war, weil der Wind gerade vom Lande kam und also schlichtes Wasser machte, daß keine Brandung auf der Untiefe entstehen konnte.

Was war indeß zu thun? Der Schiffer ließ flugs das Boot aussetzen, um einen Anker auszubringen und daran das Schiff von der Bank wieder abzuwinden. Ich selbst stieg hinein, um dies in's Werk zu richten, und fuhr südlich, von der Untiefe, die wir im Norden liegen sahen, abwärts. In einer Entfernung von etwa 80 Klaftern ließ ich den Anker fallen; erstaunte aber nicht wenig, als er noch über'm Wasser stehen blieb, indem die See hier an dieser Stelle nicht über 4 bis 6 Fuß Tiefe hatte. Der Anker mußte wieder emporgebracht und nach dem Schiffe gezogen werden.

Jetzt begann ich, (Was freilich früher hätte geschehen sollen!) rings umher zu sondiren, um ein Fahrwasser von hinreichender Tiefe zu finden. Es gab aber überall nichts, als Klippen und Steine, dicht unter Wasser; nur hinter uns war es offen, und ich sah, wir würden uns des nemlichen Weges zurück arbeiten müssen, den wir gekommen waren. Demnach ward der Anker gerade nach hinten ausgebracht und die Schiffswinde in Bewegung gesetzt; allein das Fahrzeug wollte weder wanken noch weichen. Da wir nun mit Sand-Ballast fuhren, so ward Dessen eine ziemliche Menge über Bord geschafft, um das Schiff zu erleichtern, welches noch immerfort auf den Grund stieß; jedoch ohne einigen Schaden zu nehmen.

Während jener Anstrengungen stieg ich abermalen in's Boot, um den ganzen Umfang dieser Bank noch ferner zu sondiren. Zuförderst begab ich mich nach der Stelle, die am höchsten und mit dem Wasser gleich lag; bestieg dieselbe und fand, indem ich mit den Füßen tiefer scharrte, daß der Grund aus grobem Sande bestand, der mit einzelnen Brocken von Dachziegeln untermischt war. Meines Vermuthens mochte hier wohl früher ein Schiff, mit solcherlei Ziegeln geladen, gestrandet seyn und dieselben zu seiner Erleichterung über Bord geworfen haben.

Beim weitern Umherfahren befand sich's, daß diese Bank durchgehends aus großen Steinblöcken bestand, die mit 4 bis 5 Fuß Wasser überflossen waren. Zwischen denselben gab es eine Tiefe von 6 bis 7 Fuß; und da das Wasser ziemlich klar war, ließ sich die Lage der Steine sehr wohl unterscheiden, aber in derselben durchaus keine absichtliche Anordnung und Regelmäßigkeit entdecken. Diese ganze Steinplatte mag vielleicht 600 Klaftern in der Länge und Breite haben. Zugleich aber fallen ihre Ränder so steil ab, daß, während jene Blöcke nur auf die bemerkte geringe Tiefe unter Wasser stehen, unmittelbar daneben der Seegrund sich auf 15 und mehr Fuß vertiefte.

Es währte fast sechs Stunden, bevor es uns gelang, hier wieder flott zu werden. Während dieser Zeit trieb der starke Wind ein Boot vom Lande herbei, worinn sich zwei Bauerknechte, aber ohne Ruder, befanden. Statt derselben waren sie mit ein paar Stangen versehen, womit sie ihr Fahrzeug, so gut es angehen wollte, zu steuern versuchten, um bei uns an Bord zu gelangen. In der That stießen sie auch so unvorsichtig und heftig gegen unser Schiff an, daß wir fürchteten, ihr Fahrzeug würde davon in Stücken gehen; so wie es denn auch wirklich sehr beschädigt wurde. Indeß mochten sie immer noch von Glück sagen, daß wir ihr Boot festhielten und sie dadurch verhinderten, an unserm Schiffe vorbei in die hohe See zu treiben.

Erst, als wir sie an Bord genommen hatten, wurden wir gewahr, daß sie sich in ihrem besten Sonntags-Staat befanden und mit einem gewaltigen Blumenstrauß vor der Brust im Knopfloch prangten; — ich hätte nemlich schon früher bemerken sollen, daß es eben an einem Sonntags-Vormittage war. Auf unser neugieriges Woher? und Wohin? nannten sie uns ihr nicht weit entlegenes Wohn-Dorf und berichteten, sie seyen so eben auf dem Wege über Feld nach der Kirche begriffen gewesen, als sie unser Schiff auf dem Grunde sitzend erblickt hätten; und da sich zufällig in ihrer Nähe ein leeres Boot am Strande vorgefunden, so wären sie in Gottes Namen hineingestiegen, um zu sehen, ob und wie sie uns damit einige Hülfe leisten könnten. Da es jedoch in dem Fahrzeuge an Rudern gefehlt, mit denen sie ohnehin nicht umzugehen wüßten, so hätten sie gemeynt, sich mit den vorräthigen Stangen wohl nothdürftig fortzuhelfen.

War das ächt-pommersch brav und gutherzig gemeynt, so muß man doch daneben gestehen, daß es auch herzlich dumm berathen und ausgeführt war. Denn hatten sie nicht das Glück, vom Winde gerade gegen unser Schiff getrieben zu werden, so kamen sie immer weiter landabwärts, waren ohne Barmherzigkeit verloren, und kein Mensch hätte auch nur einmal gewußt, wo sie hingestoben wären. Sie sahen endlich selbst ein, daß sie einen einfältigen Streich unternommen; und da wir indeß auch vom Grunde glücklich wieder abgekommen waren, so banden wir ihr Boot an unserm Schiffe fest und nahmen sie mit uns nach Swinemünde, wo es ihnen denn überlassen bleiben mochte, wie sie wieder ihren Heimweg finden wollten.

Ich Meinerseits gieng von hier nach Caseburg, wo ich eine Quatze, wie ich sie brauchte, für 400 Thaler erstand und, nachdem ich zugleich eine Ladung lebendiger Fische eingenommen, mich nach dem Swinemünder Hafen, und so über See, nach Colberg auf den Rückweg machte. Kaum aber war ich aus der Swine und über die Rheede hinaus, und es an der Zeit, daß mein Koch Feuer anmachen sollte: so befand sich's, daß der Lootse, der uns in See gebracht, zufällig unsre Zunderbüchse, womit er seine Pfeife in Brand gesteckt, mit sich genommen habe. Wir sahen uns dadurch, trotz allen von mir angewandten Versuchen, diesem Mangel anderweitig abzuhelfen, in die Verlegenheit gesetzt, auf unsrer Fahrt, die durch widrigen Wind über zwei Tage und drei Nächte verzögert wurde, ohne Feuer und Licht zu seyn. Besonders unangenehm fiel es mir dabei, daß ich bei Nacht, aus Mangel an Erleuchtung, auch von meinem Kompaß keinen Gebrauch machen konnte.

Als ich endlich in Colberg anlangte, klagte ich zufällig jene ausgestandene Noth meinem Nachbar, einem Schmidt, der mich gleichwohl derb auslachte, und mich zugleich aufforderte, ihm in seine Esse zu folgen, wo er mir zeigen wolle, wie man, auch ohne die gewöhnlichen Verkehrungen, sich zu allen Zeiten Feuer verschaffen könne. Ich folgte dem Herrn Gevatter, und sah, wie er in die rechte Hand einen Hammer nahm, in welcher er zu gleicher Zeit auch einen Schwefelfaden zwischen die Finger steckte. In der Linken hielt er einen neuen eisernen Nagel, dessen Spitze er auf den Amboß legte, und nun mit dem Hammer einen tüchtigen Streich darauf vollführte. Die Nagelspitze ward dadurch dergestalt erhitzt, daß es jetzt nur der möglichst schnellen Annäherung des Fadens bedurfte, um diesen alsobald in lichte Flammen zu setzen.

Dies noch nie gesehene und doch so einfache Kunststück erregte bei mir eine billige Verwunderung. Ich hatte dem Herrn Nachbar nur dagegen einzuwenden, daß sich das zwar auf seinem stählernen Amboß trefflich wohl machen lasse; daß man *den* aber auf der See nicht immer gleich in der Nähe habe — »Potz! so habt Ihr doch eiserne Anker!« fiel er mir eifrig in die Rede — »und werdet doch drauf los zu pauken verstehen!« — Zu noch besserer Bekräftigung gieng er, auf mein Bitten, mit mir nach meinem Fahrzeuge, um dort auf dem Bootsanker gleich die Probe zu machen. Jeder zweite oder dritte Schlag gab auch hier richtig Feuer. Ich versuchte es ebenfalls; und auch mir gerieth es, obwohl nach einigen Schlägen mehr, weil ich den rechten Zug nicht, wie Jener, in der Faust hatte. Die Kunst ist an sich von keiner Bedeutung; ich habe hier aber gleichwohl ein paar Worte drum verlieren wollen, weil sie doch Diesem oder Jenem einst zufällig zu statten kommen könnte; so wie ich sie darum auch späterhin besonders jungen Seefahrenden beispielsweise mitgetheilt habe.

Nun machte ich mit meiner Quatze zwar noch mehrere Ausflüge: aber diese Fahrten und die ganze Handthierung waren, je länger, je weniger nach meinem Sinn. Überdem war der Absatz meiner Waare keinesweges so reißend, als man mir vorgespiegelt hatte; und da zudem die Fische durch das heftige Schlingern des Fahrzeugs in den Wellen häufig abstanden, so hatt' ich bei jeder Reise nur Verlust und Schaden. Ich gab also meinen Kram bei Zeiten wieder auf; brachte meine Quatze nach Stettin und bot sie dort zum Verkaufe aus. Das gelang mir aber erst nach Jahr und Tag, und ich litt auch bei diesem Handel eine empfindliche Einbuße. So kam also auch das Jahr 1776 heran und fand mich wieder als Lehrer in der Steuermannskunst, wobei ich mich, da ich tüchtige und lernbegierige Schüler hatte, immer noch in meinem angemessensten Elemente befand. Auch im Winter 1777 trieb ich diese nützliche, wenn auch eben nicht sonderlich einträgliche Beschäftigung.

Am 28sten April dieses Jahres stand ich hier in Colberg, etwa um die Mittagszeit, eines abzumachenden Geschäfts wegen, beim Herrn Advocat Krohn am Fenster, als, mitten in unserm Plaudern, plötzlich ein ganz erschrecklicher Donnerschlag geschah, so daß Jener vor Schrecken neben mir niederstürzte und wie ohne Leben und Besinnung schien. In der That glaubte ich auch nichts gewisser, als daß er von dem Blitzstrahl getroffen worden, bis mein Rütteln und Schütteln ihn endlich doch wieder auf die Beine brachte. »*Wo* hat es eingeschlagen?« fragte er, immer noch hochbestürzt. — »Ich hoffe, nirgends«; war meine Gegenrede — »oder mindestens doch nicht gezündet, da Regen, Schnee und Hagel die Luft erfüllen und alle Dächer triefen.«

Allein im nemlichen Augenblick auch stürzte der Kaufmann, Hr. Steffen, welcher schräg gegenüber wohnte, aus seinem Hause hervor; schlug die Hände über'm Kopfe zusammen; schrie aus Leibeskräften, und richtete dabei den Blick immer nach dem Kirchthurme empor, den er jenseits wahrnehmen konnte. Ich ahndete Unheil; lief also stracks hinüber; mußte aber lange auf ihn einreden, bevor ich's von ihm herauskriegte: »Mein Gott! Unsre arme Stadt! — Sehn Sie denn nicht? Der Thurm brennt ja lichterloh!« — So war es denn auch wirklich. Die helle Flamme sprützte bei der Wetterstange, gleich einem feurigen Springbrunnen, empor; aus den Schalllöchern sprühten die Funken umher, wie Schneeflocken, und flogen bereits bis in die Domstraße hinüber.

Ich, herzlich erschrocken, rannte nach der Kirche und die Thurmtreppe hinan! Im Hinaufsteigen überdachte ich mir's, wie groß das Unglück werden könne und müsse, da wohl schwerlich Jemand sich's unternehmen werde, bis in die höchste Spitze hinanzuklimmen, wo er in den finstern Winkeln nicht einmal so bekannt sey, als ich, der ich sie in meiner Jugend so vielfältig, und oft mit Lebensgefahr, durchkrochen hatte. »Also nur frisch drauf und dran!« rief eine Stimme in mir — »Du weißt hier ja Bescheid!«

In der That wußt' ich auch, daß droben auf dem Glokkenboden stets Wasser und Löscheimer bereit standen: aber an einer Handspritze, die hier hauptsächlich Noth thun würde, konnt' es leichtlich fehlen. Dies erwägend, macht' ich auf der Stelle rechtsum; drängte mich mit Mühe neben den vielen Menschen vorüber, die Alle nach oben hinauf wollten; flog gleich in's erste nächste Haus und rief um eine Sprütze, die aber hier — die auch im zweiten Hause nicht zu finden war und meiner steigenden Ungeduld erst im dritten gereicht wurde.

Jetzt wieder (Die Angst und der Eifer gaben mir Flügel!) zum Thurme hinauf! In der sogenannten Kunstpfeifer-Stube, die dicht unter der Spitze ist, fand ich bereits mehrere Maurer und Zimmerleute, mit ihren Meistern an der Spitze, die indeß Alle nicht recht zu wissen schienen, was hier zu thun oder zu lassen sey. »Lieben Leute«, sprach ich, indem ich unter sie trat — »*Hier* ist freilich nichts zu beginnen. Wir müssen höher hinauf nach oben. Folgt mir!« — »Leicht gesagt, aber schwer gethan!« antwortete mir der Zimmermeister Steffen. — »Wir haben es schon versucht, aber es geht nicht. Sobald wir die Fallthüre über uns heben, fällt ein dichter Regen von Flammen und glühenden Kohlen hernieder und setzt auch hier die Zimmerung in Brand.«

Das war freilich eine schlimme Nachricht! »Ei, es muß schon etwas drum gewagt seyn!« rief ich endlich — »Ich will hinan! Helft mir durch die Lucke. Ich will sehen, was ich thun kann!« — Sie öffneten mir die Fallthüre; ich stieg hindurch, ließ mir einen Eimer voll Wasser und die Handsprütze reichen und — »Nun die Lucke hinter mir zu, damit das Feuer keinen Zug bekömmt!« befahl ich; und indem sie das thaten, sah ich zu, was oben passirte. Eine Menge Feuerkohlen prasselte nieder; so daß ich mir den Kopf mit dem Wasser aus meinem Eimer anfeuchten mußte, um nicht aus meinen Haaren ein Feuerwerk zu machen. Um zugleich die Hände frei zu bekommen, schnitt ich ein Loch vorne in den Rock, durch welches ich die Sprütze steckte; den Bügel des Eimers nahm ich in den Mund und zwischen die Zähne; und so ward denn die fernere Reise angetreten!

Die Thurmspitze ist inwendig mit unzähligen Holz-Riegeln durch-verbunden, die mir zur Leiter dienen mußten. Allein wohin ich griff, um mir empor zu helfen, da fand ich Alles voll glühender Kohlen; nur hatt' ich nicht Zeit, an den Schmerz zu denken, oder machte mich gegen ihn fühllos, indem ich Kopf und Hände zum öfteren wieder anfeuchtete. Mit alledem hatt' ich mich endlich so hoch verstiegen, daß mir in der engen Verzimmerung kein Raum mehr blieb, mich noch weiter hindurch zu winden; und hier sah ich denn den rechten Mittelpunkt des brennenden Feuers annoch 8 oder 10 Fuß über mir zischen und sprühen.

Jetzt klemmte ich den Wasser-Eimer zwischen die Sparren feste; zog meine Sprütze daraus voll und richtete sie getrost gegen jenen Feuer-Kern, wo das Löschen und Ersticken am nothwendigsten schien. Nur begieng ich die Unvorsichtigkeit, dabei unverrückt in die Höhe zu schauen, weil ich auch die Wirksamkeit meines Wasserstrahls beobachten wollte: darüber aber bekam ich die ganze Bescheerung von Wasser, Feuer und Kohlen so prasselnd in's Angesicht zurück, daß mir Hören und Sehen vergieng; bis ich, sobald ich mich wieder ein wenig besonnen hatte, das Ding geschickter anfieng und bei den zwei oder drei nächsten Handhabungen meiner Sprütze die Augen fein abwärts kehrte. Auch hatt' ich die Freude, daß sich bei jedem Zuge das Feuer merklich verminderte.

Nun aber war auch der Eimer geleert! Neue Verlegenheit! Denn das leuchtete mir allerdings wohl ein, daß, wenn ich hinabstiege, weder ich, noch sonst ein Mensch hier je wieder nach oben gelangte. Ich schrie indeß aus Leibeskräften: »Wasser! Wasser her!« — bis der vorbenannte Zimmermeister die Fallthüre aufschob und mir zurief: »Wasser ist hier: aber wie bekömmst du es nach oben hinauf?« — »Nur bis über den Glockenstuhl schafft mir's. Da will ich mir's selber langen,« — war meine Antwort; und so geschah es auch. Jene wagten sich höher und ich kletterte ihnen von Zeit zu Zeit entgegen, um die vollen Wasser-Eimer in Empfang zu nehmen, von denen ich denn auch so fleißigen Gebrauch machte, indem ich den Brand tapfer kanonirte, daß ich endlich das Glück hatte, ihn zu überwältigen und völlig zu löschen. Wo es aber noch irgend zu glimmen schien, da kratzte ich mit meinen Händen die Kohlen herunter, soweit ich irgend reichen konnte.

Jetzt erst, da es hier nichts mehr für mich zu thun gab, gewann ich Zeit, an mich selbst zu denken. Ich spürte, wie mir mit jeder Minute übel und immer übler zu Muthe ward: denn das zurücksprützende Wasser hatte mich bis auf die Haut durchnäßt, und zugleich war eine Hitze im Thurme, die je länger je unausstehlicher wurde. Zwar eilte ich nun hinunter: aber indem ich gegen die Schalllöcher kam, gab es einen so schneidenden Luftzug, daß mir plötzlich die Sinne vergiengen. Auch weiß ich nicht, ob ich auf meinen eignen Füßen Gottes Erdboden erreicht, oder ob mich die Leute hinabgetragen haben.

Als ich mich wieder besann, lag ich auf dem Kirchhofe; und mir zur Seite standen die Chirurgen Wüsthof und Kretschmer, die mir an beiden Armen eine Ader geöffnet hatten. Außerdem gab es noch einen dichten Haufen von Menschen um mich her, welche von Theilnahme oder Neugierde herbeigeführt seyn mochten. Mit meinem wiederkehrenden Bewußtseyn begann ich nun aber auch erst meine Schmerzen zu fühlen. Meine Hände waren überall verletzt; die Haare auf dem Kopfe zum Theil abgesengt; der Kopf selbst wund und voller Brandblasen, wo denn auch in der Folge nie wieder Haare gewachsen sind. Nicht minder sind mir die beiden äußersten Finger an der rechten Hand, die vom Feuer am meisten gelitten hatten, bis auf diese Stunde krumm geblieben; und so werde ich sie auch wohl mit in mein Grab nehmen müssen.

Vom Kirchhofe trug man mich nach meiner Wohnung, wo eine gute und sorgfältige Pflege mir denn auch bald wieder auf die Beine half. Einige Wochen später behändigte mir der Herr Kriegs-Commissair Donath eine goldene Denkmünze in der Größe eines Doppel-Friedrichsd'or, nebst einem Belobungsschreiben, die ihm beide von Berlin zugeschickt worden, um sie mir, gegen meine Quitung, zu überliefern. Das Gepräge dieser Denkmünze ließ ich mir in meinem Pettschaft nachstechen; sie selbst aber, nebst dem Schreiben, übergab ich in die Hände des Magistrats, mit dem Ersuchen, sie, bis auf meine weitere Verfügung, im rathhäuslichen Archiv verwahrlich niederzulegen. Doch als ich, nach Verlauf einiger Jahre, dieserhalb eine gelegentliche Nachfrage anstellte, war das Eine, wie das Andre, verschwunden! Es hieß: Das sey noch bei des Bürgermeisters R—fs Zeiten geschehen; und daran mußte ich mir genügen lassen.

Im folgenden Jahre 1778 erhielt ich vom Kaufmann, Herrn Höpner zu Rügenwalde eine schriftliche Aufforderung, Eines seiner Schiffe unter meine Führung zu nehmen. Ich schlug ein, weil sich nicht gleich ein besseres Engagement für mich finden wollte; und so machte ich denn, für seine Rechnung, eine Reihe glücklicher Fahrten nach Danzig, Nantes und Croisic, und war von hier wiederum nach Memel bestimmt; konnte aber, der späten Jahrszeit wegen, diesen Hafen nicht mehr erreichen, sondern sah mich genöthigt, in Pillau einzulaufen und dort zu überwintern, wo ich, aus Langerweile, wiederum eine Steuermanns-Schule eröffnete.

Hier war es, wo der Commercien-Rath Herr B—r zu Colberg mir in wiederholten Briefen anlag, in seinem Auftrage nach England zu gehen, für ihn ein Schiff zu kaufen und mit demselben für seine Rechnung zu fahren. Diese Speculation schien nicht übel ersonnen: denn in dem damaligen Kriege Englands mit seinen nordamerikanischen Kolonieen hatt' es um diese Zeit auch bereits mit Frankreich und Spanien gebrochen und seine Kaper hatten sich einer so großen Anzahl feindlicher Schiffe bemächtigt, daß alle brittische Häfen damit angefüllt waren und als gute Prisen erklärt wurden. Es stand demnach zu erwarten, daß sie beim Verkauf würden spottwohlfeil losgeschlagen werden.

Ich trug demnach kein Bedenken, mich auf den mir gemachten Vorschlag einzulassen, und forderte nur, Herr B—r möge mir für dies Geschäft eine genaue Instruction, so wie eine Adresse an seinen Correspondenten in London ertheilen und mir bei demselben den nöthigen Kredit bis zu einer bestimmten Summe offen machen. Demzufolge verwies er mich an das Londoner Handelshaus Schmidt und Weinholdt, bei welchen ich auch bei meiner Ankunft die verlangte Instruction vorfinden würde. Mit Herrn Höpners Bewilligung verließ ich also dessen Schiff, nachdem ich ihm einen andern tüchtigen Schiffer in meine Stelle vorgeschlagen hatte, und schickte mich zu meiner Reise nach England an; wobei es jedoch meine Privat-

Geschäfte erforderten, zuvor noch einen kleinen Abstecher nach Königsberg zu machen.

Indem ich hier nun eines Tages meinen Weg zur Börse nahm, fiel es mir zufällig bei, mit einem nicht zu großen Umschweif links ab über den Neuen-Graben zu gehen, wo das Haus stand, in welchem ich in früherer und besserer Zeit gewohnt hatte. Nachdenklich blieb ich demselben gegenüber stehen, und indem ich es betrachtete, fiel es mir schwer auf's Herz, wie ich hier doch fünf Jahre lang in Leid und Freude aus- und eingegangen, mit so manchem Biedermann in Verkehr und Freundschaft gestanden und froh und muthig in's Leben hineingeschaut habe. Und wie war das nun so ganz anders! Auf diesem nemlichen Fleck stand ich nun als Fremdling; Niemand hier, dem mein Wohl oder Weh noch zu Herzen gieng — Ich selbst ein wunderlicher Spielball des Schicksals und nach allen Himmelsgegenden umhergeworfen! Warlich, es war kein Wunder, daß mir in diesen Gedanken ein paar schwere Thränen in die Augen traten!

»Herr Jemine! Sieh doch! Kapitain Nettelbeck und kein Andrer!« rief plötzlich eine weibliche Stimme aus einem geöffneten Fenster des nemlichen Hauses dessen Anblick diese trübe Wehmuth in mir hervorgerufen hatte. Indem ich nun, aus mir selbst aufgeschreckt, emporschaute, bemerkte ich ein Frauenzimmer, welches im Begriffe gewesen zu seyn schien, einen Teller mit Fischgräten auf die Straße hinauszuschütten. Ich stutzte, konnte mich aber des veralteten und verzerrten Gesichts in keinem Winkel meines Gedächtnisses besinnen. In eben dem Moment aber war sie auch bereits zu mir herunter geeilt, ergriff mich an beiden Händen, und betheuerte: Sie lasse mich nicht; ich müsse kommen und bei ihr und ihrem Manne einsprechen. Jetzt erst schoß es mir mit Einemmale auf's Herz, daß hier von dem Kniffelschen Ehepaare die Rede seyn möge. Und so war es auch wirklich!

Schon in Pillau hatt' ich, auf gelegentliche Erkundigung, von diesem Paare so mancherlei vernommen, was mich nach der Erneurung dieser alten Bekanntschaft eben nicht lüstern machte. Sie hatten mit denen ihnen ausgesetzten Geldern übel gewirthschaftet, und waren überall betrogen worden und steckten tief in Schulden, weil die reiche Verwandtschaft in Suriname immer noch diesen und jenen Wucherer lockte, ihnen Kredit zu geben. Außer dem Hause, das er bewohnte, und wovon ihm vielleicht auch kein Ziegel mehr eigen gehörte, besaß der alte Tropf nichts mehr, als seinen gekauften Titel »Licent-Rath«, den aber der Pöbelwitz allgemein in den Spottnamen »Licent-Rekel« verkehrt hatte. Kurz, bei diesen Leuten, die mit ihrer braven Tochter gar nichts Ähnliches besaßen, war weiter weder Freude noch Ehre zu holen; und es verdroß mich sogar, daß sie mein altes liebes Eigenthum durch ihre Gegenwart verschimpfirten.

Indeß mußt' ich mich schon mit hinaufschleppen lassen, und fand dort den Titular-Rath hustend auf einem Bette sitzen. Ich sah mich nun in dem Stübchen um, wo Alles ein ärmliches beklommenes Ansehen hatte, und konnte mich nicht enthalten, auszubrechen: »Leute, wie habt Ihr gewirthschaftet! Was habe ich gehört? und was sehe ich jetzt selbst? Seyd Ihr's wohl werth, daß Euch das Glück einmal so freundlich angelacht hat?« — Beide weinten und sagten: Dann würde ich auch gehört haben, wie sie von ihren besten Freunden betrogen worden. — »Nun warlich doch nicht ohne Eure Schuld!« gab ich ihnen unmuthig zur Antwort — »Hättet Ihr die Nase nicht stets höher getragen, als Euch zukam; hättet Ihr Gott still und demüthig gedankt, daß er Euch einen ruhigen Nothhafen für Eure alten Tage eröffnet; hättet Ihr fein zu Rathe gehalten, was mehr, als genüglich, für Euer Nothwendiges ausreichte« ... Und wie denn der derbe Levite weiter lautete, den ich glaubte, ihnen lesen zu müssen.

Sie gestanden ihr Unrecht ein und gelobten Besserung, wenn ich ihnen nur jetzt behülflich seyn wollte, einen Brief an ihre Tochter zu besorgen, worinn sie derselben ihre äußerste Noth vorstellig machen und sie um eine letzte Unterstützung bitten wollten. Mehrmals hätten sie dies bereits auf andern Wegen versucht, aber niemalen Antwort erhalten. Die Papiere möchten wohl nicht in ihre Hände gelangt seyn. — »Gut, so schreibt denn!« rief ich — »Aber spudet Euch damit: denn morgen bin ich nicht mehr in Königsberg. Ich logire . . .«

Aber aus Sorge, daß ich ihnen entschlüpfen möchte, wollten sie mich lieber nicht aus der Stelle lassen und schickten gleich zu einem alten abgedankten Hauptmann, der in Allem ihr Sekretair und Rathgeber zu seyn schien. Der setzte sich denn sofort an das Stück Arbeit, welches mir auch endlich mit der angehängten Bitte überliefert wurde, daß ich es mit einigen Worten zur bessern Empfehlung begleiten und ihrem Kinde treulich schildern möchte, in welchem Elend ich sie angetroffen hätte. Ich versprach Alles, was sie wollten, um nur von ihnen loszukommen; habe aber fernerhin nie Gelegenheit gefunden, zu erfahren, was weiter aus ihnen geworden und ob sie sich in der Zukunft besser gebettet. Auch von der Tochter ist mir keine fernere Kunde zu Ohren gekommen.

Gleich darauf gieng ich, früh im Jahre 1779, von Pillau als Passagier nach London, und meldete mich sofort bei den dortigen Correspondenten meines neuen Principals und empfieng nun aus deren Händen die Instruction, wie ich bei meinem Einkauf verfahren sollte. Diese war aber leider! von der Art, daß ich, wäre sie mir früher in Pillau zugekommen, keinen Schritt vor die Thüre darum gegangen seyn würde. Nur die wunderlichste Laune konnte dem Manne alle die tausend Bedingungen eingegeben haben, von denen ich kein Haar breit abweichen sollte. Das Schiff, das ich erstände, sollte von 150 Lasten seyn, nicht größer und nicht kleiner; es durfte kein höheres Alter, als von zwei, oder höchstens drei Jahren zählen; es mußte eine Bauart haben, daß es mindestens mit der halben Last zum Colberger Hafen ein- und auspassiren könnte; ja sogar ein vollständiges Inventarium war vorgeschrieben, das man bei dem Schiffe zu finden erwartete;

— Aber vor Allem durfte es nicht höher, als 400 Pfund Sterling im Preise zu stehen kommen. — Warlich, ich hätte Tausende anfeilschen können, ohne einen solchen Phönix von Schiff zu finden, als hier verlangt wurde! Selbst die Herren Schmidt und Weinholdt, an die ich gewiesen war, lachten über dies unsinnige Begehren.

Indeß ich hatt' es einmal angenommen, und sollte und wollte meine Schuldigkeit thun. So reiste ich denn ganz England mit der Post in die Runde, nach allen Häfen, wo nur Prisen aufgebracht worden. Ich gieng nach Hull, nach Newcastle, nach Leeds, nach Liverpool, nach Bristol, nach Plymouth, nach Portsmouth, nach Dover: — aber eben so gut hätt' ich auch zu Hause bleiben mögen! Endlich stieß ich in London selbst auf ein Schiff, das mir in jedem Betracht anstand und das ich, rücksichtlich alles Dessen, was ihm etwa noch mangelte, auf meine eigne Verantwortung zu kaufen beschloß.

Indem ich nun den Herren Schmidt und Weinholdt diese meine Absicht eröffnete und den mir bei ihnen gemachten Kredit geltend machen wollte, erhielt ich die nimmer erwartete Antwort: »Lieber Nettelbeck, um Ihnen klaren Wein einzuschenken, müssen wir Ihnen gerade heraus sagen, daß wir für B—rs Ordre auch nicht ein Pfund zu zahlen gesonnen sind. Wollen Sie aber das Schiff für sich allein und auf *Ihren* Namen erstehen und uns die Correspondenz und Assecuranz darüber überlassen: so ist hier unsre Hand — Wir zeichnen für Sie, soviel Sie Verlangen. Nur mit B—r wollen wir nichts zu thun haben.«

Meine Antwort ist leicht zu errathen. »Ich bin vor Zeiten« — sagte ich — »Herr eines eignen Schiffs gewesen; habe aber so ausgesuchtes Unglück damit gehabt, daß ich mir's heilig angelobt, mich nie wieder mit dergleichen zu befassen. Es taugt auch für keinen Schiffer, sein eigner Rheeder zu seyn, wenn er gleichwohl die Correspondenz, und was dazu gehört, einem Fremden überlassen muß. — Nur, mein Himmel!« setzte ich hinzu — »Warum, meine Herren, haben Sie mir von dem Mißkredit, in welchem mein Principal bei ihnen steht, nicht früher einen Wink gegeben? Wieviel Zeit, Mühe und Kosten wären da zu ersparen gewesen!«

Sie gestanden mir nun, daß sie nimmer vermuthet hätten, ich würde ein solches Schiff, wie mir vorgeschrieben worden, aufzutreiben im Stande seyn, und daß sie es darum mit ihrer Erklärung lieber bis aufs Äußerste hätten wollen ankommen lassen. Ich mußte mir das gefallen lassen, eröffnete ihnen aber gleich des nächsten Tages, daß ich eine bequeme Schiffsgelegenheit nach Stettin gefunden und von da nach Colberg abzugehen gedächte, um dem Commerzien-Rath Bericht zu erstatten, was ich ausgerichtet und nicht ausgerichtet.

»Nach Stettin?« ward mir geantwortet — »O, schön! Das trifft sich, wie gerufen: denn wir haben ein Anliegen an Sie, lieber Nettelbeck, das Sie uns nicht abschlagen müssen. Da ist in Stettin der Kaufmann Groß, mit dem wir, in Assecuranz-Angelegenheiten wegen Schiffer Lickfeld verwickelt sind, schon seit Jahr und Tag in Briefen hin und her scharmützeln und je länger je weniger übereinkommen können. Wir sind des Handels nachgerade herzlich überdrüssig; und unser in Sie gesetztes Vertrauen läßt uns wünschen, daß Sie es übernehmen möchten, mit ihm mündlich zusammenzutreten und, Namens Unsrer, den Zwist so gut, als möglich, auszugleichen. Sie sollen über den Stand der Dinge alle erforderliche Auskunft erhalten; und da wir uns Alles, was nur nicht geradezu unbillig ist, gefallen lassen wollen; so machen Sie es mit ihm ab, sogut Sie wissen und können. Ihre Vollmacht soll Ihnen auf der Stelle ausgefertigt werden, und unser ganzes Verlaß steht auf Ihnen.«

»Gut und aller Ehren werth, was Sie mir anvertrauen und von mir erwarten!« erwiederte ich — »Aber *kennen* Sie den Mann auch, mit dem Sie mir zu thun geben wollen? Dieser Groß, meine Herren, ist ein ganz absonderlicher Patron und fängt gar leicht Feuer unter der runden Perücke. Ich entsinne mich Seiner gar wohl von Anno

1764 her, wo er noch selbst als Schiffer fuhr und einen Winter bei uns mit seinem Schiffe in Königsberg lag. Hatt' er damals doch mit allen Leuten, mit denen er zu verkehren kriegte, Krakeel und Processe; und hat er sich seitdem, wie schwerlich zu hoffen ist, nicht geändert, so möcht' ich lieber ein Kreuz vor ihm schlagen, als mir mit ihm zu schaffen machen.«

Wie ich aber auch diesen mißlichen Auftrag von mir abzulehnen suchte, so ward doch so anhaltend in mich gedrungen, daß ich mir endlich die bisher geführten Verhandlungen vorlegen ließ; und da die Sache festen Grund hatte und der ganze Zwiespalt nur auf einem Mißverstande beruhte, fand ich auch minderes Widerstreben in mir, in derselben den Mittelsmann zu machen. Ich einigte mich also mit meinen Herren Committenten, wie weit ich zu gehen haben sollte; empfieng genügende Vollmacht und machte mich in Gottes Namen nach Stettin auf den Weg, wo ich es mein Erstes seyn ließ, Hrn. Groß aufzusuchen und den Strauß mit ihm, wie hitzig er auch ausfallen möchte, zu versuchen.

Der Mann empfieng mich mit Herzlichkeit, als einen alten Bekannten; machte indeß große Augen, als ich ihm den Grund meines Hierseyns eröffnete und ihm meine Beglaubigung vorlegte. »Hört, Nettelbeck«, sagte er, mir auf die Schulter klopfend — »Nun heiß' ich Euch doppelt und von Herzen willkommen! Trügt mich nicht Alles, so seyd Ihr mein guter Engel, der mir endlich einmal den fatalen Sorgenstein, vor dem ich bereits so manche Nacht nicht habe schlafen können, unterm Kopfkissen hinweg räumen wird. Topp! Was ein ehrlicher Mann thun und leisten kann, um sich das Herz leicht zu machen: dazu biet' ich freudig die Hand. Morgen um die und die Stunde machen wir die Sache ab: heute aber kein Wort mehr davon, damit wir uns dies gute Glas Wein nicht verderben.«

So geschah es denn auch am nächsten Tage. Wie erstaunte ich, zu sehen, daß der Mann Vernunft annahm und Gründe gelten ließ, trotz Einem. Eine Schwierigkeit nach der Andern verschwand, und in weniger, als drei Stunden war eine Vereinigung getroffen, wie beide Theile sie nur immer wünschen konnten, das Londoner Haus aber sie nimmer erwartet hatte. Ich forderte nun die gerichtliche Bestätigung, die gleich in den nächsten 24 Stunden durch den Hrn. Notarius Bourwig ausgefertigt und mittelst Brief und Siegels bekräftigt wurde. Eben so schnell packt' ich meine Papiere zusammen, schickte sie nach London, erhielt die unbedingteste Genehmigung meines Verfahrens und eine freundschaftliche Vergeltung, wie sie dem erwiesenen Dienste nur immer angemessen seyn mochte.

Noch vergnügter und zufriedner aber war Hr. Groß, der mir von Stund an ein sichtbares Wohlwollen zuwandte. »Aber wo nun hinaus?« fragte er mich, als ich kam, ihm meinen Abschiedsbesuch zu machen. — »Nach Colberg«, — gab ich zur Antwort »um meinem Prinzipal B—r Red' und Antwort zu stehen. Was es dann weiter giebt, wird die Zeit lehren.« — »Hört, lieber Nettelbeck«, fiel er mir ein — »Die Herren Kaufleute dort, die kenne ich! Das ist nichts für Euch! Aber einen Mann von *Eurem* Schlage — den hätt' ich mir schon längst auf mein bestes Schiff gewünscht. Wüßt' ich auch nicht schon längst, was in Euch steckt, so hätt' ich es doch bei unserm neulichen Geschäft erfahren. Da! Die Hand eines ehrlichen Mannes — Schlagt ein! Nehmt das Schiff, das ich hier jetzt auf dem Stapel stehen habe.«

Was soll ich's läugnen, daß die Art, wie mir dieser Antrag geschah, meiner Eigenliebe schmeichelte. Dennoch gieng mir's, wie mancher zimperlichen Braut; ich hatte meine Bedenken und konnte und wollte nicht gleich zutappen. Denn war dieser Mann, der mir von jeher so böse und wunderlich ausgeschrien worden, allerdings auch seit kurzen in meiner bessern Meynung gestiegen: so blieb es doch ganz ein anderes, und vielleicht ein sehr gewagtes Ding, mich von ihm auf solche Weise abhängig zu machen und all seinen Launen bloßzustellen. »Lieber Herr Groß«, erwiederte ich demnach — »so ein Schritt will überlegt seyn. Gönnen Sie mir dazu eine Stunde; und wenn ich dann wiederkomme, bringe ich Ihnen mein Ja oder Nein.« — Er war es zufrieden.

Voll Sinnens suchte ich demnach einen alten Bekannten, den Schmidt Lüdtke, auf, mit dem ich bereits im Jahr 1770, auf Veranlassung der Ausrüstung der Königl. Fregatte, zu thun gehabt hatte, und der auch jetzt, wie ich wußte, die Eisenarbeit für das auf dem Stapel stehende Schiff, dessen Hr. Groß erwähnt hatte, besorgte. Er sollte mir sagen, was hier zu thun oder zu lassen sey; und so trug ich ihm gleich warm vor, was mir auf dem Herzen drückte. »Hm! hm!« gab er mir kopfschüttelnd zur Antwort — »Es mit *dem* zu wagen, könnt ich nur meinem ärgsten Feinde rathen! Ihr seyd Beide ein Paar Hitzköpfe. Gleich ist bei Euch Feuer im Dache! Ihr werdet Euch keine 24 Stunden mit einander vertragen. Und wenn auch *Ihr*, so doch nicht der Groß! Mit dem ist noch Keiner fertig geworden. Bleibt also fein auseinander; das ist das Gescheuteste.«

Ich konnte selbst nicht anders, als ihm Recht geben, und war schon wieder auf dem Wege, den Handel aufzusagen, als ich vor dem Hause eines Segelmachers, Namens Kruut, vorbeimußte, dessen Bekanntschaft mit mir sich von der nemlichen Zeit und Veranlassung, wie vorerwähnt, herschrieb. Auch dieses Mannes Rath und Meynung wollt' ich in meiner Unentschlossenheit mitnehmen. Ich trat zu ihm ein, trug ihm mein Anliegen und Bedenken vor und überließ ihm die Entscheidung. »Hört, Freund Nettelbeck«, entgegnete dieser hinwiederum — »Ich kenne Euch und kenne Groß inwendig und auswendig. Ihr seyd Beide ein paar herzensgute Leute — brav, ehrlich und erfahren — Ihr Beide werdet Euch in einander schicken und passen, oder Keiner in der Welt! Wie schlimm Jener auch verschrien seyn mag, so kömmt es doch nur darauf an, daß Ihr seine erste tolle Hitze vorüber toben laßt. In der nächsten Viertelstunde darauf könnt Ihr ihn wieder um den Finger wickeln, wie ein Wachs. Was ist da also noch lange zu bedenken? Ihr bekommt ein schönes neues und großes Schiff von 320 Last unter die Füße, womit ein Mann von Eurer Welt-Erfahrung schon etwas Rechtschaffenes anzufangen wissen wird.«

Das klang nun freylich ganz anders, aber keineswegs unverständig. Ich ließ es mir gesagt seyn: setzte meinen Weg mit erleichtertem Herzen fort; trat zu Hrn. Groß in das Zimmer und mit drei raschen Schritten auf ihn zu; reichte ihm die Hand, und rief mit leuchtenden Augen: »Glück gebe Gott uns Beiden, mein Herr Patron!« — »Ja? Ist's wahr? Hab ich Euch?« fuhr er Seinerseits auf, drückte mich an die Brust und küßte mich herzlich ab. Der Notarius Helwig, welcher bei diesem Auftritt zugegen war, wurde aufgefordert, zur Stelle einen Contract aufzusetzen, welchen mein neuer Prinzipal selbst dictirte und wobei meines Vortheils keinesweges vergessen ward.

Nunmehr gieng ich auf einige Tage nach Colberg, um mich mit B—r zu berechnen und auseinander zu setzen; war aber bereits in der Mitte des Junius wieder in Stettin, wo ich den Ausbau meines neuen Schiffes eifrig betreiben half. Dieses war eigentlich zu einem Zweidecker bestimmt und würde, in solcher Gestalt ausgeführt, in allen Preußischen Häfen seines Gleichen gesucht haben. Allein dasselbe sollte auch, auf jede Bedingung, und um von den damaligen hohen Frachten zu vortheilen, noch vor Winters in See gehen; und um hiezu keine Zeit zu verlieren, fiel endlich der Rath dahin aus, nur Ein Verdeck aufzusetzen. Dennoch konnt' es erst im October vom Stapel laufen; doch war auch bereits mit dem Commerzien-Rath eine Fracht von Balken und Stabholz abgeschlossen, die ich unverzüglich nach Bordeaux führen sollte. Den kleinern Theil derselben nahm ich auf der Stelle ein, und gieng dann in der Mitte des Novembers auf die Swinemünder Rheede hinaus, um auch den Rest der Ladung zu empfangen.

Doch dies war in der schon so weit vorgerückten Jahrszeit ein äußerst mühseliges und langweiliges Geschäft, weil der Hafen selbst bereits mit Eise zugelegt war und jede Bootsladung Stabholz sich vom Weststrande her erst einen Weg durch das Eis nach dem Schiffe bahnen mußte; so daß volle vier Wochen über dieser Arbeit verliefen. Mit dem letzten Boote gieng auch ich selbst an Bord, um nun unmittelbar darauf in See zu stechen; während bereits um das Schiff her Alles mit schwimmendem Eise fluthete und mit jedem Augenblick ein völliges Einfrieren zu befürchten stand.

Neben mir lag auf der Rheede noch ein Fregatt-Schiff, welches gleichfalls erst in diesem Sommer in Stettin für Schwedische Rechnung ganz neu gebaut worden und nach Gothenburg bestimmt war. Ich sah, daß es sich eben fertig machte, seinen Anker aufzuwinden und die Rheede zu verlassen. Mir selbst lag zu dem gleichen Geschäfte noch die letzte Bootsladung Stabholz auf dem Verdeck im Wege, die zuvor noch über Seite gestauet werden mußte, bevor ich mich bei meiner Ankerwinde frei rühren konnte; und doch wäre ich, bis zum Sunde hin, gerne in der Gesellschaft des Schweden geblieben, um desto leichter, wenn es Noth that, Hülfe zu leisten oder zu empfangen. Ich fuhr demnach hurtig in der Schaluppe zu jenem Schiffe hinüber und forderte den Kapitain desselben auf, noch eine kleine Stunde auf mich zu warten. Das wollte er aber nicht, lichtete seinen Anker vollends und gieng ab.

Kaum war er eine Meile westwärts von mir entfernt und ich gleichfalls unter Segel, so gieng der Wind nach Nordosten um. Es gab einen starken fliegenden Sturm der zwar mächtig förderte, aber auch die Luft mit einem dicken Schneegestöber erfüllte, so daß ich meinen vorausgeeilten Gefährten bald aus dem Gesichte verlor. Dies Wetter mit dicker Schneeluft hielt bis zum andern Morgen um 9 Uhr an, wo wir dicht an das Land von Stevens kamen, und, mit nicht geringer Verwunderung, jenes nemliche Schiff auf dem Strande stehend erblickten, wo die

Sturzwellen sich unaufhörlich drüber her brachen, die Mannschaft aber kümmerlich in den Masten hieng.

Ich selbst hatte alle Noth und Mühe, einem gleichen Schicksal zu entgehen und über die Landspitze von Stevens hinauszukommen. Endlich zwar gelang es, und ich erreichte die Kiöger-Bucht: doch sah ich mich genöthigt, vor stehenden Segeln zu ankern, und, da dies dem gewaltigen Andrang auf die Länge nicht gewachsen schien, nach und nach mich vor drei Anker zu legen. So dauerte diese peinliche Lage bis zum nächsten Morgen, wo der Wind durch Osten nach Süden lief, und ich meine Nothflagge aufsteckte, um Hülfe vom Lande zu erhalten: denn mit meinen Leuten allein wußt' ich mir länger nicht zu rathen. Glücklicher Weise eilten auch, auf dies Zeichen, zwei Boote mit 15 Mann von Dragoe herbei, mit deren Beistand ich, nachdem ich sämmtliche Ankertaue kappen müssen, die Rheede von Kopenhagen glücklich erreichte. Während ich mich hier nun wieder in Stand setzte, langte auch das Volk von dem schwedischen Schiffe an, welches gänzlich verloren gegangen und dadurch zum Beweise dient, wieviel beim Seewesen oft an einer einzigen Stunde hängt.

Indeß setzte ich meine Fahrt ohne weitern Unfall fort, erreichte Bordeaux am 28. Februar 1780, löschte meine Fracht, und war stracks darüber aus, eine neue nach Amerika habhaft zu werden, wie ich's zuvor mit meinem Rheeder verabredet hatte: denn unter der neutralen Preußischen Flagge war besonders dahin ein ungeheures Geld zu verdienen. Bald kam ich auch mit einem Kaufmann aus Ostende, und also, da dieser ein österreichischer Unterthan war, für völlig neutrale Rechnung, wegen einer Ladung nach der französischen Insel St. Grenada in Westindien überein. Der Contract war bis zur Unterzeichnung fertig, und ich ersuchte den Kaufmann, welcher die Reise in Person mitmachen wollte, zu mir an Bord zukommen und sich mit eignen Augen von der Güte und Dauerhaftigkeit des Schiffs, sowie von der netten Einrichtung der ihm zugedachten Kajüte zu überzeugen.

Als er des andern Tages in dieser Absicht bei mir erschien, bemerkte ich freilich an seiner Miene, daß er sich in irgend einer Erwartung getäuscht sehen müsse, ohne jedoch errathen zu können, woran er eigentlich einen Anstoß genommen. Dies sollte ich erst, nachdem er wieder an Land gegangen war, von meinem Correspondenten, Hrn. Wesenberg, erfahren. Die ganze Fracht war nemlich zurückgegangen, weil der Kaufmann gesehen hatte, daß mein Schiff nur ein Eindecker sey, welchem er weder die gehörige Sicherheit, noch genugsame Bequemlichkeit zutrauen mochte. Hiergegen half kein Protestiren; und ich konnte mich auch um so leichter zufrieden geben, da ich unmittelbar darauf eine Fracht von Wein und Zucker auf Hamburg gewann und mit der Ladung bereits 14 Tage nach meiner Ankunft fertig ward.

Zu meiner Herzens-Erleichterung muß ich hier das Geständniß ablegen, daß ich mich nirgends beklommener und widerhääriger gefühlt habe, als in den französischen Häfen und hier zu Bordeaux insonderheit. Denn wie weit ich auch in der Welt herumgekommen, so habe ich doch keine Nation so voll List, Betrug und Ränke gefunden, als unter den Franzosen. Jeder mit dem ich zu thun bekam, hätte nichts lieber gemocht, als mich recht tüchtig über's Ohr zu hauen; und so legten sie's also auch gar nicht darauf an, das frühere ungünstige Vorurtheil in mir zu zerstören, welches ich, schon seit meinem Rencontre mit ihrem Landsmann Delatre, gegen sie eingesogen hatte. Jetzt vollends sollte mir noch, bei meinem Abzuge von hier, ein Stückchen von ihrer Art widerfahren, das einen noch unverwüstlicheren Groll bei mir zurückgelassen hat.

In dem Augenblicke nemlich, da ich die Anker lichten wollte, gieng ich, wie es die Ordnung ist, in das Lootsen-Comptoir und bat um einen Piloten, der mich zur Garonne hinaus in See bringen sollte. Der Lootse kam an Bord; aber so betrunken, daß ich Bedenken fand, ihn anzunehmen und ihm in diesem Zustande die Leitung des Schiffes anzuvertrauen. Der Mensch wollte nicht gehen, ward grob und ich complimentirte ihn so etwas unsanft (jedoch ohne irgend Hand an ihn zu legen) in sein Boot und an Land zurück. Dagegen hielt ich abermals in dem Comptoir, mit Angabe der Ursachen, um einen andern nüchternen Lootsen an. Auch der Trunkenbold erschien dort und machte sich trefflich unnütz; doch ward mir mein Verlangen gewährt; ich nahm den neuen Piloten mit mir und lichtete den Anker.

Wie ich nun den Strom abwärts fuhr, so bemerkte ich bald, daß ich an einem andern Fahrzeuge einen unzertrennlichen Begleiter bekommen hatte. Machte ich Segel, so that es desgleichen; ließ ich den Anker fallen, so legte es sich mir in dem nemlichen Augenblick zur Seite. Das Ding machte uns, je länger, je größern Spaß, und wir kitzelten uns daran, daß der Franzose ohne uns den Weg gar nicht finden zu können schiene. So kamen wir endlich an das Fort am Ausfluß der Garonne, wo unsre Pässe visirt werden mußten. Auch da war jenes Fahrzeug flink bei der Hand; und nun wurde uns eröffnet, daß ich für die Begleitung desselben bis hieher die Summe von Eintausend Livres zu entrichten habe.

Ich war bei dieser Forderung, wie aus den Wolken gefallen. »Für seine Begleitung? — Eintausend Livres? — Und *wozu* diese ganz unerbetene Begleitung?« — Die Antwort hieß: »Zu Beschützung des Lootsen an meinem Borde gegen besorgliche Gewaltthätigkeiten.« — Natürlich weigerte ich mich der Zahlung und forderte diesen Menschen auf, mir zu bezeugen, ob ihm irgend eine Ungebühr von mir widerfahren sey? — Er wußte nur alles Liebes und Gutes zu sagen. Dennoch ward, ohne weiteres, ein Arrest auf mein Schiff gelegt. Ich sah das, wenn gleich nicht sehr ruhig, bis zum nächsten Tage mit an. Der Arrest blieb, und meine Einreden fanden kein Gehör. Wollt' ich nun an meiner Reise nichts versäumen und wegen Schiff und Ladung nicht in Verantwortung kommen, so war es immer noch das Gerathenste, diese ungerechte Forderung zu bezahlen und sie mir, als eine ächt französische Geldschneiderei, zur Warnung für die Zukunft hinter's Ohr zu schreiben.

Zu diesem Verdruß gesellte sich, sobald ich endlich in See gelangt war, ein anderer und noch größerer. Mein Schiffsvolk nemlich, durchaus dem Soff ergeben, wollte an der Gelegenheit nichts versäumen, den Weinfässern, die einen Theil unsrer Ladung ausmachten, auf's fleißigste zuzusprechen. Als ich dem zu wehren gedachte, rottirten sich die Kerle zusammen, schlugen mit Gewalt die Luken auf, zapften die Oxhöfte an und ließen den Wein stromweise in ihre Wassereimer und Hüte rinnen. In wenig Stunden hatte sich Alles toll und voll gesoffen. Von nun an hatt' es aber auch mit allem Kommando ein Ende. Die Vollzapfe waren wie wüthend und ich und der Steuermann unsers Lebens unter ihnen nicht mehr sicher.

Und so gieng es fortan Einen Tag, wie den Andern. Wir Beide mochten zusehen, wie wir konnten, damit das Schiff wenigstens einigermaaßen seinen Kurs hielt. War es auch geradezu nicht Rebellion zu nennen, so blieb es doch ein wüstes Tollmanns-Leben, wobei weder gute noch böse Worte anschlugen und wir paar Vernünftige die größte Gefahr und Noth vor Augen sahen, so oft Segel sollten beigesetzt oder eingenommen werden. Endlich half Gott, wiewohl unter Angst und Schrecken, daß wir bei Cuxhaven, vor der Mündung der Elbe, anlangten. Gerade hier aber konnte ich mich auch mit diesen Menschen unmöglich weiter wagen, da man in den Engen des Stromes immerfort zu laviren hatte oder die Anker fallen lassen mußte. Ich beschloß also, an Land zu gehen und 8 oder 10 tüchtige Menschen anzunehmen, die mir nach Hamburg hinauf helfen sollten.

Zufällig trat ich in dem Örtchen zu einem Barbier ein, um mich unter sein Scheermesser zu liefern. Ich ward aber nicht bloß geschoren, sondern auch daneben so kunstmäßig ausgefragt, daß mir die Noth und das Elend, worinn ich mit meinem gar nicht mehr zu ernüchternden Schiffsvolke steckte, gar bald in lauter Klage über die Lippen trat. Vor allen erwähnt' ich zweier Kerle, die sich im eigentlichen Sinne rasend gesoffen zu haben schienen und ganz, wie von Sinn und Verstand gekommen wären. — »Nun, der Verstand wäre ihnen wohl leicht wieder einzutrichtern«; versetzte der Barbier mit einer schlauen Miene — »wenn ihnen nur zuvor der Unverstand und die tollen Affecten hinlänglich abgezapft worden.« — Er meynte nemlich, (wie er sich darüber, auf mein Befragen näher erklärte) ein tüchtiger Aderlaß, bis zur Ohnmacht, sollte diese bestialische Tollheit, wenn sie bloß im Soff ihren Grund hatte, schon zur Ordnung bringen.

Zwar nahm ich von diesem medicinischen Gutachten keine weitere Notiz: doch als ich am andern Morgen wieder an Land wollte, um die gedungenen Leute an Bord zu nehmen, fiel mir der Barbier und sein Heilmittel wieder ein. Mag es den Versuch gelten! dacht' ich, und wandte mich in unbefangener Vertraulichkeit an die beiden Tollhäusler, die mir eben auf dem Verdeck in den Wurf kamen: »Hört, Kinder, ich will hier heut am Lande zur Ader lassen. Ihr Beide seht mir beständig so roth und vollblütig aus, daß es euch gleichfalls wohl gutthun sollte. Kommt mit; dann machen wir das gleich in Gesellschaft ab.«

Die beiden Kerle schöpften kein Arges aus dem Vorschlage, der ihnen vielmehr ganz instinktmäßig zusagen mochte. Während sie nun nach meinem Geheiß, auf der Hausflur des Barbiers verweilten, trat ich lachend in dessen Zimmer und verkündigte ihm die Gegenwart meiner hirnwüthigen Patienten, an denen er nunmehr seine Kunst erproben möge. Sobald auch nur soviel Frist verlaufen war, als zu Vollendung einiger Aderlässe erforderlich scheinen mochte, kam ich wieder zum Vorschein, indem ich mich mit einem dazu passenden Gesichte an den Arm faßte und rief: »Das war fertig; nun, Jakob, ist die Reihe an dir! Herein!« — der Bursche kam.

Jetzt gieng aber die Operation an seinem Arm im Ernste vor sich. Eine große Schüssel füllte sich mit Blut, und der Jakob ward immer bleicher um die Nase. Ich gab dem Mann mit dem Schnepper einen verstohlnen Wink, daß es nun wohl Zeit seyn dürfte, einzuhalten: allein er schüttelte verneinend mit dem Kopf und ließ auch die zweite Schüssel vollrinnen; bis Jakob endlich besinnungslos umsank und durch einen vorgehaltenen Spiritus wieder zu sich gebracht werden mußte. Das nemliche widerfuhr hiernächst auch seinem Zechkameraden, dem Peter; und Beide schwankten dem Schiffe so matt und entkräftet wieder zu, daß sie geführt werden mußten und auch die folgenden 14 Tage hindurch auf ihren Füßen nicht stehen konnten. Zur Arbeit blieben sie mir also, binnen dieser Zeit, allerdings unbrauchbar; aber auch ihre Tollheit war gänzlich von ihnen gewichen, und des Barbiers Kunststück hatte sich als vollkommen probat erwiesen.

Ich brauche wohl nicht hinzuzusetzen, wie sehr ich, sobald ich Hamburg erreicht hatte, beeilt war, mir all dies widerspenstige Gesindel vom Halse zu schaffen. Es ist wahr, ich hätte Fug gehabt, sie wegen ihrer schlechten Aufführung vor den dortigen Seegerichten anzuklagen; und so wie ich mich nach den dort geltenden Rechten erkundigte, würde Staupbesen und Brandmark Ihrer gewartet haben. Das wollt' ich aber nicht, weil Einige darunter in und um Stettin zu Hause gehörten und Frau und Kinder hatten. Ich machte ihnen also nur die Hölle tüchtig heiß; gab ihnen eine scharfe Ermahnung mit auf den Weg und ließ sie in Gottes Namen laufen. Sie schienen gerührt: aber wer weiß, wie lange es mag vorgehalten haben?

Hier in Hamburg fand sich eine neue Ladung für mich nach Lissabon, mit welcher ich jedoch erst am letzten August auf den Weg zu kommen vermochte. Die Reise selbst bietet mir nichts Erhebliches für die Erzählung dar: doch mag ich wohl eines Schrecks erwähnen, der mir noch ganz für das Ende derselben vorbehalten blieb. Als ich nemlich etwa 7 Meilen nördlich von der Mündung des Tajo gekommen war, sah ich ein Fahrzeug mir entgegensteuern, das mit ungewöhnlich vielen Menschen besetzt zu seyn schien. Unter andern Umständen würde mich diese Begegnung ziemlich gleichgültig gelassen haben. Allein schon während unsrer ganzen Reise spukte es mir und meinen Leuten im Kopfe herum, daß wir gegen die Barbaresken und Marockaner eine unfreie Flagge hatten; und unser einziger Trost bestand darinn, daß von einem Raubzuge derselben, soweit nördlich hinauf, doch seit geraumer Zeit nichts verlautet habe.

Jetzt indeß schoß mir bei jenem Anblicke das Blatt: denn wie leicht war es, bei alledem, möglich, daß ein Korsar, verwegener, als seine Genossen, sich hier, an einem so vielbesuchten Punkte, auf die Lauer gelegt haben möchte! Je genauer ich mir das Segel durch mein Fernrohr ansah, desto mehr schöpfte ich Verdacht. Ich veränderte meinen Kurs, um mich näher am Lande zu halten: die Barke that desgleichen. Ich setzte Segel über Segel auf: sie that auch Ihrerseits alles Mögliche, um uns näher zu kommen. Offenbar war ihr Absehen auf uns gerichtet: und ich überzeugte mich immer gewisser, daß »Friß, Vogel; oder stirb!« hier die Losung seyn werde.

In dieser kritischen Lage rief ich mein Schiffsvolk zusammen, und sagte: »Kinder, ihr seht — da haben wir die Bescheerung! Die türkschen Hunde haben es offenbar auf uns gemünzt, und unsre Pässe helfen uns hier nicht durch. Was meynt ihr? Sollen wir uns von ihnen so mir nichts, dir nichts, entern lassen und vor dem Pack zu Kreuze kriechen? Ich, meines Parts, zöge lieber den Tod vor, als mich zeitlebens in der Sklaverei unter die Peitsche zu ducken. Oder habt *ihr* größere Lust dazu? Sprecht!« — Die Kerle sahen mir das Feuer aus den Augen leuchten, und wurden selber warm. Sie meynten, es mußte wacker drein geschlagen werden, und zugleich lief Alles, die Gewehre, soviel wir deren hatten, zur Hand zu nehmen und in Stand zu setzen.

Unter diesen kriegerischen Vorbereitungen war uns aber auch das Fahrzeug so nahe auf den Leib gekommen, daß es uns zurufen konnte: Ob wir keinen Lootsen nach Lissabon zu haben verlangten? — Da hatten wir nun auf Einmal die Auflösung des bangen Räthsels! Es war eine portugiesische Fischerbarke; und wir hatten uns ganz umsonst gefürchtet!

Wenigstens wurde unsre Bravour nun auf keine weitere Probe gestellt. Allein aus einem kleinen Rest von Besorgniß und Mißtrauen wollten wir uns diese dienstfertigen Leute lieber doch nicht gar zu nahe kommen lassen; lehnten ihr Erbieten höflich ab, suchten mit guter Manier von ihnen abzukommen und warfen gleich darauf am letzten September im Tajo die Anker.

In Lissabon war ich an den alten Correspondenten des Großischen Hauses, Hrn. John Bulkeley adressirt, und eines Tages auf dem Wege, eine Einladung desselben zur Mittagstafel zu befolgen. Ich mußte über einen großen Marktplatz hinwegschreiten, wo ich bereits aus der Ferne ein großes Gedränge von zusammengelaufenen Menschen bemerkte. In der Meynung, daß es dort wohl eine öffentliche Hinrichtung geben möchte, trat ich einige Schritte näher; erkannte aber bald meinen Irrthum, da ich ein aufgeschlagenes großes Zelt ansichtig ward, von dessen Spitze herab, zu meiner seltsamsten Verwunderung, die *Preussische* Flagge lustig im Winde wehte.

Nun mußte ich doch natürlich genauer zusehen, was es hiermit für eine Bewandniß hatte. Ich drängte mich mit Mühe durch den dicksten Haufen, bis ich am Eingang des Zeltes stand, zu dessen beiden Seiten ein paar baumhohe Preußische Grenadiere in ihren hohen blanken Spitzmützen stattlich schilderten. Fast hätt' ich Lust gehabt, die braven Landsleute hier unter fremden Himmel treuherzig zu begrüßen, als ich noch zu rechter Zeit inne ward, daß mich ein paar Wachspuppen getäuscht hatten, und daß ich hier wahrscheinlich am Eingange eines Wachs-Figuren-Kabinettes stand, dem diese martialischen Gesichter nur zu einem Aushänge-Schilde dienten. Indeß, meine Neugier war nun einmal geweckt; und ich beschloß, hineinzutreten: denn hinter solchen Thürhütern, dacht' ich, müsse wohl noch mehr stecken, woran ein Preußisches Herz sich erlaben könne.

Und so war es auch wirklich! So getreu und natürlich, als ob er lebte und schwebte, stand mitten inne der alte

König Friedrich, mit einem Richterschwerdt in der Hand, und vor ihm lag ein Mann mit Weib und Kindern auf den Knieen, die um Gerechtigkeit zu flehen schienen. Ihm zur Rechten war eine große Wage angebracht, in deren Einer Schale eine Bildsäule der Gerechtigkeit thronte und die Andre, die mit Papieren und Acten angefüllt war, hoch in die Höhe wog. Zur andern Seite eine Gruppe Preussischer Generale und Justiz-Personen; und im Hintergrunde in großen leuchtenden Buchstaben die Portugiesische Inschrift: »Gerechtigkeits-Pflege des Königs von Preußen«; — drunter aber der Name »Arnold«. — Man sieht also, daß hier der berühmte Proceß des Müllers Arnold gemeynt war, der damals, als Neuigkeit des Tages, durch ganz Europa das höchste Aufsehen erregte. Wem dennoch das Ganze hätte unverständlich bleiben mögen, dem half ein bestellter Ausrufer zurecht, der die Geschichte laut und pathetisch herzuerzählen wußte.

Alles horchte und schien tief davon ergriffen; auch mir armen Narren hämmerte das Herz unterm dritten Knopfloch, daß ich mich vor patriotischer freudiger Wehmuth kaum zu lassen wußte. Nein, es mußte heraus! Ich mußte mich in den innersten Kreis hervordrängen; und sogut oder übel ich die fremde Sprache zu radebrechen verstand, rief ich aus: »*Mein* König! Ich bin Preuße!« — War zuvor der dichte Haufe noch nicht in lebendiger Bewegung gewesen, so fielen doch jetzt diese wenige Worte wie ein elektrisches Feuer in alle Herzen. Die ganze Schaar umringte mich, sank um mich her auf die Kniee und hob gleichsam anbetende Hände zu mir empor. »Gloria dem König von Preußen!« rief der Eine: — »Heil ihm!« der Andre — »Heil für die strenge Gerechtigkeit!« und die volle Menge setzte schwärmerisch hinzu: »Leuchtendes Beispiel für alle Regenten der Erde! Heil ihm!« — Mit jedem Augenblicke vermehrte sich das Geschrei und Getümmel.

Soll ich noch erst sagen, wie tief mich dieser Auftritt erschütterte? Die Thränen drängten sich mir unaufhaltsam aus den Augen. Ich neigte mich rings herum; ich legte die Hand auf's Herz; ich dankte stammelnd und suchte einen Ausweg durch die immer gedrängter zusammenstürzende Menge. Zwar machten sie mir willig Platz: aber sie folgten mir auch mit anhaltendem Freudengeschrei: »Vivat der gerechte König!« In der That, nie in meinem Leben fühlte ich mich geehrter und glücklicher, ein Unterthan des großen Friedrichs zu seyn, als in diesem Augenblicke! Mein Herz ward mir zu schwer; ich schwankte, konnte nicht weiter und mußte mich erschöpft an eine Straßenecke lehnen. Nur meine erhobenen Hände, die ich unwillkührlich, wie zum Segnen, nach dem Volke ausstreckte, vermochten meinen Dank auszusprechen; und es schien mir auch wirklich, als könnt' ich gar nicht weniger thun, da Kopf an Kopf rund um mich her sich auf den Knieen drängte.

Endlich wankte ich wieder die Gasse hinauf; aber mit einem Schweife von Menschen hinter mir, der sich mit jedem Augenblick vergrößerte und den König von Preußen laut hochleben ließ. Im Hause meines Correspondenten, in welches ich mich mit Mühe flüchtete, waren alle Thüren und Fenster aufgerissen und mit verwunderten Zuschauern besetzt. Umsonst fragte man mich, was dies zu bedeuten habe. Mein bewegtes Gemüth fand keine Stimme und keine Worte, mich verständlich zu machen. Draußen aber stieg der freudige Tumult immer höher und höher; und um nur das Volk zu beruhigen und vom Platze zu bringen, blieb mir endlich nichts übrig, als hinaus auf den Balkon des Hauses zu treten, und mich ihm noch einmal zu zeigen. Ich dankte mit Mund und Händen; und allmählig verlief nun der Menschenstrom sich wieder.*)

*) Der Her., dem sich, wie wohl jedem Leser, in diesem einfachen Berichte dennoch Manches, als nicht ganz erklärbar aufgedrängt hat, erlaubt sich's, mit dem wackern Verf. über den zureichenden Grund von diesem hohen Volks-Enthusiasmus abweichender Meynung zu seyn. Diese jubelnde Menge mußte — wie leicht beweglich am Geiste man sich den Südländer auch denken mag, doch einen nähern und noch sinnlicher ergreifenden Anlaß zu diesem schwärmerischen Gefühls-Ausbruche haben, als seine simple Versicherung, daß er ein Unterthan dieses gerechten Königs

Hierauf erzählte ich meinen Tischgenossen das wundersame Begebniß, welches ich so eben erlebt hatte, und auch die erste Veranlassung dazu, die Arnoldsche Proceß-Geschichte so gut sie mir bekannt war. Einer von den anwesenden Comptoiristen versicherte jedoch, über diesen Gegenstand noch genauere Auskunft geben zu können; gieng hin und holte eine kleine portugiesische Flugschrift, die in einer treuen geschichtlichen Darstellung dem Gerechtesten der Könige auch bei einem entfernten Volke ein verdientes Ehrenmal setzte. — Hieran spiegelt euch, ihr Preußen!

Einige Tage später trat ein portugiesischer Kaufmann, in Begleitung eines deutschen Handlungsdieners, mich auf der Börse an und bat mich höflichst, zu Mittage sein Gast zu seyn; nach Verlauf der Börsenzeit werde er mir einen Wink geben, mit ihm zu gehen. Ich sagte zu, und hatte den Ehrenmann im Gewühle kaum aus den Augen verloren, als mehrere Schiffs-Kapitaine von meiner Bekanntschaft, die das mit angesehen hatten, mich mit Fragen bestürmten, ob dieser Mann *mir* etwa bekannter sey, als ihnen Allen, die er gleichwohl, wie mich, zu Tische geladen habe. Ich mußte das schlechterdings verneinen und war, gleich ihnen, über seinen Einfall einigermaaßen verwundert.

sey. — Aber wie? Wenn sie sich zu dem Wahne hingerissen gefunden hätte, sie sehe den anbetenswerthen Monarchen in eigner leibhafter Person vor sich? — Wie und woher Dieser so plötzlich in die Straßen von Lissabon hineingezeichnet seyn solle: — darnach fragte die aufgeregte Phantasie in der Überraschung nicht. Schon Nettelbecks wenige, und wahrscheinlich noch unrichtig ausgesprochene Worte waren im Stande einen solchen Irrthum zu erzeugen. Seine kleine Gestalt, seine Haltung und manches Andre, worinn das Auge beim flüchtigen Überblick eine flüchtige Ähnlichkeit mit dem Könige entdecken mochte, wurden vielleicht von Einigen mit der gegenüberstehenden Wachs-Figur verglichen und begünstigten den Mißverstand. Nur Einer, nur Zwei durften es denken und aussprechen »Er ist es!« — und die überraschte Menge, gewohnt, überall Mirakel zu sehen und daran zu glauben, hatte kein Arges daraus, es mit Extase nachzurufen. Die nächsten, sich herbei drängenden Haufen vernahmen wohl nur ein verwirrtes, aber Alles vergrößerndes Gerücht von der seltsamen Erscheinung, und schlossen sich, wenn auch nur aus Neugierde, in immer dichteren Schaaren an. Selbst Nettelbecks eignes exaltirtes Benehmen, wie sehr es auch seinem Herzen zur Ehre gereicht, war wenigstens nicht dazu gemacht, den Wahn, nachdem er einmal entstanden war, zu entkräften.

Das hinderte jedoch nicht, daß wir, nach geendigter Börsenstunde, zusammen gerufen wurden. Es waren Unsrer neun Schiffs-Kapitaine, im buntesten Gemisch, wie die Männer in der Pfingst-Epistel — Dänen, Hamburger, Lübecker, Schweden, Schwedisch-Pommern und Danziger. Auch fanden wir, als wir im Hause unsers Gastgebers anlangten dort bereits mehrere Kaufleute versammlet und ein schmackhaftes Mahl bereitet, wobei zugleich tapfer getrunken wurde: denn unser Wirth verstand die Kunst des Zunöthigens aus dem Grunde; und so artete es, nach aufgehobener Tafel, bald in ein Bacchanal aus, wo weder Maaß noch Anstand mehr beobachtet wurde. Bei mir, der ich genau das Maaß kannte, welches ich nicht überschreiten durfte, um bei Verstand und Ehren zu bleiben, gieng jedoch bald jedes gute, wie jedes böse Wort des Gastgebers verloren. »Basta! und keinen Tropfen mehr!« war und blieb mein letzter Trumpf, der endlich auch gelten mußte. Weniger gut kamen die übrigen Herren Collegen weg, die sich dergestalt übernahmen, daß sie zuletzt sammt und sonders unter den Tisch sanken. Ich meines Theils hatte mich inzwischen mit den anwesenden Kaufleuten unterhalten; bis ich, des bestialischen Anblicks satt und müde, mich empfahl und mich an Bord meines Schiffes begab.

Gleichwohl rieb ich mir am andern Morgen etwas verdutzt die Augen aus, als ich unsern gestrigen Wirth in Begleitung jener Kaufleute, welche Theilnehmer des Gelages gewesen waren, bei mir eintreten sah. Sie schüttelten mir treuherzig die Hand und eröffneten mir lachend: Das gestrige Trinkfest sey absichtlich von ihnen angestellt worden, um sich unter uns Neunen den rechten Mann auszusuchen, dem sie, als dem solidesten und besonnensten, eine Ladung von Werth anvertrauen könnten. Einstimmig wäre ihre Wahl auf *mich* gefallen; und so frügen sie mich, ob es mir anstände, eine volle Ladung Thee nach Amsterdam zu übernehmen? —

Leicht kann man denken, daß ich nicht Nein! sagte. Es

war damals leicht eine der reichsten Frachten, die auf Brettern schwamm, und die nur einer neutralen Flagge, wie die meinige war, anvertraut werden konnte, da nach und nach auch Holland in den amerikanischen Freiheitskrieg verwickelt worden war, und die Engländer Alles kaperten, was die Bestimmung nach einem holländischen Hafen hatte und nicht eines solchen Frei-Passes genoß. Ob ich aber in jener Behauptung zuviel gesagt, wird man ermessen, wenn ich hinzufüge, daß wir, zu beiderseitiger Zufriedenheit um ein Frachtgeld von 35000 — schreibe: Fünf und dreißig tausend Thaler Preuß., 5 Procent Havarie und 10 Procent Kapplaken-Gelder einig wurden. So wie auch mein Schiff nur ledig war, fieng ich an, den Thee einzuladen.

Während dieser Zeit suchte ein holländischer Schiffs-Kapitain, Namens Klock, mich an meinem Borde auf, um mich zu ersuchen, daß ich ihn, sammt seinem Schiffsvolk, aus 14 Köpfen bestehend, als Passagiere mit mir nach Holland nehmen möchte. Da ich sein gutes und rechtliches Wesen erkannte, so gestand ich ihm nicht nur sein Gesuch von Herzen gerne zu, sondern erbot mich auch, da er mir unterweges von mannichfachem Nutzen seyn konnte, ihm und seinen Leuten, von nun an, bis zu unsrer Ankunft in Amsterdam, die freie Kost, so gut ich sie selber hätte, zu reichen. Freilich war das Menschen- und Christen-Pflicht; aber auch mein Patriotismus kam hier auf eine wunderliche Weise mit in's Spiel, weil ich nicht schlechter an den armen Leuten handeln wollte, als — der Kaiser von Marocko gethan hatte. Dies hieng nemlich folgender Gestalt in einander, wie ich es hier aus des Kapitains jetzigem Berichte und seinen späteren Erzählungen während der Reise, in's Kurze zusammendränge.

Kapitain Klock, der in Amsterdam zu Hause gehörte, und dessen Schiff nach den kanarischen Inseln bestimmt war, fand es, zufolge der damaligen politischen Conjuncturen, auch für rathsamer, lieber unter der Preußischen, als unter seiner vaterländischen Flagge zu fahren. Er gieng also zuvor nach Emden; gewann dort um eine Kleinigkeit das Bürgerrecht und genoß von dem Augenblicke an die Rechte und den Schutz eines Preußischen Unterthans. So gesichert, stach er in See; hatte aber das Unglück, sein Schiff an der Marockanischen Küste durch einen Sturm zu verlieren. Nur kümmerlich rettete er sich, sammt seinen Gefährten, ans Land, wo er freilich sein Schicksal um nichts gebessert fand, da es nur Ketten und Banden waren, was sie Alle in Mogador, wohin sie zunächst geschleppt wurden, zu erwarten hatten. Ein schreckliches Loch war ihr Gefängniß, wo sie bei Mais-Körnern und Wasser zwischen Tod und Leben, aber in noch schrecklicherer Angst über die weitere Entscheidung ihres Schicksals, hinschmachteten. Denn soviel hatte man sie verständigt: Man wisse nicht, was man aus ihnen und ihrer an's Land getriebenen Flagge machen solle. Es sey daher die letztere an das, 30 Meilen entfernte Hoflager des Kaisers gesandt worden; und von dorther erwarte man Ihretwegen eine höhere Verfügung.

Nach neun Tagen endlich erschien vor ihrem Kerkerloche ein gewaltiger Trupp bewaffneter Mauren; ihre Banden lösten sich, und sie wurden Jeder auf einen Esel gesetzt, um eine Reise anzutreten, deren Ziel sie nicht zu errathen vermochten; wiewohl sie ahndeten, daß man sie tiefer landeinwärts zu verkaufen gedenke. Diese Furcht endigte sich aber, als sie die Hauptstadt Marocco erreichten, wo ein deutscher Jude, als Dolmetscher, sich zu ihnen gesellte und sie, laut erhaltenem Befehl, alsbald vor den Kaiser Muley Ismael führte. Hier wurden sie, nach einigen gleichgültigeren Fragen, aufgefordert, sich auszuweisen, ob sie Unterthanen des Königs von Preußen wären? — Sie standen nicht an, zu bejahen und sich auf ihre Flagge zu berufen.

»Wohl!« lautete die, durch den Dolmetscher ertheilte Antwort des Fürsten — »Von euerm Monarchen, seiner Weisheit und seinen Kriegen sind so viele Wunderdinge zu meinen Ohren gekommen, daß es mich mit Liebe und

Bewunderung gegen ihn erfüllt hat. Die Welt hat keinen größern Mann aufzuweisen, als ihn; als Freund und Bruder hab' ich ihn in mein Herz geschlossen. Ich will darum auch nicht, daß ihr, die ihr ihm angehört, in meinen Staaten als Gefangene angesehen werden sollt. Vielmehr habe ich beschlossen, euch frank und frei in euer Vaterland heimzuschicken; auch meinen Kreuzern anbefohlen, wo sie Preußische Schiffe in See antreffen, ihre Flagge zu respectiren und sie selbst nach Möglichkeit zu beschützen.«

Des andern Tages wurden sie, auf kaiserlichen Befehl, nach maurischer Weise, und wie sie auch noch in Lissabon auftraten, neu gekleidet, und ihnen eine anständige Wohnung angewiesen. Den Kapitain aber ließ Muley Ismael fast täglich zu sich fordern, um eine Unzahl von Fragen an ihn zu richten, die sich ausschließlich auf den großen Preußen-König bezogen; z.B. von welcher Statur er sey? wie lange er schlafe? was er esse und trinke? wieviel Soldaten — auch wieviel Frauen er halte? und dergl. mehr. Der gute Klock gestand, er habe lügen müssen, wie er nur immer gekonnt, um der kaiserlichen Neugierde nur einigermaaßen zu genügen, da ihm von all diesen Dingen wenig bewußt gewesen.

So hielt es bis in die dritte Woche an, da endlich der Kapitain, durch jene Fragen immer mehr in die Enge gebracht, um seine Entlassung anhielt; wozu er sich des Vorwandes gebrauchte, daß er eilen müsse, seinem Könige Rede und Antwort zu geben, wie gnädig der Kaiser seine schiffbrüchigen Unterthanen behandelt habe, und was für freundschaftliche Gesinnungen derselbe gegen ihn hege. Muley Ismael billigte diese Äußerungen; entließ sie einige Tage darauf in Frieden, und sandte sie, unter sicherer Begleitung, und abermals auf Eseln reitend, nach dem Hafen St. Croix, wo bereits dem maurischen Befehlshaber aufgegeben war, sie auf das erste abgehende europäische Fahrzeug zu verdingen und die Fracht für sie zu bezahlen; woneben sie zugleich mit Mund-Provisionen für einen

Monat versehen wurden. So gelangten sie nach Lissabon und in meine Bekanntschaft.

Wer mich kennt, ermißt auch leicht, wie groß das Interesse seyn mußte, welches ich an einem Ereignisse nahm, worinn die Ehre meines geliebten Monarchen so eng verflochten war. Darum drang ich denn auch späterhin, während der Reise nach Amsterdam, in den Kapitain Klock, sein ganzes marockanisches Abentheuer in einen schriftlichen Bericht zu verfassen und, nach unsrer Ankunft an genanntem Orte sammt seinen Gefährten, auf dem Stadthause über die Wahrheit des Inhalts eine eidliche Versicherung abzugeben. Dies geschah auch wirklich, und ich schickte die darüber aufgenommene gerichtliche Verhandlung an meinen Patron, Hrn. Groß in Stettin, ein, mit dem Ersuchen, solche an Se. Majestät unmittelbar gelangen zu lassen. Auch hatte dies den Erfolg, daß ich, etwa nach vier Wochen, aus des Königs Kabinette ein Danksagungs-Schreiben erhielt, mit Beilegung eines, auf feinstem Postpapier abgedruckten Berlinischen Zeitungsblattes, worinn diese ganze Begebenheit dem Publikum mitgetheilt worden.

Doch, ich kehre zu meinen eignen Erlebnissen zurück, und bitte den geneigten Leser, sich zu erinnern, daß ich mich mit meinem Schiffe noch in Lissabon befinde.

Hier war es einige Tage vor meinem beschlossenen Abgange, als der holländische Consul (dessen Namen mir nicht mehr erinnerlich ist) mich von der Börse mit sich nach seiner Wohnung nahm, weil er mir etwas Hochwichtiges zu eröffnen habe. Nach geendigter Mahlzeit, und unter vier Augen, zeigte er mir ein kleines Päckchen, etwa in der Gestalt und Größe eines Spiels Karten, vor, und setzte hinzu, es sey mit rohen Diamanten angefüllt, die in Amsterdam geschliffen werden sollten. Sein Wunsch und Absicht sey, mir diesen Schatz auf mein ehrlich Angesicht zur sichern, aber auf's strengste geheimzuhaltenden Überbringung dahin anzuvertrauen. Es seyen dabei, nach Usance, 115 holl. Gulden Fracht für mich zu verdienen;

ich müsse aber das Päckchen unablässig an meinem Leibe tragen und mein Schiffsvolk davon durchaus nichts ahnden lassen; so wie mir denn noch eine Menge andrer Vorsichtsregeln eingeprägt wurden.

Die Sache schien mir leicht, und der anerbotene Gewinn wohl mitzunehmen. Ich ward also des Handels einig, und versprach, Tages vor meiner Abreise mich einzufinden, um jenes kostbare Päckchen in Empfang zu nehmen. Demzufolge ward es mir denn auch, Angesichts des Consuls, in meine Uhrtasche eingenäht, mir die gute Verwahrung auf Leib und Seele eingebunden, und sodann ein Connoissement über richtigen Empfang vorgelegt, das ich zu unterzeichnen hatte. Dies geschah auch mit leichtem Herzen: allein in eben dem Augenblick, da ich über die Schwelle des Hauses meinen Rückweg nahm, gieng auch meine heimliche Angst und Sorge an, die diese ganze Reise hindurch nicht von mir wich. Ich wähnte, Jeder, der mich ansah, wisse um mein Geheimniß, und gehe mit dem Gedanken um, mich zu berauben, oder gar zu ermorden. Selbst im Schlafe griff ich, so wie oft auch unwillkührlich im Wachen, nach dem Päckchen, um mich zu überzeugen, daß es noch an seiner Stelle ruhte; und wohl kann ich sagen, daß ich nie ein Geld mit größerer Unruhe meines Herzens verdient habe.

Nachdem ich nun gegen Ende Octobers in See gegangen war, gab es eine zwar langsame, doch übrigens nicht ungünstige Fahrt, die mich am 23. November auf die Höhe des Texels führte. Hier hatten zwei englische Kreuzer ihre Station, bei deren Einem ich mit meinen Schiffs-Papieren an Bord kommen mußte. Indessen konnte die Untersuchung derselben nicht anders, als vortheilhaft, für mich ausfallen: denn das Schiff war Preußisch; die Ladung für portugiesische Rechnung; Beide also neutral und frei. So ward mir also auch gestattet, in den Texel hinein zu segeln; zugleich aber gab mir der Kapitain des englischen Linien-Schiffes den Auftrag, wenn ich dort hineingekommen wäre, dem holländischen Admiral Kinsberger, der dort mit einer Kriegs-Flotte von 11 Segeln lag, mit seinem Gruße auch seinen Wunsch zu vermelden, sich mit ihm je eher je lieber in offner See zu besprechen. In der That war es unbegreiflich, wie dieser sonst so wackre Seemann sich von jenen beiden Schiffen im Texel dergestalt einsperren lassen konnte!

Inzwischen war der Wind, zu meinem großen Verdrusse, nach Osten umgesprungen; und mir blieb nichts übrig, als mit der nächsten Fluth, gerade gegen denselben an, in jenen Hafen hinein zu laviren. Indem ich mich nun bei diesem Manoeuvre dem ersten holländischen Kriegsschiffe näherte, kam von demselben eine Schaluppe hinter mir drein gerudert, die mir gebieterisch zurief: »Braßt auf! Braßt auf!« — Mein holländischer Lootse, den ich an Bord genommen, hatte Lust, dem Befehl zu gehorchen: ich hingegen bedeutete ihn, daß wir in diesem Augenblick dem Ost-Strande zu nahe wären, um dergleichen wagen zu können; wir wollten aber das Schiff wenden, wo dann die Schaluppe füglicher bei uns an Bord kommen würde.

Noch waren wir in der Wendung begriffen, als Letzteres schon geschah und ein Schiffs-Lieutenant zu uns auf's Deck stieg, der mich ziemlich barsch und patzig zur Rede stellte: Warum ich auf sein Commando nicht aufgebraßt hätte? — »Mynherr«, erwiederte ich — »wenn Ihr ein Seemann seyd, so seht da den nahen Ost-Strand, und fragt Euch selbst, ob ich mich muthwillig auf den Grund setzen sollte?« — Darauf war wenig mehr zu antworten; er änderte also seine Fragen nach meinem Woher und Wohin, und erhielt darauf richtigen und gebührenden Bescheid; verlangte aber demohngeachtet noch nähere Auskunft, wer ich sey und wie ich heiße? — »An meinem Namen« — versetzte ich — »kann wenig gelegen seyn; und aus meiner Flagge, die uns über den Köpfen weht, ist zu ersehen, daß ich ein Preuße bin.« — Ob ich englische Kreuzer in See getroffen hätte? wollt' er weiter wissen. — »Da mögt Ihr«, war meine Antwort — »Eure eignen Augen brauchen. Ich bin ein neutraler Mann; und mir kömmt nicht zu, Eure Feinde an Euch zu verrathen.«

Nun bestand er darauf, mit mir in meine Kajüte zu gehen, um mich unter vier Augen zu sprechen. — »Das kann ich jetzt nicht«; versetzte ich, kurz angebunden. — »Mein Schiff ist im Laviren begriffen. Ich muß auf dem Deck bleiben und es im Auge behalten. Binnen einer Stunde gehe ich zwischen Eurer Flotte vor Anker; und dann wird es noch Zeit seyn, Euch in Allem, was Noth thut, Rede zu stehen.« — »Wie? Ihr wollt nicht gleich diesen Augenblick in die Kajüte kommen?« — »Jetzt sicherlich nicht.« — Da ward das Bürschchen hitzig; griff nach der Plempe, die es an der Seite hängen hatte; zog blank, und versetzte mir damit flach einen Streich über die Schulter.

Hui! das war ein Funke in eine offne Pulvertonne! Denn im nemlichen Augenblick auch packte meine Faust das Sprachrohr, das neben mir stand, und legte es ihm so unsanft zwischen Kopf und Schulter, daß das untere Ende desselben über Bord flog und ich das bloße Mundstück in der Hand behielt. Zugleich griff ich ihm in das Gefäß seines Degens; rang ihm denselben aus der Hand; packte ihn unsäuberlich am Kragen und schob ihn über Bord die Treppe hinab, so daß er schwerlich selbst gewußt hat, wie er in seine Schaluppe gekommen seyn mag. Dann langte ich ihm seine vergessene Klinge nach; seine Leute stießen ab, und die ferneren Komplimente hatten ein Ende.

Unmittelbar darauf kam ich unter die Flotte und ließ den Anker fallen. Eine andre Schaluppe kam zu mir herangerudert; der darauf befindliche Officier war ein vernünftiger Mann; seine Fragen hatten Hand und Fuß, und eben so waren auch meine Antworten ausreichend und bescheiden.

Am andern Morgen gieng ich, da mir der Wind noch immer entgegen stand, mit der Fluth abermals unter Segel, um noch weiter in den Texel hinein zu lavieren. Mein Lootse wollte, daß wir unsre Flagge wieder aufhissen sollten; ich jedoch war andrer Meynung. Hatten wir doch den ganzen gestrigen Tag zwischen der holländischen Flotte umhergekreuzt und geankert, und unsre Flagge wehen lassen; so daß ihnen unmöglich unbekannt seyn konnte, weß Geistes Kinder wir wären. Eigentlich aber wollt' ich meine Flagge schonen, die bei dem Wenden hin und wieder arg zerpeitscht wurde.

Wir waren darüber noch im Rathschlagen begriffen, als ein blinder Schuß nach meiner Seite her abgefeuert wurde — die gewöhnliche Mahnung, Wimpel und Flagge zu zeigen. Da ich nun sah, daß es *so* gemeynt sey, befahl ich stracks, ihnen den Willen zu thun: allein wiesehr meine Leute sich auch damit hasteten, erfolgte doch zu gleicher Zeit ein zweiter scharfer Schuß, dessen Kugel dicht vor mir in's Wasser aufschlug. Dann aber fand sich auch, ehe ich mich dessen versah, eine Schaluppe an meinem Borde ein, deren Officier mir einen Dukaten für den ersten, und zwei dergleichen für den andern Kugelschuß abforderte, und hinzusetzte, daß dies auf Befehl des Admirals Kinsbergen geschehe.

Ich gestehe, daß meine Antwort, in welcher ich meine, schon vorerwähnten Rechtfertigungs-Gründe anführte, etwas unmanierlich lautete: denn ich ließ ihm sagen, er möchte sein Pulver und Blei auf seine Feinde und nicht auf eine respectable neutrale Flagge, die sich ihm genugsam kund gegeben, verschießen. Ich betrachtete seine Schüsse als einen, meinem Souverain erwiesenen Affront, über welchen ich gehörigen Orts Beschwerde zu führen wissen würde. Da ich jetzt nach Holland hinein und nicht hinaus gienge, so würde er mich, wie ich ihn, in Amsterdam zu finden wissen, ohne daß ich um Rede und Antwort verlegen wäre. *Hier* aber gedächt' ich auch nicht Einen Stüber zu bezahlen.

Der Lieutenant, der meinen entschloßnen Sinn sah, verlangte, daß ich ihm diese Antwort schriftlich geben sollte. Ich gieng mit ihm in die Kajüte, und that ihm seinen Willen; fügte aber zugleich auch den Gruß hinzu, den mir der Kapitain des englischen Kreuzers an den Admiral aufgetragen hatte. Während dem Schreiben musterte Jener einen Berg Zitronen, die in einem Winkel der Kajüte lagen, mit lüsternen Augen. Ich bat ihn, sich davon auszuwählen, soviel er irgend zu lassen wüßte — Eine Höflichkeit, die er mit Dank annahm und benutzte, und wornach wir Beiderseits freundlich auseinander schieden. Aber auch späterhin ist von diesem Handel auf keine Weise wieder etwas zur Sprache gekommen.

Ich selbst vergaß diesen Vorgang alsbald über der Noth, die ich hatte, bei dem, noch immer kontrairen Ostwinde, in dem engen Fahrwasser, mit Laviren in kurzen Schlägen, und unter Beihülfe der jedesmaligen Fluth, langsam genug fortzurücken; hinwiederum aber mit jeder Ebbe die Anker fallen zu lassen. Hierbei fror es zu gleicher Zeit so heftig, und es kam mir soviel Treibeis auf den Hals, daß ich mich oftmals vor zwei oder auch wohl drei Anker legen mußte, um dem Andrang gehörig zu widerstehen. So währte es drei Tage hinter einander, ohne daß es sich zu einem Besseren anließ; und ich mochte mich allein damit trösten, daß es vor und hinter mir noch eine Menge von Schiffen gab, die eben so angestrengt und vergeblich trachteten, trotz dem Eise, noch Amsterdam zu erreichen. Selbst aber als diese, nach und nach, die näheren Nothhäfen Medemblyck, Enkhuizen und Staveren zu gewinnen suchten, beharrte ich bei meinem Vornehmen, und hoffte, daß endlich doch Wind und Wetter sich zu meinem Vortheil ändern würden.

Als ich mich nun solchergestalt, von allen Andern verlassen, abmühte, dem Schicksal mein Reiseziel gleichsam abzutrotzen, traten mein Schiffsvolk und der eingenommene Lootse mich an, um mir vorzustellen, wie die Gefahr, des Eises wegen, sich stündlich mehre, und wie rathsam es seyn werde, nach dem Beispiel unsrer bisherigen Gefährten, in einen andern nahen Hafen einzulaufen. Das war nun gar nicht auf mein Ohr. »Jungens«, entgegnete ich ihnen — »wo denkt ihr hin? Haben wir nicht ein starkes dichtes Schiff? Sind unsre Anker und Taue nicht haltbar? Fehlt es uns an Essen und Trinken? Und wenn die in den andern Schiffen furchtsame Memmen sind, die gleich beim ersten Frostschauer zu Loche kriechen: wollen *wir* uns ihnen darinn gleich stellen? Ich meyne, wir sehen es noch eine Weile mit an; und wenn es dann immer noch keinen bessern Anschein gewinnt, so bleibt es ja Zeit genug, uns nach einem Nothhafen umzusehen.« — Diese Vorstellungen wirkten; und sie versprachen, auch ferner ihr Bestes zu thun.

Des nemlichen Nachmittags kam mir ein kleines Fischerfahrzeug von Enkhuizen zur Seite. Drinnen saß ein alter Mann, nebst seinem Jungen, und rief mir zu: »Wie steht's, Kapitain? Wollt Ihr auch Hülfe haben?« — Ich gab wenig auf sein Erbieten: denn seine Flunder-Schuite sah mir nicht darnach aus, als ob sie mir sonderliches Heil bringen könnte, oder das Eis über Seite schieben würde, wovon die Zuyder-See vor uns voll stand. »Fahrt mit Gott!« rief ich ihm zu — »Mit Eurer Hülfe wird mir wenig gedient seyn!«

Doch zu gleicher Zeit zog mich der Lootse bei Seite und gab mir zu bedenken, daß es gleichwohl nicht übelgethan seyn würde, für den Fall, daß wir uns dennoch zu irgend einem Nothhafen bequemen müßten, einen Mann am Borde zu haben, der dieser Gewässer ungezweifelt noch besser, als er selbst kundig wäre, und an welchem er dann eine um so gewissere Unterstützung finden würde. — »Immerhin!« versetzte ich — »Wenn wir von dem alten Manne, der mir gar nicht darnach aussieht, nur reellen Beistand zu erwarten haben.« — Dieser, der schon von uns abgestoßen hatte, ward also zurückgerufen, kam an Bord und wurde befragt, ob ihm die nächstgelegene nordholländische Küste hinreichend bekannt sey, um uns im Nothfall als Lootse zu dienen?

Fast schien der alte Bursche mir meine Frage übel zu deuten. Er nahm eine pathetische Stellung an und betheuerte: Von Jugend auf habe er hier alle Winkel herumgekrochen; kenne jeden Grund und jeden Stein, und wolle hier wohl die ganze holländische Flotte bei stockdunkler Nacht sicher vor Anker bringen. »Gut!« erwiederte ich — »So mögt Ihr am Borde bei mir bleiben! Allein auf welchen Vergleich soll ich mich mit Euch einigen? Dringen wir durch nach Amsterdam, wie ich's hoffe, so könnt Ihr mir keine Dienste thun: muß ich mich aber nach einer andern Zuflucht umsehen, so weiß ich wieder nicht, wie lange das währen kann, und wie ich Eure Hülfe anschlagen soll? Darum schlag ich Euch vor, daß wir, nach beendigter Fahrt, vier Schiedsmänner, Jeder zur Hälfte, erwählen, und daß wir uns dem fügen, was diese als recht und billig beschließen werden. Seyd Ihr das zufrieden?«

»Ja«; war seine Antwort — »aber gebt mir das schriftlich, Kapitain!« — Dies geschah auch sofort; worauf er das Papier dem Jungen behändigte, um mit demselben und der Schuite wieder an Land zu steuern. Er selbst aber war von dem Augenblick an bei uns, wie zu Hause; hatte tausend unnütze Dinge zu fragen und zu erzählen, und brachte ein so unerschöpfliches Mundwerk zu Markte, daß er meine Leute überall in ihren Verrichtungen hinderte und mir selbst dadurch überaus lästig und unangenehm fiel. »Satt und genug, Alter!« fiel ich ihm endlich in die Rede — »Euer Geplauder bringt mir mein Volk aus dem Texte. Da geht hinein in die Combuse, und raucht Euer Pfeifchen in Frieden, bis ich Euch rufen lassen werde.« — Murrend that er meines Gebots; hüllte sich in eine Schmauchwolke, und legte sich endlich aufs Ohr, ohne zu wissen oder zu fragen, was weiter um ihn her vorgieng.

Inzwischen trieb, während der Nacht und Ebbezeit, wo wir vor Anker lagen, so ungeheuer viel Eis auf uns zu, daß wir das Schiff kaum vor drei Kabeltauen halten konnten, indem die Schollen sich immer höher über denselben emporthürmten und auf den Bug eindrangen, daß das Schiff vorne auf eine bedenkliche Weise niedertauchte, und jeden Augenblick zu erwarten stand, es werde von den Eismassen überwältigt werden und untergehen. Zugleich auch waren die Stöße, die es empfieng, so heftig, daß es Mühe kostete, auf dem Verdeck das Stehen zu behalten. Doch gab Gott Gnade, daß wir uns in dieser gefährlichen Lage erhielten, bis endlich die Fluth eintrat und das Schiff sich wieder erholte; während auch das Tageslicht eintrat und die Gegenstände sicherer erkennen ließ.

Nach einer solchen gemachten Erfahrung wäre es vermessen gewesen, wenn ich auf meinem früheren Vorsatz noch ferner hätte bestehen wollen. Vielmehr wurden wir schlüssig, in den nächsten, den besten Hafen einzulaufen; und so war es jetzt an der Zeit, unsern alten Lootsen hervorzurufen, der sich die Augen wischte und die Gefahr, die uns drohte, glücklich verschlafen hatte. Ich befragte ihn, welcher Hafen, nach seiner Meynung, am bequemsten zu erreichen seyn möchte? Er entschied sich für Enkhuizen und stellte sich an's Steuer; hielt aber einen so verkehrten Kurs, daß mir und dem Lootsen aus dem Texel die Haare zu Berge standen und wir zu der augenscheinlichen Überzeugung gelangten, der alte Kerl werde das Schiff binnen weniger, als fünf Minuten, auf die Sandbänke setzen und uns Alle in's Unglück bringen, um vielleicht seinen Landsleuten an dem gestrandeten Wrack eine erwünschte Prise zuzuführen.

Ihm sein Concept zu verrücken, erklärte ich also, die Gewässer von Medemblyck wären mir einigermaaßen bekannt, und ich zöge es vor, meinen Weg dorthin zu nehmen und das Nöthige selbst anzuordnen. Dem ersten Lootsen gebot ich, das Bleiloth zur Hand zu nehmen; dem Alten aber, der immer noch des Plauderns kein Ende fand, sich flugs vom Verdeck nach der Combuse zu scheeren. Andre Segel wurden aufgesetzt, das Schiff umgelegt, und so gelang es uns, Nachmittags glücklich vor Medemblyck anzulangen.

Kaum hatt' ich hier einen Fuß an Land gesetzt, so bat ich die umstehenden Leute, mir den angesehensten und wohlberufensten Kaufmann im Orte nachzuweisen. Sie nannten mir einen Herrn Schweiger, der allgemein für einen

Ehrenmann gelte, und ehedem auch ein Schiff geführt habe. Ich ließ mich auf der Stelle zu ihm führen; gewann auch flugs das Vertrauen, daß er der Mann seyn werde, wie ich ihn suchte, und trug ihm, mit Darlegung meiner Umstände, den Wunsch vor, meine beiden Lootsen, Namens Meiner, nach Recht und Gebühr zu befriedigen. Denn obwohl der Enkhuizer, meines Bedünkens, nicht den mindesten Anspruch für seine unverständige und verkehrte Dienstleistung zu machen hatte, so hatt' ich ihm dennoch, aus Mitleid mit seinen grauen Haaren, ein Geschenk von 10 bis 15 Gulden zugedacht.

Beide wurden sofort gerufen; und es bedurfte nur, daß der Lootse vom Texel seine Ordonnanz vorwies, um darnach seine Forderung nach Fug und Billigkeit auszumitteln. Er strich sein Geld ein; und als er demnächst auf eine bescheidene Weise bemerkt hatte, daß er während mehrerer Tage ungewöhnlich viel Noth und Mühe an meinem Borde ausgestanden, um sich vielleicht Rechnung auf eine außerordentliche Vergütung machen zu können, unterbrach ich ihn durch die Erklärung: »Das ist allerdings wahr, Herr Schweiger. Geben Sie dem Manne noch zwei Dukaten, als williges Anerkenntniß seiner Treue und angestrengten Fleißes.« — Der Lootse bedankte sich; und das war abgethan.

Nun aber kam auch die Reihe an den alten Fischer von Enkhuizen. »Sagt an, Vater, was habt Ihr verdient?« fragte mein Bevollmächtigter. Der Kerl setzte sich abermals in Positur, und ließ sich vernehmen: »Mynheer, ich habe ein Schiff gerettet, das, wie ich weiß, eine Million werth ist, und dessen Kapitain eine Fracht von hunderttausend Gulden macht. Derowegen verlange ich nicht mehr und nicht weniger, als *funfzehnhundert* Gulden an Lootsengebühr; und ich hoffe, *die* sollen mir werden.«

Ich lachte dem alten Knaben in's Angesicht, und fragte: ob er sich vielleicht nur versprochen und fünf oder funfzehn Gulden gemeynt habe? — Er aber verneinte ernsthaft, und vermeynte, daß er wohl ein Narr seyn müßte, sich damit abspeisen zu lassen. —»Nun«, fiel ich ihm ein — »an Eurer Narrheit hat es wohl keinen Zweifel: denn *die* habt Ihr bei mir am Borde durch all Eure Handlungen klar genug erwiesen. Laut unserm schriftlichen Accord mag der Ausspruch auf vier Schiedsmännern beruhen, oder Ihr mögt mich, wenn es Euch beliebt, verklagen.« — Polternd und scheltend verließ er auf diese meine Erklärung das Zimmer; und so kamen wir für diesmal in Unfrieden auseinander.

Um jedoch meine gute Sache zu wahren, säumte ich nicht, des nächsten Tages mich und meine Schiffsmannschaft über die letzten Ereignisse unserer Reise, nach allen Einzelheiten, gerichtlich und eidlich vernehmen zu lassen; und insonderheit wie ungeschickt und widersinnig sich der vorgebliche Lootse angestellt und zu Allem untauglich erwiesen. Dies gethan, brannte mir die Stelle unter dem Leibe, den Weg nach Amsterdam vollends zurückzulegen, damit ich mein Diamanten-Päckchen los würde. Sobald ich es mittelst angetretener Landreise, dort in die rechten Hände abgeliefert hatte, war ich, wie ein neugebohrner Mensch; und da ich zugleich alle Connoissements von meiner Ladung mit mir genommen, ließ ich es meinen nächsten Gang seyn, den Kaufmann Floris de Kinder aufzusuchen, dem ich mich aus einer früheren Lebens-Periode dankbar verpflichtet hielt, und mir daher auch jetzt zum Commissionair ersehen hatte. Ihm übergab ich meine Papiere, um dieselben den Empfängern meiner Ladung vorzulegen, bei denen des andern Tages auf der Börse über meine glückliche Ankunft in Medemblyck eine große Freude entstand.

Auf gleiche Weise hatt' ich, gleich beim Einlaufen in den Texel, dies erwünschte Ereigniß nach Hamburg an meinen dortigen Correspondenten, Herrn Klefecker, berichtet, von welchem die Assecuranz meines Schiffes besorgt worden war. In Amsterdam fand ich bereits seine Antwort vor, worinn er mir meldete, wie meine Nachricht auch auf der Hamburger Börse die angenehmste Sensation erregt habe, indem die dortige dritte Assecuranz-Compagnie die Versicherung auf Schiff und Ladung gezeichnet hatte.

Nach Verlauf einiger Tage die ich in Amsterdam zubrachte, meldete mir Hr. Schweiger, daß der Alte aus Enkhuizen wirklich geklagt habe, und daß ein Termin zur Vernehmung angesetzt sey, wo meine Gegenwart erforderlich werden möchte. Ich hatte diese wunderliche Geschichte schon meinem Correspondenten zum Besten gegeben, der sie, gleich mir, als eine Kinderei betrachtete. Indeß gieng ich doch nach Medemblyck ab, und fand dort eine Gerichts-Versammlung, aus fünf Personen bestehend; so wie auch mein Widersacher nicht fehlte und seine Klage anhängig machte. Meinerseits übergab ich die schon aufgenommene und eidlich bekräftigte Verhandlung über den wahren Hergang der Sache, mit hinzugefügter Erklärung, daß, wiewenig mir dieser Mensch auch irgend einige Dienste geleistet, ich dennoch einer billigen Festsetzung seines Lohnes nicht entgegen seyn wolle. Man fragte mich: Wieviel ich dem Manne gutwillig zu verabreichen gedächte? — und ich wiederholte meine frühere Bestimmung, daß ich, bloß in Erwägung seines hohen Alters, 10 Gulden, um nichts und wieder nichts, an ihn verlieren wolle. — Der alte durchtriebene Fuchs hingegen beharrte ursinnig auf seiner ersten ausschweifenden Forderung.

Nach langem Hin- und Wiederreden mußten wir abtreten und der richterlichen Versammlung Zeit und Ruhe zum Deliberiren lassen. Das bedurfte länger, als eine Stunde, wo endlich Kläger und Beklagter wieder vorgefordert wurden, um das, in hoher Weisheit ausgeheckte Urtel zu vernehmen. Es lautete dahin, daß Letzterer schuldig und gehalten seyn solle, dem angenommenen Lootsen von Enkhuizen, sowohl für seinen, dem Schiffe geleisteten Beistand, als wegen unverzagter Daranwagung seines Leibes und Lebens, die volle Summe von Eintausend fünfhundert Gulden Holl. baar auszuzahlen; überdem aber solange, bis diese Zahlung wirklich geleistet worden, für jeden Tag eine Buße von zwei Gulden zu entrichten. Alles von Rechts wegen.

Es war natürlich, daß ich schlechte Lust bezeugte, mich in diesem, alle Gerechtigkeit verhöhnenden Ausspruche zu beruhigen. Vielmehr berief ich mich auf meinen, mit dem alten Schelme ausdrücklich getroffenen Vergleich, und wollte die Sache an vier gewählte Schiedsrichter und Obmänner gebracht wissen. Allein man bedeutete mich, mein Gegenpart habe jenen Accord nicht mit unterzeichnet, daher demselben auch alle gesetzliche Gültigkeit ermangele. Wolle ich jedoch mich in die Sentenz des Gerichts nicht fügen, so bleibe mir allerdings unbenommen, an den Hof von Holland zu appelliren.

In der That aber kannte ich dies Gericht, das sich so unvermuthet zum Herrn meines Beutels aufwarf, gar noch nicht einmal; und es schien mir doch der Mühe werth; deshalb einwenig genauer nachzufragen. Auch blieben mir die Herren die Antwort hierauf nicht schuldig; und so erfuhr ich denn, daß die vier Bürgermeister von Hoorn, von Enkhuizen, von Medemblyck, von Edam, und noch ein Procurator, sich die Mühe genommen, diesen hochwichtigen Fall in ihrer Weisheit zu entscheiden. Je weniger mir aber von dieser Weisheit einleuchten wollte, desto minder konnt' ich mich auch entbrechen, ihnen zu erwiedern: »Ihr Herren insgesammt versteht vom Seewesen keinen Pfifferling und hättet also immer zu Hause bleiben mögen. In Enkhuizen liegt aber, wie ich höre, ein holländisches Kriegsschiff: warum habt Ihr den Kapitain desselben zu Euern Rathschlagungen nicht mit zugezogen? In Eurer Entscheidung vermisse ich alle Billigkeit und Gerechtigkeit; und darum werd' ich an erleuchtetere Richter appelliren!« — Das gesagt, kehrt' ich ihnen den Rücken, und schied von dannen.

Allernächst aber schrieb ich an Hrn. Floris de Kinder nach Amsterdam; machte ihn mit der saubern Sentenz bekannt, und trug ihm auf, die Sache mit den Empfängern der Ladung, welche nach Usanz vornehmlich den Beutel würden haben ziehen müssen, in genauere Überlegung zu nehmen und mir wegen der Appellation nähere Instruction zuzufertigen. Mocht' es nun aber seyn, daß Diese an ihrem Thee einen so erklecklichen Gewinn hatten, um 1500 Gulden mit leichtem Sinn an's Bein zu binden, oder daß sie Gang und Weise der holländischen Rechtspflege besser kannten: — genug; sie ertheilten mir den Bescheid: Ich sollte nur in Gottes Namen die geforderte Summa zahlen, indem sie sich, ihres Theils, die Sentenz gefallen ließen. — So war denn also das Lied am Ende!

Nach geleisteter Zahlung drückte mir's gleichwohl auf dem Herzen, mich bei den gestrengen Herren zu befragen, auf welch Gesetz, rechtlichen Grund oder Herkommen ihre gefällte Entscheidung sich denn eigentlich stütze? — Mir ward die Antwort: Es habe also und nicht anders gesprochen werden müssen, damit, wenn hinführo Schiffe in Noth kämen, bei andern Leuten Muth und Wille erweckt werde, den Unglücklichen mit Hülfe beizuspringen. — »Hol' Euch der T. mit Eurer Hülfe!« dacht' ich, und schüttelte den Staub von meinen Füßen. — Indeß schlug das Frostwetter im December wieder um; so daß ich am 29. von Medemblyck abgehen konnte, den 2. Januar 1781. vor Amsterdam anlangte, und den Anfang machte, meine Ladung zu löschen.

Gegen den 24. Januar, den Geburtstag unsers großen Monarchen, trieb es mich mit unwiderstehlicher Gewalt, diesen Tag von allen Preußischen, im Hafen ankernden Schiffen durch Aufziehung aller Flaggen und Wimpel und Abfeurung unsers Geschützes feierlich begangen zu sehen. Mein Vorschlag hiezu fand bei meinen wackern Landsleuten allgemeinen und freudigen Eingang. Aber einen härteren Strauß gab es mit dem holländischen Courant-Schreiber in Amsterdam auszufechten, der die Ankündigung dieser Feier in seinem Zeitungsblatt, entweder aus ächt holländischem Phlegma, oder aus unvernünftiger Abneigung gegen den König, auf eine so beleidigende Weise verweigerte, daß ich mit dem Grobian schier handgemein geworden wäre, endlich aber, durch Hülfe des Preußischen Consuls, ihn zur Raison bringen und für seine ausgestoßenen schmählichen Lästerungen zur gebührenden Strafe ziehen ließ.

Diese widrige Stimmung, die sich damals in Holland so allgemein äußerte, empörte mein treues Preußen-Herz um so mehr, als die Preußische neutrale Flagge in dem ausgebrochenen Kriege mit England der Nation die entschiedensten Vortheile für ihren Handel darbot, und selbst die holländischen Schiffs-Kapitaine, welche sich derselben bedienten, durch nichts zu bewegen waren, unserm Beispiele zu folgen und ihren Wohlthäter und Beschützer nach Würden zu ehren. Solch ein Urian lag mir unmittelbar zur Seite vor Anker; und daß er sich Preußische Certificate zu verschaffen gewußt hatte, lag daraus klar am Tage, daß er zu Zeiten unsern schwarzen Adler von seinem Hintertheile hatte wehen lassen.

Am Morgen des königlichen Geburtstages war bei diesem meinem Nachbar Alles in tiefster Ruhe, und weder Flagge, noch Wimpel, bei ihm zu verspüren. Erst spät hatt' er sich den Schlaf aus den Augen gerieben: aber sobald er sich auf dem Verdeck zeigte, warf ich ihm die Frage in den Bart: Ob er, gleich mir und so vielen Andern rings um uns her, den König von Preußen nicht auf herkömmliche Weise wolle hoch leben lassen? — »Das werd' ich wohl bleiben lassen!« gab er zur Antwort — »Was geht *mich* euer König an?« — Meine Erwiederung fiel, wie sich leicht denken läßt, deutsch und derbe aus; allein ohne etwas drauf zu geben, wandte er mir den Rücken und ließ sich an Land setzen.

»Topp!« gelobte ich mir selbst — »Was der Schuft zu thun nicht Lust hat, soll dennoch von mir und in seinem Namen geschehen!« — Ich besaß zwei Gestelle Flaggen und Wimpel, wovon das seidene bereits seit Sonnenaufgang in meinem Tauwerk prangte und flatterte; das andre baumwollene nahm ich jetzt zur Hand, stieg mit ein paar Leuten an Bord des Holländers, und machte Anstalten, dasselbe an seinen Masten aufzuziehen, ohne daß das Schiffsvolk, das sich an einfältigem Maulaufsperren begnügte, meiner Keckheit Einhalt zu thun versuchte. Und so weheten meine Flaggen den ganzen Tag, ohne daß Jemand sich unterstanden hätte, sie herabzureißen, oder daß der Kapitain sich sehen lassen oder um den Vorgang zu kümmern geschienen. *Mir* aber diente mein gekühltes Müthchen nur zu desto freudigerer Erhöhung meines patriotischen Jubels.

Indeß war nicht nur meine eingebrachte Ladung in der Mitte Februars gelöscht, sondern vier Wochen später hatt' ich auch bereits wieder eine neue Fracht nach Lissabon eingenommen, die in 100 Last Weizen, 200 Tonnen schwedischen Theers und einigen tausend Edammer Käsen, von 5 bis 6 Pfund an Gewichte, bestand. Gleich darauf machte ich Anstalten, in See zu gehen, und war eben im Begriff, meine Anker aus dem Grunde empor zu winden, als ich mich gegen den Steuermann äußerte: »Nun, Gott sey von Herzen gedankt, daß wir hier los sind: denn nie hab' ich, nach schon vollendeter Reise, soviel Wunder, Verdruß und Unannehmlichkeit erfahren, als diesmal unter den Holländern!« — Aber wiewenig ahndete ich, daß mir schon in der nächsten halben Stunde eine weit größere Widerwärtigkeit begegnen sollte, als alle früheren, über die ich mich so bitter beklagt hatte!

Indem ich nemlich eben meine Segel aufgezogen, die Anker aber nur soweit emporgewunden hatte, daß sie noch vor dem Bug unter Wasser hiengen, das Schiff aber in die fließende Fahrt gelangte, kam eine ledige T'Gelke*) gegen meine Seite in einer Richtung angesegelt, daß wir unausbleiblich zusammenstoßen mußten, woferne sie nicht noch bei Zeiten absteuerte. Ich machte meine Leute aufmerksam, ergriff aber zugleich auch das Sprachrohr, lief damit

*) Eine Art, auf der Zuider-Zee gebräuchlicher Fahrzeuge, von etwa 20 Lasten groß, die sehr flach gebaut sind.

nach vorne, und rief dem Fahrzeuge zu: »Haltet ab! Holt euer Ruder nach Steuerbord!« — Auf dies Rufen sahen sich endlich die beiden Menschen auf demselben, die mir bisher den Rücken gekehrt, nach meinem Schiffe um; erkannten die Gefahr, worinn sie schwebten, holten aber in der Bestürzung das Ruder auf die Backbord-Seite; wodurch sie, anstatt mir auszuweichen, gerade auf meinen Bug geriethen.

Jetzt ward das Unglück mit jedem Augenblick größer. Mein Bogspriet verwickelte sich in das Segel und die Takelage der T'Gelke; meine Anker, die noch unter Wasser waren, mochten wohl unter ihre Kimmung gerathen; und da mein Schiff sich bereits in ziemlichem Schusse befand, so drückte es jenes kleinere Fahrzeug auf die Seite, übersegelte es endlich und fuhr rumpelnd drüber hin, als ob es über eine Klippe hinweggestreift wäre. Eine halbe Minute später kam die T'Gelke hinten in meinem Kielwasser wieder zum Vorschein; aber gekantert und das Unterste zu oberst schwimmend.

Ich war von Herzen erschrocken; und das um so mehr, da ich fürchten mußte, daß mein Schiff an seinem Boden beträchtlichen Schaden gelitten haben möchte. Sofort ließ ich zu den Pumpen greifen; doch Alles war und blieb dicht und gut; nur an meinem Bogspriet und der Takelage desselben war eine so arge Verwüstung angerichtet, daß ich auf der Stelle wieder den Anker fallen lassen mußte, um zur Ausbesserung zu schreiten. Inzwischen waren auch von allen herumliegenden Schiffen Bööte und Fahrzeuge abgestoßen, um die beiden Menschen zu bergen und zu der verunglückten T'Gelke zu sehen. Ich aber konnte mich, mit meinem eignen Schaden beschäftigt, darnach nicht aufhalten, sondern eilte, wieder unter Segel zu kommen.

Als ich nun einige Tage nachher im Texel anlangte, fand ich einen Brief von meinem Correspondenten, Hrn. Floris de Kinder, vor, worinn mir berichtet wurde, daß der verunglückte T'Gelken-Schiffer gegen mich klagbar geworden und Schaden-Ersatz von mir verlange. Er rieth mir also, vor dem Gericht im Texel zu erscheinen und, sammt meiner Mannschaft, eine eidliche Erklärung über den ganzen Hergang abzulegen; diese aber an ihn einzusenden, damit jenen Ansprüchen gehörig begegnet würde. Dies geschah; und aus der gerichtlichen Vernehmung gieng genüglich hervor, daß jener Schiffer nicht nur sein Unglück sich selbst zugezogen, sondern auch mir selbst Noth und Schaden verursacht habe. Der endliche Erfolg war, daß Jener seiner Ansprüche weiter nicht verfolgte, daß ich aber auch meine eigne erlittene Einbuße verschmerzen mußte.

Ich gieng inzwischen aus dem Texel in See, und hatte in den ersten drei Wochen mit widrigen und stürmischen Winden zu schaffen, die mich in der Nordsee umherwarfen. Als ich jedoch Dover passirt war, wurden sie mir günstiger, obwohl sie bald in den stärksten anhaltenden Sturm ausarteten. Mein Schiff lief vor demselben in fliegender Fahrt mit so unglaublicher Schnelle einher, daß ich — was vielleicht zuvor nie erhört worden — den Weg von Dover nach Lissabon binnen vier Tagen zurücklegte, und also in jeder Stunde, im Durchschnitt, vierthalb Meilen zurücklegte. Ein portugiesischer Kapitain, den ich als Passagier an Bord hatte, und der, wegen Unpäßlichkeit, während dieser ganzen Zeit nicht aus der Kajüte hervorgekommen war, wollte seinen Augen nicht trauen, als er das Verdeck bestieg und die Ufer seines vaterländischen Tajo blühend vor sich liegen sah. Nur in unsrer Eigenschaft, als Ketzer, und unsrer, daraus hergeleiteten näheren Verbindung mit dem Fürsten der Finsterniß, vermocht' er sich eine Fahrt zu erklären, die nicht durch die Wellen, sondern durch die Luft, bewerkstelligt seyn müsse.

Ein solcher Wahn mochte einem Manne verziehen werden, dem früh eingesogene religiöse Vorurtheile den Sinn befiengen: allein was sollt' ich sagen, als ich des andern Tages an der Tafel meines Correspondenten, Hrn. John Bulkeley, mit mehreren englischen und amerikanischen Schiffs-Kapitainen zusammentraf, denen ich von dieser

Schnelligkeit meiner letzten Reise erzählte, und dabei deutlich an ihren verzogenen Gesichtern und blinzelnden Blicken bemerkte, wiewenig sie zumal in Erwägung der schweren Befrachtung meines Schiffes, Glauben in meine Versicherung setzten? Im stillen Ärger konnt' ich kaum des nächsten Tages erwarten, wo wir wiederum beisammen waren, um diesen schnöden Zweiflern mein mitgebrachtes Schiffs-Journal vor Augen zu legen und dadurch, zu ihrer Aller Beschämung, aber auch desto höherer Verwunderung, meine Wahrheitsliebe zu rechtfertigen.

Bald darauf kam ich an's Ausladen meiner eingenommenen Güter; und nachdem ich des Theers ledig geworden, traf nunmehr die Reihe meinen bedeutenden Käse-Vorrath. Hierbei aber mischte sich die Hafen-Polizei von Lissabon auf eine, mir unbegreifliche Weise in's Spiel, indem sich zwei portugiesische Barken, deren Eine mit Militair besetzt war, mir zu beiden Seiten legten. Der Käse ward, Stück für Stück, aus dem Raume hervorgelangt, aber auch von den bestellten Aufsehern sorgfältig untersucht, befühlt und berochen, ob sich nicht irgendwo eine faule oder verdächtige Stelle zeigte. Jedes der Art warf man sofort in die bewaffnete Barke; und als ich, erstaunt, nach der Ursache eines so wunderlichen Verfahrens forschte, ward mir der Bescheid: Kein Käse, der einen angekommenen oder gedrückten Fleck an sich habe, werde, als der Gesundheit hoch nachtheilig, im Lande zugelassen, sondern sofort in's Wasser geworfen. Vergebens erwiederte ich, daß in aller übrigen Welt gerade der angefaulte Käse seine besondern und häufigen Liebhaber finde: denn man meynte, dazu gehöre auch ein ketzerischer Magen; in Portugal hingegen müsse aus solchem Genusse alsobald die Pest entstehen.

Allmählig hatte sich die, als verdächtig ausgemerzte Waare in der Kriegsbarke zu einem ansehnlichen Haufen angesammlet. Diese machte sich demnach von meinem Borde los; entfernte sich einige hundert Klafter abwärts, und begann nun, den confiscirten Käse in's Wasser zu werfen. Überall trieben die Stücke umher; aber eben so bald auch machten alle Schaluppen und Fahrzeuge in der Nähe Jagd auf eine so willkommene Beute. Die Soldaten in der Barke suchten zwar diese Kapereien zu verhindern, schrieen, schimpften, und machten sogar Miene, Feuer zu geben: doch demohngeachtet ward ein großer Theil von diesem Pest-Käse glücklich wieder aufgefischt, und hoffentlich auch ohne weitern Nachtheil für Leben und Gesundheit verzehrt.

Aber auch selbst mein eingeladener Weizen machte den Polizei-Officianten eine ähnliche Unruhe und Besorgniß. Denn ihrer Sieben an der Zahl fanden sich, als derselbe gelöscht werden sollte, an meinem Borde ein, um seine Beschaffenheit zu untersuchen. Unglücklicher Weise fanden sich nun einige zwanzig Weizen-Säcke, die zu äußerst an den Seiten gelegen hatten und von dem feuchten Dunst im Raume auswendig beschimmelt waren. Sofort war auch ihnen das Todesurtel gesprochen! Sie wurden aufgeschnitten und der Inhalt kurzweg über Bord geschüttet. Ich bewies ihnen durch den Augenschein, daß der Weizen in diesen Säcken nicht den mindesten Schaden gelitten; ich klopfte ihnen sogar auf ihre Schubsäcke, die sie mit diesem nemlichen, für verpestet ausgeschrienen Korne dick auszustopfen nicht verabsäumt hatten. Sie schüttelten bloß die Köpfe, und entgegneten, die eingesackten Pröbchen seyen nur zum Futter für ihre Hühner bestimmt, die sich ja, als ein unvernünftiges Vieh, den Tod nicht daran fressen würden.

Überhaupt sollte mein diesmaliger Aufenthalt in Lissabon nicht so geeignet, als jener frühere, seyn, mir eine vortheilhafte Meynung von den Portugiesen beizubringen. Als ich eines Tages mit meinem Sohne, der mich auf dieser Fahrt begleitete, durch eine abgelegene Gasse gieng, erblickten wir unter einem Bogengewölbe ein Muttergottesbild, vor welchem mehrere Lichter brannten. Vor dergleichen pflegt kein guter Katholik vorüber zu gehen, ohne seine Kniee zu beugen und seinen Rosenkranz abzubeten.

Zu Beidem spürten wir keine Lust in uns. Ich blickte daher sorgsam vor und hinter mich; und da ich nirgend eine menschliche Seele gewahrte, rief ich meinem kleinen Begleiter zu, tapfer mit mir fortzuschreiten, bevor uns Jemand hier erblickte und uns vielleicht ein böses Spiel bereitete.

Doch in dem nemlichen Augenblick führte unser Unstern einen liederlichen Gassenbuben herbei, der unsern Mangel an Andacht wahrgenommen haben mochte, und sofort mit Halloh und Geschrei hinter uns drein lief, Steine aus dem Pflaster aufriß und uns mit Würfen verfolgte. Gleich in der nächsten Minute hatte sich ein ganzer Menschenschwarm gesammlet, der auf uns einstürmte, uns mit Unflath bewarf und aus vollem Halse den Ausruf »Ketzer! Ketzer!« hinter uns her ertönen ließ. Glücklicher Weise konnten wir um eine Straßenecke, und dann wieder um eine Ecke einbeugen, wodurch wir dem rasenden Pöbel aus dem Gesichte kamen. Zu noch besserer Sicherheit traten wir in einen, uns eben aufstoßenden Gewürzladen, wo ich eine Kleinigkeit kaufte und den aufgeregten Sturm vollends vorüberziehen ließ.

Alles dies vermehrte meinen Wunsch, diesen Hafen je eher je lieber wieder zu verlassen. Auch fand ich binnen kurzem eine anderweitige Ladung, aus Zucker, Kaffee, Wein u.s.w. bestehend, die auf Hamburg bestimmt war, und mit deren Einnehmung ich mich sofort auf's fleißigste beschäftigte. Hier aber traf mich alsobald ein Verdruß andrer Art, der mich um all meine gute Laune zu bringen drohte. Es gab nemlich eine Menge von dänischen, schwedischen und holländischen Schiffen auf dem Platze, welche mir diese vortheilhafte Fracht beneideten und sie, wo möglich, gerne rückgängig gemacht hätten. Da sie nun allesammt mit den Barbaresken in Friede lebten, ich aber, als Preuße, keine Türken-Pässe aufzuweisen hatte: so sprengten sie an der Börse die lügenhafte Zeitung aus, daß zwei Algierer vor der Mündung des Tajo kreuzten und auf gute Beute lauerten.

In der That erreichten sie insofern ihren Zweck, daß meinen Abladern unheimlich bei der Sache wurde, da sie bei mir auf keine freie Flagge zu rechnen hatten; und Einer von ihnen, der mir bereits zwei Kisten mit spanischen Thalern, als Frachtgut, in meine Kajüte gegeben hatte, ließ sie zurückfordern, und zog es vor, sich mit mir um Erlegung der halben bedungenen Fracht zu einigen. Dagegen wußt' ich die übrige, schon eingenommene Ladung standhaft zu behaupten; stach mit Ausgang des Julius in See, ohne einen Korsaren zu erblicken, und erreichte, sonder alles weitere Abentheuer, die Elbe glücklich und wohlbehalten.

Indeß schien es mir gleichwohl vom Schicksal bestimmt, daß ich immer auf's neue mit Lissabon zu schaffen haben sollte: denn gleich meine nächste Fahrt, mit allerlei Stückgütern von Hamburg, war wieder auf diesen Platz gerichtet. Ich gieng dahin im September ab; konnte aber erst in der Mitte Novembers im Tajo den Anker werfen. Desto hurtiger gieng es aber mit meiner nächsten, wiederum nach Hamburg bestimmten Rückreise, wo ich bereits nach Verlauf von vier Wochen anlangte, aber nun auch, des inzwischen eingetretenen starken Frostes wegen, mich entschließen mußte, zu überwintern. Ich gestehe aber gerne, daß ich, an rastlose Thätigkeit gewöhnt, mich mit dieser gezwungenen Winterruhe je länger je weniger auszusöhnen vermochte.

Im nächsten Frühling 1782 neigte sich der amerikanische Krieg immer mehr zum Ende. — Ein Ereigniß, welches sofort auch einen sehr bemerkbaren ungünstigen Einfluß auf den, bisher so lebhaft betriebenen Handel der Neutralen äußerte, und wovon ich selbst unmittelbar die Folgen spürte, indem ich beinah den ganzen Sommer auf der Elbe liegen blieb, ohne irgend eine, mir convenable Fracht zu finden. Diesen, mir aufgedrungenen Müßiggang benutzte ich dazu, meine Papiere in Ordnung zu bringen und mich mit meinem Patron, Hrn. Groß in Stettin, über sämmtliche Reisen, die ich bisher für ihn gethan hatte, zu berechnen. Sobald dies Stück Arbeit fertig war, schickte ich es, mit sämmtlichen Belägen über Einnahme und Ausgabe, an ihn ein, und machte ihm bemerklich, wie ich mit seinem Schiffe, nach Abzug aller Ausrüstungs- und Unterhaltungskosten, aller Volkslöhnungen, angeschafften und verbrauchten Provisionen, Assecuranz-Prämien, außerordentlichen Kosten u.s.w., reine 35,000 Thaler für ihn verdient habe. Was jedoch den letztern Artikel der »extraordinairen Ausgaben« betreffe, so beruhigte ich mich in seiner eignen langen Erfahrung im Schiffswesen, daß er den Unterschied der Zeiten nicht übersehen werde, und wie, nach Umständen, so manches, kaum glaubliche Opfer habe gebracht werden müssen, um nur hurtig wieder in Gang und Verdienst zu kommen.

Diesen Rechnungen schloß ich nun zugleich eine Übersicht meiner eigenen, bei ihm gut habenden Forderungen bei, die sich auf 1771 Thaler und einige Groschen beliefen, mit der Bitte, mir darüber einen Revers zukommen zu lassen, den ich, um Lebens, und Sterbenswillen, bei Joh. Daniel Klefecker in Hamburg niederzulegen gedächte. Meine Papiere aber wünschte ich, nachdem sie von ihm durchgesehen und gutgeheißen worden, von seiner Güte zurückzuempfangen.

Hr. Groß schien jedoch bei diesem Allen keinesweges die Eile zu haben, welche meine Ungeduld bei ihm voraussetzte. Seine gehoffte Antwort blieb mir bald gar zu lange aus; und dies erweckte in mir die Sorge, daß er wohl gar in meinen Rechnungen einigen Anstoß gefunden und deshalb erst noch mit Andern conferiren möchte. Alles, was mir früher von seiner unverträglichen Gemüthsart gesagt worden, stieg mir wieder zu Kopfe; und da ich noch verschiedene Posttage wieder vergeblich geharrt hatte, konnt' ich mich länger nicht entbrechen, ihm schriftlich mein Befremden zu äußern, daß er mich in dieser peinigenden Ungewißheit lasse. Erregten ihm meine Rechnungen einiges Mißtrauen, und zweifle er an meiner Redlichkeit, so möge er hier in Hamburg einen andern Schiffer bestellen, damit ich mich in Stettin persönlich ausweisen, jeden Zweifelsknoten lösen und meine Ehre sicher stellen könne.

Kaum war dies Document meines Unmuths auf den Weg gegeben, als mit nächster Post ein Schreiben von Hrn. Groß einlief, das mich in der innersten Seele beschämte. Er äußerte sich darinn: »Mein lieber Sohn, ich bin mit Ihnen, wie mit Ihren Rechnungen und Handlungen, herzlich zufrieden. Für Ihre treuen und ehrlichen Dienste übersende ich Ihnen hierneben, als Geschenk, einen Wechsel von 1000 Mark Hamb. Banco, den Sie sogleich ziehen mögen, damit Sie Geld für sich in Händen haben. Demnächst erhalten Sie den verlangten Revers über 1861 Thaler, die Sie bei mir zugute haben.«

Hier gab es jedoch eine Differenz von 90 Thalern in dem letztern Posten, die, sosehr auch alles Übrige mich freute, nur in einem Rechnungsfehler meines Patrons ihren Grund haben konnte und also ehebaldigst ausgeglichen werden mußte. Indem ich mein Buch zu Hülfe nahm, konnt' ich ihm sogar auch die Gelegenheit nachweisen, wo ich diesen, sich doppelt angerechneten Vorschuß von 90 Thalern in Stettin verausgabt hatte. Ich machte ihn also schriftlich hierauf aufmerksam, und bat, mir einen andern, um soviel niedriger gestellten Revers zu behändigen. Er aber antwortete mir: »Allerdings habe ich mich in meiner Rechnung versehen: allein nicht in Ihrer Rechtschaffenheit; und so soll es mit meinem zuerst ausgestellten Reverse sein Bewenden behalten.«

Inzwischen hatt' ich diesem Ehrenmann, als bereits der Julius herangelaufen war, gemeldet, daß mir's unerträglich fiele, mit seinem Schiffe hier noch länger unthätig auf der Bärenhaut zu liegen und es im Hafen verfaulen zu sehen. Er möchte mir demnach gestatten, Ballast einzunehmen und nach Memel zu gehen, wo ich eine Ladung fichtener Balken für eigne Rechnung einzunehmen und diese in Lissabon abzusetzen gedächte, die dort, meiner Erfahrung nach, mit Vortheil abzusetzen seyn würde. Als

Rückfracht ließe sich, im schlimmsten Falle, wiederum eine Ladung Seesalz einnehmen und nach Riga verführen.

Herr Groß stand nicht an, diese Vorschläge zu genehmigen. Ich nahm, da ich meine Leute schon im Winter entlassen, neues Hamburger Schiffsvolk an und trat, in der Mitte Augustus, die Reise nach Memel an. Als wir zur Elbe hinaus und gegen Helgoland kamen, gieng der Wind in Westnordwest, und es ward regnichtes und stürmisches Wetter. Mein Steuermann hatte, wie ich mit Leidwesen bemerkte, etwas zu tief in die Flasche gesehen. Ich wollte dem Dinge abhelfen; ließ einen Theekessel mit Wasser und Wein aufsetzen, und reichte ihm davon einige Tassen zur Ernüchterung: allein das schien ihn fast noch mehr zu benebeln. Um 8 Uhr Abends theilte ich die Wachen ein; demzufolge der Steuermann und das halbe Volk die Erste bis Mitternacht übernehmen sollten, und wobei ich den Erstern anwies, auf keinen Fall östlicher, als Nordost, zu steuern, um nicht auf Land zu gerathen; bei dem allermindesten Vorfall aber, der sich ereignen könnte, mich sofort zu wecken.

Zwar begab ich mich hierauf in meine Kajüte zur Ruhe: doch war mein Gemüth zu voll von Unruhe und böser Ahndung, als daß ich hätte Schlaf finden können. Ich warf mich hin und her im Bette; horchte nach jedem Geräusch, das auf dem Verdecke ober mir laut ward, und hörte endlich den Mann am Ruder in die Worte ausbrechen: »Nein, es geht doch toll auf diesem Schiffe her! Kein Licht beim Kompaß; kein Steuermann auf dem Deck — Ich weiß selbst nicht mehr in der Finsterniß, welchen Strich ich halten soll.«

Es war mir bei diesen angehörten Stoßseufzern, als ob mich der Donner rührte. Ich fuhr mit gleichen Füßen aus dem Bette und sprang auf's Verdeck. »Was steuert ihr auf dem Kompaß?« fragt' ich den Menschen, und erhielt eine confuse Antwort, aus welcher ich jedoch vernahm, daß ihm der Wind das Licht, welches sonst regelmäßig neben dem Kompaß in einer Laterne brennt, ausgeweht habe. Daneben spürte ich deutlich, daß uns der Wind von hinten kam, anstatt daß er höchstens den Backbord hätte treffen sollen. —»Wo ist der Steuermann?« — Der lag in seiner Koje, schnarchte und wußte von seinen Sinnen nicht!

Fast hätte eine so rasende Unordnung mich auch um die meinigen gebracht! Ich machte Lärm unter dem Volk; es mußte Licht gebracht werden, und als ich damit den Kompaß beleuchtete, ersah ich mit Todesschrecken, daß das Schiff gegen Südosten, gerade auf die Küste zu, anlag. Ohne einen Augenblick zu verlieren, griff ich zur Ruderpinne; wandte das Schiff durch Süden nach Westen, und ließ gleich darauf das Bleiloth auswerfen, welches mehr nicht, als vier Klafter Tiefe, anzeigte. So lag es denn am Tage, daß wir nur noch ein paar Minuten länger in jenem verkehrten Kurs hätten fortsteuern dürfen, und wir wären ohne Rettung auf den Strand gegangen, wo wir vielleicht Schiff, Leib und Leben eingebüßt hätten.

Aber auch jetzt noch blieb es für die ersten Augenblicke zweifelhaft, ob all unsre Anstrengungen uns aus dieser dringenden Gefahr wieder loshelfen würden. Sobald ich jedoch endlich diese glückliche Überzeugung gewonnen hatte, schien es mir nöthig, ein Beispiel zu statuiren. Ich holte den Taugenichts von Steuermann bei den Haaren aus seiner Kammer hervor; trat und stampfte ihn mit Füßen, wie er's verdient hatte, und hielt zugleich auch der übrigen Mannschaft eine Strafpredigt, woran sie sich spiegeln und meinen Ernst abnehmen mochte. Was es aber fruchten werde, mußte ich dahingestellt seyn lassen.

Von jetzt an gab es nichts, als widrige Winde, die uns, volle 14 Tage hindurch, nöthigten, in der Nordsee und bei Schaagerack umherzukreuzen. Was aber meinen Unmuth noch höher steigerte, war der dünkelvolle und widerspenstige Sinn meines Schiffsvolks, der sich, je länger, je ungescheuter, offenbarte. Kam es zu verdienten Verweisen und Ermahnungen, so hieß es immer: »Pah! Wir sind Hamburger, und keine Preußen! Wir kennen unsre Gesetze und Rechte; und *so* muß man uns nicht kommen!« — Was mich jedoch am meisten verschnupfte, war eine, gegen allen Seemannsbrauch streitende Gewohnheit, die sie unter sich, und gegen meinen Willen, in Gang zu bringen suchten. Sie lagen nemlich bei Tag und Nacht über ihren Thee- und Kaffee-Kesseln; und so oft ich in die Combuse sah, hiengen oder standen 8 oder 10 solcher Maschinen bei einem Feuer, woran man vielleicht einen Ochsen hätte braten können. — Ein Unwesen, wobei nicht nur unser Kohlenvorrath unnütz verschwendet, sondern auch dem Schiffe die beständige Gefahr eines besorglichen Unglücks durch verwahrlosetes Feuer bereitet wurde.

Als mir dieser Unfug endlich zu arg ward, that ich ihnen ernstliche Vorhaltung, daß dies gegen alle gute Ordnung streite und fortan abgestellt bleiben müsse. Es solle dagegen mein eigner großer Kessel fortwährend am Feuer stehen, und was ich selbst nicht gebrauchte, möchten sie nehmen und unter sich eintheilen. Allein auch das war in den Wind geredet; und mit dem Thee- und Kaffee-Gesöff blieb es beim Alten. Fast gewann es sogar den Anschein, als ob man Lust habe, sich um meine Gebote und Anordnungen gar nicht mehr zu kümmern. Wie mir dieser bewiesene Trotz im Herzen kochte und sprudelte, wird man sich leichtlich vorstellen können.

Eines Abends, nach Endigung des Gebets, hieß ich der Mannschaft, noch etwas stille sitzen zu bleiben, weil ich ihnen etwas vorzustellen hätte; und mit ebensoviel Ernst, als Güte, deutete ich ihnen meinen festen Willen an, daß das Kunkeln mit den vielen Theekesseln von Stund an ein Ende haben solle. Sie hingegen pochten, unter Lärm und Geschrei, nach gewohnter Weise, daß sie Hamburger wären, und keine Preußen, und sich ihr Recht nicht nehmen lassen würden. Ich hielt jedoch an mich, und sagte mit möglichster Ruhe: »Ihr wißt nun meinen Willen; und das ist genug!«

Am nächsten Morgen um 8 Uhr, stieg ich, meiner Gewohnheit gemäß, in den Mastkorb, mich umzusehen.

Indem ich dabei meine Blicke zufällig nach unten richtete, nahm ich wahr, daß mein ganzes Volk, den Bootsmann und den Koch an der Spitze, wie verabredet, in Einer Reihe, und Jeder seinen Theekessel in der Hand, von hinten nach der vorderen Lucke zuschritten, um sich im Raume mit frischem Wasser zu versehen. Dies sehen, und mich am nächsten besten Tau an den Händen hinunter lassen, war das Werk Eines Augenblicks. Glücklich gelangte ich so auf's Verdeck, bevor sie noch die Lucke erreichten; und mit fester Stimme rief ich: »Was ist das? Was soll das?« — indem ich zugleich dem Bootsmann, wie dem Koch, die Theekessel aus den Händen riß und weit hinaus über Bord in's Meer schleuderte.

Hui, das hieß in ein Wespennest gestochen! Die Kerle schlossen einen dichten Kreis um mich her, und schrieen, wie unsinnig: »Schlagt zu! Schlagt zu!« — doch Keiner hatte das Herz, der Erste zu seyn. Diese bemerkte Unschlüssigkeit gab mir Zeit und Raum, mit der größten Behendigkeit mich durch sie hindurch zu winden und mit starken Schritten nach meiner Kajüte zu eilen; wiewohl alsobald auch der helle Haufe, mit einem fürchterlichen »Halt auf! Schlag zu! Halt fest«; mich auf dem Fuße dahin verfolgte. Doch gelang mir's die Kajüten-Thüre hinter mir zuzuschlagen und den Riegel von innen vorzuschieben.

In der That war nun meine Lage bedenklich genug; und ich durfte von den erhitzten Meuterern leicht das Ärgste erwarten: denn mein Leben sowohl, als die Erhaltung des Schiffs, standen hier auf dem Spiele. Sinnend und in stürmischer Bewegung gieng ich in der Kajüte mit großen Schritten auf und nieder, um über irgend eine durchgreifende Maaßregel zu meiner Rettung mit mir einig zu werden. Ich erinnerte mich endlich, daß ich, einige Reisen früherhin, in Hamburg einen Abdruck des dort geltenden Schiffs- und See-Rechts gekauft und bei mir an Bord hatte; sowie, daß ich dasselbe zum öftern durchblättert und mir mehrere Punkte angestrichen hatte, worüber Volk und Schiffer am leichtesten und gewöhnlichsten mit einander zu zerfallen pflegen; falls ich irgend einmal in einen ähnlichen Zwist gerathen sollte.

Ungesäumt holte ich dies Buch aus seinem Winkel hervor; schlug den gesuchten Artikel nach, und fand Folgendes verzeichnet:

»Einem Schiffer steht frei, seine Leute zu züchtigen; und es darf keine Gegenwehr geschehen. Sollte aber ein Schiffsmann sich unterstehen, seinen Schiffer zu schlagen oder sonst zu mißhandeln: so wartet Seiner der Galgen, nach Hamburger Recht. — Ebenso nach Englischem und Holländischem Seerecht. — Nach Dänischen und Schwedischen Gesetzen wird der Verbrecher mit der Hand an den Galgen genagelt, um 6 Stunden daran zu stehen, bis ihm das Messer, womit er angenagelt ist, wieder herausgezogen worden. — Nach Preußischem Seerecht wird er 6 Monat in Eisen an die Karre geschmiedet.«

Ich zeichnete nunmehr diese Gesetzstelle; legte das Titelblatt mit den großgedruckten Worten »Hamburgisches Schiffs- und See-Recht« aufgeschlagen auf den Tisch, und meinen kurzen, aber gewichtigen Rohrstock daneben, und zog nun die Glocke, die den Kajüten-Jungen mit seiner Frage: »Was zu Dienst?« herbeirief. — »Der Bootsmann soll zu mir kommen.« — Eine Minute später trat der Geforderte zuversichtlich in die Kajüte, die ich sofort hinter ihm in's Schloß warf.

»Kannst du Deutsch lesen, Bursche?« fragt' ich ihn, indem ich ihm dicht auf den Leib trat. — »Hm, ich werde ja! Was soll's damit?« lautete die Antwort. — »So tritt her, und ließ diesen Titel. Das sind die Gesetze, wornach deine Vaterstadt dich und Deinesgleichen richtet. Und nun lies und beherzige hier auch *diesen* Artikel.« — Er sah den Paragraphen überhin an, und fuhr dann heraus: »Hoho, das ist nur Wischewäsche!« — »So, guter Kerl? Nun, so will ich dir zeigen, was Wischewäsche ist«; und damit griff ich nach dem spanischen Rohr und walkte ihn durch, aus Leibes Kräften. Das böse Gewissen erlaubte dem Buben nicht, sich thätlich zu widersetzen; sondern er taumelte nur stöhnend aus Einem Winkel in den Andern, um meinen Streichen zu entgehen. So geschah es, daß mein Strafgericht in dem engen Raum der Kajüte ebensowohl die umher angebrachten Glasschränke, sammt den darinn befindlichen Gläsern und Tassen, traf; was ich aber in meinem brennenden Eifer nicht achtete.

Endlich, da ich meinen Arm erlahmt fühlte, stieß ich den Taugenichts mit den Füßen zur Kajüte hinaus; riegelte die Thüre hinter mir zu, und nahm mir nun etwas Zeit zum Verschnaufen. Der Anfang zur Wiederherstellung meiner Autorität war glücklich gemacht, und damit zugleich ein schwerer Stein von meinem Herzen gefallen. Die Kerle steckten in keinen reinen Schuhen und fiengen an, bei meiner Entschlossenheit perplex zu werden. Ich durfte nun aber auch nicht auf halbem Wege stehen bleiben; sondern sie mußten noch gewichtiger fühlen, daß ich ihnen gewachsen war. Sobald ich mich demnach einwenig erholt hatte, zog ich abermals die Schelle, und ließ nunmehr auch den Koch vor mich fordern.

Der Schelm mochte nun wohl schon erfahren haben, was Seiner wartete. Er leistete also zwar Gehorsam; beobachtete aber die kluge Vorsicht, die Thüre nur gerade soweit zu öffnen, daß mir Nase und Augen sichtbar wurden. »Näher, Schurke!« donnerte ich ihm entgegen; er hingegen suchte mich zu begütigen, und bat: »O, lieber Kapitain, laßt es doch gut seyn!« — Ich wiederholte mein Gebot: da er aber gleichwohl die Thüre in der Hand behielt, warf ich ihm mein Rohr an den Kopf, und er sah dabei seine Gelegenheit ab, die Thüre zuzuschnappen und sich auf's Verdeck zurückzuziehen. — Auch der zweite Feind war nun aus dem Felde geschlagen: jetzt kam es noch darauf an, einen entscheidenden Hauptschlag zu vollführen und die Kerle durch plötzlichen Schreck vollends zu unterjochen.

Ich überlegte im Auf- und Abgehen, daß, je längere Zeit ich, bei dem anhaltenden Gegen-Winde, bedürfen würde, um den Sund zu erreichen und mein rebellisches

Volk durch obrigkeitlichen Beistand zu Paaren zu treiben, leicht in den nächsten Augenblicken sich etwas ereignen könnte, was den gesunkenen frechen Muth desselben wieder höbe und übel ärger machte. Am gescheutesten also schien mir's, den nächsten norwegischen Nothhafen aufzusuchen und dort Recht und Gerechtigkeit zu fordern.

Hiezu entschlossen, nahm ich meinen Schiffshauer unter den Arm; kam festen Schrittes auf das Verdeck hervor, und gebot dem Mann am Ruder: »Paß auf, Junge, und steure Nordnordost!« — Das gesammte Schiffsvolk stand auf einem Haufen versammlet und steckte die Köpfe zusammen. Als ich ihnen aber zurief, nach vorne zu gehen und die Segel nach dem Winde zu ziehen, verrichteten sie diese Arbeit pünktlich und in sichtbarer Gemüthsbewegung. Nur der Steuermann, der sich bei dem ganzen Vorgange, wie ein Dummbart, abseits gehalten, trat jetzt mit der verwunderten Frage zu mir heran: »Ei, Kapitain! Wo denn nun hin?« — »Wie?« rief ich in Gift und Galle — »Ihr seyd Steuermann, und begreift *das* nicht? Nach Norwegen geht der Kurs, und dort geradezu auf den Galgen los. Will ich meines Lebens und Schiffes sicher seyn, so müssen binnen hier und drei Tagen ein paar Rebellen hoch in der Luft baumeln.«

Das sämmtliche Volk hatte diese Drohung, wie es meine Absicht war, mit angehört. Ich hörte ihr Geflüster, und sah, wie sie unter einander etwas ernstlich zu bereden schienen. Noch konnt' ich nicht errathen, was sie im Schilde führten. Um aber auf Alles gefaßt zu seyn, zog ich meinen Hauer blank, trat mitten unter sie, und fragte gebieterisch: Was sie wollten? — Der Bootsmann nahm für sie das Wort, dem sie nach und nach Alle beifielen, und gestand mit Zerknirschung: Sie hätten sich übereilt und vergangen; bäten mich um Vergebung, und versprächen, sich hinführo besser gegen mich zu betragen.

»Ei wohl!« entgegnete ich ihnen — »Respect und Gehorsam gegen mich verstehen sich wohl von selbst. Aber was ich wegen des Vergangenen über euch beschließe, darüber werde ich mich allerdings noch besinnen müssen. Jetzt an die Arbeit!« — Für mich selbst aber zog ich nunmehr in Erwägung, daß, da die Kerle dergestalt zu Kreuze gekrochen, die Fahrt nach Norwegen nur eine unnöthige Zeitversplitterung seyn und es bessern Vortheil versprechen werde, in See zu bleiben und meine Reise möglichst zu beschleunigen. Indem ich sie also auf's neue zusammen berief, erklärte ich ihnen, daß ihr böser Handel für's erste mit dem Liebesmantel zugedeckt, wenn gleich nicht ganz vergeben seyn solle; was sich zu seiner Zeit weiter ausweisen werde.

Demnach änderte ich meinen Kurs wieder nach Osten gegen das Kattegat, bis mich, in der Nacht vom 2. zum 3. September, ein dermaaßen schrecklicher Sturm aus Nordosten überfiel, wie ich ihn kaum jemals erlebt habe, und wie er in dieser beengten Meeresgegend verdoppelte Gefahr drohte. Am Abend vorher zählte ich in meinem Gesichtskreise, auf etwa 2 Meilen umher, nicht weniger, als 42 Segel, die, gleich mir, nach dem Sunde steuerten. Der Sturm verstärkte sich aber von Stunde zu Stunde; so daß ich endlich keinen einzigen Lappen Segel führen konnte und mit jeder Woge fürchten mußte, auf eine blinde Klippe zu stoßen, welche hier Meilenweit vom Lande zu Hunderten umhergesäet sind. Doch Gott erhielt uns wunderbarlich; des nächsten Morgens aber waren von jenen 42 Schiffen nah und fern nicht mehr als 14 zu erblicken; und gewiß gieng der größte Theil der fehlenden in dieser entsetzlichen Nacht zu Grunde. Für uns Geretteten hingegen stieg alsobald wieder ein freundliches Wetter auf, das uns glücklich nach dem Sunde führte.

Hier nicht länger, als unumgänglich nothwendig war, zu verweilen, gab es noch einen geheimen, aber meinem Herzen angelegenen Grund für mich. Ich hatte meinem Vater, schon von Hamburg aus, nach Colberg geschrieben, daß ich auf dieser Reise Alles dransetzen würde, mich der Rheede meiner Geburtsstadt dergestalt zu nähern, daß ich die Freude haben könnte, ihn und die Meinigen im Vorüberfahren auf einige Stunden bei mir am Borde zu begrüßen. Ich wollte dabei an einem rothen Stender kenntlich seyn, den ich vom Vordertop würde wehen lassen, und ich bat ihn und alle gute Freunde, mir diesen gehofften Genuß nicht zu verderben.

In der That wollten mir auch Wind und Wellen so wohl, daß ich, obgleich erst zum 29. September, mich auf der Colberger Rheede zeigen konnte. Da es gerade ein Sonntag war, so befanden sich nicht bloß meine erbetenen Gäste, sondern auch noch anderweitige zahlreiche Bekannte, auf der Münde, welchen der Besuch an meinem Schiffe eine gelegene Lustparthie schien, und die mir daher, vielleicht hundert Köpfe stark, gern gesehen, an meinem Borde zusprachen. Bei dem schönen Wetter gieng ich gar nicht einmal vor Anker, sondern blieb mit Hin- und Herkreuzen unter Segel. Kajüte und Verdeck wimmelten von bekannten Gesichtern und fröhlichen Menschen bis endlich Abends Alles wieder zu Lande fuhr; und ich darf mit Wahrheit sagen, daß ich *diesen* Tag für einen der vergnügtesten meines ganzen Lebens achte.

Nach genommenem traulichen Abschiede erhielt ich einen guten steifen Wind, der mich schon zu Abend des andern Tages in's Angesicht von Memel brachte. Hier aber hatt' er sich allmählig in einen Sturm verwandelt, der es den Lootsen unmöglich machte, zu uns heranzukommen; und keck, wie ich war, unternahm ich mir's, auf meine eigne Gefahr auf den Hafen zuzusetzen. Das Wagstück ließ sich auch gut genug an, bis ich zwischen die beiden Haken kam, wo sich's fand, daß das Fahrwasser viel zu westlich lief, als daß ich mich mit diesem Winde gegen dasselbe wenden konnte. Zwar machte ich, da hier Noth an Mann gieng, den verzweifelten Versuch: allein das Schiff wollte dem Steuer nicht länger folgen und trieb augenscheinlich gerade auf den Nord-Haken zu.

Jetzt stand, mit der Entschließung des nächsten Augenblicks, unser Leben und Alles auf dem Spiel. Ich ergriff ein Beil, kappte flugs das Bogreep und die übrigen Leinen, woran der Anker sich hielt, und der nun mit seinem ganzen vollen Gewicht in den Grund fiel. Nun hatte das Schiff für den Moment den fehlenden festen Stützpunkt gefunden; es schwang sich um den Anker, und kaum hatt' es sich, auf diese Weise, nach Wunsch gewandt, so hieb ich mit einem kräftigen Streiche auch das Ankertau entzwei; ließ den Anker stehen, und kam glücklich und ohne Schaden wieder in See; bis des andern Tages der Wind nördlicher gieng und ich nun in aller Gemächlichkeit den Hafen erreichte.

Obwohl nie ein Freund tyrannischer Härte in meinem Kommando, und auch hier nicht von einer besondern Rachsucht getrieben, glaubte ich es doch sowohl mir selbst, als dem gemeinen Besten, schuldig, meine Schiffsmannschaft wegen ihrer angezettelten Meuterei bei dem Seegericht in Memel, sofort nach meiner Ankunft, anzuklagen. Die Sache ward untersucht, und der Spruch fiel dahin aus, daß dem Bootsmann, als Rädelsführer, hundert Stockprügel in zwei Tagen, dem Koch funfzig, und noch einem Matrosen fünfundzwanzig zugezählt werden und sie ihrer verdienten Gage verlustig gehen sollten, welche den seefahrenden Armen zuerkannt wurde. Nach empfangener Strafe aber sollten sie über die nächste Preußische Grenze gebracht werden.

Laut dieses Urtels wurden sie sogleich in die Militair-Wache abgeführt, und an dem bestimmten Tage ein paar Unterofficiere beordert, die Sentenz an ihnen zu vollziehen. Ich meines Theils erachtete es für gut und wohlgethan, mein übriges Schiffsvolk mit herbeizuführen, um Zeugen der Execution zu seyn und sich daran zu spiegeln. Die drei Kerle traten ziemlich keck aus dem Wachloche hervor und schienen den Korporal-Stock wenig zu fürchten, bis man sie bis auf's Hemde entkleidete und daneben der warmen Fütterung beraubte, wodurch sie sich zu schützen vermeynt hatten. Hoffentlich drang nun der wohlverdiente Denkzettel durch die neunte Haut; ich aber, froh, ihrer los und ledig zu seyn, nahm wieder in ihre Stelle drei englische Matrosen an, welche von einem Schiffe in Liebau heimlich abgegangen waren.

Gehörte jenes Strafgericht zu den Unannehmlichkeiten meines Aufenthaltes in Memel, so war mir hier doch auch eine zwiefache herzliche Freude, durch lebhafte Rückerinnerung an meine Jugendzeit, vorbehalten. Nicht nur fand ich, ganz unvermuthet, in dem Post- und Banco-Director Witte meinen einstmaligen treuen Taubenfreund wieder, dessen ich Eingangs dieser meiner Lebensgeschichte, unter einem bei weitem nicht so stattlich klingenden Titel, gedacht, und der mich mit voller alter Herzlichkeit aufnahm: sondern auch mit dem ehemaligen Colberger Kaufmann Seeland traf ich hier zufällig zusammen, dessen Dörtchen mir einst, nach meinem verunglückten Thurmritt, eine unvergeßliche Semmel zugesteckt hatte, und die ihn auch jetzt auf dem Wege nach der Insel Ösel begleitete, wo der gute verarmte Mann bei seinem Sohne, einem dort wohnenden Prediger, Zuflucht und Unterstützung suchte. Wie dauerte mich, um meiner jugendlichen Wohlthäterinn willen, das Schicksal dieser Familie! Aber wie machte mich's jetzt auch glücklich, daß ich meinem dankbaren Herzen seinen Willen lassen konnte!

Übrigens macht' ich in Memel für meinen Patron ein noch besseres Geschäft, als ich gehofft hatte, indem ich, anstatt eine Ladung für eigene Rechnung einzunehmen, Gelegenheit fand, mit Hrn. Kaufmann Wachsen (auch einem Colberger) eine leidlich gute Fracht auf Lissabon über eine Parthie Schiffsmasten, fichtene Balken und Stangeneisen abzuschließen. Zufällige Umstände verhinderten jedoch, daß ich vor Anfang Novembers nicht klar werden konnte; und dann, hatte ich, des früh eingetretenen Winters wegen, Mühe, durch das Eis in See zu gelangen. Überdem noch trieben mich widrige Winde fast drei Wochen in der Ostsee umher, bevor ich in den Sund kam; nun aber, mit günstigerer Fahrt, die Nordsee erreichte.

Allein auf die Dauer eines solchen erwünschten Wetters war in dieser vorgerückten Jahrszeit freilich nicht zu rechnen; und wirklich gab es auch schon in den ersten Tagen des Decembers wieder contrairen Wind und Sturm, wobei wir rings um uns her mancherlei Schiffstrümmer, Masten, Stengen, Ruder und ein umgekehrtes Boot treiben sahen. Noch auffallender aber war uns der Anblick eines Schiffes, etwa eine Meile nördlich vor uns, dem der große Mast fehlte, und das noch mancherlei andre sichtbare Spuren von Zertrümmerung zeigte; weshalb wir auch urtheilten, daß jene schwimmende Trümmer wohl von demselben herrühren möchten.

Abends um 8 Uhr, als wir des widrigen Windes wegen, uns gegen Norden legen mußten, und ich eben die Wache hatte, meldete mir der Auskucker, daß er nahe vor uns ein Schiff gewahr werde. Ich ließ sofort eine Laterne bei mir aushängen, und erwartete, daß auch Jenes, wie es der Gebrauch ist, ein Gleiches thun werde, damit wir nicht zunahe an einander geriethen und uns beschädigten. Es geschah aber nicht; ich aber lief inzwischen so dicht an demselben vorüber, daß ich, trotz der Dunkelheit, deutlich erkennen konnte, wie ihm der große Mast und die Vorstenge fehlten und die See schäumend über Bord hinstürzte. Es war also ohne Zweifel das nemliche Schiff, welches wir schon Tages zuvor erblickt hatten, und däuchtete mir von ziemlicher Größe zu seyn, aber steuerlos auf seiner Last zu treiben.

Im Vorübersegeln rief ich es zu wiederholten Malen durch das Sprachrohr mit Holla! Holla! an; erhielt jedoch keine Antwort, und mußte daraus schließen, daß es von seiner Besatzung verlassen worden. Dies regte nun allmählig allerlei wunderliche Gedanken bei mir auf, die sich endlich in die Vorstellung auflöseten, wie es wohl des Versuchs nicht unwerth seyn möchte, das herrenlose Wrack mit dem grauenden Morgen wieder aufzusuchen, es in's Schlepptau zu nehmen und nach Norwegen zu führen, von dessen Küsten wir nur einige und zwanzig Meilen entfernt waren. Der Wind zur Fahrt dahin wehete günstig, und für die aufgewandte Zeit und Mühe schien ein so bedeutender Fund, auch ohne Rücksicht auf die etwannige Ladung, uns genüglich entschädigen zu können.

Bei dem Wechsel der Wache um Mitternacht theilte ich diesen Anschlag dem Steuermann mit, der meiner Meynung beistimmte, und mit dem ich nunmehr für die übrige Nacht einen solchen Kurs verabredete, daß wir hoffen konnten, uns bei Tages-Anbruch wieder in der Nähe jenes Schiffes zu befinden. In der That auch erblickten wir dasselbe kaum eine halbe Meile vor uns unter dem Winde. Obwohl nun das Wetter ziemlich stürmisch war, setzten wir doch sofort unser großes Boot aus; und indem wir uns mit unserm eignen Schiffe, unter zum Theil festgemachten Segeln, dem Wrack bis auf eine Entfernung von etwa 80 Klaftern näherten und mit dem Boote ein Kabeltau auslaufen ließen, versuchte ich, nebst den, mit mir genommenen 6 Matrosen, unser möglichstes, dort an Bord zu gelangen.

Freilich ward dies Wagstück bald um so schwieriger, da wir's nicht verhindern konnten, hinten unter dem Schiffe vorüber getrieben zu werden, während dieses von den Wogen auf's heftigste gewälzt wurde und wir jeden Augenblick befürchten mußten, mit unserm Boote und dem schweren verhinderlichen Ankertau in den Grund zu versinken. Endlich gelang es uns zu entern, das Ende des Taues zu befestigen, und uns, während ein Mann zur Wache im Boote zurückblieb, auf unsrer Prise einwenig genauer umzusehen. Es war eine greuliche Zerstörung auf derselben vorgegangen; und sicherlich hätte sie längst sinken müssen, wenn sie nicht, wie ich fand, mit Holz und Balken geladen gewesen wäre, die sie knapp über dem Wasser erhielten.

Nachdem wir auf diesem Schiffe, bei möglichst abgekürztem Aufenthalt, Alles beschickt hatten, was unsre nächste Absicht erforderte, kehrten wir nach unserm eigenen zurück; hiengen das andre Ende des Schlepptaues in unser Hintertheil, und richteten nunmehr mit unsrer neuen Last den Kurs auf Norwegen zu. Freilich hatten wir, da der Wind von hinten kräftig in unsre Segel blies, uns Rechnung gemacht, den Weg dahin rasch zurückzulegen: allein unsre nachgeschleppte Prise gieng so tief und drückte so schwer, daß wir binnen einer Stunde kaum eine Viertelmeile fortrückten. Doch beharrten wir den ganzen Tag und die darauf folgende Nacht in unserm Beginnen.

Mit meiner Morgenwache aber, in der Stille der Dämmerung, stiegen mir wiederum allerlei Grillen in den Kopf, die mir diesen Handel je länger, je bedenklicher machten. Ich erwog, was für eine langsame und mühselige Schlepperei dies abzugeben drohte; wie kurz in dieser Jahrszeit die Tage, und wie es gleichwohl, wenn wir nach Norwegen herein wollten, unumgänglich erforderlich seyn werde, schon zur frühesten Morgenzeit nahe am Lande zu seyn, um nicht unser eignes Schiff den Klippen preiß zu geben, die sich meilenweit, längs der Küste, in dichter und starrer Saat hinziehen. Überdem war auf den Bestand von Wind und Wetter keinen Augenblick zu rechnen; und so schien es am gerathensten, ein Unternehmen lieber freiwillig aufzugeben, welches, selbst im glücklichsten Falle, ein unangemessenes Zeitversäumniß erforderte, leicht aber auch mich gegen meinen Rheeder und Befrachter einer schweren Verantwortlichkeit bloß stellen konnte.

Ich eröffnete, beim Wechsel der Wache, dem Steuermanne auch diese meine veränderte Ansicht, sammt ihren Gründen, und beschloß nun, mit ihm gemeinschaftlich, das Schlepptau sofort wieder abzulösen und das Wrack seinem Schicksal zu überlassen. Die Ausrichtung war zwar nicht leicht, da das Wetter noch stürmischer geworden: doch machte ich mich getrost daran und hatte auch, wiewohl nicht ohne gefahrvolle Anstrengung, das Glück, meinen Zweck zu erreichen. Noch während der Ablösung fiel es mir indeß bei, daß es doch wohl recht und billig wäre, uns für unsre viele vergebliche Mühe und Zeitverlust durch irgend etwas, das uns nutzen könnte und hier doch nur den Wellen schmählig preißgegeben war, schadlos zu halten. Mir fielen die Anker, welche noch alle unversehrt am Buge hiengen, in's Auge. Ich befahl demnach, unser Tau in den Ring des größesten derselben einzuknüpfen, die Leinen und Reepe, die es hielten, zu kappen, und es fallen zu lassen, damit es jenseits von unserm Schiffe wieder emporgewunden werden könnte.

Dies geschah; wir stiegen in unser Boot zurück und ließen das Wrack treiben, ohne daß uns möglich gewesen wäre, weitere Kundschaft von seinen näheren Umständen einzuziehen. Nur soviel hatten wir bemerkt, daß es ein großes holländisches Flütschiff war, hinten den Namen »Dambord« und auch ein angemahltes Damenbrett im Spiegel führte. Einige Tage später, wo Wind und Wetter, zusammt unserm Kurse, zum öftern wechselten, trafen wir auf einen Holländer, der nach dem Texel wollte, und dem ich zurief, daß ich in der und der Gegend ein Schiff seiner Nation, als ein Wrack, treibend gesehen, welches den Namen Dambord führte. Er möge solches, wenn er nach Amsterdam käme, an der Börse bekannt machen, damit der Eigenthümer erfahre, was aus seinem Schiffe geworden. Mir selbst aber ist hierüber keine spätere Kunde zugekommen.

Ohne ferneres denkwürdiges Begebniß langten wir, in der Hälfte des Januars 1783, glücklich zu Lissabon wieder an, und ankerten zufällig neben einer amerikanischen Fregatte von 44 Kanonen, deren Kapitain mir einige Tage später, gesprächsweise, als ein Deutscher, Namens Johann Ollhof, genannt wurde. Wundersam fiel dieser Name mir auf, da ich mich erinnerte, im Jahre 1764 einen Matrosen Johann Ollhof im Dienste gehabt zu haben, der mir in Amsterdam, mit meinem guten Willen, entlief, und von dem ich seitdem nie wieder gehört hatte. Wie sich das damals begab, mag mir hier, obwohl geringfügig an sich, mit wenig Worten zu erzählen erlaubt seyn.

Ich war zu jener Zeit im Begriff, mit meinem Schiffe von Amsterdam wieder nach der Heimath zurückzukehren, als der gedachte Mensch, der ein sehr guter Junge und vom Treptower Deep gebürtig war, an einem Sonnabend zu mir in die Kajüte trat und mich von Himmel zu Erde beschwor, ihn hier frei zu lassen: denn wenn er wieder in seine Heimath müsse, erwarte ihn der leidige blaue Rock: und dann sey er zeitlebens eine unglückliche und verlorne Creatur. — »Hört, Johann«, war meine Antwort — »ich mag Euer Unglück nicht; will aber übrigens von dem, was Ihr thut, oder nicht thut, nichts wissen.« — Er verstand mich, und erwähnte noch seiner Monats-Gage von 21 Gulden, die er bei mir gut habe. — »Nun«, unterbrach ich ihn — »morgen ist ja Sonntag, wo wohl Einige von unsern Leuten werden an Land gehen und auch Geld fordern wollen. Dann läßt sich weiter davon sprechen.«

Der Sonntag-Morgen kam; mit ihm drei meiner Matrosen, denen auch Johann sich angeschlossen hatte, um sich Urlaub zum Erlustiren, und auch Geld dazu, von mir zu erbitten. Ich entließ sie mit der Ermahnung, keine Händel anzufangen und bei guter Zeit sich wieder am Borde einzustellen. Jeder erhielt ein paar Gulden; doch als Johann seinen vollen Lohn forderte, stellte ich mich, zum Schein, befremdet, bis er mir erklärte, daß er seinen Geschwistern daheim allerlei Geschenke zugedacht habe, die er dafür einzukaufen gedenke. Allein am Abend kamen zwar die Übrigen Alle, nur mein Johann Ollhof nicht, zum Vorschein. Natürlich gab ich mir auch keine sonderliche Mühe, Seiner wieder habhaft zu werden; und so blieb er seinem guten oder bösen Geschick überlassen.

Jetzt, da ich mich eben im Gewühl der Lissaboner Börse befand, hört' ich einen Kaufmann laut nach dem »Kapitain Johann Ollhof« rufen, den ich selbst in dem dichten Haufen nicht gewahr zu werden vermochte. Doch sah ich gleich darauf eine Figur nach Jenem sich hinwenden, in welcher ich, mit freudigem Erschrecken, trotz der glänzenden Uniform, des Degens und der Schärpe, augenblicklich meinen ehemaligen Deserteur erkannte. Wie hätt' ich mich enthalten können, mit rascher Bewegung und der Frage auf ihn zuzutreten: »Ist's möglich? Johann Ollhof, seyd Ihr es?« — Verwundert sah er mir scharf in's Gesicht; erkannte mich im nächsten Moment nicht minder, und fiel mir mit dem Freudenruf um den Hals: »Kapitain Nettelbeck — *Sie* find' ich hier wieder? O, tausend Mal willkommen in meinen Armen!«

Nun gab es unzählige Fragen und Erkundigungen gegen einander auszuwechseln, die mir seine mancherlei Glückswechsel, seine Verschlagung nach Nordamerika und sein schnelles Steigen im Seedienst der jungen Republik erklärten. Er drang in mich, am Nachmittage zu ihm an Bord zu kommen, wohin er mich abholen lassen wolle. Dagegen berichtete ich ihm, daß uns das Ohngefähr dermalen zu nahen Nachbarn gemacht, und bestand darauf, daß es ihm, dem Jüngeren, wohl geziemen würde, mir den ersten Besuch zu machen. Auch hätte ich ein Schiff unter den Füßen, auf welchem ich mich nicht schämen dürfte, einen so lieben Gast zu empfangen. Er gab mir Recht, und versprach, bei mir zu erscheinen.

In der That legte seine Schaluppe, mit 12 ausgeputzten Ruderern versehen, zur bestimmten Zeit an meine Seite, und er kam, von Einigen seiner Officiere begleitet, zu mir an Bord, wo das Verdeck zum Theil mit, in der Ausladung begriffenen Eisenstangen angefüllt lag; so wie denn überhaupt mein Schiff einwenig tief gieng. Kaum angekommen, machte er hierüber seine Bemerkung, und rief: »Mein Gott, Freund, wie können Sie doch Ihr Leben auf so einem Kasten wagen?« — Ich will nicht läugnen, daß dieser Hochmuth (wofür ich es hielt) mich einwenig verdroß, und daß ich mein Schiff nicht verachten lassen wollte. Drum versetzte ich: »Johann Ollhof, mir däucht, daß Ihr, solange Ihr noch ein Preuße hießet, wohl nie das Glück gehabt, auf einem solchen Schiffe, wie Dieses, zu fahren.«

Er nahm es hin; ich aber, obwohl ich es in der stattlichen Aufnahme meiner Gäste an nichts ermangeln ließ, fühlte mich doch verstimmt. Ja, selbst als er beim Abschiede freundlich bat, seinen Besuch auf's baldigste zu erwiedern, brach der innere Groll unaufhaltsam hervor in dem Geständnisse: »Ich bin nicht gut auf Euch zu sprechen, Kapitain: denn Ihr habt mir meine Puppe, mein Schiff, verachtet.« — Demohngeachtet wiederholte er seine Einladung nur um so herzlicher, und bat zugleich um Verzeihung wegen seiner unschuldigen Äußerung: allein Herz und Sinn hatten sich bei mir von ihm abgekehrt; ich konnte mich nicht entschließen, zu ihm an Bord zu gehen, und hab' ihn auch nicht wiedergesehen. Mag wohl seyn, daß diese widrige Empfindung bei mir noch tiefer lag, und daß mein Matrose Johann Ollhof und der amerikanische Fregatten-Kapitain in meinem Hirne nicht zu Einer Person zusammenschmelzen wollten.

Überdem gab es bald allerlei Verdrüßlichkeiten, die meinen Sinn auf andre Dinge lenkten. Gerade damals lag eine starke englische Kriegsflotte im Tajo; ich aber hatte, wie bereits gesagt, drei in Memel angenommene englische Matrosen im Dienst, welche am Lande mit ihren Landsleuten von jener Flotte häufig zusammenkamen und von Diesen sich ohne Zweifel ihre gute und bequeme Lage verleiden ließen. Denn eines Tages traten sie unerwartet zu mir in die Kajüte, mit der Erklärung, daß sie es vorzögen, unter ihren Freunden und Landsleuten auf der Flotte zu dienen; daher sie ihre Entlassung von meinem Schiffe, aber auch ihre rückständige Löhnung (für Jeden wohl über 60 Thaler) forderten.

»Kinderchen«, erwiederte ich ihnen — »Ihr steht alleweile auf einem Preußischen Schiffe und im Preußischem Dienste; seyd also auch vor der Hand nicht Engländer, sondern Preußen. Daß ich Euch Eure Löhnung auszahle, oder gar, daß ich Euch frank und frei gebe: daran ist gar nicht zu denken.« — Freilich mochten sie sich durch diesen Bescheid nicht sonderlich befriedigt fühlen; und so geschah es denn wohl auf ihren Betrieb, daß wenige Tage nachher ein Officier von der brittischen Flotte an meinem Borde erschien, mit dem Auftrage von seinem Admiral, die augenblickliche Auslieferung von drei gebohrnen englischen Unterthanen von mir zu verlangen, die sich, wie er erfahren habe, auf meinem Schiffe befänden, und deren völlige Entschädigung für den bisherigen Dienst zugleich erfolgen müsse.

Ich beobachtete bei diesem sonderbaren Vortrage ein ruhiges Schweigen; ließ aber in der Stille die Preußische Flagge über unsern Köpfen aufziehen, die ich meinem Gaste zeigte, indem ich hinzufügte: »Sehen Sie, mein Herr, unter *dieser* Flagge stehen jene drei Leute im Dienst; und ich kenne kein Gesetz, das mich verpflichtete, sie hier, in einem fremden Hafen, daraus zu entlassen. Jede weitere Procedur des Herrn Admirals werde ich erwarten.«

Eine Citation vor das portugiesische Seegericht gieng bald darauf an mich ein, um meine Sache, im Beiseyn des Admirals, der gleichfalls erscheinen würde, zu verantworten. Jetzt ward also der Handel ernsthaft; und ich hielt es für gerathen, zu unserm Preußischen Gesandten, dem Herrn v. Heidecamp, zu gehen, dem ich die Lage der Dinge vortrug, und um Verhaltungs-Regeln bei ihm nachsuchte. Sein Ausspruch war: Daß, falls ich nicht gutwillig wollte, Niemand mich zwingen könnte, die Leute freizugeben; noch weniger, ihnen ihre Löhnung auszuzahlen, welche, nach Recht und Gesetz, dann erst fällig sey, wann mein Schiff wieder einen Preußischen Hafen erreicht habe. Zugleich unterrichtete er mich genau, wie ich mich vor Gericht zu verhalten hätte, und fügte hinzu: In Ansehung alles Übrigen sollt' ich ihn gänzlich sorgen lassen, indem er gesonnen sey, bei dem Termine gleichfalls in Person zu erscheinen.

Dies geschah nun gleich am nächsten Tage. Wir fanden den englischen Admiral (Schade, daß mir sein, nicht unbekannter Name wieder entfallen ist!) mit zwei Flotten-Kapitains bereits vor, und er eröffnete die Verhandlung durch das bestimmte Begehren, die drei brittischen Unterthanen in seinen Dienst ausgeliefert zu erhalten. Meine verweigernde Antwort stützte sich auf die Gründe, welche ich schon angeführt habe. Ja, ich war so keck, gegen ihn zu bemerken: Ohne Zweifel befänden sich auf seiner Flotte viele gebohrne Preußische Unterthanen: gleichwohl stände noch dahin, ob er sich für verpflichtet halten würde, diese, auf mein Verlangen, ihres Dienstes zu entlassen?

»Topp!« rief er feurig aus — »Ich gebe drei Preußen von meiner Flotte in die Stelle der drei Engländer!« — »Ein Erbieten«, entgegnete ich — »das aller Ehren werth ist, wenn ich nur hoffen dürfte, anstatt der tüchtigen Leute, die mir abgefordert werden, etwas Besseres, als den Ausschuß von der ganzen Flotte, zurück zu empfangen; und mit *dem* ist mir nicht geholfen.« — Sofort auch nahm der Gesandte das Wort; und da ich sah, daß der Handel anfieng, zu einer Ehrensache zwischen ihm und dem Admiral auszuschlagen, so konnt' ich den fernern lebhaften Wortwechsel mit desto besserer Seelenruhe anhören; bis zuletzt das Gericht seinen Ausspruch that, der die Matrosen schuldig erkannte, auf meinem Schiffe zu verbleiben, bis sie in dem nächsten erreichten Preußischen Hafen abgelöhnt werden könnten.

So war nun zwar dieser Strauß glücklich und mit Ehren ausgefochten: allein einige Tage nachher erfolgte ein Ding, das eben so sehr zu erwarten, als schwer zu verhindern war. — Die drei Kerle machten sich heimlich aus dem Staube und giengen auf die Flotte zu ihren Landsleuten über, ohne auf ihre, im Stiche gelassene Monatsgelder zu achten. Mochten sie laufen! Ich konnte Ihrer entrathen!

So wie ich nun meine Ladung in diesem Hafen löschte, entstand auch die Verlegenheit, in dieser ungünstigen Jahrszeit (es war mitten im Winter) nicht sofort wieder eine vortheilhafte Fracht zu finden. Nach Süden, in's mittelländische Meer, durft' ich mich, aus Mangel an Türken-Pässen, nicht wagen; und in der Nord- und Ostsee hatte der Frost die Schiffahrt geschlossen. Ich mußte also, bis in den Monat Merz, die Hände nothgedrungen in den Schooß legen, und, da mir auch dann noch keine Fracht nach meinem Sinne angeboten wurde, mich entschließen, eine Ladung Salz für eigne Rechnung zu kaufen und nach der Ostsee zu verführen.

Hiermit war ich noch beschäftigt, als sich ein Sturm aus Westen erhob, der mehrere Schiffe, und unter diesen auch ein unbeladenes portugiesisches Schiff, welches uns einige hundert Klafter weit über dem Winde lag, von den Ankern trieb. Dies letztere rückte dem meinigen gerade auf den Hals; und da es so gut, als ganz sich selbst überlassen war, (denn nur zwei Jungen befanden sich am Borde) so hatten wir Noth und Mühe, es nur soweit abzulenken, daß es endlich uns zur Seite zu liegen kam. Gleichwohl war, bei dem anhaltenden Unwetter, nicht zu verhindern, daß es unaufhörlich gegen unsern Bug stieß und drängte; wodurch bei mir die gerechte Besorgniß entstand, daß beide Schiffe davon großen Schaden nehmen könnten, wenn Jenes nicht bald seine Stellung veränderte und unter Windes von uns gebracht würde.

Dies stellte ich meinem Schiffsvolk vor; und wir beschlossen, alsogleich Hand an ein so nöthiges Werk zu legen. Indem wir aber hiezu insgesammt an den portugiesischen Bord hinübersprangen, ergriff jene beide Jungen, die von unsrer Absicht nichts wußten, ein Todesschrecken. Sie erhuben ein Geschrei aus voller Kehle, welches auch nicht ermangelte, ihre Landsleute von fünf oder sechs der nächstgelegenen Fahrzeuge im Hui! auf ihr Verdeck herbei zu locken. Dies Gesindel nahm sich nicht die Zeit, uns anzuhören, oder sich mit uns zu verständigen: sondern augenblicklich galt es ein wildes Zuschlagen auf uns mit Knütteln, Handspaten und Bootshaken; so daß wir genöthigt waren, auf unser Schiff zurückzuflüchten.

Doch auch hiermit nicht zufrieden, verfolgten uns unsre übermächtigen Gegner auf unser eignes Verdeck und trieben uns, je länger je mehr, in die Enge. Mein

Steuermann erhielt einen Schlag, daß er zu Boden stürzte und ich nicht anders glaubte, als daß ihm der Rest gegeben worden. Ich selbst mußte mein Heil in der verriegelten Kajüte suchen; so wie meine Leute genöthigt waren, sich im Raume zu bergen und in ihrem Roof zu verschließen, um nicht ferneren Gewaltthätigkeiten ausgesetzt zu seyn. Endlich stieß nun zwar die wilde Rotte wieder nach ihren Schiffen ab: aber der Portugiese blieb zu meiner Seite liegen und fuhr fort, die ganze Nacht hindurch sich gegen mein Schiff abzuarbeiten und an der Verkleidung desselben zu reiben.

Die Folgen zeigten sich, gleich Morgens, an ihm selbst, indem ganze Planken in Stücken von seiner Seite hinwegtrieben, der Fockmast aber über Bord gefallen war, und das ganze Gebäude, wie ein zerschelltes Wrack, sich seitwärts neigte. Allein auch ich selbst bemerkte an dem meinigen mehrere Beschädigungen, die mir um so mehr Galle in's Blut trieben, je leichter sich dies Alles hätte vermeiden lassen, wenn das Recht und die Vernunft nicht der verstandlosen Gewalt hätten weichen müssen.

Höher noch stieg freilich diese Galle, als einige Stunden später der portugiesische Kapitain des Schiffes zu mir an Bord kam. Es fand sich, daß ich ihn einigermaaßen kannte, indem er verschiedentlich mit mir im Comptoir meines Correspondenten, Hrn. Bulkeley, zusammengetroffen war und an dessen Tische gespeiset hatte. Sein Name war Sylva. Pochend und mit schäumenden Munde fuhr er auf mich ein, ihm für den, an seinem Schiffe erlittenen Schaden gerecht zu werden; und nur mit Mühe mäßigte ich mich zu der gelassenen Antwort: Daß, wenn er es mit der gehörigen Mannschaft besetzt gehalten, Schaden und Unglück entweder nicht statt gefunden haben, oder doch geringer ausgefallen seyn würden. Er war aber nicht in der Verfassung, Vernunft anzunehmen, sondern fuhr drohend und scheltend wieder an Land.

Kaum aber waren ein paar Stunden verlaufen, so ließ er sich abermals bei mir blicken, und war diesmal von einer Art Gerichtsperson oder Notarius begleitet, der mir einen langen schriftlichen Aufsatz von anderthalb Bogen vorlegte, mit dem Ansinnen, daß ich meinen Namen unterzeichnen möchte. — »Unter eine Schrift in einer Sprache, die ich nicht verstehe?« gab ich zur Antwort. — »Mit nichten, meine Herren! Geht damit, wenn es Euch beliebt, zum Preußischen Consul. Dort werd' ich mich gleichfalls finden lassen.«

In der That war sofort mein nächster Gang zu diesem Consul, Namens Schuhmacher, gerichtet, um ihn von dem unangenehmen Vorfalle vollständig zu unterrichten und mich mit ihm zu berathen. Sein Gutachten fiel dahin aus, daß ich Nachmittags mit meinem Schiffsvolk vor ihm erscheinen solle, um in Gegenwart eines Notarius, über den wahren Verlauf der Sache eidlich vernommen zu werden. Auf dem Rückwege stieß ich auf meinen Correspondenten Bulkeley; und nachdem ich in dessen Comptoir getreten, benachrichtigte er mich, daß so eben Kapitain Sylva ihm über das bewußte Ereigniß eine schriftliche Erklärung vorgelegt, die er auch unbedenklich mit meiner Namens-Unterschrift versehen habe.

»Wie?« rief ich, hoch verwundert — »Unterschrieben mit *meinem* Namen? *Unterschrieben* ohne mein Wissen und Einwilligung? — Von diesem Augenblick an, Herr, hören Sie auf, mein Correspondent zu seyn; und ehe und bevor ich meinen Fuß aus Ihrem Hause setze, fordre ich, daß Sie mir den Abschluß meiner Rechnung vorlegen.« — Er zauderte; ich aber erklärte ihm so fest und bestimmt, ich würde ohne Abrechnung nicht vom Platze weichen, daß er sich endlich meinem Verlangen fügen mußte.

Es war nothwendig, den Consul augenblicklich von diesem Schurkenstreiche in Kenntniß zu setzen. Wie vollkommen aber sein Betragen diesen Namen verdiente, entwickelte sich erst nachher, da es an den Tag kam, daß dieser nemliche Bulkeley auch Rheeder des Schiffes war, welches Kapitain Sylva führte. — »Ruhig, mein Freund!«

tröstete mich der Consul. — »Treffen Sie nur schleunige Anstalt zur gerichtlichen Vernehmung Ihrer Leute, und lassen mich dann für das Übrige sorgen.« — Jenes ward auch gleich am nächsten Morgen, mit allen Förmlichkeiten, bewerkstelligt; und während ich das Original dieser Erklärung in des Consuls Hände niederlegte, versäumte ich nicht, durch den Notarius eine beglaubigte Abschrift ausfertigen zu lassen, die ich, auf den Fall der Nothdurft, für mich selbst zurückbehielt.

Noch erklärte ich meinem wackern Beschützer meine Absicht, binnen zwei oder drei Tagen die Anker zur Abfahrt zu lichten; daß ich aber von meinem Widersacher jede Art von Chikane, und also auch wohl eine Beschlagnahme meines Schiffes, bis zu ausgemachter Sache, erwarten müßte. »Dann« — erwiederte er — »bin *ich* es, der Caution für Sie leistet, und, wenn Sie abgesegelt sind, den Proceß für Sie führt.« — So getröstet, nahm ich nun, in aller Gemächlichkeit, den Rest meiner Salz-Ladung ein, und gieng des dritten Tages darauf unter Segel, ohne daß es auch einem Menschen nur einfiel, mir etwas in den Weg zu legen.

In die Stelle der entlaufenen drei Engländer, die mir zu meiner vollen Bemannung fehlten, glückte mir's, noch am Tage vor meiner Abreise, zwei schwedische Matrosen ähnlichen Schlags zu erhalten, daneben aber auch noch einen dienstlosen Engländer auszukundschaften, den ich in seiner Schlafstelle aufsuchte und für meinen Dienst annahm. Freilich mußt' ich ihn bei seinem Wirthe, dem er schuldig geworden, erst mit einem vollen Monatsgelde auslösen; doch gerade darauf mochte der Kerl speculirt haben: denn kaum war er mit mir auf der Straße, so zeigte er eine so entschiedene Neigung, mir wieder zu entlaufen, daß ich hinter ihm drein schreien mußte, bis er von andern Leuten festgehalten wurde, ich mich seiner versichern und ihn in meine nahe liegende und mit vier Mann besetzte Schaluppe bringen lassen konnte.

Es war begreiflich, daß der Mensch sich, unter diesen

Umständen, auf meinem Schiffe wohl nicht sonderlich gefallen mochte. Das bewies er auch am nächsten Morgen, wo wir in See gehen wollten, indem er sich die Länge lang auf's Verdeck streckte, nicht arbeiten mochte und krank zu seyn vorgab; was sich aber, bei näherer Untersuchung, als falsch befand. Nun bequemte er sich endlich, auf ernstliche Bedrohung, mit Hand anzulegen und seinen störrigen Sinn fahren zu lassen. Dennoch sollt' ich von ihm, wie man in der Folge sehen wird, noch sehr ernsthaften Verdruß erleben.

Als wir zum Tajo herausgekommen waren, machten wir die unangenehme Entdeckung, daß unser Schiff viel Wasser einließ. Anfangs meynten wir, daß, da wir mit demselben so lange ledig gelegen und hohen Bord gehabt, die Fugen mancher Planken durch die Sonnenhitze von einander getrocknet seyn möchten, und daß diese Nähte unter Wasser bald wieder zuquellen würden. Allein der Leck nahm so überhand, daß wir das Schiff bald mit beiden Pumpen kaum über Wasser halten konnten. Zudem stand der Wind vom Lande; und es war also unmöglich, wieder in den Hafen zurückzusteuern.

In dieser Noth lag uns Alles daran, den schadhaften Fleck auszufinden, um demselben, wo möglich, beizukommen und ihn zu stopfen. Man weiß, wie klar und durchsichtig die Gewässer des atlantischen Oceans in dieser Gegend sind, und daß man darum ziemlich deutlich auch in eine größere Tiefe sehen kann. Wir hielten also fleißige Nachsuchung, ob wir nicht außerhalb Bords, unter Wasser, etwas zu erkennen vermöchten; und da fand ich denn endlich, daß an der Seite, und ohngefähr 4 bis 5 Fuß tief unter der Oberfläche, die Spähne von der äußern Haut abstanden. — Also wohl unstreitig ein trauriges Andenken an unser Zusammenstoßen mit jenem portugiesischen Schiffe, und die Ursache unsers immer bedenklicher werdenden Lecks!

Je unmöglicher es war, daß wir unser Schiff auf den Pumpen so über See tragen konnten, desto unerläßlicher mußte hier schleuniger Rath geschafft und ein Pflaster über die wunde Stelle befestigt werden. Ich ließ sogleich Eine von den Zitronen-Kisten, die wir in Lissabon eingenommen hatten, zerschlagen, um den biegsamen Boden derselben zu gewinnen; schnitt, nach der Größe desselben meine, mit Baumwolle gesteppte Bettdecke entzwei; theerte und talgte sowohl diese, als jenen Kistenboden, an beiden Seiten; heftete Beide mit kleinen Nägeln an einander; bohrte am Rande 8 oder 10 Löcher umher; steckte in jedes derselben einen größeren Nagel, den ich, damit er nicht herausfiele, mit etwas Werg umwickelt hatte, und sann nun darauf, wie diese Zurichtung an ihre rechte Stelle zu bringen wäre?

Es gab kein ander Mittel, als daß Einer von meinen Leuten sich entschlöße, sich rittlings auf dem vierarmigen Bootsanker befestigen und unter Wasser bis zu dem Leck hinab zu lassen, das präparirte Brett auf den zerstoßenen Fleck zu passen und mit dem, an die Hand gebundenen Hammer schnell, eh' ihm der Athem entgienge, festzuklopfen. Ich schlug dies der Mannschaft vor: allein Keiner hatte Ohren zu dieser halsbrechenden Wasserfahrt. Ich bot dem, der es wagen würde, eine Monats-Gage; Niemand meldete sich, sie zu verdienen. Ich stellte ihnen auf's nachdrücklichste vor, daß, wenn sie dies kleine Wagniß so sehr scheuten, wir ja doch, ohne Barmherzigkeit, Alle ersaufen müßten. Ich bat, ich flehte; ich schalt und drohte: aber die feigen Seelen sahen mich vedutzt an und blieben bei ihrem Kopfschütteln.

»Nun denn!« sagt' ich endlich, im innern Ingrimm — »So will ich selbst der Mann seyn, der sein Leben für euch H . . . r in die Schanze schlägt!« — Dieser Entschluß entstand auch um so weniger aus Prahlerei, da ich, als junger Bursche, mit meinen Spielkameraden das Schwimmen und Untertauchen fleißig geübt hatte, und oftmals unter dem Wasser geblieben war, bis die Beistehenden langsam Dreißig zählten. Hoffentlich hatt' ich diese kleine Kunst in den drei Dutzend Jahren nicht ganz wieder verlernt;

und sollt' ich denn *doch* ertrinken, so konnte mir die Art und Weise wohl ziemlich gleich gelten.

So nahm ich also getrost meinen Platz auf dem Bootsanker, dessen Tau meine Leute oben in die Hände fassen und mich daran in die bezeichnete Tiefe hinablassen mußten. Nach meiner Anweisung sollten sie, von dem Augenblick an, wo ich mit dem Munde unter Wasser käme, secundenmäßig zu zählen anfangen und mich, wenn sie bis 25 gekommen wären, hurtig wieder emporziehen. Ich, meines Theils, hastete mich, soviel ich vermochte; 2 bis 3 tüchtige Schläge auf jeden Nagelkopf, und das Brett saß an der rechten Stelle fest; während der Zug des Wassers nach innen das Übrige that, die Zasern der Decke in die offenen Fugen dicht einzusaugen. Kurz, ich war fertig: aber die droben dachten noch immer an kein Hinaufziehen. Endlich, nach einigen Secunden, brachten sie mich wieder an Gottes freie Luft; und so war das Abentheuer glücklich bestanden!

Nun kam es darauf an, zu erfahren, was wir damit gewonnen hatten? Wir eilten an die Pumpen, die nunmehr das eingedrungene Wasser bemeisterten und sichtbar verminderten. Der Leck hatte wirklich so abgenommen, daß wir uns getrauen durften, mit Einer Pumpe die See zu halten. Wunderbar aber blieb unsre Rettung nicht minder, als wenn, wie mir ein Beispiel bekannt geworden, ein ähnlicher Leck durch eine, in die offene Fuge eingeklemmte Flunder gestopft ward; oder wenn ein Schiffer von meiner Bekanntschaft im Danziger Neufahrwasser, nach mehrmaligem vergeblichem Aus- und Umladen, den seinigen nur dadurch unschädlich machte, daß er, vorbedächtig, längs den Seiten des Schiffs, eine Menge Torf-Mull in's Wasser schütten ließ, welches sich durch den unmerklichen Wasserzug in alle Ritzen und Spalten der Planken festsetzte.

Indeß förderten wir, mit getrostem Sinn, unsre Reise, bis wir in den Kanal gelangten, wo wir auf ein englisches Kriegsschiff stießen, welches meine Schiffspapiere zu sehen verlangte. Ich erwiederte, daß ich zu Vorzeigung derselben, aber nur an meinem eignen Borde, bereit wäre. So kam denn ein Officier in der Schaluppe zu mir herüber: doch während er in der Kajüte die geforderte Untersuchung anstellte, machte sich mein oben erwähnter englischer Matrose an seine Landsleute in der Schaluppe, die zum Theil auch auf das Verdeck gekommen waren; und in welchem Sinne er mit ihnen gesprochen, ergab sich, als ich meinen Gast aus der Kajüte zurückbegleitete, da jene Engländer ihrem Lieutenant meinen Matrosen vorstellten, der wider seinen Willen hier an meinem Borde zurückgehalten würde, und der auch selbst erklärte, daß er Lust hätte, auf jenem englischen Schiffe zu dienen.

»Den Menschen nehm' ich auf der Stelle mit«; wandte sich der Officier an mich — »Ihr habt kein Recht an ihn.« — »Nun«, war meine Antwort — »so will ich doch sehen, wer mir, in offener See, auch nur meinen schlechtesten Kajüten-Jungen, wider meinen Willen, wegnehmen soll. Dazu fehlt es Ihnen an Fug und Recht.« — Doch der Matrose hatte nicht für gut gefunden, das Ende unsers Wortwechsels abzuwarten, sondern war bereits, sammt seinen Landsleuten, in die Schaluppe gesprungen. Ich bedachte mich indeß keinen Augenblick, ihm dahin nachzufolgen, und war drüber her, ihn, wie sehr er sich auch sträubte, an Bord zurückzuziehen; bis auch der Lieutenant herabkam und von mir verlangte, daß ich die Schaluppe verlassen sollte.

Natürlich weigerte ich mich einer solchen Zumuthung; und selbst als er drohte, daß er abstoßen und nach seinem Schiffe fahren werde, versicherte ich, daß ich gesonnen sey, *ohne* meinen Matrosen, nicht vom Flecke zu weichen. Schleppe er mich dann aber nach dem Kriegsschiffe hinüber, so bliebe das meinige, und Alles was demselben begegnen könne, auf *seine* Gefahr und Verantwortung. Indeß setzten sie wirklich mit der Schaluppe ab; und ich behielt kaum die Zeit, meinem Steuermanne zuzurufen, daß er sich, so lange ich nicht wieder an Bord käme, in der Nähe des Kriegsschiffes halten möchte.

Sobald wir auf diesem letzteren angekommen und der Handel dem Kapitain vorgetragen war, erklärte Dieser, (ganz im Geiste jenes Admirals) der Kerl sey ein Britte, und er werde ihn auf seinem Schiffe behalten. »Dann, mein Herr«, entgegnete ich ihm — »mögen Sie auch *mich* in den Kauf hier behalten: denn ich bleibe, wo mein Matrose ist; und mein Schiff dort schwimmt oder sinkt, von diesem Augenblick an, auf ihr Risico. Thun Sie nun, was Ihnen beliebt! *Todt* können Sie mich nicht schlagen vor so vielen Augen; und alles Übrige werde ich erwarten.«

Dieser feste Sinn schien den Kapitain doch einigermaaßen stutzig zu machen. Er gieng mit einigen Officieren abseits in die Kajüte — wahrscheinlich, um sich mit ihnen näher zu berathen; dann aber, als sie wieder zum Vorschein kamen, stieß der Eine und Andre von ihnen meinem aufsätzigen Matrosen in die Zähne und in die Rippen, und so wieder in die Schaluppe hinein, worauf ich ungenöthigt folgte und mit meinem Ausreißer wieder an mein Schiff gebracht wurde. Damit jedoch Diesem sein Frevel nicht ganz ungenossen ausgienge, ward ich mit meinem Steuermanne einig, ihn mit Händen und Füßen an die große Spille fest zu binden, und so sein Gat durch Jeden von unsern Leuten mittelst eines Endchens Tau, mit einer Anzahl wohlgemessener Hiebe heimsuchen zu lassen. Die Cur schien auch für die fortgesetzte Reise nicht ohne gute Wirkung zu bleiben.

Seitdem wir die Küsten von Dover und Calais aus dem Gesichte verloren, und abwechselnde, aber meist stürmische Winde uns 11 Tage lang in der Nordsee umhergeworfen hatten, während welcher wir weder Jütland, noch Norwegen oder sonst ein Land erblickten, wagten wir es dennoch, im guten Glauben an unsre geführte Schiffsrechnung und einige angestellte astronomische Beobachtungen, uns, mit dem Senkblei in der Hand, um die gefährliche Spitze von Skaagerak in's Kattegat hinein zu tasten. Es glückte: aber gerade hier überfiel uns nunmehr auch ein schrecklicher Sturm aus Norden, der so hart in unser dicht eingerefftes Fock- und Vormarssegel blies, daß bald die Fetzen davon in den Lüften umherflogen.

Nach diesem Verluste wollte sich unser Schiff nicht mehr vor dem Winde steuern lassen, sondern ward unter den Wind gedreht. Es sollte eine andre neue Focke untergeschlagen werden: allein das Schiff arbeitete und schlenkerte in der brausenden kochenden See voll blinder Klippen so gewaltig, und der Sturm hielt mit soviel Ungestüm an, daß wir Alle kaum die Augen aufschlagen konnten. Das neue Focksegel ward zwar aus der Segelkammer hervorgezogen und an die Raa geschlagen: allein so wie diese in die Höhe gieng, peitschte auch Jenes mit seinen Zipfeln dergestalt um sich, daß es in den nächsten Augenblicken ebenfalls in Lappen davongeführt wurde. Ich schrie; ich bat; ich fluchte meinem Volke entgegen, das oben auf den Masten saß, die Fäuste, wie brave Kerle zu rühren und das Segel unter die Raa zu bringen. Endlich stieg ich selbst in die Höhe, und überzeugte mich, daß es schlechterdings unmöglich sey, diese Absicht zu erreichen.

In diesem Augenblick ward geschrieen: »Brandung leewärts!« (d.i. unterm Winde) Das war die Minute der Entscheidung! Denn da das Schiff dem Ruder nicht mehr folgen mochte, so ward hier alle Kunst des Steuerns zu Schanden! Wir wurden mit sichtlichen Augen in unsern Untergang hineingetrieben, und standen nach wenig Augenblicken auf einem Steinfelsen fest. Sogleich auch stürzte die stürmende See in furchtbaren Wogen über unser Schiff hinweg, daß der Schaum bis hoch an die Mastkörbe emporsprützte, indeß Jenes durch die gewaltigen Stöße am Boden durchlöchert wurde und voll Wasser lief. So war denn an ein Wiederabkommen von dieser Klippe und an Rettung des Schiffes gar nicht mehr zu gedenken!

Dies Unglück traf uns am 11.Mai, Abends um 9 Uhr. Auf dem Verdeck konnten wir uns, der überfluthenden Brandung wegen, nicht mehr erhalten, sondern waren alsogleich sämmtlich auf die Masten geflüchtet. Ich selbst und 6 Mann hiengen oben am Besaan-Mast; während die übrigen 8 Mann den großen Mast erklettert hatten. Ein Wunder wäre es wohl nicht gewesen, wenn wir Alle die Besinnung verloren gehabt; indeß blieb mir doch soviel Gegenwart des Geistes, daß ich unsre Lage richtig in's Auge fassen und den einzig möglichen Ausweg zu unsrer Errettung gewahr werden konnte. Ich stellte demnach meinen bei mir habenden Unglücksgefährten vor, wie unser Aller Heil darauf beruhe, daß wir unsre Schaluppe in unsre Gewalt bekämen. Einige von ihnen, die die Rüstigsten wären, sollten sich ein Herz erfassen, hernieder zu steigen und die Taue, woran dieselbe auf dem Verdeck festgebunden stehe, zu zerhauen, nachdem sie Ein oder mehrere längere Taue dran festgeknüpft haben würden, deren Enden wir Übrigen oben am Maste sicher zu halten gedächten. Bräche dann gleich das Schiff und die Schaluppe würde über Bord gespült, so könnte sie uns dennoch von den Wellen nicht entführt werden. Oder möchte sie sich auch voll Wasser gefüllt, oder gar das Unterste nach oben gekehrt haben, so würden wir sie gleichwohl nahe zu uns heranziehen, ausschöpfen und zu unsrer möglichen Bergung in Stand setzen können.

Durch diese Vorstellungen gewonnen, kletterten auch sofort drei wackre Kerle hinab; löseten die Schaluppe vom Verdecke ab, und Jeder von ihnen versah sie hinwiederum mit seinem dazu mitgenommenen Tau, deren entgegengesetzte Enden sie glücklich wieder zu uns in die Höhe brachten. Nun aber verzog es kaum noch eine Stunde, als eine ungewöhnlich hohe Sturzwelle über das Verdeck hinschlug, das Fahrzeug weit mit sich hinaus über Bord schleuderte, den Boden nach oben umkehrte, aber die Gegenkraft der Angst, womit wir, koste es, was es wolle, die Taue fest hielten, nicht zu überwältigen vermochte.

Um 11 Uhr brach, wie wir längst gefürchtet hatten, unser Schiff in der Mitte auseinander; der Fock- und große Mast stürzten über Bord —, Letzterer jedoch in einer so glücklichen Richtung, daß er auf das Hintertheil zufiel und dergestalt dicht neben uns hinstreifte, daß die an demselben klebenden 8 Menschen zu uns heranklettern konnten. So war denn die volle Mannschaft von 14 Köpfen hinten bei mir auf dem Besaan-Maste beisammen. Durch das Bersten des Schiffsrumpfes aber hatte sich das Hintertheil, worauf wir uns befanden, dergestalt gelöset, daß es in eine starke Bewegung gerieth, und, mit jeder Sturzwelle, wechselsweise, bald sich seitwärts weit auf's Wasser legte, bald wieder in die Höhe hob. Man mag daraus ermessen, wie übel uns dabei oben auf dem schwankenden Maste zu Muthe geworden!

In dieser höchsten Noth schien denn kein längeres Zaudern rathsam. Wir zogen die Schaluppe an ihren Tauen näher zu uns heran; kehrten sie, nicht ohne große Mühe, wieder um; holten sie mit ihrem Vordertheil soweit in die Höhe, daß ein Theil des Wassers, womit sie erfüllt war, sich daraus verlief; und indem wir, so wie wir, der Reihe nach, hineinstiegen, den Rest mit unsern Hüten vollends hinausschöpften, schnitten wir endlich alle Taue, die uns noch am Schiffswrack festhielten, in Gottes Namen los, und kamen glücklich aus dem Labyrinth voll brandender Klippen, in offnes Wasser zu treiben; nachdem wir die vier, in der Schaluppe festgebundenen Ruder zur Hand genommen und uns dadurch in Stand gesetzt hatten, nothdürftig vor dem Winde zu steuern.

Oft zwar füllten ungestüme Schlagwellen unser Fahrzeug, fast bis zum Sinken, mit Wasser an: doch waren wir unermüdet und auch zahlreich genug, es augenblicklich mit unsern Hüten wieder hinauszuschaffen; zwar stets unsern Tod dicht vor Augen sehend, aber auch einmüthig entschlossen, unsre letzte angestrengte Kraft zu seiner Abwehr aufzubieten. So trieben wir demnach von 1 Uhr Nachts bis zum Vormittag des 12. Mai, wohin Wind und Wellen wollten; bis wir endlich die Insel Anholt vor uns zu Gesichte bekamen und hier an der Ostspitze, ohnweit des Feuerthurmes, wiewohl mit neuer dringender Lebensgefahr, gegen 1 Uhr Nachmittags auf den Strand setzten.

Mein Erstes war, mich in den trocknen Ufersand auf die Kniee zu werfen und dem Barmherzigen droben mit heißglühender Seele für die wunderbare Erhaltung meines Lebens wie meiner Gefährten, zu danken. Dann aber stiegen freilich auch, im Sinnen über mein Schicksal, allmählig allerlei trübe Gedanken bei mir auf, die wohl fähig waren, mein Herz mit Wehmuth zu erfüllen. Mein schönes gutes Schiff war verloren! Wäre mir ein Freund abgestorben, so hätte mir sein Verlust nicht näher abgehen können: denn meine Anhänglichkeit und Liebe zu demselben war mit jedem Tage stärker geworden. In einem unglücklichen Sinne wird mir daher auch der Steinfelsen, genannt »der Thronsitz«, merkwürdig bleiben, an welchem es zerscheiterte, und der mitten im Fahrwasser des Kattegat liegt.

Doch, wie Manches gieng zugleich in dieser unglücklichen Nacht und mit meinem Schiffe verloren! Zwar mein Rheeder in Stettin war zu allen Zeiten ein zu umsichtiger Mann gewesen, um sich nicht auch gegen ein Ereigniß dieser Art möglichst zu decken. Ich hatte von dem Augenblick an, da ich die Führung des Schiffes übernahm, den Auftrag von ihm erhalten, dasselbe, so oft ich aus einem Hafen abgieng, durch Besorgung des Hauses Joh. Dav. Klefecker in Hamburg, assecuriren zu lassen. Es war demnach auch jetzt für eine Summe von 20 000 Thaler, oder 40 000 Mark Hamb. Banco, versichert. Da nun dies Schiff, mit seinem vollen Zubehör und Ausrüstung, neu nur 22 000 Thaler gekostet hatte, die Ladung von Seesalz aber für eigne Rechnung nur einen Werth von 1 500 Thalern betrug: so ließ sich wohl absehen, daß der Verlust des Schiffes ihm keinen wesentlichen Schaden zuführen würde.

Anders aber fiel die Sache für mich selbst; und ich durfte wohl gestehen, daß dieser Schiffbruch mein eignes, eben wieder aufkeimendes Glück völlig zertrümmerte. Meinen Erwerb am festen Gehalt, als Schiffer, hatt' ich stets bei meinem Patron stehen lassen; und dieser war mir nun allerdings unverloren: allein ein Schiffs-Kapitain hat, auf vollkommen rechtmäßige Weise, noch so mancherlei Gelegenheit zu allerlei Nebenverdienst; ihm kommen Kajütenfracht und Kapplacken*) zu gute; und nicht leicht verläßt er einen Hafen, ohne zugleich auch auf irgend einen kleinen Handel zu seinem Privat-Vortheil speculirt zu haben, und der um so besser einschlagen kann, da er ebensowohl die Frachtgelder als die Assecuranz-Prämien, daran erspart. Alle diese kleinen Ersparnisse hatt' ich immer wieder auf's Neue in Waaren angelegt: und so war nach und nach mein Privat-Verkehr zu dem Umfange gediehen, daß ich diesmal beinahe den Werth von 11000 holl. Gulden am Borde führte. Alles dies ging nun mit dem Schiffe unwiederbringlich zu Grunde! Ich hatte mir's alle diese Jahre ganz vergeblich sauer werden lassen!

Als wir demnächst auf dem betretenen Boden etwas genauer um uns sahen, erblickten wir auf der Landspitze, neben dem Feuerthurme, ein einzelnes Haus, auf welches wir zuschritten und darinn den Feuer-Inspector, seine Frau und zwei, zur Unterhaltung des Feuers erforderliche Knechte vorfanden. Erschöpft von soviel Anstrengungen und niedergedrückt von Sorge und Kummer, sank ich, gleich nach der ersten Begrüßung, auf ein dastehendes Bette und verfiel in ein halbwaches Hinbrüten, aus welchem ich mich mehrere Stunden lang nicht zu ermuntern vermochte. Gleichwohl hört' ich es, während dieses fieberhaften Zustandes, wie im Traume mit an, daß die Wirthsleute sich mit meinem Volk über unsre Umstände unterhielten; daß dabei erwähnt wurde, unser Schiff habe nach Stettin zuhause gehört, und daß darauf die Hausfrau sich für meine Landmännin erklärte.

Ihre dadurch geweckte nähere Theilnahme gab sie mir kund, indem sie mit einer Schüssel voll gekochten und gebratenen Geflügels an mein Bette trat, und mich einlud,

*) Dieses Wort bedeutet eine Gratification, welche der Schiffer von dem Empfänger der Ladung erhält und gewöhnlich 5 Procent der Frachtgelder beträgt.

davon zu meiner Erquickung zu genießen. »Wie?« rief ich, mich ermunternd — »Federwild auf dieser Insel, wo überall kein Strauch, kein Grashalm, sondern nur der nackte Flugsand sich zeigt? Das ist doch wunderbar!« — Bei weitem sosehr nicht, als ich glaubte; ward mir zur Antwort. Auf den Abend sollte mir das Räthsel gelöst werden, wie sie im Stande wären, in den Wintermonaten ganze Körbe voll davon nach Kopenhagen zu schicken.

Aber auch das Räthsel unsrer Landsmannschaft, bat ich die gefällige Frau, mir zu erklären; und so erfuhr ich, daß sie in Berlin gebohren, in ihrem vierzehnten Jahre nach Kopenhagen bei der Silberdienerei auf dem Schlosse in Dienst gekommen und dann mit dem königlichen Silberdiener verheirathet worden seyn, als Dieser, durch Anstellung zum Feuer-Inspector auf Anholt, seine lebenslängliche Versorgung erhalten habe. Wirklich auch schien es diesem Ehepaare, trotz seiner öden Abgeschiedenheit von der Welt, nicht an Glück und Zufriedenheit zu fehlen.

Abends, als das Feuer auf dem Leuchtthurme angezündet worden, sah ich nun freilich, wie von Zeit zu Zeit, von dem hellen Scheine angelockt, zahlreiche Schwärme von Vögeln aller Art herbei flogen und, von dem Feuer geblendet, demselben so nahe flatterten, daß sie, mehr oder weniger an Flügeln und Federn versengt, zu Boden fielen und mit Händen gegriffen werden konnten. Meine Leute, von der Neuheit dieses Schauspiels gereizt, machten eifrige Jagd auf die armen Thiere, bis ich es ihnen untersagte, um das genossene Gastrecht nicht zu beleidigen. Morgens trieb mich gleichwohl die Neugierde, unsre Wirthe wieder dahin zu begleiten und Zeuge des reichen Fanges zu seyn, der wirklich mehrere Körbe füllte.

Nachdem wir uns hier zwei Tage lang von unsern erlittenen schweren Mühseligkeiten bei diesen freundlichen Gastgebern erholt, aber sie auch beinahe rein ausgezehrt hatten, (wofür ich ihnen eine angemessene Anweisung nach Kopenhagen ausstellte) ward es freilich wohl hohe Zeit, unsern Stab weiter zu setzen. Auf dem östlichen Ende der

Insel, wo sie am breitesten ist, lag noch das einzige hier vorhandene Fischerdörfchen von etwa 15 Hütten, dem ein Schulz, hier Drost genannt, vorstand. An diesen hatt' ich bereits Tages zuvor geschrieben, daß wir, als Schiffbrüchige, auf seinen obrigkeitlichen Beistand zu unserm weitern Fortkommen rechneten. Ich würde zu einer bestimmten Zeit mit einem Gefolge von 14 Köpfen bei ihm erscheinen, und eine bereit gehaltene tüchtige Mahlzeit, ein Fahrzeug zur Überfahrt nach Helsingör und ausreichenden Proviant für drei Tage — Alles gegen Bezahlung — vorzufinden erwarten.

Statt dessen wurden wir von diesem Manne mit einer so abschreckenden Gleichgültigkeit und Kälte empfangen, und für all unsre Bedürfnisse war sowenig irgend einige Sorge getragen, daß es mir als eine, in diesem Falle sehr verzeihliche Eigenmacht erschien, wenn wir zuförderst, auf gut soldatisch, seinen wohlgefüllten Speiseschrank in Requisition setzten, seiner Rauch- und Brodtkammer für den uns nöthigen Seeproviant zusprachen und endlich das größte unter denen, am Strande liegenden Fischerbooten zu unsrer Reise in Beschlag nahmen und mit den vorgefundenen Geräthschaften zutakelten — Alles das im Beiseyn sowohl des bestürzten und zitternden Drosten, der seine gelieferten Lebensmittel selbst schätzen mußte und dafür schriftliche Anweisung empfieng, als des Boots-Eigenthümers, der, gern oder ungern, mit uns an Bord gieng, um uns nach Helsingör zu führen und dort seine Bezahlung zu empfangen. Dieser war es denn auch, der uns unterweges über jene unwirthliche Aufnahme aus dem Traume half, indem er gestand, uns sey das Gerücht vorausgegangen, daß wir eine Bande Seeräuber wären, die nicht das Kind in Mutterleibe verschonten.

Am 18. Mai erreichten wir Helsingör, wo ich, um die Zahlung der Assecuranz zu sichern, sofort darauf bedacht war, im Gefolge meiner geborgenen Mannschaft vor Gericht eine eidliche Erklärung über die Umstände des uns betroffenen Unglücks niederschreiben zu lassen. Meine

Leute empfiengen ihre Löhnung, die ihnen nach den Seerechten gebührte; und so gieng Alles, da wir aus mehrerlei Nationen bestanden, nach allen Himmelsgegenden aus einander; — nackt und bloß freilich, wie wir eben giengen und standen: denn von dem Schiffe hatten wir keine Faser gerettet. Ich selbst mußte mich, bevor ich von Helsingör abreisete, von Haupt zu Fuß neu bekleiden, wenn ich mich vor Leuten wollte sehen lassen können.

Ich würde mir's nicht verzeihen können, wenn ich hierbei mit Stillschweigen übergienge, was mir mit einer Jüdinn begegnete, in deren Trödelbude ich ein neues Hemde zu kaufen im Begriffe stand. Den geforderten Preis aufzählend, beantwortete ich ihr zugleich einige Fragen, welche ihre Neugier an mich richtete, durch Hindeutung auf meinen neulichen Schiffbruch, aus welchem ich nicht einmal meine Kopfbedeckung gerettet hätte. Meine Erzählung lockte ihr Thränen in's Auge; sie schlug die Hände zusammen, und rief: »So soll mich doch Gott bewahren, daß ich Geld von Ihnen für das Hemde nähme!« — Vergebens versicherte ich ihr, daß es, nun ich erst am Lande wäre, keine Noth mit mir habe: sie steckte mir das zusammengeraffte Geld in die Hand, und das Hemde in den Busen; und als ich Jenes dennoch auf den Ladentisch legte und mit Dank meines Weges gieng, lief sie mir nach, um es mir wieder aufzunöthigen; so daß ich sie endlich bitten mußte, auf der Straße kein Aufsehen zu erregen, und mit einem gerührten Händedruck von ihr schied.

Nun gieng ich baldmöglichst, als Passagier, mit einem Schiffe nach Stettin, um meinem Patron der Überbringer der unangenehmen Nachricht von dem Verluste seines Schiffes zu seyn und ihm über Alles Rede und Antwort zu geben. Wir rechneten darauf mit einander ab; ich empfieng von ihm meine rückständigen Gelder, und begab mich nun nach Colberg, um über mein weiteres Thun und Lassen zu einem festen Entschlusse zu kommen. Es wurden mir verschiedene Schiffe zur Führung angeboten: allein die nächsten Jahre nach dem amerikanischen Kriege waren für Handel und Schiffahrt überhaupt so ungünstig, daß Unser Einer bei seinem Handwerk ferner weder Ehre einlegen, noch seinen Vortheil absehen konnte. So gab ich denn, in Erwägung, daß die bessere Halbschied meines Lebens bereits hinter mir lag, lieber das ganze Seewesen auf, und war darauf bedacht, mich in meiner lieben Vaterstadt auf eine stille bürgerliche Nahrung mit Bierbrauen und Branntweinbrennen, wie es mein Vater seither getrieben hatte, einzurichten.

Nach dreiviertel Jahren etwa, als ich allen Seegedanken längst entsagt hatte, auch mein werther Patron und Freund Groß bereits mit Tode abgegangen war, kam mir ein Schreiben von dessen Schwiegersohne und Nachfolger in seinen Geschäften, dem Kaufmann Hrn. Boneß, zu, der mich auf Einmal wieder in die alten Angelegenheiten und Sorgen zurückstürzte. Er meldete mir, es sey von Lissabon ein Wechsel auf ihn, zu dem Belauf von beinahe dreitausend Thalern eingelaufen, als Ersatz-Summe für das Schiff des Kapitains Sylva, welches ich übersegelt und zu Grunde gerichtet haben sollte; daher ich doch hierüber einige nähere Auskunft mittheilen möchte.

Man kann leicht denken, wie ich erstaunte, daß man jenem Vorfall auf dem Tajo eine solche Wendung zu geben gedachte. Das Vorgeben mit der Übersegelung war eine offenbare grobe Erdichtung. Hatte das portugiesische Schiff Schaden genommen, oder war es endlich darüber zu Grunde gegangen, so mochte der Kapitain lediglich seine eigene Nachlässigkeit und seinen Mangel an Aufsicht anklagen; und sollte von einem Schaden-Ersatz die Rede seyn, so wäre *ich,* auf den jenes Schiff zugetrieben kam, während ich selbst ruhig vor Anker lag, dergleichen zu fordern ungleich mehr berechtigt gewesen. Dieserwegen berief ich mich auf die gerichtliche Aussage meiner Mannschaft, wovon das Original in den Händen des Preußischen Consuls zurückgeblieben; während meine mitgenommene beglaubigte Abschrift mit meinem verunglückten Schiffe leider! ein Raub der Wellen geworden war.

Nicht aber zufrieden, dies mit der nöthigen Ausführlichkeit zurückberichtet zu haben, reisete ich selbst nach Stettin, um jede noch etwa mangelnde Auskunft zu ertheilen. Der Wechsel ward demnach mit Protest zurückgesandt, und wir hielten den Sturm für abgeschlagen. In der That veränderte man nun auch in Lissabon die Art und Weise des Angriffs: denn nach Verlauf eines halben Jahres lief von dort eine Aufforderung an den Magistrat in Colberg ein, mich, den Schiffer Nettelbeck, in dieser schon angeführten Sache zu einer zu zahlenden Entschädigung von dreitausend und einigen hundert Thalern obrigkeitlich anzuhalten. Da diese Summe, nach portugiesischem Gelde, in Rees ausgedrückt war, deren 300 auf einen Preußischen Thaler gehen, so paradirte demnach in jener Eingabe eine Forderung von beinahe einer Million Rees, welche das Publikum meiner guten Vaterstadt treuherzig mit ebensoviel Thalern verwechselte, und nun billig die Hände über den Köpfen zusammenschlug, daß der Nettelbeck tausend Mal mehr schuldig sey, als er Haare auf dem Kopfe habe! Meine gegebene nähere Erklärung machte nach und nach dieser Verwunderung ein Ende.

Es versteht sich wohl, daß ich bei meiner gerichtlichen Vernehmung gegen jene Anmuthung die nemlichen Gründe geltend machte, welche ich bereits Hrn. Boneß an die Hand gegeben hatte. Damit aber noch nicht befriedigt, reiste ich abermals nach Stettin, um ihm wiederholt zu rathen, daß er, da doch die Sache ernstlicher zu werden scheine, sich nach Lissabon an den Preußischen Gesandten wenden und die dort niedergelegte eidliche Erklärung einziehen lassen möchte, um den Proceß auf diesen festen und sichern Grund zu führen. Dies hatte er bisher, ich weiß nicht, warum? unbefolgt gelassen und sich dadurch wesentlich geschadet.

Den Proceß aber leiteten nunmehr die Lissaboner Ihrerseits bei dem Seegericht zu Stettin in erster Instanz ein; die Sache ward instruirt, und der Spruch fiel dahin aus, daß wir Beklagte zur Bezahlung eines Schadens, den das

Gegenpart selbst verursacht habe, *nicht* anzuhalten wären. Es ward von dieser Sentenz an die Königl. Kriegs- und Domainen-Kammer appellirt, welche jedoch dieselbe in zweiter Instanz bestätigte. Auch hierinn aber begnügten sich unsre Gegner nicht, sondern giengen an die dritte Instanz, in das Revisorium. Endlich, nach einem halben Jahre, schickte mir Hr. Boneß den Revisions-Spruch zu, der dahin lautete: Die Rheeder des Stettiner Schiffes hätten den, durch dasselbe angerichteten Schaden (der sich nun bereits auf 3500 Thaler belief) zu vergüten; übrigens aber wiederum Regreß an ihren Schiffer zu nehmen.

Wie mich ein so unerwarteter und, nach allen vorliegenden Umständen auch durchaus nicht zu rechtfertigender Ausgang dieses Processes in Erstaunen, Unwillen und gerechten Ärger setzen mußte, ist leicht zu begreifen. Hrn. Boneß verbarg ich meine Empfindlichkeit nicht, daß er verabsäumt hatte, die sprechendsten Beweismittel herbeizuschaffen, und daß ich allein nunmehr, wie es schiene, unter dieser Vernachlässigung leiden sollte. Aus meinen Papieren könne ich darthun, daß ich seinem Schwiegervater mit diesem Schiffe reine 41000 Thaler verdient hätte; und so möge denn sein Billigkeits-Gefühl entscheiden, ob und welche Ansprüche er noch ferner an mich zu machen gedenke? — zumal da mein Gewissen mich von aller Schuld in jener Sache losspreche. Müßte es jedoch zwischen uns zu einem Processe hierüber kommen, so würde ich mich zu verantworten wissen.

Bei alledem war mir doch in dem Handel nicht gar wohl zu Muthe. Ich ward endlich schlüssig, mich in Person nach Lissabon zu begeben und dem Documente, auf welchem hier Alles beruhte, an Ort und Stelle nachzuforschen. Vorläufig aber gab ich dem Mäkler Brödermann in Hamburg, den ich kannte, den Auftrag, sich bei den, zuletzt von Lissabon eingekommenen Schiffern nach Leben oder Tod des dortigen Preußischen Gesandten und Consuls genau zu erkundigen, und mir zugleich auf einem, etwa binnen Monatsfrist dahin abgehenden Schiffe einen Platz als Passagier zu bestellen. Seine Antwort fiel in jeder Art befriedigend aus; und nun rüstete ich mich, die Reise nach Hamburg und so weiter unverweilt anzutreten.

Mein braver Patron Groß hatte, außer dem Kaufmann Boneß, noch drei andre Schwiegersöhne, sämmtlich Schiffer, als Erben seines bedeutenden Vermögens hinterlassen. Diese Alle kannten mich seit langen Jahren und hatten mir stets Beweise ihrer Zuneigung und Achtung gegeben. An diese nun wandte ich mich jetzt schriftlich und ersuchte sie um eine bestimmte Erklärung, ob die Großischen Erben gesonnen wären, einen Proceß gegen mich anzustrengen? Solchenfalls aber möchten sie damit nicht säumen, indem ich auf dem Sprunge stände, nach Lissabon zu gehen und mir neue und hinreichende Beweismittel zu verschaffen.

Die Ehrenmänner gaben mir zur Antwort: Sie kenneten mich, und glaubten mir auf's Wort, daß ich eine gerechte Sache hätte, und Bulkeley so gut, als Sylva, ein paar Schurken wären. Ich möchte die Lissaboner Reise nur unterlassen, indem sämmtliche Großische Erben unter sich übereingekommen wären, jeden Proceß und Anforderung gegen einen Mann aufzugeben, der ihrem Hause so thätig und redlich gedient und ihm so ansehnliche Summen erworben habe. Wir wollten und müßten Freunde bleiben, und diese unangenehme Verwickelung sey hiermit für immer beendigt und aufgehoben.

So mag sich denn nun auch hier die Geschichte meiner Seereisen und Abentheuer schließen. Wohl aber mag ich auch sagen: Gott hat große Dinge an mir gethan; der Name des Herrn sey gelobet!

---

Nun bin ich denn also aus einem Seemanne ein Landmann und ehrsamer Colbergischer Pfahlbürger geworden; und was einem Landmanne begegnen kann, ist in der Regel nicht so abwechselnd und ausgezeichnet, als daß es eine ausführlichere Erzählung verdiente oder bedürfte. Sind in der Folge meines Lebens Verhältnisse eingetreten, wo mein Name für einige Augenblicke aus der Dunkelheit hervorgetreten zu seyn scheint, wozu Natur und Schicksal mich wohl eigentlich bestimmt hatten: so fühle ich doch gar wohl, wiewenig es gerade *mir* geziemen würde, über diese Periode und über mich selbst zu sprechen, wo das, was mir Schuldigkeit und Bürgerpflicht zu thun geboten, leicht als Prahlerei erscheinen könnte.

Findet sonst irgend Jemand — Sey er Freund oder Feind — Neigung und Beruf, von mir zu schreiben, so sage er, was Wahrheit ist. Mir selbst genügt an dem Bewußtseyn, für mein Vaterland, für meinen König und für jeden Menschen gethan zu haben, was die schwachen Kräfte eines Einzelnen vermochten. Wäre ein Wenigeres geschehen, so würde ich mir's zum Vorwurf rechnen. Meinen heimlichen Feinden und Mißgönnern muß ich es gestatten, im Stillen über mich zu richten und mich zu verurtheilen. Öffentlich aber werden sie schwerlich gegen mich auftreten, um meine Ehre anzutasten, die ich bis zu meinem letzten Athemzuge darinn setzen werde, ein begeisterter Verehrer meines guten und mannlichen Königs und des gesammten Preußischen Regenten-Hauses, ein getreuer Unterthan, ein dankbarer Sohn meiner geliebten Vaterstadt, ein exemplarischer Bürger, der Freund meiner Freunde, und im Großen, wie im Kleinen, ein ehrlicher Mann zu seyn.

# DOSSIER.

## *Zu dieser Ausgabe.*

Die Geschichte der Veröffentlichung und späteren Wirkung von Joachim Nettelbecks *Lebensbeschreibung, von ihm selbst aufgezeichnet* ist durch eine seltsame Paradoxie gekennzeichnet. Gerade jener Teil der Autobiographie, welcher Nettelbecks preußischen Nachruhm begründete, namentlich die Schilderung seines Wirkens bei der Verteidigung seiner Heimatstadt Kolberg gegen die napoleonische Armee im Jahre 1806/7, wurde, soweit zu erkennen, gar nicht »von ihm selbst aufgezeichnet«. Er ist vielmehr im wesentlichen das Werk des Herausgebers Johann Christian Ludwig Haken*) und wurde deshalb in die vorliegende Ausgabe nicht mit aufgenommen. Auch in der ersten Buchausgabe von Nettelbecks Autobiographie war dieser Teil nicht enthalten.

Die zwei Bändchen dieser ersten Ausgabe erschienen 1821 in Kommission bei der Rengerschen Buchhandlung in Halle. Als Herausgeber firmierte der »Verfasser der Grauen Mappe«, nämlich Haken, der zuvor schon einige Textproben aus Nettelbecks Lebensbeschreibung in seinen *Pommerschen Provinzialblättern* veröffentlicht hatte.

---

*) Johann Christian Ludwig Haken, geboren am 28. März 1767 in Jamund bei Köslin, studierte von 1785 bis 1788 in Halle Theologie, wurde 1790 Pfarrer zu Konikow bei Köslin, 1805 Pfarrer zu Symbow und 1807 Superintendent zu Treptow an der Rega in Pommern. Er starb am 5. Juni 1838. Bekannt wurde er durch eine ganze Reihe literarischer und historischer, meist anonym herausgegebener Veröffentlichungen: *Die graue Mappe aus Ewald Rink's hinterlassenen Papieren* (1790–1794), sodann *Romantische Ausstellungen* (1797), *Phantasus. Tausend und Ein Märchen* (1802), *Amaranthen* (Erzählungen 1802), *Bibliothek der Robinsone* (1805–1808), *Xenophon* (1805), *Neue Amaranthen* (1808–1811), *Gemälde der Kreuzzüge* (1808–1820), *Bibliothek der Abentheuer* (1810), *Die Inquiraner* (1810), *Lebensbeschreibung von Ferdinand von Schill* (1824).

In dieser zweibändigen Ausgabe nun läßt Nettelbeck die Beschreibung seines Lebens ganz bewußt mit dem Abschluß seiner Seefahrerkarriere enden und erklärt am Schluß des zweiten Bändchens (S. 355 f. der vorliegenden Ausgabe), daß die Schilderung jener Verhältnisse, »wo mein Name für einige Augenblicke aus der Dunkelheit hervorgetreten zu seyn scheint«, gemeint sind die Ereignisse von 1806/7, nicht seine Sache sein könne: ». . . so fühle ich doch gar wohl, wiewenig es gerade mir geziemen würde, über diese Periode und über mich selbst zu sprechen, wo das, was mir Schuldigkeit und Bürgerpflicht zu thun geboten, leicht als Prahlerei erscheinen könnte.«

Ob dem lesenden Publikum die Bescheidenheit, mit der Nettelbeck seine Lebensgeschichte gerade dort abbricht, wo die Geschichte seiner Berühmtheit beginnt, zugesagt hat, ist fraglich. Der Herausgeber Haken jedenfalls hatte schon am Ende seiner Einleitung zur ersten, zweibändigen Ausgabe (S. 10) einen dritten Band in Aussicht gestellt, »zu welchem sich bereits mehrere, von Nettelbeck handschriftlich aufgesetzte Materialien in des Her[ausgebers] Händen befinden, und welcher sich dann allerdings auch über seine späteren Lebensbegegnisse verbreiten würde«. Dieses dritte Bändchen erschien dann Ende 1823, kurz vor Nettelbecks Tod, zusammen mit den beiden ersten Bänden im Rahmen einer Titelauflage von Nettelbecks Lebensbeschreibung, die der Verlag F. A. Brockhaus veranstaltete. Bei unverändertem Druckbild gab diese Ausgabe auf den veränderten Titelseiten als Erscheinungsjahr von Band 1 und 2 wiederum 1821 an, aber anders als bei der ersten Rengerschen Ausgabe zeichnete der Herausgeber mit seinem Namen.

Über den Anteil J. C. L. Hakens an diesem dritten Band hat ein jüngerer Freund Nettelbecks, der Kolberger Kaufmann und Ratsherr Gölckel, später geschrieben: »Überhaupt findet sich in Nettelbecks Lebensgeschichte manches Unrichtige über Kolbergs Belagerung: ich, sehr vertraut mit ihm, weiß, daß er bis zur Aufforderung des

Superintendenten Haken in Treptow a.R., diesem eine Redaktion seiner Biographie zu überlassen, fast nichts niedergeschrieben hatte; bis zu der Zeit waren aber bereits 15 Jahre seit der Belagerung vergangen, Nettelbeck über 80 Jahre alt und schwach geworden, teilte vieles dem Haken nur mündlich oder in ganz kurzen Sätzen mit, und dieser schmückte es so, wie er es anziehend und für sein Werk passend fand, nach Möglichkeit aus.«*)

*) Geheimes Staatsarchiv Berlin. H.A. Rep. 15A. Handschriften Nr. 523: Über Kolbergs Belagerung, Bemerkungen zur Geschichte des 9. Infanterieregiments, genannt Colbergsches, von Gölckel, Ratsherr in Kolberg, 1846/47. Zit. n. Hermann Klaje, *Joachim Nettelbeck*, Kolberg 1927, S.5.

## *Brief von Nettelbeck an J. C. L. Haken, Kolberg, 24. Oktober 1820.*)*

Ew HochWürden

Dero GeEhrteste Zuschriften vom 24 d sind mir geworden ich danke Hochderoselben vor die mir erwisene Güttige Freundschaftliche Gesinnungen Hiebey sende Deroselben einige *Piecen* zum einricken sie werden *Selbst* wo es eine Abenderung und Zusatze erfordern am besten wissen zu leitten

was das Folgende im Gantzen bis zu Ende betrift werde ich hoffentlich binnen den ersten Acht Tagen Schlislich Deroselben einsenden kennen um dieses zubefordern habe ich einen Jungen Menschen der ein um den andern Tag bey mir kommt zu dessen Schreiben, welches ich demselben *Dictiere* weil mir das Schreiben nicht mehr von der Hand will wie Sie hiraus ersehen kan

ich entfehle mir in Dero Güttige Freundschaft

Der HochWürden

gantz ergebenster Diener

Col d. 25 okt 1820 Nettelbeck

---

*) Zit. n. Hermann Klaje, *Joachim Nettelbeck*, Kolberg 1927, S. 271 (Beilage 50).

## *Carl Philipp Gottfried von Clausewitz über Nettelbecks Lebensbeschreibung (1821).*)*

Freilich gehört ein so ereignisreiches, tätiges, gediegenes Leben dazu, um es mit einer so fortreißenden Schnelle erzählen zu können; daß aber der Erzähler trotz der absichtlichen Eile, womit seine Bescheidenheit die Betrachtung des Lesers von seiner Person abzuwenden sucht, keine schöne und zarte Seite eines Ereignisses oder irgendeiner Lebens-Erscheinung unberührt gelassen hat, daß er unbewußt und unwillkürlich den Leser oft in die höchste Rührung versetzt, scheint an eine vollendete Kunst zu grenzen, und doch ist es nur die Wirkung einer glücklichen Natur. Der Mann und das Buch gehören zu den interessantesten Erscheinungen unserer Zeit: und noch voll des Eindrucks, den sie auf uns gemacht haben, fühlen wir uns dadurch, und allein dadurch aufgefordert, die lesende Welt darauf aufmerksam zu machen, und dieses Buch jung und alt als den Spiegel eines kerngesunden Lebens und Wirkens zu empfehlen.

---

*) *Berlinische Nachrichten von Staats- und gelehrten Sachen* (sog. Spenersche Zeitung), Sonnabend, den 27. Oktober 1821. Zit. n. Joachim Nettelbeck, *Mein Leben*, herausgegeben von Rolf Italiaander, Zeulenroda 1938, Einleitung, S. 16. Clausewitz lagen für seine Rezension nur die beiden ersten Bände der Lebensbeschreibung vor.

# Glossar.

## *Vom Seewesen im 18. Jahrhundert.*)*

**Schiff,** ein Gefäß oder Kasten von Holtz und Bretern also zusammengefüget, daß es auf dem Wasser schwimmen und eine Last, so darein geleget worden, fortbringen kann.

Denen Kauffleuten dienen die Schiffe so wohl zum Transport ihrer Güter, als auch statt einer Waare, die sie ein- und wieder verkauffen, solche selbst fabriciren lassen, und damit ihren Profit suchen, sonderlich wenn solche Schiffe erst ein paar Reisen gethan, u. sich halb frey gefahren, da denn vielmahls noch ein Potentat, vornehmlich in Kriegs-Zeiten, sich zum Käuffer angiebt, und solche eben so theuer bezahlt, als wenn sie neu vom Stapel gelauffen wären. Es werden auch dergleichen Schiffe bey vorseyenden Transport der Militz oder Artillerie gesucht, am meisten aber, wenn eine neutrale Nation in bemeldeten Kriegszeiten die freye Fahrt hat, und daher derjenigen Nation, die im Kriege begriffen, und ihre Schiffe nicht gebrauchen kan, solche abkaufft. Es sind aber der Kauffarthey-Schiffe, von welchen ietzund allein geredet wird, unterschiedliche Gattungen, groß und klein, des Baues, Form und Fähigkeit nach unterschieden, und auch nach den Ländern, wo sie gebauet und zu Haus gehören, mit aller-

---

*) Die Texte zu diesem unvollständigen Glossar stammen aus dem *Grossen vollständigen Universal-Lexicon Aller Wissenschaften und Künste, Welche bishero durch menschlichen Verstand und Witz erfunden und verbessert worden*, 64 Bde., Leipzig, Halle: Johann Heinrich Zedler 1732–1750 (Photomechanischer Nachdruck Graz: Akademische Druck- und Verlagsanstalt 1961–1984), und finden sich dort unter den Stichworten »Assecuratio« (Bd. 2, 1732), »Bodmerey«, »Bodmer-Briefe« (Bd. 4, 1733), »Nigritien« Bd. 24, 1740) »Schiff«, »Schiffbruch«, »Schiffer« (Bd. 34, 1742).

hand Nahmen beleget. Als da heissen einige *Barquen* andere *Caraques, Caravellen, Gallionen,* welcher drey Sorten sich die Portugiesen und Spanier nach Westindien bedienen. Ferner werden einige genannt *Boyers, Craquen, Feloquen, Feuerblasen,* (wiewohl sie von Führnen- und nicht von Eichenholtze gezimmert) *Flibots, Fleuten, Gallioten, Heeckbots, Houcres, Jachten, Kaagen, Londres, Marseillianen, Paquetboots, Pinassen, Polacren; Saicken, Schmacken, Tartanen* und so ferner.

Soviel von der Schiffe ihrer mechanischen Eintheilung. Die politische geschiehet in gantz freye, halbfreye und unfreye, von welchen insgesammt in Schweden viel zu sagen ist. Bes. *Marpergers* Schwedischen Kaufmann, p. 319. bis 333. woselbst alle diese drey Sorten, und was vor ein Schiff von jeder Sorte sey, auch wie es benennet werde, und wo es zu Haus gehöre, ordentlich aufgezeichnet, zu ersehen, damit sich ein Kauffmann darnach richten, und nachdem er in gantz, halb oder nicht Zollfreye Schiffe seine Waaren einladet, seine Rechnung darnach machen könne.

**Lasten.** Den cörperlichen Innhalt, oder die Fähigkeit, und das Maaß der Grösse eines Schiffes, ingleichen auch die Befrachtung der Schiffe, betreffend, ist in der Ordonnance Königs *Ludwigs des XIV.* in Frankreich, vom Augustmonathe des 1681. Jahres im 2. Buche, im 10. Tittel verordnet, daß alle zur See fahrende Schiffe vor Mobilien sollen gehalten, ingleichen gleich nach ihrer Zimmerung, und wenn sie fertig ausgebauet, durch die Obergeschworne *(Grands-Jurés)* sollen gemessen, und ihr Kiel oder *Fond de Cabe* zu zwey und vierzig Cubische Fuß vor das Faß geschätzet werden. Es wird aber zur See vor ein Faß gerechnet oder verstanden zwey tausend Pfund schwer, und also vor zwey Faß oder eine Last viertausend Pfund, daß also, wenn man sagt: Dieses Schiff ist von sechzig oder siebenzig Lasten, man darunter verstehe, es könne sechzig- oder siebenzig mal vier tausend Pfund tragen.

**Kalkulationsgrundlagen.** Nach solchen Lasten werden die Schiffsbefrachtungs-Contracte eingerichtet, bey welchen man erstlich des Schiffes Länge oder Kürtze, gefährliche oder sichere Reise betrachtet, nämlich nach dem Orte, von welchem es abseegeln und wohin es gehen soll; wie viel Liegtage der Schiffer bey seinen Anländen zu halten schuldig seyn soll, ob er davon gleich zurück wieder nach Hause, oder vor des Befrachters Rechnung, weiter gehen; worinnen seine Ladung bestehen; wie viel man ihm von diesem zu jenem Orte Fracht bezahlen, und wie es an den Zollstädten, ingleichen mit der Haverey und Pilotage gehalten werden soll? Dieses alles ist zu verstehen, wenn ein Kaufmann ein ganzes Schiff vor seine oder fremde Rechnung befrachtet. Weil aber nicht allezeit jeder so viel Waaren, als ein ganzes Schiff zu befrachten, bey der Hand hat, auch etwan nicht gerne auf bloße Breter ein ansehnliches Capital allein waget, als nimmt er etwan und bedingt von so einem Schiffe einen gewissen Raum von zehen, zwanzig mehr oder weniger Lasten, und mögen alsdenn die Rheeders oder Eigenthümer des Schiffes, die nämlich Part und Antheil an dem Gefäße haben, entweder selbst, oder wie es gewöhnlicher, ihrentwegen der Schiffer, oder auch ein Mäckler, den die Commißion darzu aufgetragen wird, zusehen, wo er zu dem übrigen Schiffsraume, Befrachter, das ist, solche Leute findet, die ihre Waare darein schiffen wollen, bis endlich das Schiff gepfropft voll wird, und sich fertig zum Abseegeln machet, da denn, wenn es zu Winters- oder Kriegeszeiten, oder auf weite Reise ist, die Rheeder, ihr Schiff, die Befrachter ihre Güter versichern lassen. Wenn die Reise glücklich abgeleget, thut der Schiffer bey seiner Zuhauskunft seinen Rheedern Rechnung, und empfänget hierauf von dem, was *deductis deducendis* an den Frachtgütern überbleibt, ein jeder nach seinem Theile, den er an dem Schiffe hat, auch sein *Qvotum* an Gelde. Bisweilen trägt es sich zu, als wie in dem französischen Kriege im Jahre 1693. geschehen, da die Frachten sehr hoch gelaufen, und manches Schiff bey sechstausend Reichsthaler Frachtgelder auf einer Reise von Frankreich nach Lübeck oder Hamburg verdienet, daß auf die Schiffspart ein ehrliches gelanget, und das in dem Schiffe liegende Capital reichlich verzinset wird. Bisweilen wirft es auch nichts ab, und sind die Rheeder froh, wenn sie nur wegen der Unkosten keine Zubusse geben dürfen, sonderlich, wenn ein solches Schiff eine verlohrne Reise gethan, Sturm gelitten, den Mast kappen oder abhauen müssen, seine Anker verlohren, unterweges in den nähesten besten Haven sich kielholen, calfattern oder ausbessern, neue Segel, Anker und Tau anschaffen, wegen widriger Winde lange liegen, oder gar Winter-Lager, Qvarantaine, Beschlag oder Arrest halten müssen. Zuweilen wird auch ein Schiff muthwilliger Weise, oder auch aus Mangel des Schiffers Erfahrenheit versegelt, an Strand gesetzet, oder sonst um den Hals gebracht. Jenes geschiehet, wenn der Schiffer und sein Volk, das Schiff verwahrlosen, gottlose Händel spielen: Als daß etwann, an statt der Stückgütter, Packen mit Holz und Steinen eingeladen, und doch gleichwohl als köstliches Gut hoch versichert werden, oder daß der Schiffer sich muthwillig in See- und Feindesgefahr, ohne Noth, und wider gethanes Verwarnen, Abmahnen und Ordre begeben. In diesem Falle aber, wenn sie den Lauf nicht verstehen, ihr Besteck nicht wohl zu machen wissen, liederlich und ungeübtes Volk annehmen, die Begleitung versäumen, nicht fleißig das Lot werfen und die Tiefen oder Untiefen, Klippen und Sandbänke erkundigen lassen, und was dergleichen Fälle mehr, dadurch Schiff und Gut, oder dieses letztere allein, wenn es nicht wohl gesteurt, oder an gebührenden Ort geleget, zur Unzeit, oder eines für das andere, den Ordnungen der Seerechten zuwider, geworfen wird, verlohren werden kan.

**Schiffbruch** ist die Zerbrechung, Zerstossung oder der Verlust eines Schiffes, welches wider einen Felsen läuffet, zu Grunde gehet, oder auf andere Weise verderbet wird. Man nennet es auch *scheitern* oder *verunglücken.* Insgemein aber leiden die Schiffe durch Unverstand des Steuer-Manns, oder durch die übermäßige Ladung und Schwere des Schiffes, Schiffbruch. Sonst ist hierbey noch zu gedencken, daß an denen mehresten Orten, schon seit sehr alten Zeiten, die übele Gewohnheit eingerissen, daß die Obrigkeiten und Herrschaften derjenigen Örter und Gegenden, wo ein Schiff gestrandet, oder durch Sturm und sonst verunglücket, sich deren hernachmahls an den Strand oder das Ufer getriebenen Sachen und Güter angemasset: Welches denn daher auch mit einem besondern Nahmen das *Strand-* oder *Grundruhr-Recht* genennet wird. Ja man gieng ehemals darinnen so weit, daß man dieses Recht nicht allein auf die durch Schiffbruch verunglückten Sachen, sondern auch die noch daraus entkommenen, und ans Land geschwommenen, oder sonst geretteten Personen, erstrecket wissen wollte.

Man führet dessen Grund aus der Gewohnheit der Völcker her, und sucht es damit zu rechtfertigen, daß doch gleichwohl die Strand-Einwohner viel Last hätten, den Strand zu erhalten, dargegen sie billig nähmen was davon ausgeworffen würde; wer denn dem nicht unterworffen seyn wolte, möchte nur mit seinen Waaren zu Hause bleiben, und sich nicht in Gefahr begeben, so käme er auch nicht darinne um. An etlichen Orten hat man öffentlich in der Kirche gebetet, daß Gott den Strand segnen, welches sie jedoch nicht wollen verstanden haben, daß Gott den Leuten Schiffbruch zuschicken; sondern wenn sich dergleichen zutrüge, das Gut an Strand kommen lassen wolle. Gleichwie aber der Schiffbruch an und vor sich selbst schon ein höchstbetrübter und unvermutheter Unglücks-Fall, anbey auch der natürlichen Billigkeit fast nichts so sehr zuwider seyn kan, als aus anderer Leute Schaden und Unglücke einen Gewinn zu suchen, und durch Beraubung derer, welchen man vielmehr nach allen möglichsten Vorschub und Beystand leisten, und also auch die aus dem Schiffbruche noch übrig gebliebenen und an Land getriebenen Sachen unversehrt lassen solte, reicher zu werden . . .

**Versicherung.** Die Versicherung von diesen *Assureurs* bestehet darinnen: nehmlich, sie *obligiren* sich, daß, woferne solche Schiffe verunglücken, die die *Summam* des darauf versicherten Capitals wieder bezahlen wollen, und ist solchergestalt dieses *Assecuriren* ein grosser *Hazard*, da mancher vor 6. oder 8. *pro Cent*, weniger oder mehr, die er als ein *Præmium* einzieht, bey einlauffender unglücklichen Zeitung etliche hundert Thaler bezahlen muß. Hingegen sind etliche glücklich, daß an weit entlegene Orte gehende Schiffe glücklich ankommen, ingleichen schon halb und halb verlohren geschätzte Schiffe gegen 20. 40. bis 50. und mehr *pro Cent assecuriret* werden, und glücklich an behörigen Orte ankommen, da denn solchergestalt der *Assecurator*, wenn er z.E. 4000. Rrhlr auf ein solch Schiff gezeichnet, oder *Risico* zu lauffen sich verschrieben, dagegen aber 30. *pro Cent Præmie* eingezogen hätte, 1200. Rthlr. in seine *Cassam* gewinnet, ohne daß er davor einen Schritt aus seinem Hause thun dürffen, gleichwie hingegen, wenn unglückliche Zeitung eingelauffen wäre, er 4000. Rthlr. in solchen Gelde, in welchen er die *Præmie* empfangen, bezahlen hätte müssen. Man hat zu dem Ende, damit bey diesen *Assecuriren* keine Unordnung vergehe, gewisse Assecurantz-Ordnungen, worunter die Antwerpischen, Amsterdamischen, Hamburgischen und Wisbuischen, insonderheit aber die Frantzösischen See-Rechte sehr deutlich seyn, angesehen darinnen alle in Assecurantzen vorkommende Umstände und Fälle, so wie es die See-Rechte erfordern, entschieden sind.

**Schiffskauf.** Wer ein gantz fertiges Schiff kauffen will giebt erstlich acht auf dessen Bau, wo es gezimmert, was für Holtz, Zubehör und Geräthschafft daran, und von welcher Fähigkeit es sey. Ferner muß er betrachten, ob es alt oder neu, ob es wohl seegle, dichte und gut und vor allem, ob es ein freyes oder unfreyes Schiff, nämlich, welches ohne einige Anmasung in einen Hafen einlauffen, oder bald diesen, bald jenen meiden muß, und zwar aus Ursachen, weil es etwan zuvor den Einwohnern daselbst zugehöret, und von den Capern genommen, oder schwer verbodmereyet, auch schon ein oder mehrmal wegen Ein- und Abführung verdächtiger Waaren mit Arrest beleget worden, und heimlich davon geseegelt, oder ob der Fiscus oder eine Privatperson eine Prätension darauf habe? Von diesem allen muß ihm der Verkäufer die Eviction oder Gewähr leisten, daß er ihm nämlich solches Schiff auf alle Ströhme und Häfen ungehindert und unangesprochen gut seyn wolle. Manchmal werden auch weggenommene oder aufgebrachte Schiffe und deren Ladung durch offentliche Auction verkaufft, bey welchem denn der Tag des Verkauffs durch angeschlagene Patente kund gethan, und ihre Ladung sammt der Zubehör, die bey einem solchen Schiffe an Schiffsgeräthschaft, als Tauen, Ankern und dergleichen sich findet, aufgezeichnet wird.

**Bodmerey** ist eine *Convention* da unter Hoffnung eines besondern Gewinnes, ein gewißes Geld oder andere *fungible* Sachen dem Schiff-Herrn mit der *Condition* geliehen worden, daß wo das Schif in *salvo* zurück kommet, das Geliehene mit dem abgeredeten Zinnß *restituiret*, wo aber solches zu Grund gehet, oder ausbleibet, nichts wieder gegeben werde, da in zwischen das Schiff, oder der Schiff-Boden (daher auch das Wort *bodmeria deduciret* werden will) dem darbey zur *Hypothec* bleibet.

**Bodmer Briefe** werden denenjenigen ausgefertiget, welche denen Schiffern oder See-Fahrenden, wenn sie in einem frembden Hafen ohne Geld Mangel empfinden, gegen Verschreibung des Schiffes Geld vorgestrecket, welches die Schiffer oder Rheder mit genugsamen *Lagio Provision* und Renten wieder abtragen müsten.

**Schiffer, Schiffpatron** hat die Auffsicht über die Seegel, und alle Equippage; iedoch darff er, wenn ein Capitain mit auf dem Schiffe ist, ohne des Capitains Einwilligung nichts wichtiges thun. Wo kein Capitain ist, wie auf allen Kaufffahrern, da ist der Schiffer der oberste in seinem Schiffe, und hat über alles zu gebieten. Also ist kein Schiff ohne Schiffer, aber viele ohne Capitain. Auf dem Mittelländischen Meer wird er *Patron* genennet, und kan keiner ein Schiffer werden, er habe denn fünff Jahre geseegelt, und sey öffentlich examiniret worden, welches durch zwey alte Schiffer in Gegenwart der Admiralitäts-Officiers geschiehet. Auf den Kauffarthey-Schiffen gebühret dem Schiffer, den Bootsmann, Steuermann, und die Matrosen anzunehmen; jedoch mit Einwilligung der Eigenthums-Herren, wenn es an dem Orte geschiehet, wo sie wohnen. Er muß von allen eingeladenen Waaren, nach dem Innhalt des hierüber ausgestellten Fracht-Briefes, Rede und Antwort geben, und ist verbunden, sich persönlich auf seinem Schiffe zu befinden, wenn es aus einem Hafen oder Fluß ausläuffet. Und also ist derselbe allerdings schon in der Schuld, wenn er z.E. zu verbotenen Zeiten unter Seegel geht, oder, obgleich aus Unwissenheit, gefährliche und unsichere Strassen fährt, oder das Schiff zur Ungebühr belästiget, oder gar mit einem schadhafften und untauglichen Schiffe fährt, oder sich verbotener Flaggen und Wappen bedienet, oder auch nicht allzu getreue und verständige Schiffleute hat, und dadurch in Ungelegenheit kömmt, und s.w.

**Sklavenhandel.** Es sind diese Leute [die Neger] auf den Gewinn so sehr erpicht, daß sie auch ihre eigene Weiber, Kinder und Geschwister in die Sclaverey verkauffen, welche sodann gemeiniglich nach America geführet, und daselbst in denen Plantagen oder Feld-Bau, nicht weniger in denen Bergwercken, Zucker-Mühlen und Tobacks-Spinnereyen zur Arbeit gebrauchet werden. Was den Einkauff solcher Negern betrifft, geschiehet selbiger gemeiniglich zu Ardres, Galbatus, Rodet, Camaronis und anderer Orten mehr; man muß aber mercken, daß die von Ardres die besten, und die von Galbatus die geringsten sind. Gleich von besagten Orten bringet man sie in die Frantzösische Insuln in America, um solche allda zu verkauffen, und gegen Zucker oder andere Waaren, die von diesem Ort kommen, zu vertauschen. Zu der Uberfuhre erwehnter Negern muß man Schiffe von 100 bis 300 Faß, oder 100 bis 150 Last groß haben. Dieser Handel scheinet zwar denen unmenschlich, welche nicht wissen, daß die armen Leute Heyden und Türcken sind, und daß Christliche Kauffleute, wenn sie selbige von ihren Feinden kauffen, solche von einer grausamen Sclaverey erretten, und hingegen in denen Insuln, wohin sie gebracht werden, nicht allein in eine gelindere Dienstbarkeit versetzen, sondern auch zur Erkänntnis des wahren GOttes, und auf den Weg zur Seligkeit durch die Unterrichtungen, welche ihnen Christliche Prediger geben, bringen, ohne solche Absicht dergleichen Handel schwerlich zugelassen seyn würde; wie denn auch diejenigen, so selbigen unternehmen, vor den Unterhalt, Uberfahrt und Regierung ermeldeter armen Leute so gute *Ordre* stellen, daß keiner durch ihre Schuld sterben möge, vor dessen Verwahrlosung sie dermaleinst Rechenschafft geben müssten. Man nimmt aber, ausser denen Victualien die zum Schiffe gehören, auch zum Unterhalt der Negern, Grütze, blaue und weisse Erbsen, viel Eßig und Brandtewein mit. So muß man auch von dem Moment, da sie in das Schiff geladen werden, die Segel aufziehen, weil sonst die armen Leute vor ihre Vaterland eine solche Liebe tragen, daß sie, daraus zu weichen, vor Verzweiffelung sterben möchten, welches auch verursachet, daß etliche wol gar sich in das Meer stürtzen, andere den Kopff an das Schiff stossen, oder den Odem, zu ersticken, an sich halten, ingleichen etliche vor Hunger sterben, und nichts essen wollen. So bald sie aber ihr Land nicht mehr sehen, fangen sie an, sich unter einander zu trösten, vornemlich wenn man ihnen mit Instrumenten vorspielet. Weswegen denn zur Erhaltung erwehnter Negern nicht undienlich ist, wenn man etliche Personen, die auf der Sack-Pfeiffe, Geige, Leyer und andern Instrumenten spielen können, dadurch die Schwartzen auf dem Wege munter zu erhalten, mit in dem Schiffe fähret, inmassen es ein sehr gutes

Mittel ist, selbige gesund zu überbringen. Wenn man sie hernach verkaufft, werden die, so frisch und frölich aussehen, viel theurer verkaufft als die andern, welche sich ihrer Gefangenschafft halber abgegrämet haben. Es ist aber Lebens-Mittel zu Erhaltung der Negern in das Schiff zu nehmen nicht allein genug, sondern man muß auch allerhand Waaren, zum Exempel meßingene Schrauben, kupfferne Stänglein, eine Anzahl Messer mit ihren Scheiden, rothe *Sarge* und Tuch von geringen Preiß, und andere Zeuge mehr von allerhand Farben, item Corallen, Stein- und Glasarbeit, Kämme, Spiegel, Schüsseln von Zinn von allerhand Grösse, eiserne Stangen und andere kleine Krahmer-Waaren, Baumwollen Tuch, gestreifften Taffent, Degen und was noch mehr seyn möchte, bey sich haben, als an welchen Bagatellen und theils nichtswürdigen Dingen sich diese Leute sonderlich ergötzen, wie sie denn auch zu der Zeit, da die Europäer am ersten mit ihnen zu handeln angefangen, gar offt vor einen schlechten Spiegel, oder ein paar Messer und unechte Glas-Corallen, vor ein Stückgen rothen Tuchs und Bandes, dergleichen Farbe sie sonderlich lieben, gantze Stücken Goldes, schöne Perlen und andere weit köstlichere Waaren in Tausch gegeben, wiewol sie heutigen Tages nicht mehr so treuhertzig sind, und den Preiß ihrer Waaren gegen die unsrigen gar fein erkennen gelernet.

**Konjunkturen.** Der ganze Flor der Schiffarth richtet sich nach dem anwachsenden Commercio einer Stadt, und nach den glücklichen Friedenszeiten; es wäre denn, daß einer durch die Caperey oder Seeräuberey seinen Profit zu suchen gewohnet wäre, der wird freylich den Krieg dem Frieden weit vorziehen. Es richtet sich auch nach den Capitalien der Einwohner und Liebhaber der Handlung, die gemeiniglich zur Winters und Kriegeszeit darnieder lieget, es sey gleich, daß diese letztere nahe an einer solchen Handelsstadt, und in ihren Gewässer, oder auch in den Provinzen und Ländern graßiren, wo solcher Leute ihre meiste

Handlung hingehet. Also musten die Lübecker ihre schöne, herrliche und wohl gebauete Capitalschiffe, so bald als Narva an die Moscowiter überging, und Churland und Liefland von den schwedischen und moscowitischen Kriegstroublen beängstiget wurde, zu Hause bleiben, und an dem Wall liegen, weil in gedachten Provinzen, wohin sonst ihr meister Handel in der Ostsee gewesen, die Commercien stille und ruiniret lagen. Oft schlägt auch der erlittene Seeschaden die Gemüther nieder, daß sie nicht Lust haben ferner zu wagen. Oder die Capitalia werden sicherer gehalten, wenn man sie im Kasten oder in liegenden Gründen, auf Zinse liegend hat, als daß man solche dem wütenden Elemente des Wassers anvertrauen solte. Solche Vorsichtigkeit ist wohl zu loben; Es kan aber dabey Maaß in allen Dingen gehalten werden, also daß man nicht zu verzagt und auch nicht zu verwegen sey. Von beyden erfordert die Handlung, wenn sie glücklich gehen soll, eine gebührende Untermengung.

## *Hinweise.*

Biographische Daten und frühe Literaturangaben liefert der Artikel »Nettelbeck« (von Petrich) in: *Allgemeine Deutsche Biographie,* Bd. 23, Berlin 1886, S. 457f. Nachdruck: Berlin 1970. Über den Herausgeber von Nettelbecks *Lebensbeschreibung,* Johann Christian Ludwig Haken, berichtet die *Allgemeine Deutsche Biographie,* in Bd. 10, Berlin 1879, S. 396f. Nachdruck: Berlin 1968. Ausführliche bibliographische Hinweise auf die Literatur zu Nettelbeck, auf die verschiedenen Ausgaben seiner Lebensbeschreibung sowie auf »dichterische Behandlungen« von Nettelbecks Leben bietet der Artikel »Nettelbeck« in: Karl Goedeke, *Grundriß zur Geschichte der deutschen Dichtung,* Bd. 14, Berlin 1955, S. 73–81. Eine auf selbständiger Arbeit mit den Quellen fußende Biographie schrieb Hermann Klaje, *Joachim Nettelbeck,* Kolberg 1927, mit fünf Bildnissen, einem Handschriftenfaksimile, 52 Beilagen (eigenhändige Schreiben Nettelbecks) sowie einem Archivalien- und Literaturverzeichnis im Anhang. Dem Seefahrer Nettelbeck widmete aus Anlaß von dessen 200. Geburtstag die Zeitschrift *Der Seewart,* Jg. 7, 1938, ein *Nettelbeckheft.* Von den zahlreichen dichterischen Werken, die Nettelbecks Leben zum Ausgangspunkt nehmen (weitere Hinweise bei Goedecke), seien hier genannt: Paul Heyse, *Colberg,* Historisches Schauspiel in 5 Akten, Berlin 1865; Friedericke Kempner, *Nettelbeck, oder: Patriot und Kosmopolit,* Dresden 1868 (Novelle.) Nettelbecks Verteidigung von Kolberg steht im Mittelpunkt eines UFA-Farbfilms: *Kolberg,* Drehbuch: Veit Harlan und Alfred

Braun, Regie: Veit Harlan; mit Heinrich George (Nettelbeck), Kristina Söderbaum (Maria), Paul Wegener (Loucadou), Horst Caspar (Gneisenau) u.a. Die Uraufführung fand am 30. Januar 1945 in der »Atlantikfestung La Rochelle« und am 31. Januar 1945 in Berlin statt. Über die Entstehung dieses Films und die Absichten, die Joseph Goebbels als Propagandaminister mit ihm verfolgte, gibt der Regisseur Veit Harlan in seiner Autobiographie Auskunft: *Im Schatten meiner Filme. Selbstbiographie,* hrsg. von H.C. Opfermann, Gütersloh 1966. S. 180–194.

## *Lebensdaten.*

1738 Am 20. September wird Joachim Christian Nettelbeck als Sohn des Schuhmachers und späteren Branntweinbrenners Johann David Nettelbeck und seiner Frau Katharina Sophie Greiffen zu Kolberg geboren.

1750 Auf einer Reise mit dem Oheim entwischt der elfjährige Nettelbeck in Amsterdam und macht auf einem fremden Schiff seine erste Seereise nach Guinea und Surinam. Nach Kolberg heimgekehrt besucht er für kurze Zeit noch die Schule, bevor sein Seefahrerleben beginnt, über das er in seiner Autobiographie selbst ausführlich schreibt.

1757 Nettelbeck flieht vor preußischen Werbern aus Kolberg.

1762 Er heiratet zum ersten Mal. Die Ehe wird später (nach 1775) geschieden.

1774 Er beendet seine Seefahrerlaufbahn und läßt sich als Brauer und Branntweinbrenner in Kolberg nieder.

1786 In einer Denkschrift an Friedrich Wilhelm II. setzt Nettelbeck sich für den Erwerb von Kolonien durch Preußen ein. Seine Eingabe bleibt bei den Akten.

1789 Nettelbeck, der schon mehrfach gegen die verkrusteten Strukturen der kommunalen Verwaltung seiner Heimatstadt opponiert hat, beteiligt sich an der Sprengung des sog. Fünfzehn-Männer-Collegiums, einer Mittelinstanz zwischen Magistrat und Bürgerschaft. An dessen Stelle wird eine Körperschaft aus zehn Repräsentanten gewählt, der auch Nettelbeck angehört.

1799 Nettelbeck heiratet zum zweiten Mal, die Ehe wird nach kurzer Zeit ebenfalls geschieden.

1805 Nettelbeck wird in Kolberg Segelhausältester und als solcher Mitglied des Seegerichts und Königlicher Schiffsvermesser.

1806/7 Bei der Belagerung der Festung Kolberg durch die Franzosen dringt Nettelbeck gegen den Widerstand des Kommandanten Loucadou auf Beteiligung der Bürgerschaft an den Verteidigungsmaßnahmen und findet schließlich bei Gneisenau, der im April 1807 Loucadous Nachfolger wird, Unterstützung. Der Einsatz bei der Verteidigung Kolbergs begründet seinen Ruhm als »Bürgerpatriot«.

1810 Nettelbeck wird Ratsherr in Kolberg.

1814 Er heiratet zum dritten Mal. Die Tochter aus dieser Ehe hat noch 1897 über ihren Vater berichtet.

1824 Am 29. Januar stirbt Nettelbeck in Kolberg.

# INHALT.

fremdem Auftrag ein Schiff zu kaufen 268 ⋆ Er tritt trotz mancher Bedenken in die Dienste eines Stettiner Kaufmanns 271 ⋆ Gefahrvolle Winterreise nach Bordeaux 275 ⋆ Schikanen der französischen Behörden bei der Abreise 277 ⋆ Mit einer Ladung Wein und einer fortwährend betrunkenen Mannschaft zurück nach Hamburg 279 ⋆ Angst vor Korsaren auf einer Fahrt nach Lissabon 282 ⋆ Vor einem Wachsfigurenkabinett in Lissabon wird Nettelbeck von der Menge als der leibhaftige Preußenkönig bejubelt 283 ⋆ Er wird ausersehen, eine kostbare Teefracht nach Amsterdam zu übernehmen 286 ⋆ Erzählungen eines holländischen Kapitäns über den glücklichen Ausgang seiner Gefangenschaft in Marokko 288 ⋆ Hemmnisse bei der Ankunft im Texel 292 ⋆ Ein Lotse drängt seine Dienste auf und erweist sich als unfähig 297 ⋆ Er fordert eine überhöhte Lotsengebühr, die er mit gerichtlicher Hilfe auch erlangt 300 ⋆ Am Geburtstag des preußischen Königs beflaggt Nettelbeck nicht allein sein eigenes Schiff 304 ⋆ Unannehmlichkeiten nach einer Schiffskollision 306 ⋆ Von Dover nach Lissabon in vier Tagen 308 ⋆ Schikanen der dortigen Zollbehörden und religiöse Verblendung des Volkes 309 ⋆ Nettelbeck kehrt nach Hamburg zurück und rechnet von dort — zuletzt einvernehmlich — mit seinem Stettiner Auftraggeber ab 312 ⋆ Durch Unachtsamkeit der Mannschaft gerät Nettelbecks Schiff in Gefahr 315 ⋆ Die Konflikte mit dem Schiffsvolk münden in Meuterei 317 ⋆ Nach gefahrvoller Ankunft in Memel werden die Rädelsführer der Meuterei vor das Seegericht gestellt 324 ⋆ Auf einer winterlichen Fahrt nach Lissabon versucht Nettelbeck vergeblich, sich ein Wrack als Prise zu sichern 326 ⋆ In Lissabon begegnet Nettelbeck einem seiner früheren Matrosen, jetzt Fregattenkapitän in amerikanischen Diensten 329 ⋆ Drei englische Seeleute aus Nettelbecks Mannschaft setzen sich ab 332 ⋆ Eine Kollision im Hafen von Lissabon beschädigt Nettelbecks Schiff und trägt ihm eine ungerechte Schadensersatzforderung ein 335 ⋆ Ein durch den Zusammenstoß

Die LEBENSBESCHREIBUNG DES SEEFAHRERS, PATRIOTEN UND SKLAVENHÄNDLERS JOACHIM NETTELBECK, VON IHM SELBST AUFGEZEICHNET ist im November 1987 als fünfunddreißigster Band der ANDEREN BIBLIOTHEK bei der Greno Verlagsgesellschaft m. b. H. in Nördlingen erschienen.

Die vorliegende Ausgabe folgt in Wortlaut und Schreibung den beiden Bänden der im Jahre 1823 von J.C.L. Haken bei F.A. Brockhaus in Leipzig mit der Jahresangabe 1821 herausgegebenen Titelauflage der Erstausgabe: Joachim Nettelbeck, Bürger zu Colberg, EINE LEBENSBESCHREIBUNG, von ihm selbst aufgezeichnet. Über die Geschichte der Erstveröffentlichung gibt die editorische Notiz im Dossier weitere Auskunft.

Dieses Buch wurde in der Werkstatt von Franz Greno in Nördlingen aus der Korpus Walbaum Monotype gesetzt und auf einer Condor Schnellpresse gedruckt. Das holzfreie mattgeglättete 80 g/qm Werkdruckpapier stammt aus der Papierfabrik Niefern. Den Einband besorgte die Buchbinderei G. Lachenmaier in Reutlingen.

1.–7. Tsd., November 1987. ISBN 3891902352. Printed in Germany.

Von jedem Band der ANDEREN BIBLIOTHEK gibt es eine Vorzugsausgabe mit den Nummern 1–999.